工业和信息化普通高等教育“十三五”规划教材立项项目
高等院校“十三五”**会计系列**规划教材

ADVANCED FINANCIAL ACCOUNTING

高级财务会计

微课版

◆ 梁爽 编著

人 民 邮 电 出 版 社
北 京

图书在版编目（CIP）数据

高级财务会计 : 微课版 / 梁爽编著. -- 北京 : 人民邮电出版社, 2020.8
高等院校“十三五”会计系列规划教材
ISBN 978-7-115-52985-5

Ⅰ. ①高… Ⅱ. ①梁… Ⅲ. ①财务会计－高等学校－教材 Ⅳ. ①F234.4

中国版本图书馆CIP数据核字(2019)第290138号

内 容 提 要

本书在中级财务会计的基础上，主要阐述了企业合并、合并财务报表、外币业务、金融工具、股份支付业务、中期财务报告、分部报告、政府补助和企业清算会计等内容。各章主要内容如下：第一章主要阐述了同一控制下和非同一控制下企业合并的会计处理方法；第二章主要阐述了合并范围的确定、合并报表的编制方法以及对集团内部发生的各种交易的抵销与调整，包括内部投资与投资收益、内部存货交易、内部固定资产交易、内部无形资产交易等；第三章主要阐述了外币业务的会计处理及外币报表的折算方法；第四章主要阐述了租赁业务的会计处理方法；第五章主要阐述了金融资产转移、套期会计和金融负债与权益工具的区分方法；第六章主要阐述了以现金结算的股份支付、以权益结算的股份支付以及股份支付修改与取消的会计处理方法；第七章主要阐述了中期财务报告编制的基本原则和方法；第八章主要阐述了分部报告编制的基本原则和方法；第九章主要阐述了与资产相关和与收益相关的政府补助的会计处理方法；第十章主要阐述了破产清算和非破产清算的会计处理方法。

本书可作为普通高等院校财务会计、财务管理、审计及 CPA 等相关专业“高级财务会计”课程的教材，也可作为社会相关从业人员的参考书。

◆ 编　　著 梁　爽
　责任编辑 刘向荣
　责任印制 周昇亮

◆ 人民邮电出版社出版发行　　北京市丰台区成寿寺路 11 号
　邮编 100164　　电子邮件 315@ptpress.com.cn
　网址 https://www.ptpress.com.cn
　北京鑫正大印刷有限公司印刷

◆ 开本：787×1092 1/16
　印张：18　　2020 年 8 月第 1 版
　字数：523 千字　　2020 年 8 月北京第 1 次印刷

定价：59.80 元

读者服务热线：(010)81055256　印装质量热线：(010)81055316
反盗版热线：(010)81055315
广告经营许可证：京东市监广登字 20170147 号

前 言 Foreword

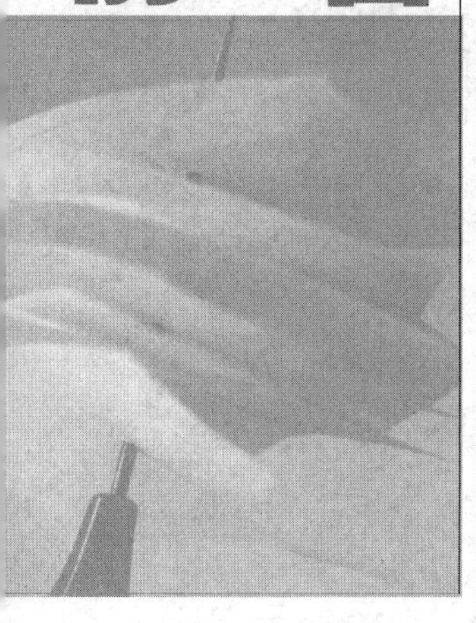

高级财务会计属于财务会计的范畴。从会计本科教学体系角度看，财务会计通常包括基础会计、中级财务会计和高级财务会计。除此之外，某些教学单位也在选修课程中讲授特殊行业会计，如银行会计、保险公司会计、证券公司会计、政府会计等。从内容上看，基础会计比较独立，主要阐述财务会计记账的基本原理、记账的基础体系以及财务会计循环的过程；中级财务会计和高级财务会计主要阐述企业会计实务，包括主要经济业务的会计处理方法及财务报表的编制方法。一般情况下，中级财务会计的内容比较规整，主要包括资产、负债、所有者权益、收入、费用和利润等六大要素的会计核算和单独财务报表及其编制方法；高级财务会计立足于中级财务会计，是中级财务会计内容的补充和延续，主要阐述中级财务会计之外其他相关经济业务的会计处理及合并财务报表的编制方法。

纵观目前我国高级财务会计图书的各种版本，我们会发现，高级财务会计相关书籍的内容不像中级财务会计的那么一致，每个版本的内容各有特色。中级财务会计书籍和高级财务会计书籍实质上都是基于企业会计准则而对企业会计实务进行讲解。中级财务会计书籍一般定位在对企业通用业务的讲解上，这个内容比较固定，主要包括六大会计要素的核算及单独财务报表的编制。高级财务会计书籍定位在对中级财务会计之外非通用业务的讲解上，但对于非通用业务会计实务应该包括哪些内容，不同版本的高级财务会计图书则各有千秋。例如，上海财经大学会计专业系列教材《高级财务会计》（陈信元等，2018）以企业合并和合并报表为核心（第1章～第8章），同时包括分部报告、中期报告、外币业务、租赁业务、衍生金融工具、破产清算、合伙会计、养老金会计等内容；中国人民大学会计系列教材《高级会计学》（耿建新等，2017）主要包括非货币资产交换、债务重组、股份支付、政府补助、所得税、外币折算、企业合并、合并财务报表、租赁、套期保值、企业清算与破产会计等内容；教育部经济管理类主干教材《高级财务会计》（傅荣，2018）主要包括非货币资产交换、债务重组、股份支付、外币折算、租赁会计、所得税会计、企业合并、合并财务报表、金融工具、清算会计等内容；东北财经大学会计学院系列教材《高级财务会计》（刘永泽等，2018）主要包括企业合并、合并财务报表、外币折算、租赁、衍生金融工具、股份支付、分部报告、中期报告、破产与清算会计、保险公司等特殊行业会计等内容。

尽管各版本高级财务会计书籍的内容有所不同，但总体来讲，高级财务会计书籍首先应与其同系列的中级财务会计书籍相衔接，并以企业合并和合并财务报表为核心内容，同时选择性地阐述一些其他非通用业务会计实务，如外币业务、租赁、股份支付、金融资产转移、套期会计、清算与破产、中期报告、分部报告等。高级财务会计一般不包括特殊行业会计实务，如金融业、保险业和证券业会计实务等，因为这类特殊行业会计实务往往具有独立的会计体系，适合作为独立会计书籍编写。

本书主要为普通高等院校财务会计专业学生编写，同时也适合其他专业有兴趣自主学习高级财务会计的学生和需要掌握高级财务会计核心知识的其他各类人员使用。在内容设计上，本书除了包括高级财务会计的核心内容——企业合并和合并财务报表之外，还选择安排了适合大学本科阶段学习的外币业务、租赁业务、金融工具、股份支付业务、中期财务报告、分部报告、政府补助和企业清算会计。

本书由东北财经大学会计学院梁爽教授编著。本书凝结了梁爽教授在东北财经大学二十几年的教学和相关财务会计专题研究中的经验和学习体会，立足于本科会计教学，深入浅出地阐述和讲解了高级财务会计相关知识，尤其是其中的一些难点问题，如企业合并和合并财务报表，使读者学习起来更加轻松。

在编写本书的过程中，编者得到了东北财经大学会计学院研究生张舒的大力支持和协助，在此表示衷心的感谢！

欢迎读者们批评指正本书中存在的不妥之处。编者愿与大家共同商榷与探讨，共同学习，共同进步。

梁爽

2020 年 6 月

目　录 Contents

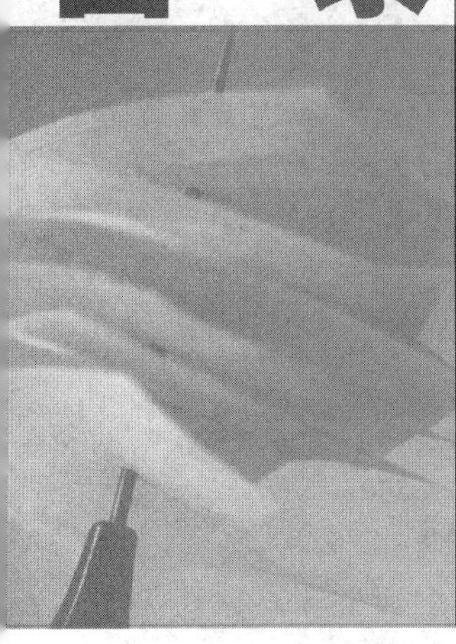

第六章　股份支付业务

第七章　中期财务报告

第八章　分部报告

第九章　政府补助

第十章　企业清算会计

主要参考文献

第一章 企业合并

学习目标

1. 掌握企业合并的含义及分类。
2. 掌握吸收合并和控股合并的会计处理区别。
3. 掌握同一控制下企业合并的会计处理方法。
4. 掌握非同一控制下企业合并的会计处理方法。

第一节 企业合并概述

一、企业合并的含义

企业合并也称公司合并，其含义可以从法律和会计两方面进行界定。法律上和会计上分别在《中华人民共和国公司法》（以下简称《公司法》）和《企业会计准则第20号——企业合并》（简称“企业合并准则”或“CAS20”）中给出了企业合并的定义，两者对企业合并的解释并不完全相同。

我国《公司法》对企业合并的定义是：公司合并是指两个或两个以上的公司依照公司法规定的条件和程序，通过订立合并协议，共同组成一个公司的法律行为。这个定义与国际上多数国家在法律上对企业合并的解释相同。该定义强调企业合并是一种法律行为，即合并前后，参与合并企业的法律地位要有所变化。反过来讲，如果合并前后，参与合并企业的法律地位都没有发生变化，那么，从法律角度来看，这不属于企业合并行为。

2006年2月，我国财政部发布了《企业会计准则第20号——企业合并》，其中对企业合并的定义是：企业合并是指将两个或两个以上单独的企业合并形成一个报告主体的交易或事项。我国CAS20对企业合并的定义与国际上多数国家的企业会计准则制定机构对企业合并的定义大同小异。

2001年6月，美国财务会计准则委员会（Fancial Accounting Standard Board，FASB）在第141号《企业合并》公告中指出：当一个主体取得了构成一项业务的净资产，或者取得了一个或几个其他主体的权益并取得了对后者的控制时，即发生了企业合并。

2004年3月，国际会计准则理事会（International Accounting Standard Board，IASB）在第3号国际财务报告准则《企业合并》中指出：企业合并就是将几个独立的主体或业务置于一个报告主体。

可见，与法律上对企业合并的定义相比，会计上对企业合并的定义强调了合并前后一个主体对另一个主体的控制或因控制而形成的一个报告主体的合并情形。

控制是指一个公司通过股权投资等方式拥有另一个公司权力，并能够利用该权力主导另一个公司的重大经营活动和财务活动。在会计上，将控制另一家公司的公司称为母公司；将被另一家公司控制的公司称为子公司。

报告主体是指根据企业会计准则的要求，通过财务报告的方式、定期提供其财务信息的主体。这个主体分为两个层次：一个层次是提供个别财务报告的单个会计主体（一个会计主体和一套账簿）；另一个层次是提供合并财务报告的企业集团（多家会计主体和多套账簿）。我国现行企业会计准则规定，作为上市公司的母公司必须定期提供个别财务报告和合并财务报告。

法律上所指的企业合并，强调两个或两个以上独立的法律主体合并形成一个法律主体的行为；会计上所指的企业合并是两个或两个以上独立的会计主体形成了一个报告主体的行为，所以法律上的企业合并一定是会计上的企业合并，但会计上的企业合并不一定是法律上认可的企业合并。

综上所述，会计上的企业合并不仅包括法律所指的两个或两个以上独立的公司合并形成一个公司的法律行为，还包括两个或两个以上独立的公司因股权投资而形成一个企业集团的非法律行为。

二、企业合并的种类

企业合并有多种分类标准。常见的企业合并分类标准包括根据法律形式分类、根据合并所涉及行业分类、根据合并性质分类、根据合并前后最终控制方是否改变分类。

（一）基于企业合并的法律形式分类

这是从法律角度对企业合并的分类，根据合并前后参与合并企业的法律地位是否改变以及怎样改变，企业合并可分为吸收合并、新设合并和控股合并。

1. 吸收合并

吸收合并也称兼并，是指两个或两个以上独立的法律主体合并后只保留一个法律主体，其余法律主体全部解散的企业合并。合并后，继续存在的法律主体称为主并企业，被解散的法律主体称为被合并企业。在吸收合并中，主并企业将取得被合并企业全部的资产和负债，保留原法人地位，继续经营；被合并企业注销，结束原有账目，成为主并企业的分公司或分部。例如，甲公司吸收合并了乙公司后，甲公司继续保留原法律主体的地位，因取得了乙公司的净资产而扩大了业务和经营规模，乙公司的资产和负债并入甲公司的财务报表，乙公司结束账目并解散。从法律的角度看，吸收合并可用公式形象地表示如下：

甲公司+乙公司=甲公司

在该合并中，如果甲公司以支付资产的方式合并乙公司，则乙公司原来的所有者拿钱离场，与合并后的甲公司不再有任何关系；如果甲公司以发行债券的方式合并乙公司，则乙公司原来的所有者将成为合并后的甲公司的债权人；如果甲公司以发行股票的方式合并乙公司，则乙公司原来的所有者将成为合并后的甲公司的新所有者。

2. 新设合并

新设合并也称创立合并，是指两个或两个以上独立的法律主体合并成立一个新的法律主体、参与合并的所有公司均解散的企业合并。合并后，新设立的法律主体称为主并企业，被解散的法律主体称为被合并企业。在新设合并中，主并企业将承接所有被合并企业的净资产和业务，开始新的经营；被合并企业注销，结束原有账目，成为新设企业的分公司或分部。例如，甲公司与乙公司以新设合并的方式组成了丙公司，合并后丙公司承接了甲公司和乙公司的资产和负债，并将这些资产和负债计入丙公司的财务报表，甲公司和乙公司解散。从法律角度看，该新设合并可用公式形象地表示如下：

甲公司+乙公司=丙公司

在该合并中，新组建的丙公司在接受了甲、乙两家公司资产和负债的同时，应向两家公司原所有者支付合并对价，如果合并对价为丙公司自身的权益性证券，则甲、乙两家公司原所有者将为丙公司的所有者，并继续参与丙公司的经营管理；如果合并对价为丙公司自身的权益性证券以外的支付方式（如现金、发行债券等），则甲、乙两家公司原所有者不再是丙公司的所有者。

3. 控股合并

控股合并属于长期股权投资业务，是指一家公司通过支付资产、发行债券或发行股票等方式取得另一家公司的表决权，且通过该表决权能够控制另一家公司的交易或事项。从法律角度来看，这类合并不属于合并范畴，因为在合并前后，参与合并各方的法律地位均没有发生改变，没有新的法律主体产生，原法律主体也没有解散；但从会计角度上看，两家独立的公司在合并后形成了一个报告主体，符合企业会计准则关于企业合并的定义，因此，属于企业合并的行为。

例如，甲公司以控股合并的方式取得了原来没有关联关系的乙公司的控制权。合并后，两家公司依然继续各自的经营，但甲公司成为乙公司的母公司，甲公司、乙公司共同组成了一个企业集团，并由母公司定期编制合并报表。由于在合并之前，甲乙两家公司没有关联关系，因此，是两个独立的报告主体。合并后，甲公司作为母公司必须提供合并报表，因此，甲公司、乙公司成为一个报告主体。控股合并可用公式形象地表示如下：

甲公司+乙公司=企业集团（甲公司+乙公司）

在控股合并中，合并对价同样影响被合并方所有者在合并后与主并企业之间的关系，具体影响与吸收合并和新设合并相同。

（二）基于企业合并的性质分类

这是从人们对企业合并性质认知角度的分类。根据对企业合并性质的不同认定，企业合并可分为购买式合并和权益联合式合并。

1. 购买式合并

购买式合并属于交易的范畴，是指实施并购的企业[以下简称“主并企业”（acquiring firm）]通过购买被并购企业（以下简称“被并企业”（target firm）或“被并方”）所有者在被并企业的表决权而拥有被并企业净资产或被并企业的控制权，合并后被并企业原所有者将失去其原有的对被并企业净资产或在被并企业表决权的控制权。这类合并在本质上就是一种购买行为，合并目标是收购买卖标的控制权。合并结果是买卖标的控制权的转移，即买方（主并企业）通过买卖（企业合并）拥有了卖方（被并企业）原来拥有的净资产或企业的控制权。

在购买式合并中必须能识别出购买方，即合并后主体资源和权利的控制方。购买式合并在会计处理中应按市场交易的原则来处理，合并中涉及的所有要素都应按照公允价值计量，并确认合并中涉及的损益。

2. 权益联合式合并

权益联合式合并起源于20世纪的美国，通常指参与合并的企业通过换股的方式，将它们在参与合并企业中拥有的净资产和股东权益联合起来，参与合并企业的股东在合并后的企业中，将继续保持其在合并前股东权益中的相对份额，继续参与合并后主体的重大决策，继续分享合并后主体的风险与利益。权益联合式合并的目标是使参与合并企业的股东们联合经营，而非买卖标的企业的控制权。

权益联合式合并在会计处理中按非交易原则来处理，合并中涉及的所有要素按照账面价值计量，不确认合并中的损益。

（三）基于企业合并所涉及的行业分类

1. 横向合并

横向合并，是指同行业中生产工艺、产品、劳务相同或接近的两个或两个以上企业的合并。

例如，一个汽车制造公司收购了另外一家或几家汽车制造公司，一个客运汽车公司收购了另外一家或几家客运汽车公司等。横向合并可以充分有效地利用现有生产设备和生产技术，提高产品质量，改进品种结构，提高市场占有率和竞争能力；通过同行业的强强联合、强弱联合实现优势互补，提高管理水平和生产能力。

2. 纵向合并

纵向合并，是指处于生产经营的不同阶段，但具有前后联系的两个或两个以上企业的合并。例如，汽车制造公司合并零配件企业、橡胶轮胎企业，钢铁冶炼企业合并煤炭、矿石开采企业以及运输企业等。纵向合并可以节约再加工成本、运输成本，减少磋商价格、签订合同、收取货款、发布广告等成本，促进企业集团内部之间供、产、销的良性循环。

3. 混合合并

混合合并，是指从事不相关类型经营的、没有内在联系的两个或两个以上企业的合并。例如，钢铁冶炼企业合并建筑公司、房地产公司、计算机公司等。混合合并一般会形成跨行业的企业集团。混合合并可以分散经营风险，提高企业的生存能力并拓展发展空间；利用不同行业的环境条件，开阔市场；吸收不同行业先进的管理经验，通过协同效应，实现经济效益；便于现金流量的内部调度，实现资源的优化配置。

（四）基于合并前后最终控制方是否改变分类

这是我国现行企业会计准则的分类。我国 CAS20 在第一章总则中指出，企业合并分为同一控制下的企业合并和非同一控制下的企业合并，此分类是基于合并前后最终控制方是否改变进行的分类。

基于合并前后最终控制方是否改变对企业合并的分类在国际会计领域尚属首次。我国在改革开放之后，出现了众多国家控股的企业集团，上市公司中有很多都是国有控股，企业合并更多地表现为国家控股企业集团内部企业之间的合并。通常认为，集团内部企业之间的合并很难按照公平交易的规则运作。因此，我国 CAS20 将企业合并分为同一控制下的企业合并和非同一控制下的企业合并，分别规范了集团内部和不同集团企业合并的会计处理方法。

1. 同一控制下的企业合并

同一控制下的企业合并，是指参与合并的企业在合并前后均受同一方或相同的多方最终控制且该控制并非暂时性的合并事项。这里的非暂时性通常指参与合并的企业在合并前后至少 1 年或 1 年以上由同一方或相同的多方最终控制。

同一控制下的企业合并主要是指集团内部企业之间的合并情形。根据同一控制下的企业合并的定义，由终端母公司控制下的集团内部公司之间的合并，只要参与合并的企业在合并前后 1 年或 1 年以上均属于该集团的企业，就属于同一控制下的企业合并。另外，受相同多方非暂时性最终控制企业间的合并也属于同一控制下的企业合并。同一控制下的企业合并的情形如图 1-1 和图 1-2 所示。

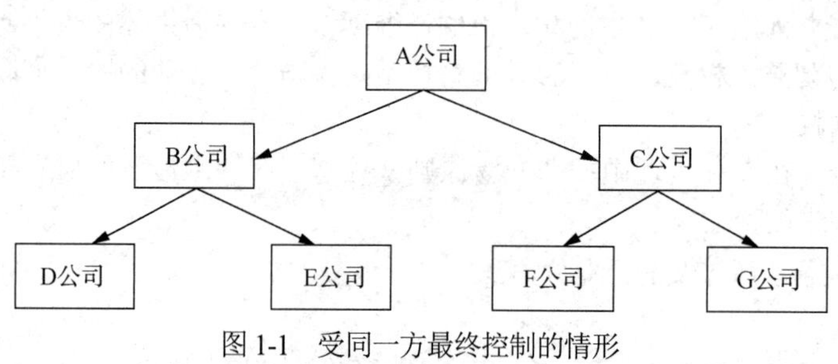

图 1-1　受同一方最终控制的情形

在图 1-1 中，假设 B 公司～G 公司受 A 公司最终控制均在 1 年以上，则在 B 公司～G 公司之间的任何公司之间的合并都属于同一控制下的企业合并。在图 1-2 中，假设 C 公司和 D 公司同受 A 公司和 B 公司最终控制，且控制时间都在 1 年以上，则 C 公司和 D 公司的合并也属于同一控制下的企业合并。

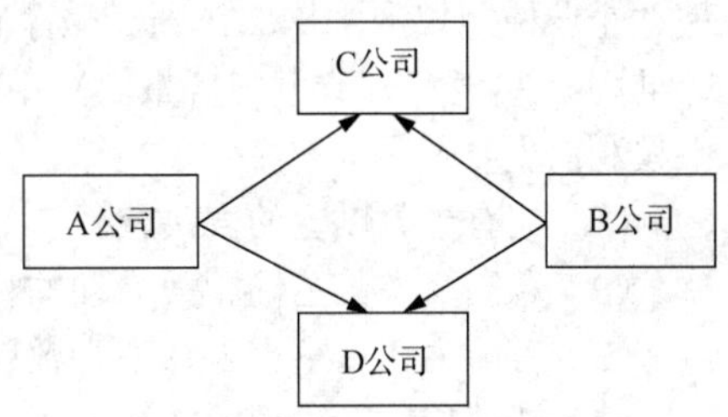

图 1-2 受相同多方最终控制的情形

同一控制下的企业合并，可视为集团内部两个或多个参与合并企业权益的重新整合。从最终控制方来看，集团内部的企业合并不会造成企业集团整体经济利益的流入或流出，最终控制方在企业合并前后实际控制的经济资源没有发生变化，控制权也没有发生转移。因此，同一控制下的企业合并中的交易和事项不作为交易来处理，在会计核算上，与权益联合式合并类似。

2. 非同一控制下的企业合并

非同一控制下的企业合并是指参与合并的企业在合并前后不受同一方或相同的多方最终控制的合并交易。在实务中，除了属于同一控制下的企业合并外，其他合并交易都属于非同一控制下的企业合并。从性质上看，非同一控制下的企业合并属于没有关联关系的企业之间发生的一种购买与被购买的交易，由购买方支付对价收购被购买方的净资产或股权的控制权。这与购买式合并基本相同。

以上几种分类是兼容的，比如同一控制下的企业合并同时也是吸收合并、新设合并或控股合并的一种以及横向合并、纵向合并或混合合并的一种，非同一控制下的企业合并也一样。企业合并分类关系可归纳如图 1-3 所示。

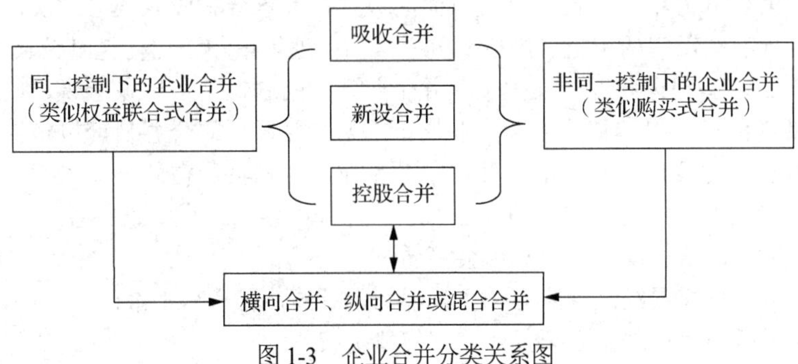

图 1-3 企业合并分类关系图

在我国企业合并的会计实务中，主要是基于合并前后最终控制方是否改变和企业合并的法律形式两个角度进行分类，并选择恰当的会计处理方法。

三、企业合并中的主要会计问题

（一）主并企业的确定

在企业合并中，参与合并的企业应分为主并企业与被并企业。主并企业是指在企业合并中以支付现金资产、发行债券、发行股票等方式取得被并企业净资产或被并企业经营和财务等重大活动控制权的企业；被并企业是指在合并中失去原有企业净资产或控制权的企业。主并企业在企业合并中负责编制企业合并的会计分录，并按企业会计准则的要求编制合并日合并报表。在控股合并中，被并企业还应编制合并日后合并报表。

通常情况下，主并企业应该是企业合并后继续存在并取得了被并企业净资产的主体或拥有被并企业控制权的主体。在判断一家企业是否拥有另一家企业的控制权时，可以结合《企业会计准则第 33 号——合并财务报表》中“控制”的判断标准，考虑其在另一家企业是否因拥有以下权利而主导着另一家企业。

（1）拥有半数以上的表决权。

（2）合同赋予其主导相关活动的权利；

（3）有能力在董事会上行使半数以上表决权；

（4）能够控制其管理团队等。

主并企业在通常情况下是比较容易认定的。对于某些比较复杂的合并业务，以下标志可用来判断主并企业。

（1）如果参与合并中的一家企业的公允价值显著大于其他参与合并企业的公允价值，那么，公允价值大的这家企业很可能就是主并企业；

（2）如果合并是以现金等资产换取有表决权股份的方式完成，那么放弃现金等资产换取股权的企业很可能就是主并企业；

（3）如果参与合并的企业中的一家公司管理层能够主导合并后主体管理团队的选举，那么，能够主导管理团队的一方企业很可能就是主并企业。

我国对主并企业和被并企业的称谓有所不同，根据我国 CAS20 的规定：在同一控制下的企业合并中，在合并日取得对其他参与合并企业控制权的一方称为合并方，参与合并的其他企业称为被合并方；在非同一控制下的企业合并中，在购买日取得对其他参与合并企业控制权的一方称为购买方，参与合并的其他企业称为被购买方。

（二）合并日的确定

企业合并涉及合并方案的设计、有关方面的谈判、董事会和股东大会的决议、资产评估基准日的确定、政府有关部门的审批、产权交割手续的办理等事项，往往耗时较长。确定合并日，既涉及财务会计的基本理论问题，又关乎主并企业各方的利益。从理论上说，应以被并企业的净资产和经营活动的控制权转移到主并企业的日期为合并日，即合并日应以被并企业净资产和经营活动控制权上的主要风险和报酬已转移主并企业，且相关利益能够流入主并企业为标志。在具体实务中，判断控制权是否转移的条件如下。

（1）企业合并合同或协议已获股东大会等通过。

（2）企业合并事项需要经过国家有关主管部门审批的，已获得批准。

（3）参与合并各方已办理了必要的财产权转移手续。

（4）合并方或购买方已支付了合并价款的大部分（一般应超过 50%），并且有能力、有计划支付剩余款项。

（5）合并方或购买方实际上已经控制了被合并方或被购买方的财务和经营决策，并享有相应的利益、承担相应的风险。

（三）被并企业的净资产在合并后主体中的计量

从理论上讲，参与合并企业的资产和负债在合并后报告主体中的计量方法主要有以下几种。

（1）主并企业按原账面价值计量，被并企业按公允价值计量：这是购买式合并下的做法。在购买式合并中，主并企业购买被并企业，正如其购买其他资产一样，购入的资产应该按照公允价值计量，购入资产不会影响购买方净资产本身的计量。因此，在合并后报告主体中，主并企业依然按原账面价值计量，被并企业按合并日公允价值计量。

（2）所有参与合并的企业的资产与负债均按原账面价值计量：这是权益联合式合并下的做法。在权益联合式合并中，由于参与合并的企业的股东们在合并前后的权益没有实质性的改变，企业的联合意味着原参与合并企业股东们之间的联合与企业的持续经营。因此，基于持续经营理论，所有参与合并的企业的资产与负债在合并后的主体中均按原账面价值计量。

（3）所有参与合并的企业的资产与负债均按合并日公允价值计量：这是基于合并后主体是一个全新实体理念下的做法。例如，在新设合并中，如果合并后主体与参与合并主体的所有者及控制权有实质性的变动，无法简单地认定其属于购买行为或是权益联合行为，则可认为参与合并的企业重新组合成了一个全新的实体，所有参与合并企业的资产与负债均按合并日公允价值计量。

（四）被并企业的净利润及留存收益的合并处理

在企业合并中，被并企业在合并当期的净利润及累计的留存收益是否可以并入主并企业财务报表或合并报表？这是企业合并中最敏感的一个问题。在合并日，被并企业当期合并前的净利润及留存收益是否可以并入主并企业财务报表，直接影响主并企业合并当日的净利润和留存收益，进而影响主并企业合并日及合并日后的财务状况。

从理论上讲，如果确认企业合并是一种买卖行为，则被并企业的任何利润都不能够并入主并企业中，这正如企业购买的任何资产不能够给企业带来利润一样；但如果确认企业合并是一种权益上的联合行为，是参与合并企业的股东们在经营上的持续，则被并企业合并前的净利润和留存收益可以并入主并企业。

（五）合并对价的处理

合并对价就是主并企业在企业合并中为了取得被合并方的净资产或控制权所付出的成本。从会计理论上讲，合并对价应该包括主并企业为实施企业合并所支付的现金或非现金资产、发行的债券或承担的其他债务或发行的权益性证券等对价的公允价值以及企业合并中发生的各项直接相关费用之和。但是在会计实务中，由于人们对企业合并性质的不同认定，合并对价可能采用不同的计量属性核算，在购买式合并中，合并对价通常按公允价值计量；在权益联合式合并中，合并对价通常按账面价值计量。

在企业合并中，合并对价并不是支付给被并企业这个会计主体的，而是支付给被并企业的所有者或股东的，因为合并方取得的净资产或股权是属于被并方股东或所有者的。因此，如果合并对价是现金或非现金资产，则合并后被合并方的所有者或股东与合并后企业就脱离了关系；如果合并对价是主并企业发行的债券，则合并后被合并方的所有者或股东将成为合并后企业的债权人；如果合并对价是主并企业发行的普通股股票，则合并后被合并方的所有者或股东将成为合并后企业的新股东。

（六）合并费用的处理

企业合并中，合并方会发生与企业合并相关的交易费用。企业合并中的交易费用，是指可直接归属于企业合并的增量费用。增量费用，是指若不发生企业合并，合并方就不会发生的费用。从理论上讲，合并方为进行企业合并支付的各种直接相关费用，如审计费用、评估费用、法律服务费用等直接交易费用，应根据企业合并性质的不同而做不同的会计处理：对于购买式合并来讲，可计入合并成本；对于权益联合式合并来讲，可计入当期损益。但如果购买合并交易费用计入合并成本，最终会影响商誉计量的正确性，因此，在现行企业会计准则中，两种不同性质企业合并中发生的直接合并费用均计入当期损益。

另外，企业为合并而发行的债券或承担其他债务所支付的手续费、佣金等，应当计入所发行债券及其他债务的初始计量金额；为合并而发行的权益性证券发生的交易费用（如登记费，承销费，法律、会计、评估及其他专业服务费用，印刷成本和印花税等），应当从权益（资本溢价）中扣减，溢价收入不足冲减的，冲减留存收益。

四、企业合并会计处理的框架

企业合并的会计分录由主并企业编制。在企业合并中，主并企业以货币资金或非货币性资产、发行债券或发行股票为对价，从被并企业取得相关资产及相关负债（即净资产）或股权投资，其会计分录的基本框架如下。

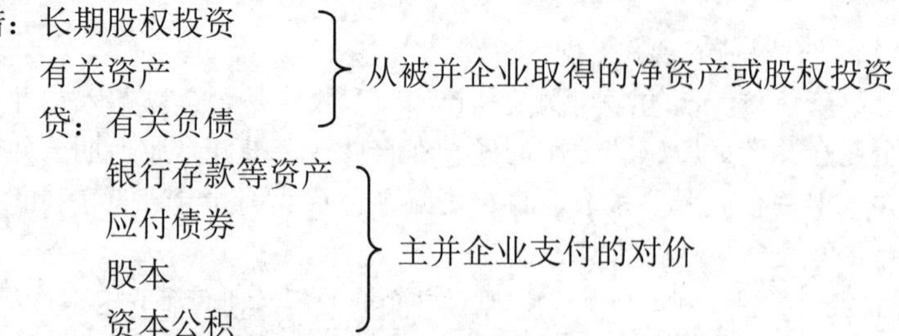

这个分录是企业合并的基本框架。在针对具体业务编制该分录时，主并企业必须明确以下问题。

第一，借方科目是净资产还是股权投资？如何计量？

第二，贷方是资产、负债还是股本？如何计量？

第三，借贷双方出现价差如何处理？

上述问题主要取决于企业合并是同一控制下企业合并还是非同一控制下企业合并以及是吸收合并、新设合并还是控股合并。

（一）同一控制下的企业合并和非同一控制下的企业合并对合并分录的影响

（1）对会计计量的影响：在同一控制下的企业合并中，借贷双方的会计要素均应按账面价值计量；在非同一控制下的企业合并中，借贷双方的会计要素均应按公允价值计量。

（2）对合并价差的影响：在同一控制下的企业合并中，企业应按借贷双方出现的价差调整股东权益；在非同一控制下的企业合并中，借贷双方出现的价差计入商誉或损益。

（二）吸收合并、新设合并和控股合并对合并分录的影响

在吸收合并或新设合并时，借方科目应为相关资产或相关负债，即主并企业从被并企业取得的净资产；在控股合并时，借方反映从被并方取得的长期股权投资。

企业合并会计分录的具体框架如表1-1所示。

表1-1　企业合并会计分录框架

	吸收合并/新设合并	控股合并
同一控制下的企业合并	借：有关资产 　贷：有关负债 　　银行存款等 　　应付债券 　　股本 　　…… 借（贷）：资本公积 （账面价值计量）	借：长期股权投资 　贷：银行存款等 　　应付债券 　　股本 　　…… （账面价值计量）
非同一控制下的企业合并	借：有关资产 　贷：有关负债 　　银行存款等 　　应付债券 　　股本 　　…… （公允价值计量） 借（贷）：商誉（营业外收入）	借：长期股权投资 　贷：银行存款等 　　应付债券 　　股本 　　…… （公允价值计量）

第二节 同一控制下企业合并的会计处理

一、同一控制下企业合并的会计处理要点

根据我国 CAS20 的规定，对于同一控制下的企业合并，合并方应在合并日进行会计处理，会计处理要点如下。

同一控制下企业合并要点

（一）取得的净资产或股权投资的计量

同一控制下的企业合并中，对于取得的净资产，合并方应按合并日被合并方相关资产或负债的账面价值入账；取得的股权投资应根据被合并方在其最终控制方合并财务报表中的净资产账面价值的份额计量。

对于吸收合并和新设合并，合并方应按取得的有关资产和负债账面价值，借记有关资产科目，贷记有关负债科目；对控股合并，合并方应根据合并后享有被合并方的净资产的账面价值的份额，借记“长期股权投资”科目。

如果被合并方是企业集团最终控制方当年投资设立的，则其净资产的账面价值应该与其在最终控制方合并财务报表中的账面价值一致；如果被投资方是企业集团通过非同一控制下企业合并购买的，则其净资产账面价值可能与其在最终控制方合并财务报表中的账面价值不一致。

（二）支付的合并对价的计量

在同一控制下的企业合并中，合并方支付的合并对价应该按原账面价值计量。以非现金资产作为合并对价时，应按其原账面价值，贷记有关非现金资产科目，不确认相关的处置损益；以发行债券的方式作为合并对价时，应按发行债券的面值，贷记“应付债券——面值”科目；以发行股票的方式作为合并对价时，应按发行股票的面值，贷记“股本”科目。

（三）借贷双方差额的处理

在同一控制下的企业合并中，如果合并方取得的净资产或长期股权投资的入账价值与支付的合并对价的账面价值出现差额，应当调整资本公积：差额在贷方时，直接计入“资本公积——资本（股本）溢价”账户；差额在借方时，首先应冲减“资本公积——资本（股本）溢价”账户，该账户不足冲减的，按照“盈余公积”和“未分配利润”的顺序，分别冲减留存收益。

（四）被合并方合并前留存收益的处理

在同一控制下的企业合并中，被合并方合并前留存收益应并入合并后主体或合并财务报表。对于吸收合并和新设合并，合并方应根据被合并方在合并前留存收益的金额，在合并方单独财务报表中编制调整分录，借记“资本公积——资本（股本）溢价”科目；贷记“盈余公积”“未分配利润”等科目。对于控股合并，合并方应根据被合并方在合并前留存收益中的份额，在合并报表中编制这笔调整分录。这里应注意的是，冲减的资本公积应以“资本公积——资本（股本）溢价”账户的贷方金额为上限。

（五）合并费用的处理

企业合并中发生的直接费用，应当于发生时计入“管理费用”账户；因发行债券或承担其他负债等支付的手续费和佣金等费用，应当计入“应付债券——利息调整”账户；因发行权益

性证券所发生的手续费、佣金等费用，应计入“资本公积——资本（股本）溢价”账户，“资本公积”账户不足冲减的，分别冲减“盈余公积”和“未分配利润”账户。

（六）或有对价的处理

为了规避风险，现在越来越多的企业合并将并购价格与并购标的未来经营业绩或某一个特定事项挂钩。典型的例子包括：如果标的企业未来经营业绩达到某一个约定的目标，则合并方将支付被合并方一个约定的对价；如果标的企业未来可以按期完成某一项工作，并获得相关部门认可，则合并方将支付被合并方一个约定的对价；如果被合并方没有完成约定的经营业绩，或者没有达成某一个事项预先设定的目标，则被合并方作为补偿，将返还合并方已经支付的部分对价或给予一定的补偿等。这种并购对价的安排，统称为企业合并中的“或有对价”[①]。

在同一控制下的企业合并中，对于合并协议中约定的、未来根据一项或多项或有事项确定的或有对价，合并方应按《企业会计准则第 13 号——或有事项》的规定来核算；在后续或有对价的支付中涉及差额的，合并方应调整资本公积（资本溢价或股本溢价），资本公积不足冲减的，调整留存收益。

二、同一控制下企业合并的会计处理示例

（一）一次交易实现企业合并的会计处理

【例1-1】 吸收合并/不涉及合并费用的情形。

2017年1月1日，天健公司以吸收合并的方式收购了地坤公司。地坤公司的资产和负债全部转入天健公司，地坤公司注销。假设在该合并中，天健公司以100万股普通股作为合并对价，该普遍股面值为1元/股，市价为2元/股。天健公司和地坤公司属于同一个集团内的两家公司，两者的合并符合同一控制下企业合并的要求。2017年1月1日，天健公司和地坤公司（在最终控制方合并财务报表）的资产和负债的账面价值如表1-2所示。

表 1-2　资产和负债合并前账面价值

2017 年 1 月 1 日　单位：万元

项目	天健公司	地坤公司	合计
银行存款	80	10	90
应收账款	100	30	130
存货	140	40	180
固定资产	460	120	580
资产总计	780	200	980
应付账款	28	42	70
应付债券	112	8	120
负债小计	140	50	190
普通股	200	30	230
资本公积（股本溢价）	140	40	180
盈余公积	200	50	250
未分配利润	100	30	130
股东权益小计	640	150	790
负债与所有者权益合计	780	200	980

① 企业合并中的这类或有对价也称为“对赌”。如果是并购方增加支付对价，则通常称之为“或有对价支付”或“Earn-Out”；如果是被并购方退还对价，则称为“或有对价收回”或“Claw-back”。

要求：为天健公司编制其与地坤公司合并时的会计分录，并编制合并后的资产负债表。

分析：

在本例中，天健公司以发行账面价值为100万元的股票（100万股×1元/股）的方式收购了地坤公司，取得了地坤公司账面价值为200万元的资产和账面价值为50万元的负债，合并日为2017年1月1日。由于天健公司和地坤公司的合并为同一控制下的企业合并，因此，天健公司在合并中取得的净资产应按账面价值150（200−50）万元入账；支付的合并对价也应按账面价值100万元入账；借贷双方差额为贷差50万元，应计入"资本公积"账户。

根据以上分析，天健公司应编制如下会计分录（单位：元）。

① 取得净资产时：

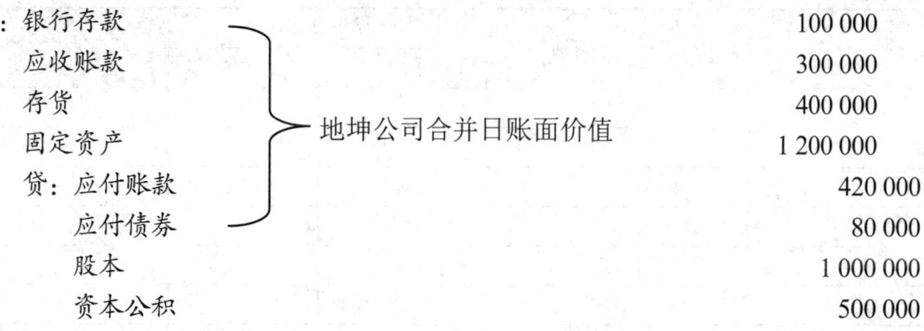

借：银行存款　　100 000

　　应收账款　　300 000

　　存货　　400 000

　　固定资产　　1 200 000

　　贷：应付账款　　420 000

　　　　应付债券　　80 000

　　　　股本　　1 000 000

　　　　资本公积　　500 000

② 将地坤公司合并前留存收益并入天健公司时：

借：资本公积——股本溢价　　800 000

　　贷：盈余公积　　500 000

　　　　未分配利润　　300 000

为了便于分析被并企业合并前留存收益对企业合并的财务影响，现根据本例题的资料编制两张合并后报表（见表1-3和表1-4），其中，表1-3是地坤公司合并前留存收益不并入合并后天健公司财务报表的情况；表1-4是将地坤公司合并前留存收益并入合并后天健公司财务报表的情况。

表 1-3　　天健公司合并前后资产负债表

（地坤公司合并前留存收益不并入天健公司财务报表的情况）　　单位：万元

项目	账面价值（合并前）	合并分录		账面价值（合并后）
		借方	贷方	
银行存款	80	①10		65
应收账款	100	①30		130
存货	140	①40		180
固定资产	460	①120		580
无形资产				
资产总计	780			980
应付账款	28		①42	70
应付债券	112		①8	120
负债小计	140			190
普通股	200		①100	300
资本公积（股本溢价）	140		①50	190
盈余公积	200			200
未分配利润	100			100
股东权益	640			790
负债与所有者权益合计	780	305	305	980

通过表1-3可以看出，在同一控制下的企业合并中，合并后资产、负债和所有者权益的金额等于参与合并的企业合并前账面金额的合计数。

合并后资产=780（天健公司）+200（地坤公司）=980（万元）

合并后负债=140（天健公司）+50（地坤公司）=190（万元）

合并后股东权益=640（天健公司）+150（地坤公司）=790（万元）

在表1-3中，因为被合并方留存收益未被并入合并方，所以合并后天健公司的盈余公积和未分配利润就是合并前天健公司财务报表中的盈余公积和未分配利润，分别为200万元和100万元。

表1-4　天健公司合并前后资产负债表

（地坤公司合并前留存收益并入天健公司财务报表的情况）　单位：万元

项目	账面价值（合并前）	合并分录		账面价值（合并后）
		借方	贷方	
银行存款	80	①10		90
应收账款	100	①30		130
存货	140	①40		180
固定资产	460	①120		580
无形资产				
资产总计	780			980
应付账款	28		①42	70
应付债券	112		①8	120
负债小计	140			190
普通股	200		①100	300
资本公积（股本溢价）	140	②80	①50	110
盈余公积	2 00		②50	250
未分配利润	1 00		②30	130
股东权益	640			790
负债与所有者权益合计	780	305	305	980

通过表1-4可以看出，合并后天健公司的资产、负债和所有者权益仍然等于两家企业合并前的合计数。但由于地坤公司的盈余公积50万元和未分配利润30万元并入了天健公司，因此，在天健公司合并后股东权益总额不变的情况下，天健公司的股东权益结构发生了变化，其中，资本公积减少了80万元，盈余公积和未分配利润分别增加了50万元和30万元。因此，合并后天健公司的盈余公积和未分配利润分别为250万元和130万元。

【例1-2】 吸收合并/涉及合并费用的情形。

沿用【例1-1】中的资料，并假设在该合并中，天健公司以现金支付了与发行股票相关的手续费和佣金10万元、审计费用10万元、法律服务费5万元。

要求：为天健公司编制其吸收合并地坤公司时的会计分录。

分析：与【例1-1】相比，本例增加了合并费用，金额为25万元，其中，直接费用15万元（10万元审计费＋5万元法律服务费）应计入管理费用；与发行股票相关的手续费、佣金等费用10万元应冲减资本溢价。

有关的会计分录如下（单位：元）。

① 取得净资产时：

借：银行存款　　100 000

　　应收账款　　300 000

存货 400 000
固定资产 1 200 000
贷：应付账款 420 000
应付债券 80 000
股本 1 000 000
资本公积 500 000

② 将地坤公司合并前的留存收益并入天健公司时：

借：资本公积——股本溢价 800 000
贷：盈余公积 500 000
未分配利润 300 000

③ 支付合并费用时：

借：管理费用 150 000
资本公积——股本溢价 100 000
贷：银行存款 250 000

在本例中，天健公司在吸收合并地坤公司前后的财务数据如表1-5所示。

表 1-5 天健公司合并前后的财务数据 单位：万元

项目	账面价值（合并前）	合并分录		账面价值（合并后）
		借方	贷方	
银行存款	80	①10	③25	65
应收账款	100	①30		130
存货	140	①40		180
固定资产	460	①120		580
无形资产				
资产总计	780			955*
应付账款	28		①42	70
应付债券	112		①8	120
负债小计	140			190**
普通股	200		①100	300
资本公积（股本溢价）	140	②80 ③10	①50	100
盈余公积	200		②50	250
未分配利润	100	③15	②30	115
股东权益	640			765***
负债与所有者权益合计	780	305	305	955

在本例中，合并后，资产、负债和所有者权益的计算过程如下：

*合并后天健公司的资产=780+200−25=955（万元）

**合并后天健公司的负债=140+50=190（万元）

***合并后天健公司的股东权益=640+150−25=765（万元）

【例1-3】 吸收合并/冲减资本公积的情形。

沿用【例1-1】的资料，并假定：（1）天健公司发行普通股190万股吸收合并了地坤公司；（2）天健公司发行普通股400万股吸收合并了地坤公司。其他条件保持不变。

要求：分别编制天健公司合并地坤公司的会计分录。

分析：

（1）假设天健公司发行了190万股普通股。

在本例中，如果合并方发行190万股的普通股实施合并，则合并对价的账面价值为190（190×1）万元，取得被合并方的净资产的账面价值为150万元，借贷双方价差在借方，金额为40万元，应冲减资本公积。

会计分录如下（单位：元）。

① 取得地坤公司净资产时：

借：银行存款　　100 000
　　应收账款　　300 000
　　存货　　400 000
　　固定资产　　1 200 000
　　资本公积　　400 000
　　贷：应付账款　　420 000
　　　　应付债券　　80 000
　　　　股本　　1 900 000

② 调整地坤公司合并前的留存收益时：

借：资本公积——股本溢价　　800 000
　　贷：盈余公积　　500 000
　　　　未分配利润　　300 000

（2）假设天健公司发行了400万股普通股。

在本例中，如果合并方发行了400万股普通股实施合并，则合并方合并对价的账面价值为400万元（400万股×1元/股），取得被合并方的净资产账面价值为150万元，借贷双方的差额在借方，金额为250万元，应冲减资本公积，但资本公积的余额只有140万元，因此，剩余110万元应冲减盈余公积。

会计分录如下（单位：元）：

借：银行存款　　100 000
　　应收账款　　300 000
　　存货　　400 000
　　固定资产　　1 200 000
　　资本公积　　1 400 000
　　盈余公积　　1 100 000
　　贷：应付账款　　420 000
　　　　应付债券　　80 000
　　　　股本　　4 000 000

在本例中，天健公司资本公积账户余额为0，因此，不能将地坤公司合并前的留存收益并入天健公司。

【例1-4】 控股合并的情形。

沿用【例1-1】的资料，并假设天健公司发行100万元普通股，收购了地坤公司100%的股权。其他条件不变。

要求：为天健公司编制其合并地坤公司时的会计分录。

分析：

合并日，地坤公司净资产的账面价值为150万元，在100%控股合并的情况下，天健公司的长期股权投资应按150万元入账；合并对价为100万元的普通股股票的账面价值为100万元；借贷双方的差额在贷方，金额为50万元，计入资本公积。会计分录为（单位：元）：

借：长期股权投资　　1 500 000
　贷：股本　　1 000 000
　　资本公积——股本溢价　　500 000

本例属于同一控制下控股合并的情形，因此，地坤公司合并前的留存收益应在合并报表工作底稿中进行调整。

【例1-5】 部分控股合并的情形。

沿用【例1-1】的资料，并假设天健公司发行100万元普通股收购了地坤公司60%的股权。其他条件不变。

要求：为天健公司编制控股合并地坤公司时的会计分录。

分析：

合并日，地坤公司净资产的账面价值为150万元，在60%控股合并的情况下，天健公司的长期股权投资应按90（150万元×60%）万元入账；合并对价的账面价值为100万元；会计分录中借贷双方的价差在借方，金额为10万元，应冲减资本公积。会计分录为（单位：元）：

借：长期股权投资　　900 000
　资本公积　　100 000
　贷：股本　　1 000 000

本例属于同一控制下控股合并的情形，因此，地坤公司留存收益应在合并报表工作底稿中进行调整，且只能按控股比例60%进行调整。

【例1-6】 被合并方与其在最终控制方合并报表中账面价值不同的情形。

P公司和S公司的最终控制方都是A公司，其中S公司是A公司于2014年从集团外收购的全资子公司。2017年6月30日，P公司定向增发了1 000万股普通股（每股面值为1元，市价为8.68元）取得了S公司100%的股权，并于当日开始对S公司实施控制。2017年6月30日，S公司单独报表中净资产的账面价值为2 200万元，而其在A公司合并报表中净资产的账面价值为4 000万元（含商誉）。假定不考虑相关税费等其他因素影响。

要求：为P公司编制合并日其合并S公司时的会计分录。

分析：

在本例中，P公司和S公司的合并为同一控制下的企业合并。在合并日，S公司的净资产在其个别报表中的金额与在其控股股东A公司合并报表中的金额不一致。根据企业会计准则的规定，P公司在控股合并S公司中取得的长期股权投资应按S公司在A公司合并财务报表中的净资产账面价值的份额入账。会计分录为（单位：万元）：

借：长期股权投资（4 000×100%）　　4 000
　贷：股本（1 000万股×1元/股）　　1 000
　　资本公积——资本溢价　　3 000

在本例中，S公司合并前留存收益应在合并资产负债表工作底稿中进行调整。

（二）多次交易实现企业合并的会计处理

多次交易实现的企业合并主要是针对控股合并而言的。在同一控制下的控股合并中，如果合并方通过多次交易取得了被合并方的控制权，合并方应当首先判断该交易是否属于“一揽子交易”。“一揽子交易”在本质上属于“一次交易的企业合并方案”。在实际运作过程中，合并计划将经过两次或两次以上交易才能完成。例如，甲公司 2015 年与乙公司签订了企业合并方案，计划收购乙公司 60%的股权。该计划预计分 3 次交易完成：2015 年收购了 25%的股权；2016 年收购了 25%的股权；2017 年收购了 10%的股权，最终完成收购。该交易就属于一揽子交易。我国企业会计准则规定，对于一揽子交易，合并方应当将交易的每个阶段作为一项取得控制权的交易进行会计处理。

在会计实务中，如果多次交易完成的同一控制下企业合并不属于一揽子交易，则合并方在合并日应按照以下步骤进行会计处理。

（1）确定长期股权投资的初始投资成本。在合并日，合并方应根据合并后应享有的被合并方净资产在其最终控制方合并财务报表中的账面价值的份额，确定长期股权投资的初始投资成本。

（2）确定合并日合并对价。在合并日，多次交易实现企业合并的合并对价应该等于合并前持有的长期股权投资或其他权益工具投资等的账面价值加上合并日进一步收购股权支付对价的账面价值之和。

（3）借贷双方差额的处理。在合并日，长期股权投资的初始投资成本与合并对价账面价值的差额，应调整资本公积（资本溢价或股本溢价），资本公积不足冲减的，冲减留存收益。

（4）合并日之前持有股权确认的其他综合收益和其他所有者权益变动的处理。合并方在合并之前股权投资确认的其他综合收益和其他所有者权益变动，在合并日暂不结转至当期损益或留存收益，待处置该项投资时再相应结转当期损益或留存收益。应该注意的是，如果处置后的剩余股权依然采用成本法或权益法核算，则其他综合收益和其他权益变动应按比例结转；如果处置后的剩余股权被分类为其他权益工具投资，则其他综合收益和其他所有者权益变动应全部结转。

（5）被合并方合并前留存收益的结转。多次交易实现的同一控制下的企业合并与一次交易实现的同一控制下的企业合并一样，在合并日，被合并方合并前的留存收益应并入合并报表。

【例1-7】 同一控制下/从权益法到控股合并的情形。

2017年1月1日，天健公司以6 000万元取得同一控制下地坤公司25%的股份，采用权益法核算。当日，地坤公司可辨认净资产的账面价值为22 000万元（假定与公允价值相等）。2017年，地坤公司的净利润为1 000万元，无其他所有者权益变动。2018年1月1日，天健公司定向增发2 000万股普通股（每股面值1元/股，公允价值为4.5元/股），再次取得地坤公司40%的股权，并于当日取得地坤公司的控制权。合并当日，地坤公司在最终控制方合并财务报表中的净资产的账面价值为23 000万元。假定该合并不属于一揽子交易，不考虑税费等其他相关因素影响。

要求：为天健公司编制投资及合并地坤公司时的会计分录。

分析：

在本例中，天健公司分两次交易于2018年1月1日取得了同一控制下地坤公司的控制权，由于不属于一揽子交易，因此，应按正常多次交易实现企业合并的方法处理。有关会计分录如下（单位：万元）。

（1）2017年年初，天健公司取得地坤公司20%的股权时：

借：长期股权投资——投资成本　　6 000

　　贷：银行存款　　6 000

（2）2017年年末，按权益法确认投资收益时：

借：长期股权投资——损益调整（1 000×25%）　　250

　　贷：投资收益　　250

（3）2018年1月，天健公司合并地坤公司时：

① 长期股权投资的初始投资成本=23 000×65%=14 950（万元）

② 合并对价=（6 000+250）+2 000=8 250（万元）

③ 差额=14 950−8 250=6 700（万元）

会计分录如下：

借：长期股权投资——投资成本　　14 950

　　贷：长期股权投资——投资成本　　6 000

　　　　　　　　　　——损益调整　　250

　　　　股本　　2 000

　　　　资本公积——股本溢价　　6 700

在本例中，地坤公司合并前的留存收益应按规定并入合并报表。

【例1-8】 同一控制下/从其他权益工具投资到控股合并的情形。

沿用【例1-7】中的资料，并假设天健公司于2017年1月1日将原持有的25%股权投资指定为以公允价值计量且其变动计入其他综合收益的金融资产，2018年年末该投资的公允价值为6 250万元。其他资料不变。

要求：编制与天健公司投资、合并相关的会计分录。

分析：

在本例中，天健公司经过两次交易实现了对同一控制下地坤公司的控股合并，第一次交易被指定为其他权益工具投资，第二次交易实现了合并，且为非一揽子交易，因此，有关会计分录如下（单位：万元）。

（1）2017年1月，进行股权投资时：

借：其他权益工具投资——成本　　6 000

　　贷：银行存款　　6 000

（2）2017年年末，确认公允价值变动时：

借：其他权益工具投资——公允价值变动　　250

　　贷：其他综合收益　　250

（3）2018年1月，再次交易合并地坤公司时：

借：长期股权投资——投资成本　　14 950

　　贷：其他权益工具投资——投资成本　　6 000

　　　　　　　　　　　　——公允价值变动　　250

　　　　股本　　2 000

　　　　资本公积——股本溢价　　6 700

在本例中，应注意：第一，因天健公司与地坤公司的合并属于同一控制下的企业合并，因此，合并日暂不能将250万元的其他综合收益结转到留存收益；第二，地坤公司合并前留存收益应按企业会计准则的规定并入合并报表。

第三节　非同一控制下企业合并的会计处理

一、非同一控制下企业合并的会计处理要点

非同一控制下企业合并要点

非同一控制下企业合并的会计处理要点如下。

（一）合并中取得的净资产或长期股权投资的计量

在非同一控制下的企业合并中，购买方取得的净资产应该以购买日相关资产和负债的公允价值计量；取得的长期股权投资应按照购买日的合并成本

计量。

（二）合并成本的确定

合并成本是购买方在购买日收购被购买方净资产或控制权时支付对价的公允价值，包括付出的资产、发行的债券或权益性证券等的公允价值。当购买方支付的对价为非现金资产时，购买方应将相关资产的公允价值与账面价值的差额作为资产转让损益计入当期损益。

在企业合并的合同或者协议中，可能存在影响合并成本的或有对价。如果或有对价在未来很可能发生且对合并成本的影响金额能够可靠计量，符合预计负债条件的，购买方应将其计入合并成本。

现行企业会计准则允许对购买日确定的合并成本进行调整。在购买日，如果合并中取得的可辨认资产、负债及或有负债的公允价值无法可靠计量，则购买方可根据暂估价值或账面价值对合并交易进行确认和计量。如果购买日后 12 个月内对暂估价值进行调整，则所调整的部分视为对购买日合并成本的调整，超过 12 个月后的调整，视为会计差错的更正。

（三）合并商誉和负商誉的确认

商誉是企业源于卓越的管理队伍，优越的地理位置和良好的社会声誉等拥有的获取超额收益的能力。

1. 商誉的确认与计量

根据《企业会计准则第 20 号——企业合并》（CAS20）的规定，购买方应当将合并成本超过合并中取得的被购买方可辨认净资产公允价值份额的差额，确认为商誉。

商誉有两种确认方法：部分商誉法和全部商誉法。按合并成本大于合并中取得的被购买方可辨认净资产公允价值份额的差额来确定合并商誉的方法，属于部分商誉法。部分商誉法下的商誉是控股股东在购买控股权时购入的商誉，只代表控股股东在被购买方拥有的商誉，不包括归属于少数股东的商誉。全部商誉法，也称为完全商誉法。从理论上讲，全部商誉法是按控股股东和少数股东共同收购被购买方的合并成本与被购买方可辨认净资产公允价值的差额来确认合并商誉的。全部商誉法下，合并商誉包括母公司和少数股东享有的商誉。在实务中，购买方通常是基于其在企业合并中购入的商誉及持股比例，推算出被购买方的全部商誉。我国 CAS20 要求企业采用部分商誉法确定商誉，而国际财务报告准则第 3 号——企业合并（IFRS3）则允许企业在部分商誉法和全部商誉法之间选择。

另外，在不同的企业合并方式下，确定商誉的会计分录及商誉披露的方式都有所不同。在吸收合并和新设合并中，购买方在其独自的账簿中编制与企业合并相关的会计分录，商誉也将在购买方账簿中单独确认，并在合并后存续企业的个别资产负债表中单项列示；在控股合并中，由于企业合并中取得的长期股权投资按合并成本（含商誉成本）入账，因此，控股合并中的商誉包含在长期股权投资中，在编制合并报表时，企业再将商誉在合并报表中予以披露。

2. 负商誉的确认与计量

本书借用“负商誉”一词来表达合并成本小于取得的被购买方可辨认净资产公允价值份额的差额。

根据我国 CAS20 的规定，合并成本小于取得的被购买方可辨认净资产的公允价值份额的，购买方应当将两者的差额（即负商誉）计入当期损益。根据 CAS20，企业在非同一控制下的企业合并交易中，当购买方的合并成本小于取得的被购买方可辨认净资产公允价值的份额时，首先，购买方要对产生该差额的有关因素进行复核，一方面要对取得的被购买方各项可辨认资产、负债及或有负债的公允价值进行复核，另一方面要对购买方确定的合并成本进行复核；经过复核认定合并成本确实小于取得的被购买方可辨认净资产公允价值的份额后，将其差额作为利得计入当期损益。

（四）或有对价的处理

在非同一控制下企业合并中，合并各方可能会在合并协议中约定，根据未来一项或多项或有事项的发生，购买方通过发行额外证券、支付额外现金或其他资产等方式追加合并对价，或者要求返还之前已经支付的对价。这将导致产生企业合并的或有对价问题。

关于非同一控制下企业合并中的或有对价，现行企业会计准则的规定如下。

（1）购买方应当将合并协议约定的或有对价按照其在购买日的公允价值计入企业合并成本。

（2）或有对价符合权益工具和金融负债定义的，购买方应当将其确认为一项权益或负债。

（3）或有对价符合资产定义并满足资产确认条件的，购买方应当将其（即应收回已支付对价）确认为一项资产。

（4）购买日后12个月内出现的新的或进一步证据（指与购买日不同的情况）需要调整或有对价的，应当同时调整购买日确定的商誉金额。

（5）其他情况下发生的或有对价的变化，属于权益性质的，不进行会计处理；属于资产或负债性质的，如果属于金融工具，应当采用公允价值计量，公允价值变动计入当期损益或其他综合收益；如果不属于金融工具，则应按《企业会计准则第 13 号——或有事项》等的规定处理。

（五）递延所得税的处理

在非同一控制下企业合并中，往往会涉及所得税会计问题，相关规定如下。

（1）与免税合并有关的递延所得税。在免税合并的情况下，购买方取得的被购买方可辨认净资产是按公允价值计量的，而被购买方的这些资产、负债的计税基础仍应维持原计税基础，由此可能导致暂时性差异的产生。根据现行企业会计准则的规定，除商誉之外的其他有关资产与负债，均应正常确定这种暂时性差异对所得税的影响。

在免税合并中确认的递延所得税资产或递延所得税负债，将影响与其相关资产或负债的价值，从而最终影响合并时确认的合并商誉或负商誉。

（2）对合并中取得的可抵扣暂时性差异的处理。在企业合并中，如果购买方从被购买方取得了可抵扣暂时性差异，且在购买日不符合递延所得税资产确认条件的，不应予以确认；在购买日后12个月内，如取得新的信息满足了递延所得税资产的确认条件，应确认相关的递延所得税资产，同时调减合并商誉，合并商誉不足冲减的，差额部分确认为当期损益。

（3）与被合并方未弥补亏损相关的所得税。在企业合并中，对于被合并方的未弥补亏损，如果估计未来很可能产生足够的应税利润予以抵扣，则合并方可据以确认相关的递延所得税资产，同时调整所得税费用。

（六）合并费用的处理

非同一控制下企业合并中合并费用的处理方法和同一控制下企业合并中合并费用的处理方法完全一致，这里不再赘述。

二、非同一控制下企业合并示例

（一）一次交易实现的企业合并

【例1-9】 吸收合并/商誉的情形。

2017年1月1日，天健公司以80万元现金和100万股普通股股票（每股面值为1元，每股市价为2元）为对价吸收合并了非同一控制下的地坤公司，并支付股票发行的手续费和佣金10万元、审计费用10万元、法律服务费5万元。假设不考虑所得税等其他相关因素的影响。在购买日，天健公司和地坤公司的资产与负债情况如表1-6所示。

表1-6　天健公司和地坤公司的资产与负债情况　单位：万元

项目	天健公司	地坤公司	
	账面价值	账面价值	公允价值
银行存款	80	10	10
应收账款	100	30	28
存货	140	40	50
固定资产	460	120	190
无形资产			10
资产总计	780	200	288
应付账款	28	42	39
应付债券	112	8	9
负债小计	140	50	48
普通股	200	30	
资本公积（股本溢价）	140	40	
盈余公积	200	50	
未分配利润	100	30	
股东权益小计	640	150	
负债与所有者权益合计	780	200	

要求：为天健公司编制其合并地坤公司时的会计分录。

分析：

在本例中，天健公司以80万元现金和100万股普通股股票为对价购买了集团外公司地坤公司的全部净资产，属于非同一控制下的吸收合并。购买日合并成本、可辨认净资产的公允价值和商誉的计算过程如下。

合并成本=80+100×2=280（万元）

可辨认净资产公允价值=（10+28+50+190+10）-（39+9）=240（万元）

商誉=合并成本-可辨认净资产公允价值=280-240=40（万元）

购买日会计分录如下（单位：元）。

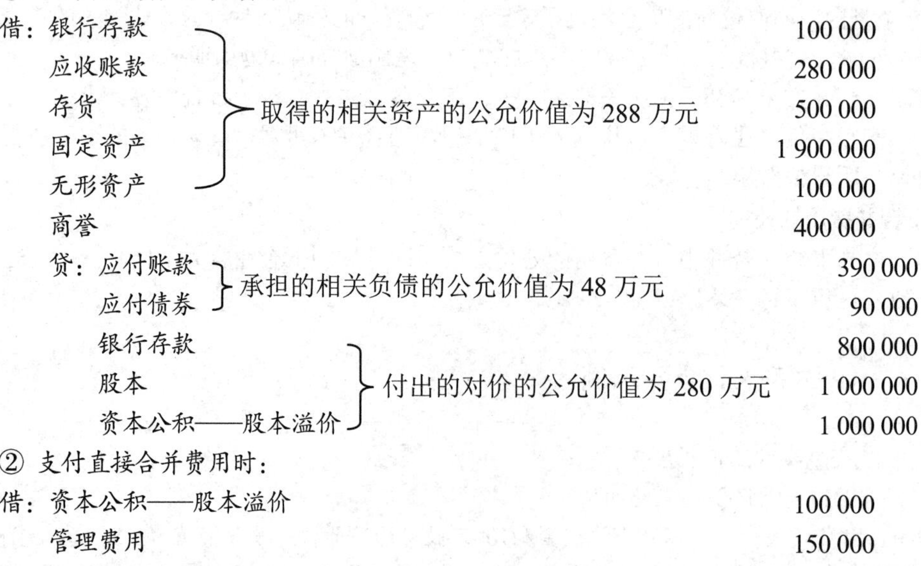

① 取得相关资产和负债时：

借：银行存款　100 000
　　应收账款　280 000
　　存货　500 000
　　固定资产　1 900 000
　　无形资产　100 000
　　（取得的相关资产的公允价值为288万元）
　　商誉　400 000
　　贷：应付账款　390 000
　　　　应付债券　90 000
　　　　（承担的相关负债的公允价值为48万元）
　　　　银行存款　800 000
　　　　股本　1 000 000
　　　　资本公积——股本溢价　1 000 000
　　　　（付出的对价的公允价值为280万元）

② 支付直接合并费用时：

借：资本公积——股本溢价　100 000
　　管理费用　150 000
　　贷：银行存款　250 000

【例1-10】 吸收合并/负商誉的情形。

沿用【例1-9】中的资料，并假定天健公司以现金20万元和100万股普通股（每股面值为1元，每股市价为2元）吸收合并了地坤公司。其他条件不变，且不考虑所得税等其他相关因素的影响。

要求：为天健公司编制其合并地坤公司时的会计分录。

分析：

在本例中，合并成本、被购买方可辨认净资产公允价值和商誉的金额分别如下。

合并成本=20+100×2=220（万元）

可辨认净资产的公允价值=（10+28+50+190+10）-（39+9）=240（万元）

商誉=合并成本-可辨认净资产公允价值=220-240=-20（万元）

有关的会计分录如下（单位：元）。

① 取得相关资产和负债时：

科目	说明	借方	贷方
借：银行存款	取得的相关资产的公允价值 288 万元	100 000	
应收账款		280 000	
存货		500 000	
固定资产		1 900 000	
无形资产		100 000	
贷：应付账款	承担的相关负债的公允价值 48 万元		390 000
应付债券			90 000
银行存款	付出的对价的公允价值 220 万元		200 000
股本			1 000 000
资本公积——股本溢价			1 000 000
营业外收入			200 000

② 支付直接合并费用时：

借：资本公积——股本溢价 100 000

管理费用 150 000

贷：银行存款 250 000

【例1-11】 控股合并/商誉的情形。

仍沿用【例1-9】的资料，并假设天健公司以80万元现金和100万股普通股（每股面值为1元，每股市价为2元）取得了地坤公司80%的控股权。其他条件不变，且不考虑所得税等其他相关因素的影响。

要求：为天健公司编制其合并地坤公司时的会计分录。

分析：

在本例中，天健公司以280（80+100×2）万元的合并成本，取得了非同一控制下地坤公司80%的股权。会计分录为（单位：元）：

借：长期股权投资 2 800 000

贷：银行存款 800 000

股本 1 000 000

资本公积——资本溢价 1 000 000

借：资本公积——股本溢价 100 000

管理费用 150 000

贷：银行存款 250 000

【例1-12】 涉及所得税的情形。

沿用【例1-9】的资料，并假设该非同一控制下的吸收合并符合税法规定的免税合并条件，天健公司在企业合并中，考虑了取得的资产和负债的所得税影响。所得税税率为25%，其他资料不变。

要求：为天健公司编制其吸收合并地坤公司时的会计分录。

分析：

在本例中，天健公司吸收合并了非同一控制下的地坤公司。根据【例1-9】，天健公司合并日合并成本为280万元，地坤公司合并日净资产的公允价值为240万。在免税合并的非同一控制的企业合并中，合并方取得的净资产按公允价值计量，但计税基础应为原账面价值，公允价值与账面价值的不同会造成暂时性差异。对于存在暂时性差异的资产和负债，企业应计算其对所得税的影响，在此基础上再计算商誉。免税合并中确认的递延所得税资产和递延所得税负债，最终将影响商誉的确认。

在本例中，地坤公司有三项资产的公允价值和账面价值不同，分别是应收账款、存货和固定资产。它们对所得税的影响如下。

（1）应收账款的影响

可抵扣暂时性差异=账面价值-计税基础=28-30=-2（万元）

递延所得税资产=2×25%=0.5（万元）

（2）存货的影响

应纳税暂时性差异=账面价值-计税基础=50-40=10（万元）

递延所得税负债=10×25%=2.5（万元）

（3）固定资产的影响

应纳税暂时性差异=账面价值-计税基础=190-120=70（万元）

递延所得税负债=70×25%=17.5（万元）

根据上面的计算可知，在考虑所得税影响的情况下，天健公司在合并日按公允价值确认240万元的净资产的同时，还应确认0.5万元的递延所得税资产和20万元的递延所得税负债。因此，天健公司取得的净资产的公允价值净额应该为220.5（240+0.5-20）万元，应确定的商誉金额应为59.5（280-220.5）万元。

在合并日，天健公司应编制的会计分录如下（单位：元）：

科目	借方	贷方
借：银行存款	100 000	
应收账款	280 000	
存货	500 000	
固定资产	1 900 000	
无形资产	100 000	
递延所得税资产	5 000	
商誉	595 000	
贷：应付账款		390 000
应付债券		90 000
银行存款		800 000
股本		1 000 000
资本公积——股本溢价		1 000 000
递延所得税负债		200 000

（二）多次交易实现的企业合并

企业通过多次交易分步实现的非同一控制下企业合并，合并日个别财务报表中的初始投资成本应按下列方法确定。

（1）原股权投资采用权益法核算的，应将原持有股权的账面价值与新增投资成本之和作为初始投资成本。

（2）原股权投资采用金融工具确认和计量准则核算的，如其他权益工具投资、交易性金融资产等，应将相关金融资产的公允价值与新增投资成本之和作为初始投资成本，原股权投资的公允价值与账面价值之间的差额计入当期损益。

对于原股权投资确认的其他综合收益及其他所有者权益变动，如果原股权投资采用权益法核算，所确认的其他综合收益及其他所有者权益变动，暂时不予结转，待处置该项投资时相应转入处置期间的当期损益或留存收益；如果原股权投资属于指定为其他权益工具投资，所确认的其他综合收益，应全部转入改按成本法核算的当期留存收益。

【例1-13】 从其他权益工具投资到企业合并情形。

2017年1月1日，天健公司以每股5元的价格购入地坤公司100万股普通股股票，占地坤公司2%的股权。天健公司将该投资指定为以公允价值计量且其变动计入其他综合收益的金融资产。2018年1月1日，天健公司筹集1.75亿元现金，再次收购了地坤公司50%的股权，并于当日开始实施对地坤公司的控制。合并日，地坤公司的股价为每股7元，可辨认净资产的公允价值为2亿元。假设天健公司与地坤公司不存在关联方关系，天健公司与地坤公司的合并不构成一揽子交易；天健公司按10%计提盈余公积金；不考虑相关税费等其他因素影响。

要求：编制与天健公司投资、合并相关的会计分录。

分析：

2017年年初，天健公司以500（5×100）万元的价格收购了地坤公司2%的股权，将其指定为其他权益工具投资。2018年年初，天健公司以17 500万元现金收购了地坤公司50%的股权，取得了地坤公司的控制权。合并当日，天健公司原持有的2%的股权的公允价值为700（7×100）万元。根据企业会计准则的规定，天健公司购买日长期股权投资的初始投资成本应为18 200（17 500+700）万元。

与天健公司有关的会计分录如下（单位：万元）。

① 2017年年初，取得地坤公司2%的股权时：

借：其他权益工具投资——成本	500	
贷：银行存款		500

② 2017年年末，确定其他权益工具投资公允价值变动时：

借：其他权益工具投资——公允价值变动	200	
贷：其他综合收益——其他权益工具投资公允价值变动		200

③ 2018年1月1日，实现控股合并时：

借：长期股权投资——投资成本	18 200	
贷：其他权益工具投资——成本		500
——公允价值变动		200
银行存款		17 500

④ 结转原2%股权的其他综合收益时：

借：其他综合收益——其他权益工具投资公允价值变动	200	
贷：盈余公积		20
未分配利润		180

【例1-14】 从权益法到企业合并的情形。

2018年1月1日，天健公司以3 000万元现金自一非关联方取得了地坤公司20%的股权，能够对后者施加重大影响，并采用权益法核算该投资。当日，地坤公司可辨认净资产公允价值为1.4亿元。2018年12月31日，天健公司支付8 000万元现金，自另一非关联方处又取得了地坤公司40%的股权，并于当日取得对地坤公司的控制权。在购买日，天健公司原持有地坤公司的20%股权的公允价值为4 000万元，账面价值为3 500万元，确认的投资收益为300万元，其他综合收益为100万元，其他所有者权益变动为100万元；地坤公司可辨认净资产公允价值为1.8亿元。假设天健公司与地坤公司不存在关联方关系，该合并不构成一揽子交易；不考虑相关税费等其他因素影响。

要求：编制与天健公司投资及合并相关的会计分录。

分析：

2018年年初，天健公司以3 000万元收购了地坤公司20%的股权，并采用权益法核算该投资。在购买日，这部分投资的账面价值为3 500万元（投资成本3 000+投资收益300+其他综合收益100+其他所有者权益变动100），公允价值为4 000万。2018年年末，天健公司追加投资8 000万元，取得了对地坤公司的控制权。根据现行企业会计准则的规定，天健公司在购买日长期股权投资的初始投资成本应为11 500（3 500+8 000）万元。

与天健公司投资和合并相关的会计分录如下（单位：万元）。

① 2018年1月1日，取得20%股权时：

借：长期股权投资——投资成本　　3 000

　　贷：银行存款　　3 000

② 2018年年末，确认权益变动时：

借：长期股权投资——损益调整　　300

　　　　　　　　——其他综合收益　　100

　　　　　　　　——其他所有者权益变动　　100

　　贷：投资收益　　300

　　　　其他综合收益　　100

　　　　资本公积——其他所有者权益变动　　100

③ 2018年年末，取得40%股权、合并地坤公司时：

借：长期股权投资——投资成本　　8 500

　　贷：长期股权投资——其他综合收益　　100

　　　　　　　　　　——其他所有者权益变动　　100

　　　　　　　　　　——损益调整　　300

　　　　银行存款　　8 000

购买日，天健公司编制上述会计分录后，“长期股权投资——投资成本”科目的余额为11 500（3 000+8 500）万元，即该控股合并的初始投资成本。这里应注意的是，在合并日，天健公司原持有的20%的股权确认的100万元的其他综合收益和100万元的其他所有者权益变动暂时不予结转，待这笔长期股权投资转让时再相应结转。

思考题

1. 试阐述企业合并的含义。
2. 企业合并有几种分类方式？分别说明它们的含义及区别。
3. 企业合并业务涉及哪些会计问题？
4. 试述商誉在吸收合并和控股合并时的会计核算差异。
5. 什么是同一控制下的企业合并，其会计处理要点有哪些？
6. 什么是非同一控制下的企业合并，其会计处理要点有哪些？
7. 简述多次交易实现的同一控制下企业合并的会计处理要点。
8. 简述多次交易实现的非同一控制下企业合并的会计处理要点。

练习题

练习一

[目的]　编制与吸收合并相关的会计分录。

[资料] 2018年1月1日，甲公司以1 000万股（面值1元/股，市价1.5元/股）普通股股票对A公司进行了吸收合并，并支付合并过程中发生的审计和法律服务费用等15万元，以及股票发行过程中产生的佣金等手续费用10万元。合并日，经评估，A公司的固定资产的公允价值为1 350万元，其他各项可辨认资产和负债的公允价值等于账面价值。合并日，甲公司和A公司的资产、负债情况如表1-7所示。

表1-7 甲公司和A公司在合并日的资产、负债情况 单位：万元

项目	甲公司	A公司
银行存款	500	300
应收账款	100	150
存货	300	250
固定资产	3 100	1 300
资产总计	4 000	2 000
短期借款	300	150
应付账款	200	300
负债小计	500	450
股本	2 500	800
资本公积（股本溢价）	500	450
盈余公积	300	200
未分配利润	200	100
股东权益小计	3 500	1 550
负债及股东权益合计	4 000	2 000

[要求]

（1）假定该合并为同一控制下企业合并，为甲公司编制其吸收合并A公司时的会计分录。

（2）假定该合并为非同一控制下企业合并，为甲公司编制其吸收合并A公司时的会计分录。

练习二

[目的] 编制与控股合并相关的会计分录。

[资料] 2018年3月1日，乙公司以1 500万元银行存款取得了B公司70%的控股权。合并日，B公司的净资产的账面价值为2 500万元，其中，股本1 500万元，资本公积500万元，盈余公积和未分配利润分别为400万元和100万元。合并日，B公司的净资产的公允价值为3 000万元，其中500万元的增值额为固定资产的评估增值。乙公司发行股票过程中产生佣金等手续费10万元，与合并直接相关的费用5万元，以银行存款支付。

[要求]

（1）假定该合并为同一控制下的企业合并，为乙公司编制其控股合并B公司时的会计分录。

（2）假定该合并为非同一控制下的企业合并，为乙公司编制其控股合并B公司时的会计分录。

练习三

[目的] 编制与多次交易实现的企业合并相关的会计分录。

[资料] 丙公司和C公司是两个不具有关联方关系的公司。2018年7月1日，丙公司以3 000万元的银行存款取得了C公司30%的股份。取得投资后，丙公司派人参与C公司的生产经营决策。2018年下半年C公司的净利润为1 200万元。

2019年1月1日，丙公司以一项固定资产和1 500万元的银行存款再次取得了C公司40%的股份。该固定资产的原值为4 500万元，已提折旧1 000万元，公允价值为3 700万元。丙公司支付直接合并费用50万元。假设不考虑税费及其他相关因素的影响。

[要求]

（1）确定购买方和购买日；

（2）为丙公司编制其2018年7月1日取得C公司30%的股份时的会计分录；

（3）为丙公司编制其2018年12月31日调整投资收益时的会计分录；

（4）为丙公司编制其2019年1月1日进一步取得股份时的会计分录。

第二章 合并财务报表

学习目标

1. 理解合并财务报表的编制理念。
2. 掌握控制的含义及判断要点。
3. 掌握合并范围的确定方法。
4. 掌握我国关于商誉和少数股东权益的确认方法。
5. 掌握同一控制下与非同一控制下股权投资抵销与调整的要点。
6. 掌握存货与固定资产内部交易抵销与调整的要点。
7. 了解现金流量抵销与调整的要点。
8. 了解合并财务报表编制中的所得税影响。

第一节 合并财务报表概述

我国《企业会计准则第 33 号——合并财务报表》(2014，简称 CAS33）中，涉及很多基本概念与基本理论，如合并财务报表的含义与种类，合并范围的确定、控制及其判断标准，合并财务报表的编制方法与理念，抵销分录与调整分录等。本节将对这些基本概念及基本理论加以阐述。

一、合并财务报表的含义、构成及内容

（一）合并财务报表的含义

我国 CAS33 规定，合并财务报表是指反映母公司及其全部子公司形成的企业集团整体财务状况、经营成果和现金流量的财务报表。合并财务报表是与个别财务报表相对应的报表。个别财务报表是指由各会计主体单独编制的反映该主体自身财务状况、经营成果和现金流量的报表。与个别财务报表相比，合并财务报表具有下列特点。

（1）合并财务报表反映的对象是由母公司及其全部子公司组成的合并财务报表主体，简称合并主体，即整个企业集团；个别财务报表反映的对象是母公司或子公司单独的会计主体。母公司是指控制一个或一个以上主体（含企业、被投资方可分割的部分及结构化主体等）的主体。子公司是指被母公司控制的主体。母子公司通过控制关系构成一个企业集团。

（2）合并财务报表是由母公司编制的；个别财务报表是母公司或子公司分别编制的。

（3）合并财务报表是会计人员站在企业集团的立场上，将企业集团视为一个会计主体，以纳入合并范围的子公司的个别报表为基础，在合并财务报表工作底稿中，通过抵销与调整集团内部的交易，最终对集团外部提供作为一个主体（即合并主体）的企业集团的财务状况、经营成果和现金流量信息。这与个别财务报表根据账簿提供企业个别财务信息的处理程序和方法完全不同。

（二）合并财务报表的构成

众所周知，个别财务报表是由资产负债表、利润表、现金流量表、所有者权益变动表及财务报表附注五个部分构成。合并财务报表在组成上与个别财务报表基本相同，也是由合并资产负债表、合并利润表、合并现金流量表、合并所有者权益变动表及合并财务报表附注五个部分构成。

根据编制的时间不同，合并财务报表分为合并日合并财务报表和合并日后合并财务报表。

根据 CAS33 的规定，在合并日，对于非同一控制下企业合并，合并方只需要编制合并资产负债表，而对于同一控制下企业合并，合并方应编制合并资产负债表、合并利润表和合并现金流量表。合并日以后提供的合并财务报表，包括中期合并财务报表和年度合并财务报表。在中期合并财务报表中，合并方应提供合并资产负债表、合并利润表、合并现金流量表和财务报表附注，中期不要求提供合并所有者权益变动表，但我国有许多上市公司都自愿提供中期合并所有者权益变动表。在年度合并财务报表中，合并方应提供合并资产负债表、合并利润表、合并现金流量表、合并所有者权益变动表及合并财务报表附注。

合并财务报表的构成如图 2-1 所示。

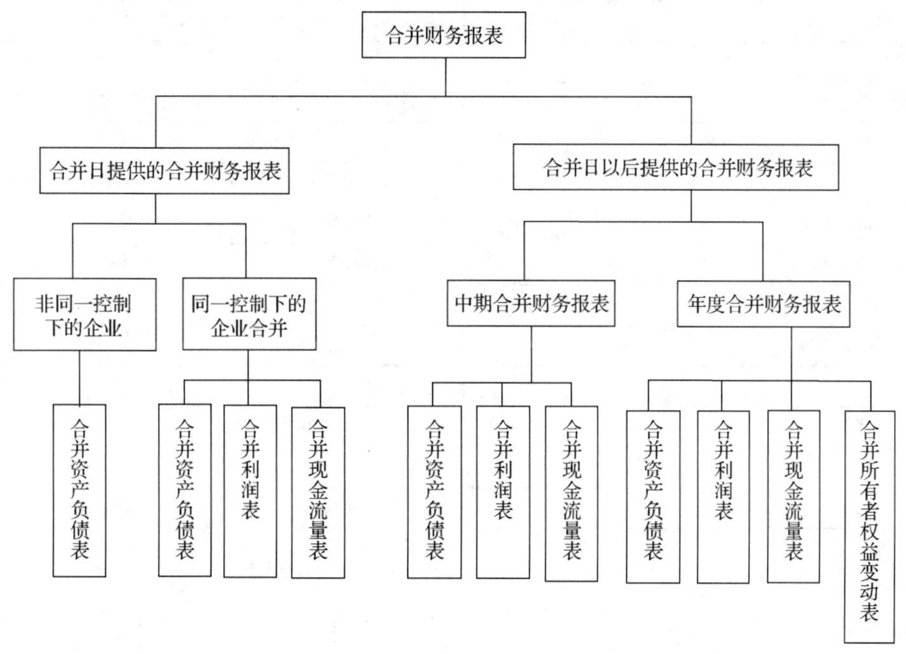

图 2-1　合并财务报表的构成

（三）合并财务报表的内容

在我国，财务报表的格式及内容由财政部统一发布，合并财务报表也不例外。近几年随着我国企业会计准则的不断修订，合并财务报表的格式也不断调整。表 2-1～表 2-4 所示是财政部于 2019 年 9 月发布的合并财务报表格式。

表 2-1　　合并资产负债表

会合 01 表

编制单位：　　　　____年____月____日　　　　单位：元

资产	期末余额	上年年末余额	负债和所有者权益（或股东权益）	期末余额	上年年末余额
流动资产：			流动负债：		
货币资金			短期借款		

续表

资产	期末余额	上年年末余额	负债和所有者权益（或股东权益）	期末余额	上年年末余额
结算备付金*			向中央银行借款*		
拆出资金*			拆入资金*		
交易性金融资产			交易性金融负债		
衍生金融资产			衍生金融负债		
应收票据			应付票据		
应收账款			应付账款		
应收款项融资			预收款项		
预付款项			合同负债		
应收保费*			卖出回购金融资产款*		
应收分保账款*			吸收存款及同业存放*		
应收分保合同准备金*			代理买卖证券款*		
其他应收款			代理承销证券款*		
买入返售金融资产*			应付职工薪酬		
存货			应交税费		
合同资产			其他应付款		
持有待售资产			应付手续费及佣金*		
一年内到期的非流动资产			应付分保账款*		
其他流动资产			持有待售负债		
流动资产合计			一年内到期的非流动负债		
非流动资产：			其他流动负债		
发放贷款和垫款*			流动负债合计		
债权投资			非流动负债：		
其他债权投资			保险合同准备金*		
长期应收款			长期借款		
长期股权投资			应付债券		
其他权益工具投资			其中：优先股		
其他非流动金融资产			永续债		
投资性房地产			租赁负债		
固定资产			长期应付款		
在建工程			预计负债		
生产性生物资产			递延收益		
油气资产			递延所得税负债		
使用权资产			其他非流动负债		
无形资产			非流动负债合计		
开发支出			负债合计		
商誉			所有者权益（或股东权益）：		
长期待摊费用			实收资本（或股本）		

续表

资产	期末余额	上年年末余额	负债和所有者权益（或股东权益）	期末余额	上年年末余额
递延所得税资产			其他权益工具		
其他非流动资产			其中：优先股		
非流动资产合计			永续债		
			资本公积		
			减：库存股		
			其他综合收益		
			专项储备		
			盈余公积		
			一般风险准备*		
			未分配利润		
			归属于母公司所有者权益（或股东权益）合计		
			少数股东权益		
			所有者权益（或股东权益）合计		
资产总计			负债和所有者权益（或股东权益）总计		

注：标注“*”的项目为金融企业专用行项目。

表 2-2　　合并利润表

会合 02 表

编制单位：　　　　____年____月　　　　单位：元

项目	本期金额	上期金额
一、营业总收入		
其中：营业收入		
利息收入*		
已赚保费*		
手续费及佣金收入*		
二、营业总成本		
其中：营业成本		
利息支出*		
手续费及佣金支出*		
退保金*		
赔付支出净额*		
提取保险责任准备金净额*		
保单红利支出*		
分保费用*		
税金及附加		
销售费用		
管理费用		
研发费用		

续表

项目	本期金额	上期金额
财务费用		
其中：利息费用		
利息收入		
加：其他收益		
投资收益（损失以"-"号填列）		
其中：对联营企业和合营企业投资收益		
以摊余成本计量的金融资产终止确认收益		
汇兑收益（损失以"-"号填列）*		
净敞口套期收益（损失以"-"号填列）		
公允价值变动收益（损失以"-"号填列）		
信用减值损失（损失以"-"号填列）		
资产减值损失（损失以"-"号填列）		
资产处置收益（损失以"-"号填列）		
三、营业利润（亏损以"-"号填列）		
加：营业外收入		
减：营业外支出		
四、利润总额（亏损总额以"-"号填列）		
减：所得税费用		
五、净利润（净亏损以"-"号填列）		
（一）按经营持续性分类		
1. 持续经营净利润（净亏损以"-"号填列）		
2. 终止经营净利润（净亏损以"-"号填列）		
（二）按所有权归属分类		
1. 归属于母公司股东的净利润（净亏损以"-"号填列）		
2. 少数股东损益（净亏损以"-"号填列）		
六、其他综合收益的税后净额		
（一）归属于母公司所有者的其他综合收益的税后净额		
1. 不能重分类进损益的其他综合收益		
（1）重新计量设定受益计划变动额		
（2）权益法下不能转损益的其他综合收益		
（3）其他权益工具投资公允价值变动		
（4）企业自身信用风险公允价值变动		
……		
2. 将重分类进损益的其他综合收益		
（1）权益法下可转损益的其他综合收益		
（2）其他债权投资公允价值变动		

续表

项目	本期金额	上期金额
（3）金融资产重分类计入其他综合收益的金额		
（4）其他债权投资信用减值准备		
（5）现金流量套期储备		
（6）外币财务报表折算差额		
……		
（二）归属于少数股东的其他综合收益的税后净额		
七、综合收益总额		
（一）归属于母公司所有者的综合收益总额		
（二）归属于少数股东的综合收益总额		
八、每股收益		
（一）基本每股收益		
（二）稀释每股收益		

注：标注“*”的项目为金融企业专用行项目。

表 2-3 合并现金流量表

会合 03 表

编制单位： ____年____月 单位：元

项目	本期金额	上期金额
一、经营活动产生的现金流量		
销售商品、提供劳务收到的现金		
客户存款和同业存放款项净增加额*		
向中央银行借款净增加额*		
向其他金融机构拆入资金净增加额*		
收到原保险合同保费取得的现金*		
收到再保业务现金净额*		
保户储金及投资款净增加额*		
收取利息、手续费及佣金的现金*		
拆入资金净增加额*		
回购业务资金净增加额*		
代理买卖证券收到的现金净额*		
收到的税费返还		
收到其他与经营活动有关的现金		
经营活动现金流入小计		
购买商品、接受劳务支付的现金		
客户贷款及垫款净增加额*		
存放中央银行和同业款项净增加额*		
支付原保险合同赔付款项的现金*		
拆出资金净增加额*		
支付利息、手续费及佣金的现金*		
支付保单红利的现金*		

续表

项目	本期金额	上期金额
支付给职工及为职工支付的现金		
支付的各项税费		
支付其他与经营活动有关的现金		
经营活动现金流出小计		
经营活动产生的现金流量净额		
二、投资活动产生的现金流量		
收回投资收到的现金		
取得投资收益收到的现金		
处置固定资产、无形资产和其他长期资产收回的现金净额		
处置子公司及其他营业单位收到的现金净额		
收到其他与投资活动有关的现金		
投资活动现金流入小计		
购建固定资产、无形资产和其他长期资产支付的现金		
投资支付的现金		
质押贷款净增加额*		
取得子公司及其他营业单位支付的现金净额		
支付其他与投资活动有关的现金		
投资活动现金流出小计		
投资活动产生的现金流量净额		
三、筹资活动产生的现金流量		
吸收投资收到的现金		
其中：子公司吸收少数股东投资收到的现金		
取得借款收到的现金		
收到其他与筹资活动有关的现金		
筹资活动现金流入小计		
偿还债务支付的现金		
分配股利、利润或偿付利息支付的现金		
其中：子公司支付给少数股东的股利、利润		
支付其他与筹资活动有关的现金		
筹资活动现金流出小计		
筹资活动产生的现金流量净额		
四、汇率变动对现金及现金等价物的影响		
五、现金及现金等价物净增加额		
加：期初现金及现金等价物余额		
六、期末现金及现金等价物余额		

注：标注“*”的项目为金融企业专用行项目。

表 2-4

合并所有者权益变动表

会合 04 表

编制单位：　　　　　　　　　　　　　　　　＿＿＿＿年度　　　　　　　　　　　　　　　　单位：元

项目	本年金额														上年金额													
	归属于母公司所有者权益												少数股东权益	所有者权益合计	归属于母公司所有者权益												少数股东权益	所有者权益合计
	实收资本（或股本）	其他权益工具			资本公积	减：库存股	其他综合收益	专项储备	盈余公积	一般风险准备*	未分配利润	小计			实收资本（或股本）	其他权益工具			资本公积	减：库存股	其他综合收益	专项储备	盈余公积	一般风险准备*	未分配利润	小计		
		优先股	永续债	其他												优先股	永续债	其他										
一、上年年末余额																												
加：会计政策变更																												
前期差错更正																												
其他																												
二、本年年初余额																												
三、本年增减变动金额（减少以“–”号填列）																												
（一）综合收益总额																												
（二）所有者投入和减少资本																												
1. 所有者投入的普通股																												
2. 其他权益工具持有者投入资本																												
3. 股份支付计入所有者权益的金额																												
4. 其他																												
（三）利润分配																												
1. 提取盈余公积																												
2. 提取一般风险准备*																												
3. 对所有者（或股东）的分配																												
4. 其他																												
（四）所有者权益内部结转																												
1. 资本公积转增资本（或股本）																												
2. 盈余公积转增资本（或股本）																												
3. 盈余公积弥补亏损																												
4. 设定受益计划变动额结转留存收益																												
5. 其他综合收益结转留存收益																												
6. 其他																												
四、本年年末余额																												

注：以上报表中标注“*”的项目均为金融企业专用行项目。

纵观上述报表格式，可以发现，现行合并财务报表格式涵盖母公司和从事各类经济业务的子公司的情况，包括一般企业、商业银行、保险公司和证券公司等。在执行过程中，企业应根据重要性原则，结合企业实际情况，对确需单独列示的内容，可增加合并财务报表项目；对不存在相应业务的合并财务报表项目，可进行必要删减。以金融企业为主的企业集团，应以财政部 2018 年度发布的《金融企业财务报表格式》（财会〔2018〕36 号）为基础，结合财政部 2019 年度发布的《一般企业财务报表格式》（财会〔2019〕6 号）的要求，对合并财务报表项目进行调整后编制。

二、合并财务报表的编制理念

合并财务报表编制的理念也称合并理论。通俗地讲，合并理论是指站在怎样的立场上来认识母公司与子公司的关系，即如何看待合并财务报表中少数股权的性质，据此在编制合并财务报表时确定合并范围，选择合并方法，以正确披露合并财务报表中控股股东（即母公司）和非控股股东（即少数股东）的财务信息。不同合并理论的焦点问题主要集中于：在合并财务报表中，对于非控股股东是否应与控股股东同等对待，还是应该突出控股股东。

合并理念对合并报表的影响

关于合并理论，国际上主要有以下三种观。

（一）母公司理论

母公司理论强调母公司股东的利益，认为合并财务报表是为母公司股东及其债权人服务的，将合并财务报表看作是母公司自身财务报表的延伸，完全从母公司的角度来确定合并范围，选择合并方法，忽略少数股东的利益。该理论的主要观点如下。

（1）子公司的资产和负债中属于母公司的部分，按购买成本（公允价值）列示，属于子公司少数股权的资产和负债以原账面价值计列。

（2）商誉只列示母公司的部分，属于少数股东的商誉不予列示。

（3）在合并财务报表中，合并利润和合并所有者权益只提供属于母公司股东的部分，少数股东权益作为负债列示，少数股东损益作为费用列示。

（4）公司间发生的未实现的损益，顺销（母公司将商品销售给子公司）时，100%予以抵销；逆销（子公司将商品销售给母公司）时，仅抵销母公司所占有的部分。

（二）实体理论

实体理论将企业集团视为一个经济联合实体，认为合并财务报表是企业集团这个经济实体的财务报表，应不偏不倚地为这个实体中的每一个股东提供服务，而不仅仅是为控股股东服务，对于控股股东和非控股股东一视同仁，对其拥有的权益及收益都按照共同的标准予以披露和列示。实体理论的主要观点如下。

（1）对于子公司的资产及负债，无论是多数股权，还是少数股权，均以公允价值列示。

（2）商誉既反映母公司的部分，也估算少数股东的部分。

（3）合并净利润和合并所有者权益反映合并实体所有股东拥有的部分。

（4）公司间发生的未实现的损益，无论顺销或逆销，均全部抵销。

（三）所有权理论

所有权理论实际上是一种比例合并法。它既不强调控股股东母公司的利益，也不强调企业集团这个经济实体各股东们的利益，而只强调一个企业对另一个企业的经营和财务决策拥有重大影响的所有权，即表决权。根据所有权理论，企业在编制合并财务报表时，应按照其在具有重大影响的企业的所有权比例，将被投资企业的资产、负债和净损益计入合并财务报表；商誉只列示母公司的部分；公司之间发生的未实现的损益，按比例抵销。

我国现行企业会计准则中所使用的合并理论以实体理论为主，但也体现了母公司理论的特征。例如，CAS33 规定，子公司的资产与负债全部采用公允价值报告；合并净利润包括少数股东权益的份额；合并股东权益包括少数股东权益；公司之间发生的未实现损益，全部予以抵销，这些做法都是实体理论的特征，而商誉只列示母公司的部分的做法则是母公司理论的特征。

三、合并范围

合并范围是指在编制合并财务报表时纳入合并财务报表的公司或企业的范围。合并范围是编制合并财务报表的基础。企业在编制合并财务报表之前，首先需要判断哪些公司或企业应该被纳入合并财务报表。根据 CAS33 的规定，合并范围应当以控制为基础予以确定，主要包括根据表决权（或类似权利）本身或者结合其他安排确定的子公司以及基于一项或多项合同安排决定的结构化主体。理解 CAS33 关于合并范围的规定，应注意以下三个要点。

长期股权投资、企业合并与合并报表间的关系

（一）确定合并范围的基础是控制

在编制合并财务报表时，纳入合并范围的企业必须是母公司能够控制的企业。CAS33 指出，控制是指投资方拥有对被投资方的权力，通过参与被投资方的相关活动而享有可变回报，并且有能力运用对被投资方的权力影响其回报金额。

根据上述概念，控制意味着投资方在被投资方拥有两大权利：对相关活动的主导权和对可变回报的获利权。这两种权利通常被解读为判断控制的两大要素。下面具体加以阐述。

1. 主导被投资方相关活动的权利

投资方是否拥有主导被投资方相关活动的权利是判断控制的首个要素。在理解该要素时，应注意现行企业会计准则对相关活动和主导相关活动权利的解释。

（1）相关活动的含义。

根据 CAS33 的解释，相关活动是指能够对被投资方的回报产生重大影响的生产经营活动与财务活动，具体包括但不限于以下内容：商品或劳务的销售和购买；金融资产的管理；资产的购买和处置；研究与开发；融资活动等。可见，控制概念中的相关活动实质上是指能够影响被投资方经营业绩的重大活动。

在会计实务中，不同企业的相关活动可能是不同的。在确定相关活动时，应当根据企业所在行业的特征、业务特点、发展阶段、市场环境等具体情况来进行判断。在个别情况下，可能会出现存在两个或两个以上相关活动的情况。这时需要进一步判断，属于最显著影响被投资方可变回报的活动，即为相关活动。

例如，A 公司持有 B 公司 30%有表决权的股份，剩余股份由十分分散的投资者持有。此外，B 公司还向其他公众投资者发行债务，并将所筹集的资金进行金融资产组合投资，同时承担投资风险。A 公司与 B 公司在协议中明确，假如所持金融资产组合投资出现违约事项，B 公司的权益工具持有人首先承担由违约事项带来的损失。在违约事项带来的损失超过权益工具金额之后，剩余损失由债务工具持有人承担。因此，在违约事项带来的损失超过权益工具金额之前，B 公司的相关活动是对金融资产投资组合的管理，而在违约事项带来的损失超过权益工具的金额后，B 公司的相关活动变为对存在违约事项的资产及剩余金融资产投资的管理。可见，B 公司在不同情况下的相关活动有所不同。在这种情况下，最显著影响 B 公司可变回报的那项活动，就属于 B 公司的相关活动。

（2）主导相关活动的权利。

该权利意味着投资方在被投资方拥有对重大生产经营活动和财务活动的决策权。投资方通过对被投资方相关活动的决策，影响被投资方的经营业绩及可变回报。在理解投资方在被投资方拥有的这种权力时，应注意以下问题。

① 该权利是一种实质性权利，而非保护性权利。

实质性权利是投资者在对相关活动进行决策时，有实际能力行使的可执行的权利。该权利通常是表决权或相关合同赋予投资者的一种权利。保护性权利是为了保护权利持有人利益而赋予的相关活动决策权之外的某种权利，如少数股东批准超过正常经营范围的资本性支出或发行权益工具、债务工具的权利。

② 该权利是作为主要责任人拥有的权利，而非作为投资代理人拥有的权利。

投资方在被投资方拥有的决策权必须是作为主要责任人拥有的权利，而不是作为投资代理人拥有的代理权。在某些被投资企业中，作为决策人的投资方其实只是投资代理人，而不是真正的主要责任人。投资代理人是相对于主要投资责任人而言的。它代表主要责任人行动并服务于该主要责任人的利益。主要责任人可能将其对被投资方的某些或全部决策权授予代理人，但代理人在代表主要责任人行使决策权时，并不对被投资方拥有控制权。

在判断控制时，代理人的决策权应被视为由主要责任人直接持有，权利属于主要责任人而非代理人。在判断决策者是否是主要责任人或代理人时，应综合考虑以下因素：决策者对被投资方的决策权范围；其他方享有的实质性权利；决策者的薪酬水平；决策者因持有被投资方的其他利益而承担可变回报的风险等。

③ 该权利是对被投资方可变回报最具影响力的权利。

对于控制权而言，投资方主导的相关活动应该是对被投资方可变回报最具影响力的相关活动。在某些情况下，被投资方可能存在两个或两个以上对其相关活动拥有决策权的投资方。这时，需要进一步判断哪一个相关活动是最显著影响被投资方可变回报的相关活动，拥有对该相关活动主导权的投资方才是控制方。在此种情况下，通常需要考虑的因素包括：被投资方的设立目的和设计；影响被投资方利润率、收入和企业价值的决定因素；每一投资方的决策职权范围及其对被投资方回报的影响程度；投资方承担可变回报风险的大小等。

例如，A 公司和 B 公司共同投资设立 C 公司。C 公司的主营业务活动为药品研发、生产和销售。根据 C 公司的公司章程和合资协议的约定，在 C 公司所研发的药品获得相关监管部门的生产批准前，A 公司可以单方面主导 C 公司的药品研发活动，而在获得相关监管部门的生产批准后，则由 B 公司单方面主导该药品的生产和营销决策。对于 C 公司来讲，其药品研发、生产和营销活动均会对其回报产生重大影响，都属于相关活动。假如经过判断，药品研发活动对 C 公司可变回报的影响更大，则 A 公司拥有主导 C 公司相关活动的权利；假如生产和营销活动对 C 公司可变活动的影响更大，则 B 公司拥有主导 C 公司相关活动的权利。

2. 从被投资方获得可变回报的权利

投资方是否拥有从被投资方获得可变回报的权利是判断控制的第二大要素。根据现行企业会计准则的规定，投资方不仅要拥有主导被投资方相关活动的权利，而且要拥有从被投资方获得可变回报的权利。

可变回报是针对固定回报而言的。一般来讲，债权性投资者（如银行、债券持有人等）获得的回报（利息等）通常属于固定回报；而权益投资人（如股权投资）获得的回报（股利等）通常属于可变回报。可变回报指非固定的、随业绩变化而变化的回报。

投资方在判断其享有被投资方的回报是否变动以及如何变动时，应当根据合同安排的实质，而不是法律形式。例如，投资方持有固定利率的交易性债券投资时，虽然利率是固定的，但该利率取决于债券违约风险及债券发行方的信用风险，因此，固定利率也可能属于可变回报。再如，管理被投资方资产获得的固定管理费也属于可变回报，因为管理者是否能获得此回报依赖于被投资方是否能够产生足够的收益用于支付该固定管理费。

CAS33 强调控制方必须拥有从被投资方取得可变回报的权利，主要是明确控制方的特征。控制方必须是从被投资方取得可变回报的权益类投资者，而不是按合同规定获得固定回报的债权类投资者。从性质上看，权益类投资者属于被投资方最次级投资者，其取得的回报完全取决于公司的业绩，或赚或亏。普通股投资是最典型的权益类投资，投资者从被投资方获取的股利是最典型的可变回报。

综上所述，确定合并范围的标准是控制。从概念上讲，如果投资方拥有主导被投资方相关活动且享有可变回报的权利，则投资方控制着被投资方。控制及其涉及的相关概念之间的关系如图 2-2 所示。

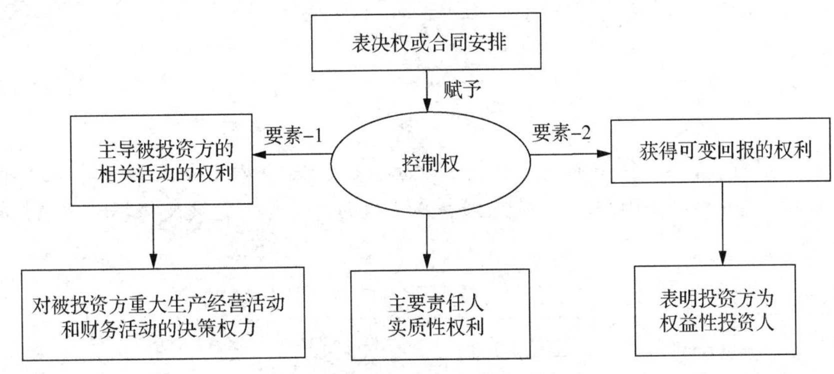

图 2-2　控制及其涉及的相关概念

（二）控制主要源于表决权和合同安排

通常情况下，当被投资方从事一系列对其回报产生显著影响的经营及财务活动，且需要就这些活动连续地进行实质性决策时，表决权（或类似权利）将赋予投资方拥有决策的权利，在个别情况下，该权利也可能并非来自表决权，而是有关合同安排。

1. 控制权源于表决权的情况

（1）拥有半数以上表决权的情况。

投资方持有被投资方半数以上表决权，通常意味着该投资方拥有控制权。表决权是投资方拥有的对被投资方的经营计划、投资方案、年度财务预算方案、年度财务决算方案、利润分配方案、利润弥补亏损方案、内部管理机构的设置、聘任或解聘公司经理及确定其报酬、公司的基本管理制度等事项进行表决的实质性权利。表决权比例一般与投资方的出资比例或持股比例是一致的。通常情况下，当被投资方的相关活动由持有半数以上表决权的投资方决定，或者主导被投资方相关活动的管理层由持有半数以上表决权的投资方聘任时，无论该表决权是否行使，持有被投资方过半数表决权的投资方将拥有对被投资方的控制权。但下述两种情况除外：一是被投资方的决策权因其他安排而掌握在其他投资方手中，二是投资方拥有的表决权不是实质性权利。

投资方持有被投资方半数以上表决权的情况通常包括如下三种：一是投资方直接持有被投资方半数以上表决权，二是投资方间接持有被投资方半数以上表决权，三是投资方以直接和间接方式合计持有被投资方半数以上表决权。

按照国际会计惯例，间接持有表决权的计算方法有两种：加法原则和乘法原则。在加法原则下，投资方在计算间接持有被投资方表决权比例时，直接按各级控股公司持股比例相加；在乘法原则下，投资方在计算间接持有被投资方表决权比例时，按各级控股公司持股比例相乘。根据我国现行企业会计准则的规定，投资方在计算表决权并确定合并范围时，应采用加法原则。

【例2-1】 A公司持有B公司80%的表决权；B公司分别持有C公司、D公司和E公司60%、

45%和40%的表决权；C公司和D公司分别持有E公司51%和10%的表决权。假设本例各家公司的控股权均取决于表决权比例。且只有表决权超过50%，才可计算投资方直接持有和间接持有的表决权。

要求：根据加法原则和乘法原则分别计算A公司在其他公司的表决权，并依据我国CAS33的规定，判断A公司的合并范围。

分析：在本例中，几家公司的持股情况如图2-3所示。

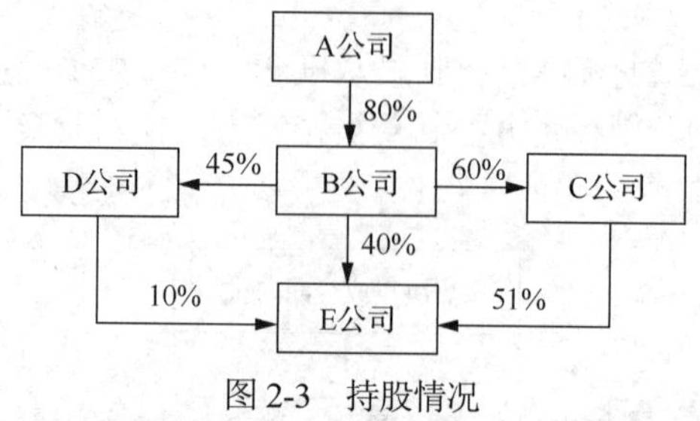

图 2-3　持股情况

通过图2-3可以看出，A公司直接持有B公司80%的表决权，但对其他几家公司均为间接持股。A公司在其他几家公司中的持股比例按加法原则和乘法原则的计算，结果及根据CAS33判断的合并范围如表2-5所示。

表 2-5　A公司在各公司的表决权及合并范围（基于CAS33）

	直接持有表决权	间接持有表决权		合并范围（根据CAS33）
		加法原则	乘法原则	
B公司	80%	—	—	是
C公司	0	60%	48%（80%×60%）	是
D公司	0	0	0	否
E公司	0	51%	24.48%（80%×60%×51%）	是

注：股权投资超过50%以上的才可计入。

（2）拥有半数及半数以下表决权的情况。

当投资方持有半数或半数以下表决权时，应综合考虑下列事实和情况，以判断投资方持有的表决权与其他相关情况相结合是否赋予其权利。

① 投资方持有的表决权份额比重以及其他投资方持有表决权的分散程度。

当投资方持有半数以下表决权时，其持有的表决权份额或比例越大，现时能够主导被投资方相关活动的可能性越大；另外，其他方持有的表决权越分散，为否决投资方意见要联合的其他投资方就越多，难度就越大，因此，投资方现时能够主导被投资方相关活动的可能性也越大。

【例2-2】A公司持有B公司48%的有表决权股份。B公司的剩余股份由分散的小股东持有，所有小股东单独持有的有表决权股份均未超过1%，且他们之间或其中一部分股东未达成进行集体决策的协议。判断A公司是否为B公司的控股股东？

分析：在本例中，虽然A公司持有B公司有表决权的股份占全部股份的比例不足50%，但是，根据其他股东持有股份的相对规模及其分散程度，以及其他股东之间未达成集体决策协议等具体情况，可以判断，A公司拥有对B公司的控制权力。

② 投资方和其他投资方持有的潜在表决权。

潜在表决权是获得被投资方表决权的一种权利，如可转换工具、可执行认股权证、远期股权购买合同或其他期权所产生的权利。潜在表决权不是现实表决权，有些潜在表决权根本不具有实质性意义，不能作为控制权判断的依据。在判断控制权时，只能考虑投资方持有的具有实质意义的潜在表决权。只有实质性潜在表决权，才能对投资方的控制权产生影响。

【例2-3】 A公司与B公司分别持有被投资方C公司70%及30%有表决权的股份。A公司与B公司签订的期权合同规定，B公司可以在当前及未来两年内以固定价格从A公司购买C公司的50%有表决权的股份。经过判断，该期权在当前及预计未来两年内都是深度价外期权（即依据期权合约的条款设计，B公司到期行权的可能性极小）。那么，B公司在判断其对C公司的控制权时，是否应该考虑期权合同呢?

分析：在本例中，B公司的潜在表决权为其当前持有的购买A公司所持有的C公司的表决权期权。如果行使该期权，则B公司将持有被投资方C公司80%有表决权的股份。但经过判断，这些期权在当前及预计未来两年内都是深度价外期权，即B公司在有效期限内（未来两年）不可能行权，无法通过该期权获得其在C公司的实质性表决权。因此，B公司在评估是否拥有对被投资方的控制权时，不能考虑该潜在表决权。

【例2-4】 A公司与其他两个投资方各自持有被投资方B公司三分之一的表决权。除了权益工具外，A公司同时持有B公司发行的可转换债券。这些可转换债券可以在当前及未来两年内任何时间以固定价格转换为被投资方的普通股。根据当前的价格，该期权为价外期权，但并非深度价外期权。如果可转换债券全部转换为普通股，A公司将持有B公司60%的表决权。B公司的经营活动与A公司密切相关（可以降低A公司的运营成本，确保稀缺产品的供应等）。A公司非常注重对B公司的权利。那么，在判断控制权时，A公司是否应考虑其因持有可转换债券而享有的潜在表决权呢?

分析：在本例中，可转换债券到期可转换为普通股，并且在可转换债券全部转换为普通股后，A公司将持有被投资方60%的表决权。虽然目前可转换债券为价外期权，但并非深度价外。另外，由于A公司与B公司的关系密切，如果A公司控制B公司，必将从B公司的相关活动中获益，因此，A公司在必要时（如决定B公司的某些关键决策时），应该会选择行权。A公司持有的潜在表决权应该为一种实质性权利，在判断控制权时，应考虑该因素。

③ 其他合同安排产生的权利。

投资方可能通过持有的表决权和其他合同安排使其当前能够主导被投资方的相关活动。例如，合同安排赋予投资方能够聘任被投资方的董事会或类似权力机构的多数成员，而这些成员能够主导董事会或类似权力机构对相关活动的决策。

【例2-5】 A公司持有B公司40%有表决权的股份，其他 12 个投资方各持有B公司5%有表决权的股份。其他股东之间没有签订集体决策的协议。根据全体股东协议，A公司有权聘任或解聘董事会的多数成员，董事会主导被投资者的相关活动。

分析：在本例中，A公司持有B公司有表决权的股份的比例不足50%，其他12个投资方各持有B公司5%有表决权的股份。根据A公司自身持有股份的绝对规模和其他股东的相对规模，难以得出A公司对B公司拥有控制权的结论。如果B公司的某项重大决策对A公司有利，而面临不确定风险时，即使其他股东之间没有签订集体决策的协议，但为了保护各自的经济利益，他们也很容易联合起来，共同行使一致意见的表决权。但是，由于A公司拥有聘任或解聘B公司董事会多数成员的权力，因此，可以判断，A公司对B公司拥有控制权。

④ 其他相关事实或情况。

在判断控制权时，对于某些比较特殊的投资，可遵循实质重于形式的原则，综合考虑以下相关因素来判断控制权：被投资方设立的目的及相关活动的决策机制；投资方是否能够任命被投资方主导相关活动的关键管理人员；投资方是否能够出于自身利益决定或者否决被投资方的重大交易；投资方是否能够拥有任命被投资方董事会等类似权力机构的成员的权利；投资方与被投资方的关键管理人员或董事会等类似权力机构中的多数成员是否存在关联关系；投资方与被投资方之间是否存在特殊关系等。

【例2-6】 A公司为有限合伙企业，经营期限为3年。A公司成立的目的是向B公司的全资子公司C公司增资。增资后，A公司持有C公司60%的股份，B公司持有C公司40%的股份。根据协议，3年后，B公司将以高于A公司出资额的固定价格回购A公司持有的C公司的股份。C公司是专门建造用于租赁的某大型资产的项目公司。该大型资产的建造期为5年。A公司增资时，该资产已经建造了2年，还有3年建成投产。C公司的控制方是A公司还是B公司？

分析：在本例中，虽然增资后，A公司拥有C公司60%的表决权，B公司拥有C公司40%的表决权，但根据A公司的设立目的及投资方案以及C公司的实际运营安排，不难判断，C公司的控制方应该是B公司。A公司成立的目的是向C公司增资。三年后，B公司按高于原出资的固定价格回购该增资。A公司的业务属于金融资产的投资业务，只是通过投资C公司赚取投资收益。此外，A公司增资时，C公司的资产建造已经开始。当A公司退出时，C公司刚刚完成建造活动，尚未产生回报。因此，A公司不可能主导C公司的相关活动并取得可变回报。因此，A公司可能在短期内拥有C公司半数以上的表决权，但不能控制C公司。

2. 控制源于合同安排的情况

控制源于合同安排的情况主要指结构化主体。投资方对被投资方的权利通常来自表决权，但在某些特殊情况下，投资方对一些主体的权利不是来自表决权，而是由一项或多项合同安排决定，如证券化产品、资产支持融资工具、部分投资基金等结构化主体。

对于结构化主体，在确定其控制方时没有将表决权或类似权利作为决定因素。主导该主体相关活动的依据通常是合同安排或其他安排形式。这无形中加大了投资方是否对该类主体拥有权利的判断难度。投资方需要评估合同安排，以评价其享有的权利是否足够对被投资方实施控制。在评估时，投资方通常应考虑四个方面的因素：在设立被投资方时的参与度；相关合同安排中享有的权利；主导特定情况发生时开展相关活动的权利；对被投资方做出的承诺。

（三）合并范围包括全部子公司

我国 CAS33 规定，一般会计主体的合并范围包括母公司能够控制的全部子公司。在这里，全部子公司主要包括母公司能够控制的以下主体。

（1）被投资公司整体。这是通常意义上的子公司，指母公司能够控制的子公司整体。母公司控制的子公司通常指被控制的子公司整体（只有在少数情况下，可能是被投资方可分割的部分）。

（2）被投资企业中可分割的部分。在少数情况下，同时满足下列条件的被投资方可分割的部分也属于“子公司”的范畴，并应纳入合并范围。

① 该部分的资产是偿付该部分负债或该部分其他权益的唯一来源，不能用于偿还该部分以外的被投资方的其他负债。

② 该部分之外的其他方不享有与该部分资产相关的权利，也不享有与该部分资产剩余现金流量相关的权利。

作为被投资企业可分割的部分，这部分资产、负债及相关权益必须与被投资方其他部分相隔离，否则就不能成为投资方控制的子公司。

【例2-7】 2016年年初，甲公司和乙公司成立了丙公司，以生产和销售一种特殊的建筑材料A。甲公司与乙公司共同控制丙公司。2019年年初，甲公司想继续投资A材料的高端产品，由于种种原因，甲公司计划通过丙公司进行产品的生产和销售。因此，甲公司、乙公司与丙公司达成如下协议安排：在丙公司内部设立项目部，专门负责高端产品的生产和销售。项目部所需要的资金全部由甲公司提供。项目独立核算，产生的净利润全部归属于甲公司，项目的财务和经营等相关活动的决策完全由甲公司做出，乙公司对此不干涉。根据以上资料，判断A材料高端产品项目部是否为甲公司的子公司？

分析：本例中，丙公司是一个法人主体，如果丙公司被其债务人起诉，要求以丙公司的资产来偿还债务，则可能出现A材料高端产品项目部的相关资产被用于偿还丙公司负债的情况。因为甲公司、乙公司、丙公司三方签订协议，并没有将高端产品项目部的资产“保护”起来，即A材料高端产品项目部并没有与丙公司隔离开来，这不符合现行企业会计准则关于“被投资方可分割部分”的定义，所以，A材料高端产品项目部不能成为甲公司的子公司。

（3）结构化主体。

四、合并财务报表的编制程序

在合并财务报表编制过程中，母公司首先应基于合并财务报表编制的基本原则，做好编表前的一些准备工作，依照合并财务报表编制的流程，在合并财务报表工作底稿中正确编制相关的抵销与调整分录。

（一）合并财务报表的基本编制原则

母公司在编制合并财务报表应坚持财务报表编制的一般原则，包括真实性、完整性、重要性、相关性、及时性等。除此之外，还应特别遵循“一体性”原则。

“一体性”原则是合并财务报表编制的基本原则，指母公司在编制合并财务报表时，应将集团内所有公司（包括母公司和所有子公司）视为一个会计主体（即合并主体），通过编制抵销分录和调整分录的方法，消除集团内部各公司在报告期内发生的所有事项与交易对合并财务报表的影响，据以反映企业集团这一合并主体的财务状况、经营成果和现金流量信息。

（二）合并财务报表编制前的准备工作

合并财务报表的编制涉及集团内诸多子公司及其在报告期内的内部交易信息。为了顺利编制合并财务报表，在编表之前，应该提前做好以下准备工作。

1. 统一母子公司的会计政策

现行企业会计准则（CAS33）要求，在编制合并财务报表时，合并范围内的所有子公司与母公司的会计政策必须统一。母、子公司统一的会计政策是编制合并财务报表的基础。只有在母公司个别财务报表反映的内容一致的情况下，母公司才能对其进行加总，编制合并财务报表。一些境外子公司，由于所在国或地区法律、会计政策等方面的原因，如果确实无法使其直接采用与母公司相同的会计政策，应按照母公司所采用的会计政策，重新编报财务报表，也可以由母公司根据自身所采用的会计政策对境外子公司报送的财务报表进行调整，以调整后的子公司财务报表为基础编制合并财务报表。

2. 统一母子公司的资产负债表日及会计期间

母公司和子公司的个别财务报表只有在反映财务状况的日期和反映经营成果的会计期间都一致的情况下，才能进行合并。为了编制合并财务报表，母公司必须统一企业集团内母公司及其所有子公司的资产负债表日和会计期间，使子公司的资产负债表日和会计期间与母公司的保持一致。

对于境外子公司，由于当地法律限制确实不能与母公司财务报表决算日和会计期间一致的，母公司应当按照自身的资产负债表日和会计期间对子公司的财务报表进行调整，也可以要求子公司按照母公司的资产负债表日和会计期间另行编制其个别财务报表，并以调整后的境外子公司财务报表为编制合并财务报表的基础。

3. 对子公司以外币表示的财务报表进行折算

对母公司和子公司的财务报表进行合并，其前提必须是母子公司个别财务报表所采用的货币计量单位一致。在企业集团中，如果子公司在境外经营，则该子公司可能遵循《企业会计准则第 19 号——外币折算》（CAS19）的规定选择外币作为记账本位币。在这种情况下，母公司在编制合并财务报表时，应将境外经营子公司的外币报表按CAS19的规定折算成人民币报表，再编制合并财务报表。

4. 收集与编制合并财务报表相关的资料

合并财务报表以母公司和子公司的个别财务报表及其他与内部交易相关等资料为依据，由母公司通过编制合并财务报表工作底稿的方法进行编制。为顺利编制合并财务报表，母公司事前应当要求子公司及时提供下列有关资料：子公司相应期间的财务报表；采用的与母公司不一致的会计政策及其影响金额；与母公司不一致的会计期间的说明；与母公司及与其他子公司之间发生的所有内部交易的相关资料，包括但不限于内部购销交易、债权债务、投资及其产生的现金流量和未实现内部销售损益的期初、期末余额及变动情况等。

5. 编制合并财务报表所需要的其他资料

母公司在编制合并财务报表过程中，根据编表的需要，可能还会要求集团内各子公司提供其他相关资料。

（三）合并财务报表编制的流程

1. 编制合并财务报表工作底稿

在会计实务中，合并财务报表一般是通过合并财务报表工作底稿法编制的。在合并财务报表工作底稿中，母公司应对母公司和纳入合并范围的子公司的个别财务报表项目的数据进行汇总、调整和抵销处理，最终计算得出合并财务报表各项目的合并数。

合并财务报表工作底稿通常分为两张表：一张是合并资产负债表、合并利润表和合并所有者权益变动表“三合一”的合并财务报表工作底稿，另一张是合并现金流量表工作底稿。因与合并资产负债表、合并利润表和合并所有者权益变动表有关的抵销与调整分录往往相互联系，因此，这些分录适合在一张工作底稿中编制。而与合并现金流量表有关的抵销与调整分录具有一定的独立性，所以，这些分录适合单独记录在一张工作底稿中。这两张合并财务报表工作底稿的格式大同小异。这里以“三合一”合并财务报表工作底稿为例，说明合并财务报表工作底稿的基本格式（见表2-6）。

表2-6 合并财务报表工作底稿（局部） 单位：元

项目	母公司	子公司	合计数	调整与抵销分录		少数股东权益	合并数
				借方	贷方		
资产负债表项目							
资产项目							
……							
负债项目							
……							
所有者权益项目							
……							
利润表项目							
营业收入							
营业费用							
……							
营业利润							
……							
净利润							
股东权益项目							
期初未分配利润							
……							
期末未分配利润							

2. 将个别财务报表的数据过入合并财务报表工作底稿

将母公司和纳入合并范围的子公司的个别资产负债表、利润表、现金流量表及所有者权益变动表各项目的数据过入合并财务报表工作底稿中，并在合并财务报表工作底稿中对母公司和子公司个别财务报表各项目的数据进行加总，计算得出子公司个别财务报表各项目的合计数。

3. 编制调整分录和抵销分录

编制抵销分录和调整分录是合并财务报表编制流程中最关键的一步，是合并财务报表工作底稿中的核心内容。抵销分录与调整分录是基于"一体性"原则，为了消除因会计政策、计量基础的差异以及内部交易的影响等，在合并财务报表工作底稿中编制的有关分录。母公司只有通过编制抵销分录与调整分录，才能消除集团内部交易等相关因素的影响，满足合并财务报表"一体性"编制原则，提供企业集团作为一个合并主体对集团外公开发布的财务数据。

4. 计算合并财务报表各项目的合并数

母公司在合并财务报表工作底稿中，在母公司和子公司个别报表项目合计数的基础上，根据抵销分录和调整分录，分别计算合并财务报表中各资产、负债、所有者权益、收入和费用等项目的合并数。计算方法如下。

（1）资产类项目，其合并数应根据该项目合计数，加上该项目调整分录与抵销分录的借方发生额，减去该项目调整分录与抵销分录的贷方发生额计算确定。

（2）负债类和所有者权益类项目，其合并数应根据该项目合计数，减去该项目调整分录与抵销分录的借方发生额，加上该项目调整分录与抵销分录的贷方发生额计算确定。

（3）有关收入、收益、利得类项目，其合并数根据该项目合计数，减去该项目调整分录与抵销分录的借方发生额，加上该项目调整分录与抵销分录的贷方发生额计算确定。

（4）有关成本费用、损失类项目和有关利润分配的项目，其合并金额根据该项目合计数，加上该项目调整分录与抵销分录的借方发生额，减去该项目调整分录与抵销分录的贷方发生额计算确定。

5. 填列合并财务报表

母公司根据在合并财务报表工作底稿中计算出的资产、负债、所有者权益、收入、成本费用以及现金流量表中各项目的合并数，填列生成正式的合并财务报表。合并所有者权益变动表可以根据合并资产负债表和合并利润表进行编制。

（四）抵销分录与调整分录的主要内容

前已述及，编制抵销分录与调整分录是合并财务报表编制流程中的重要一环。从理论上讲，抵销分录和调整分录的作用及内容，有较大的差异，现分别叙之。

1. 抵销分录

抵销分录编制的目的是基于一体性原则，将母公司与子公司、子公司相互之间发生的内部交易对合并财务报表的影响消除。集团公司内部发生的交易主要包括投资与被投资、债权债务、存货交易、固定资产交易、无形资产交易以及现金流往来等。这些业务在个别报表中都应正常确认与计量，但在合并财务报表中，因属于内部交易而不能正常对外披露，编制抵销分录就是为了消除内部交易对合并财务报表的财务影响。常见的抵销分录如下。

（1）内部股权投资的抵销：主要包括母公司对子公司的长期股权投资与子公司账面上股东权益的抵销；母公司确认的投资收益、少数股东应确认的损益与子公司利润分配的抵销等。

（2）内部债权债务的抵销：主要包括集团公司内部发生的各种应收应付项目、债券发行与债权投资项目、投资收益与融资费用以及内部债权发生的信用损失与坏账准备等抵销。

（3）内部交易的抵销：主要包括因集团公司内部发生的存货交易、固定资产交易和无形资产交易等应对内部交易存货、固定资产、无形资产中包含的内部交易未实现利润和其他相关损益项目的抵销。

（4）内部现金流量的抵销：主要包括对集团内部各公司在报告期内发生的各类现金流入量和现金流出量的抵销。

2. 调整分录

调整分录与抵销分录的含义有所不同，抵销分录侧重于消除内部交易对合并财务报表信息的影响，而调整分录就是按照现行企业会计准则的要求或为了顺利编制抵销分录而对合并财务报表中某些项目所做的调整。常见的调整分录如下。

（1）对母子公司会计政策、会计期间不一致所做的调整。前已述及，编制合并财务报表的基础是集团内部母子公司之间的会计政策、会计期间等必须保持一致。如果母子公司个别财务报表的会计政策和会计期间不一致，则母公司在编制合并财务报表工作底稿时，应针对这些差异编制相应的调整分录。

（2）对长期股权投资按权益法进行的调整。在会计实务中，在对母子公司内部股权投资进行抵销时，通常采用“先调整后抵销”的方法。母公司长期股权投资按成本法核算，在长期股权投资不增不减的情况下，始终反映其初始投资成本。因而，在对合并后内部股权投资进行抵销时，为了将母公司长期股权投资与期末子公司所有者权益顺利抵销，母公司可先在合并财务报表工作底稿中将长期股权投资按权益法进行调整，使其与期末子公司净资产份额相对应，然后再编制抵销分录。

（3）非同一控制下企业合并对子公司净资产按公允价值进行的调整。根据我国现行企业会计准则的规定，在非同一控制下企业合并的合并财务报表中，子公司净资产是以合并日公允价值为基础进行列示的。因此，在编制非同一控制下企业合并的合并财务报表时，母公司应将子公司净资产的账面价值调整为公允价值，再与母公司净资产合并。

（4）同一控制下企业合并对子公司合并前留存收益进行的调整。根据我国现行企业会计准则的规定，在同一控制下企业合并编制的合并财务报表中，子公司在合并前的留存收益允许并入合并财务报表。因此，在编制同一控制下企业合并的合并财务报表时，母公司应将子公司留存收益中属于母公司的份额，调整并计入合并财务报表留存收益。

应该注意的是，抵销分录和调整分录仅仅是为了提供当期合并财务报表而在合并财务报表工作底稿中编制的分录，其处理方法与个别财务报表中的会计分录的完全不同，它不是在记账凭证中编制会计分录并过到账簿中，这些分录只在合并财务报表工作底稿中编制，只对当期合并财务报表的项目能起到抵销和调整的作用，对其他时点和会计期间的合并财务报表项目没有抵销和调整作用。

第二节 内部股权投资的抵销与调整

一、内部股权投资抵销与调整概述

（一）内部股权投资抵销与调整的具体内容

内部股权投资的抵销与调整是指集团内的母公司对子公司的投资成本与子公司所有者权益之间的抵销与调整，以下简称股权类抵销。股权类抵销分录的层次较多，主要包括：合并日及合并日后同一控制下企业合并和非同一控制下企业合并中母公司“长期股权投资”与子公司“股东权益”的抵销；母公司“投资收益”与子公司“利润分配”的抵销；按权益法对抵销前“长期股权投资”进行的调整；非同一控制企业合并对子公司净资产按公允价值进行的调整；同一控制下企业合并对子公司合并前留存收益的调整等。从内容上看，股权类抵销包括两个层次：第一，抵销分录，包括对内部长期股权投资和内部投资收益的抵销；第二，调整分录，包括对非同一控制下子公司的净资产的公允价值和同一控制下子公司的合并前留存收益的调整。

内部股权投资抵销与调整的具体内容如图 2-4 所示。

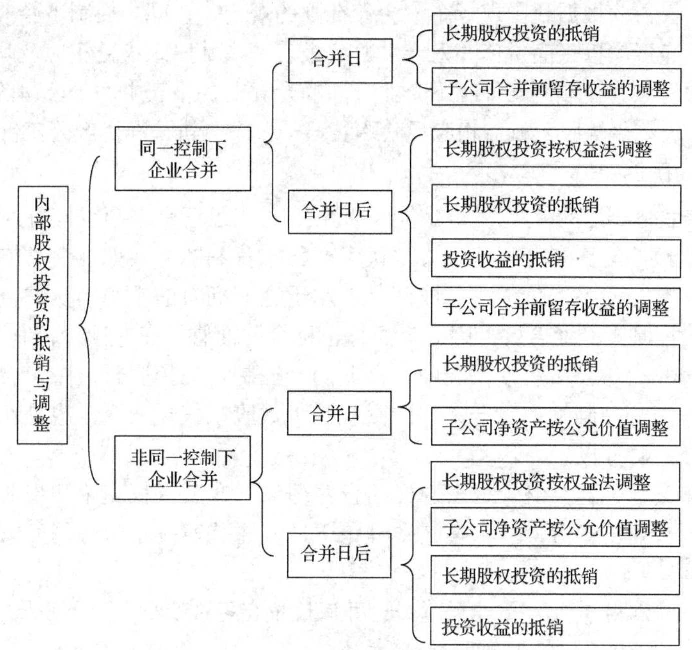

图 2-4　内部股权投资的抵销与调整

（二）股权类抵销涉及的相关理论问题

股权类抵销将会涉及少数股东权益的确认与计量、商誉的确认与计量以及期初未分配利润的调整等相关理论问题。

1. 少数股东权益的确认与计量

少数股东权益也称非控制性权益，是企业集团子公司权益中少数股东（非控股股东）拥有的权益。根据现行企业会计准则的规定，在合并财务报表中，母公司应将子公司中少数股东的权益在合并财务报表中单独列示。从理论上讲，合并财务报表中少数股东权益的金额取决于合并理论。在母公司理论下，少数股东权益应以合并日子公司净资产账面价值为基础计量；在实体理论下，少数股东权益应以合并日基于母公司合并成本推算出来的子公司整体价值计量。另外，还有一种计量方法介乎于母公司理论和实体理论之间，它是以合并日子公司可辨认净资产公允价值为基础计量的。

【例2-8】 假设甲公司支付150万元收购了乙公司80%的股权，合并日乙公司可辨认净资产账面价值和公允价值分别为160万元和180万元，而基于甲公司支付150万元收购乙公司80%股权的情况，可以推算在合并日乙公司整体价值应该为187.5（150÷0.8）万元。这样，少数股东权益就出现了三种算法。

（1）基于合并日子公司可辨认净资产账面价值计算，金额=160×20%=32（万元）。

（2）基于合并日子公司可辨认净资产公允价值计算，金额=180×20%=36（万元）。

（3）基于母公司合并成本推算的子公司的整体价值计算，金额=187.5×20%=37.5（万元）。

第一种算法是母公司理论下少数股东权益的计量方法，目前这种方法适用于我国同一控制下企业合并中少数股东权益的确认；第二种算法是实体理论下的计量方法，这种方法适用于国际会计准则中少数股东权益的确认；第三种算法即介于母公司理论和实体理论之间的算法，这种方法适用于目前我国非同一控制下企业合并中少数股东权益的确认。

少数股东权益只在合并财务报表中披露，企业在编制合并财务报表时，通过股权类抵销，同时确认了少数股东权益。根据我国现行企业会计准则的规定，在同一控制下企业合并的合并财务报表中，子公司的净资产以账面价值并入合并财务报表，少数股东权益相应反映合并日子公司净资产的账面价值的份额。在非同一控制下企业合并的合并财务报表中，子公司的净资产以公允价值并入合并财务报表，少数股东权益相应反映购买日子公司可辨认净资产公允价值的份额。

2. 商誉的确认与计量

商誉代表着一种超额盈利的能力，是能在未来给企业经营带来超过同行业利润的潜在经济价值，或一家企业预期的获利能力超过可辨认资产正常获利能力（如社会平均投资回报率）的资本化价值。商誉是企业整体价值的组成部分，属于企业拥有的不可辨认的资产。商誉来自购买式合并或非同一控制下企业合并。因此，商誉也称合并商誉。在非同一控制下的吸收合并中，合并商誉反映在合并后母公司个别报表中；在非同一控制下的控股合并中，合并商誉反映在合并财务报表中。非同一控制下控股合并中的商誉和少数股东权益一样，也是在编制股权类抵销分录时，列示于合并财务报表中。

合并商誉的计量基于合并财务报表选择的合并理论。在所有权理论和母公司理论下，合并商誉只列示属于母公司的部分商誉；在实体理论下，商誉代表基于母公司商誉推算出来的子公司拥有的完整商誉。

【例2-9】 沿用【例2-8】中的资料，并假设甲公司、乙公司的合并属于非同一控制下企业合并。该企业合并中的商誉有以下两种计算方法。

（1）基于母公司理论

合并商誉=合并成本-购买日子公司可辨认净资产公允价值×持股比例

=150-180×80%=6（万元）

（2）基于实体理论

合并商誉=6÷0.8=7.5（万元）

在我国，合并财务报表中的商誉按照母公司理论计算并列示，少数股东权益不包含其在子公司拥有的商誉份额。

3. 期初未分配利润的调整

关于期初未分配利润的调整

在合并财务报表工作底稿中编制抵销分录与调整分录时，经常会涉及对“期初未分配利润”（或“未分配利润——期初”）项目的调整。为便于后面的阐述，这里先阐述一下对“期初未分配利润”调整的基本原理。

在合并财务报表中对“期初未分配利润”进行调整，通常是因为在上期合并财务报表中对损益项目进行了抵销或调整处理，且对损益项目抵销与调整的结果一定导致上期合并财务报表中“期末未分配利润”的合计数不等于合并数。从理论上讲，在连续编制合并财务报表时，前后两个期间合并财务报表中的合并数应该具有连贯性，假如2017年合并财务报表中“期末未分配利润”的合并数为1 000万元，则2018年合并财务报表中“期初未分配利润”的合并数也应该是1 000万元。因此，企业如果在上期合并财务报表中对损益项目进行了调整，则在本期合并财务报表中应继续做相应的调整，以保证上期合并财务报表中“期末未分配利润”的合并数和本期合并财务报表中“期初未分配利润”的合并数相等。

例如，某集团由甲公司和乙公司组成，甲公司为母公司。2017 年年末，在甲公司进行抵销与调整处理前，合并财务报表中的“期末未分配利润”的合计数为 1 000 万元。假设在 2017 年合并财务报表工作底稿中，甲公司只编制了一笔与损益相关的抵销分录（单位：元）：

借：营业外收入　　100 000

　　贷：固定资产　　100 000

这笔抵销分录使 2017 年合并财务报表中的“期末分配利润”和“固定资产”同时被调减 10 万元。这样，2017 年合并财务报表中的“期末未分配利润”的合并数就是 990（1 000-10）万元。甲公司在 2018 年继续编制合并财务报表时，如果针对上笔抵销分录不调整，则 2018 年合并财务报表中“期初未分配利润”的合并数将是 1 000 万元，这与 2017 年合并财务报表中的“期末未分配利润”的合并数 990 万元就不相符。因此，在 2018 年合并财务报表中，针对 2017 年的那笔抵销损益的分录，甲公司应继续调整“期初未分配利润”，假设调整分录的对方科目依然是固定资产，则调整分录应为（单位：元）：

借：期初未分配利润　　100 000

　　贷：固定资产　　100 000

在这笔分录调整后，在 2018 年合并财务报表中，“期初未分配利润”的合并数应为 990 万元，与上期合并财务报表中期末未分配利润的合并数相等。

总之，在合并财务报表工作底稿中，若上一期抵销或调整分录导致上期合并财务报表中的“期末未分配利润”的合计数不等于合并数，则在当期合并财务报表工作底稿中，企业必须基于相同的金额对“期初未分配利润”进行调整，同时调整其他相关科目。

（三）股权类抵销涉及的会计分录框架

1. 同一控制下合并股权类抵销分录的框架

（1）合并日/同一控制/股权类抵销的框架

该抵销涉及两笔分录，一是合并日长期股权投资与子公司股东权益的抵销，二是合并前子公司留存收益的调整。

① 合并日长期股权投资与子公司股东权益的抵销。

母公司对子公司的长期股权投资与子公司的所有者权益属于内部投资与被投资的关系，因此，应在合并财务报表中相互抵销，抵销分录的基本框架为：

借：所有者权益　　[子公司合并日所有者权益的账面价值]

　　贷：长期股权投资　　[母公司股权投资入账价值]

在同一控制下企业合并中，合并日长期股权投资的成本等于子公司净资产账面价值的份额。因此，在全部控股的情况下，该成本与子公司合并日所有者权益账面价值相等，两者在抵销时不存在差额；在部分控股的情况下，该成本等于合并日子公司所有者权益账面价值中属于母公司的份额，两者在抵销时，会存在少数股东权益，此时，该抵销分录的框架为：

借：股本
　　资本公积
　　其他综合收益
　　盈余公积
　　未分配利润
　　（以上合计）[合并日子公司所有者权益的账面价值]

　　贷：长期股权投资　[股权投资的账面价值]

　　　　少数股东权益　[合并日子公司股东权益账面数×少数股东持股比例]

② 合并前子公司留存收益的调整。

现行企业会计准则（CAS33）第三十二条规定：“母公司在报告期内因同一控制下企业合并增

加的子公司及业务，编制合并资产负债表时，应当调整合并资产负债表的期初数，同时应对比较报告的相关项目进行调整，视同合并后报告主体自最终控制方开始控制时点起一直存在”。据此，对于同一控制下企业合并而言，参与合并企业在合并前的留存收益应予合并。具体来讲，就是合并前子公司的留存收益（包括盈余公积和未分配利润）可以并入合并财务报表，相关的调整分录为：

借：资本公积——资本溢价或股本溢价

　　贷：盈余公积 [合并前子公司盈余公积×母公司持股比例]

　　　　未分配利润 [合并前子公司未分配利润×母公司持股比例]

在编制上述调整分录时，应注意以下两个问题：第一，冲减的资本公积应以合并后母公司“资本公积——资本溢价或股本溢价”为上限。第二，关于调整的金额。从理论上讲，基于母公司理论，子公司留存收益可按母公司持股百分比调整；基于实体理论，可以全部调整。在我国会计实务中，企业通常基于母公司理论，按持股比例分别调整盈余公积和未分配利润。

在连续编制合并财务报表时，每年应编制的调整分录为：

借：资本公积

　　贷：盈余公积

　　　　期初未分配利润

（2）合并日后/同一控制下/股权类抵销的框架

这种情况涉及四笔分录：一是按权益法调整长期股权投资；二是抵销调整后的长期股权投资；三是抵销母公司确认的内部投资收益；四是调整合并前子公司的留存收益。

① 按权益法调整长期股权投资，分录如下：

借：长期股权投资

　　贷：投资收益

　　　　其他综合收益

　　　　资本公积——其他权益变动

企业在连续编制合并财务报表时，应根据子公司在合并日至编表日期间的权益变动来调整长期股权投资，不能只调整子公司当期权益的变动。这是因为，合并财务报表工作底稿中的抵销与调整分录只抵销和调整当期项目，对后期合并财务报表项目没有抵销和调整的作用。因此，企业在合并日后每次按权益法对长期股权投资进行调整时，都需要根据合并日至编表日期间的权益企业变动来调整。这里应该注意的是，对于上期合并财务报表中已调整的损益，在本期应调整期初未分配利润，调整分录如下（或相反的分录）：

借：长期股权投资

　　贷：期初未分配利润

② 抵销调整后的长期股权投资，分录如下：

借：股本

　　资本公积

　　其他综合收益

　　盈余公积

　　未分配利润　　[子公司报告期期末数]

　　贷：长期股权投资　　[股权投资调整后金额]

　　　　少数股东权益　　[子公司报告期期末数×少数股东持股比例]

③ 抵销母公司确认的内部投资收益。

内部投资收益包括母公司在个别财务报表中确认的子公司分派的现金股利和上述①中按权益法调整股权投资时确认的投资收益。母公司确认的内部投资收益，是子公司的内部利润分配，基于“一体性”原则，两者应予以抵销。根据现行企业会计准则的规定，在这笔抵销分录中，子公司的利润分配应全额抵销，除与母公司投资收益抵销之外，差额部分属于子公司少数股东的利润，应确认为“少数股东损益”，并在合并利润表中作为合并净利润的减项单独列示。该抵销分录的基本框架为：

借：投资收益　　[子公司净利润×母公司持股比例]
　　少数股东收益　　[子公司净利润×少数股东持股比例]
　　贷：利润分配——提取盈余公积
　　　　　　　　——分配现金股利
　　　　　　　　——期末未分配利润
　　（以上三项：子公司当年的利润分配）

企业在连续编制合并财务报表时，除对子公司当年的净利润及其分配予以抵销之外，还应该消除上年投资收益抵销分录对“期初未分配利润”的影响，调整分录为：

借：期初未分配利润　　[子公司上期期末未分配利润金额]
　　贷：利润分配——期末未分配利润

以上两笔分录也可以合并编制如下：

借：投资收益　　[子公司净利润×母公司持股比例]
　　少数股东收益　　[子公司净利润×少数股东持股比例]
　　期初未分配利润　　[子公司上期期末未分配利润金额]
　　贷：利润分配——提取盈余公积
　　　　　　　　——分配现金股利
　　　　　　　　——期末未分配利润
　　（以上三项：子公司报告期期末的利润分配）

④ 调整合并前子公司的留存收益。

在连续编制合并财务报表时，合并前子公司留存收益应继续调整，调整分录为：

借：资本公积
　　贷：盈余公积
　　　　期初未分配利润

2. 非同一控制下企业合并股权抵销的框架

（1）合并日/非同一控制下/股权抵销的框架

这种情况涉及两笔分录，一是调整子公司净资产价值；二是抵销长期股权投资。

① 调整子公司净资产价值。

根据 CAS33 的规定，在非同一控制下企业合并中，子公司的净资产应以公允价值列示于合并财务报表中。为此，在合并财务报表工作底稿中，企业应对子公司的资产与负债按公允价值进行调整。调整分录的框架为（或为相反分录）：

借：有关资产/负债
　　贷：资本公积

根据现行企业会计准则的规定，在合并财务报表中对子公司资产与负债按公允价值调整时，企业还应该考虑对递延所得税的影响，这部分内容将在第六节阐述。

② 抵销长期股权投资。

在非同一控制下企业合并中，长期股权投资的成本等于合并成本。合并成本是母公司在非同一控制中支付的合并对价的公允价值，它反映了母公司购买子公司可辨认净资产公允价值的份额和商誉的成本，合并成本与子公司可辨认净资产账面价值份额的差额为合并价差。根据现行企业会计准则的规定，在编制合并财务报表时，合并价差应分别确认为子公司可辨认净资产公允价值的增值和商誉。合并日非同一控制下股权投资抵销分录的框架为：

借：股本
　　资本公积
　　其他综合收益
　　盈余公积　　　[合并日子公司所有者权益账面数]
　　未分配利润
　　存货等资产　　[合并日子公司可辨认净资产的增值额]
　　商誉
　　贷：长期股权投资
　　　　少数股东权益

（2）合并日后/非同一控制下/股权抵销的框架

这种情况涉及四笔分录：一是按权益法调整长期股权投资；二是调整子公司净资产公允价值；三是抵销长期股权投资；四是抵销内部投资收益。

合并日后股权投资抵销分录与合并日股权投资抵销分录的主要差别在于：由于子公司在合并日至编表日期间的所有者权益发生了变化，母公司在编表日享有子公司的权益也发生了变化，因此，在合并日后编制股权投资抵销分录之前，应先按权益法将长期股权投资进行调整，然后再对长期股权投资进行抵销，并同时抵销因调整而确认的内部投资收益。

① 按权益法调整长期股权投资。

这笔调整分录与同一控制下企业合并按权益法调整长期股权投资的分录相同。

② 调整子公司净资产公允价值。

调整分录的框架为（或为相反分录）：

借：有关资产/负债
　　贷：资本公积

③ 抵销长期股权投资的分录框架为：

借：股本
　　资本公积
　　其他综合收益
　　盈余公积　　　[子公司报告期期末股东权益数]
　　未分配利润
　　存货等资产　　[基于购买日子公司可辨认净资产的增值额]
　　商誉
　　贷：长期股权投资
　　　　少数股东权益

④ 抵销内部投资收益。

这笔分录与同一控制下企业合并内部投资收益的抵销分录相同。

3. 股权投资减值准备的抵销分录框架

企业在合并财务报表中抵销内部股权投资时，如果该内部股权投资在个别财务报表中计提了股权投资减值准备，则应在合并财务报表中编制一笔与个别财务报表计提减值准备时相反的分录，以抵销该内部股权投资减值准备，抵销分录为：

借：长期股权投资——长期股权投资减值准备
　　贷：资产减值损失

在连续编制合并财务报表时，应注意消除上述分录对下期合并财务报表中的“期初未分配利润”的影响，相关调整分录为：

借：长期股权投资——长期股权投资减值准备
　　贷：期初未分配利润

二、合并日股权投资抵销与调整示例

（一）合并日/同一控制下/股权投资抵销示例

【例2-10】 天健公司于2016年1月1日以28 600万元的银行存款取得了集团内地坤公司80%的股权，同时支付合并费用120万元。合并日地坤公司股东权益的账面价值为32 000万元，其中，股本20 000万元，资本公积8 000万元，盈余公积1 200万元，未分配利润2 800万元。假如不考虑所得税等相关因素的影响。

要求：（1）编制天健公司合并地坤公司时的会计分录（单位：万元，下同）；

（2）编制合并日合并财务报表涉及的抵销分录与调整分录；

（3）将抵销分录与调整分录过入合并财务报表工作底稿，计算合并资产负债表项目的合并数。

分析：

天健公司合并集团内公司地坤公司，属于同一控制下企业合并。在合并日，天健公司应编制与合并地坤公司相关的会计分录，同时还需编制合并日合并财务报表。

（1）天健公司在个别财务报表中的会计处理

天健公司在个别财务报表中编制企业合并的会计分录时，应按地坤公司合并日净资产账面价值32 000万元的80%确认长期股权投资，该投资成本和合并对价（28 600万元）的差额应调整股东权益；同时，应将合并费用计入管理费用，具体分录如下：

	借方	贷方
借：长期股权投资（32 000×80%）	25 600	
资本公积	3 000	
贷：银行存款		28 600
借：管理费用	120	
贷：银行存款		120

（2）天健公司在合并财务报表工作底稿中的会计处理

在合并日合并财务报表工作底稿中，天健公司应编制两笔分录，一笔分录是抵销内部股权投资，另一笔是调整地坤公司合并前留存收益。具体分录如下：

① 抵销内部股权投资时：

	借方	贷方
借：股本	20 000	
资本公积	8 000	
盈余公积	1 200	
未分配利润	2 800	
贷：长期股权投资（32 000×80%）		25 600
少数股东权益（32 000×20%）		6 400

（股本、资本公积、盈余公积、未分配利润：合并日子公司股东权益的账面价值 32 000）

② 调整子公司合并前留存收益。地坤公司合并前留存收益为4 000万元，其中，盈余公积为1 200万元，未分配利润为2 800万元。对于留存收益，天健公司应分别按80%调整：

	借方	贷方
借：资本公积	3 200	
贷：盈余公积（1 200×80%）		960
期末未分配利润（2 800×80%）		2 240

（3）将上述分录过入天健公司合并日合并财务报表工作底稿，并计算有关资产与负债的合并数，具体如表2-7所示。

表 2-7　　天健公司合并日合并财务报表工作底稿（部分）　　单位：万元

项目	天健公司（合并后）	地坤公司	合计数	抵销与调整		少数股东权益	合并数
				借方	贷方		
流动资产：							
……	…	…	…				……
流动资产小计	62 000	35 000	97 000				97 000
非流动资产：							
债权投资	11 400	0	11 400				11 400
其他债权投资	10 000	0	10 000				10 000
长期股权投资	25 600	0	25 600		①25 600		0
固定资产	21 000	18 000	39 000				39 000
在建工程	20 000	3 400	23 400				23 400
无形资产	4 000	1 600	5 600				5 600
商誉	2 000	0	2 000				2 000
非流动资产小计	94 000	23 000	117 000		25 600		91 400
资产总计	156 000	58 000	214 000		25 600		188 400
流动负债：							
……	…	…	…				……
流动负债小计	60 000	21 000	81 000				81 000
非流动负债：							
……	…	…	…				……
非流动负债小计	26 000	5 000	31 000				31 000
负债合计	86 000	26 000	112 000				112 000
股东权益：							
股本	40 000	20 000	60 000	①20 000			40 000
资本公积	10 000	8 000	18 000	①8 000 ②3 200			6 800
其他综合收益							
盈余公积	11 000	1 200	12 200	①1 200	②960		11 960
未分配利润	9 000	2 800	11 800	①2 800	②2 240		11 240
股东权益合计	70 000	32 000	102 000	32 000			70 000
少数股东权益						①6 400	6 400
负债和股东权益总计	156 000	58 000	214 000	32 000		6 400	188 400

（二）合并日/非同一控制下/股权投资的抵销示例

【例2-11】 天健公司于2016年1月1日发行1亿股股票，收购了集团外地坤公司70%的股权，股票面值为1元/股，市场价为2.95元/股。购买日，地坤公司股东权益账面价值为32 000万元（其中，股本20 000万元，资本公积8 000万元，盈余公积1 200万元，未分配利润2 800万元），公允价值为36 000万元，其中，存货增值1 100万元；固定资产增值3 000万元；应收账款减值100万元。假设不考虑所得税的影响。

要求：（1）编制天健公司合并地坤公司时的会计分录（单位：万元，下同）；

（2）编制购买日合并财务报表涉及的抵销分录与调整分录；

（3）将抵销分录与调整分录过入合并财务报表工作底稿，计算有关资产和负债的合并数。

分析：

在本例中，天健公司与地坤公司的合并，属于非同一控制下企业合并。在购买日，天健公司应编制与合并地坤公司相关的会计分录，同时还应编制合并日合并资产负债表。

（1）天健公司在个别财务报表中的会计处理

在购买日，天健公司合并成本为29 500（10 000×2.95）万元，会计分录为：

借：长期股权投资　　29 500

　　贷：股本　　10 000

　　　　资本公积　　19 500

（2）天健公司在合并财务报表工作底稿中的会计处理

① 按购买日子公司公允价值调整有关资产和负债：

借：存货　　1 100

　　固定资产　　3 000

　　贷：应收账款　　100

　　　　资本公积　　4 000

进行上述调整后，子公司资本公积的金额为12 000（8 000+4 000）万元，子公司股东权益的金额为36 000（20 000+12 000+1 200+2 800）万元。

② 抵销母公司长期股权投资与子公司的股东权益，其中涉及的商誉为4 300（合并成本29 500−子公司净资产公允价值的份额36 000×70%）万元；少数股东权益为10 800（子公司股东权益公允价值36 000×30%）万元，分录如下：

借：股本　　20 000

　　资本公积　　12 000

　　盈余公积　　1 200

　　未分配利润　　2 800

（股本、资本公积、盈余公积、未分配利润：购买日子公司股东权益的公允价值 36 000 万元）

　　商誉　　4 300

　　贷：长期股权投资　　29 500

　　　　少数股东权益　　10 800

（3）将上述分录过入天健公司购买日合并财务报表工作底稿，并计算有关资产与负债的合并数，具体如表2-8所示。

表 2-8　　天健公司购买日合并财务报表工作底稿（部分）　　单位：万元

项目	天健公司（合并后）	地坤公司	合计数	抵销与调整		少数股东权益	合并数
				借方	贷方		
资产部分：							
货币资金	9 000	4 200	13 200				13 200
交易性金融资产	4 000	1 800	5 800				5 800
应收票据	4 700	3 000	7 700				7 700
应收账款	5 800	3 920	9 720		①100		9 620
预付款项	2 000	880	2 880				2 880
应收股利	4 200	0	4 200				4 200
其他应收款	0	0	0				0
存货	31 000	20 000	51 000	①1 100			52 100
其他流动资产	1 300	1 200	2 500				2 500
流动资产小计	62 000	35 000	97 000	1 100	100		98 000

续表

项目	天健公司（合并后）	地坤公司	合计数	抵销与调整		少数股东权益	合并数
				借方	贷方		
债权投资	6 000	0	6 000				6 000
其他债权投资	11 000	0	11 000				11 000
长期股权投资	32 000 +29 500	0	32 000 +29 500		②29 500		32 000
固定资产	21 000	18 000	39 000	①3 000			42 000
在建工程	20 000	3 400	23 400				23 400
无形资产	4 000	1 600	5 600				5 600
商誉	0	0	0	②4 300			4 300
非流动资产小计	123 500	23 000	146 500	7 300	29 500		124 300
资产总计	185 500	58 000	243 500	8400	29 600		222 300
负债部分：							
……	…	…	…				…
流动负债小计	60 000	21 000	81 000				81 000
……	…	…	…				…
非流动负债合计	26 000	5 000	31 000				31 000
负债合计	86 000	26 000	112 000				112 000
股东权益部分：							
股本	50 000	20 000	70 000	②20 000			50 000
资本公积	29 500	8 000	37 500	②12 000	①4 000		29 500
盈余公积	11 000	1 200	12 200	②1 200			11 000
未分配利润	9 000	2 800	11 800	②2 800			9 000
股东权益合计	99 500	32 000	131 500	32 000			99 500
少数股东权益						②10 800	10 800
负债和股东权益总计	185 500	58 000	243 500	32 000		10 800	222 300

三、合并日后股权投资的抵销与调整示例

（一）合并日后/同一控制下/股权投资的抵销示例

【例2-12】 接【例2-10】。假设2016年，地坤公司实现净利润10 500万元；提取盈余公积金2 000万元；向股东分配现金股利4 500万元；2016年年末股东权益为38 000万元，其中，股本20 000万元，资本公积8 000万元，盈余公积3 200万元，未分配利润6 800万元。

要求：编制天健公司2016年年末合并财务报表工作底稿中的抵销分录与调整分录（不考虑内部债权债务的抵销）（单位：万元）。

分析：天健公司于2016年1月1日合并地坤公司，2016年年末的合并财务报表属于同一控制下合并日后（合并后第一年）合并财务报表，主要涉及如下四笔抵销分录与调整分录。

（1）按权益法调整长期股权投资：

在本例中，长期股权投资的调整金额有以下两种算法。

① 长期股权投资调整数=子公司净利润×80%=（10 500−4 500）×80%=4 800（万元）

② 长期股权投资调整数=（子公司期末股东权益−子公司期初股东权益）×80%

=（38 000−32 000）×80%=4 800（万元）

调整分录为：

借：长期股权投资　　4 800

　　贷：投资收益　　4 800

编制上述调整分录后，“长期股权投资”科目的余额为30 400（25 600+4 800）万元；由于地坤公司分派现金股利时，天健公司在个别财务报表中确认了投资收益3 600（4 500×80%）万元。因此，做上述调整后，在合并财务报表中的内部投资收益的金额为8 400（4 800+3 600）万元。

（2）抵销母公司长期股权投资和期末子公司股东权益，其中少数股东权益为7 600万元（子公司期末股东权益公允价值38 000×20%），会计分录为：

借：股本　　20 000

　　资本公积　　8 000

　　盈余公积　　3 200

　　未分配利润　　6 800

（子公司股东权益报告期期末数，合计 38 000 万元）

　　贷：长期股权投资　　30 400

　　　　少数股东权益　　7 600

（3）抵销投资收益和子公司利润分配。其中，投资收益为8 400万元（子公司当年净利润10 500×80%）；少数股东损益为2 100万元（子公司当年净利润10 500×20%）；期初未分配利润为2 800万元（即子公司2016年年初未分配利润）；子公司当年提取盈余公积2 000万元；当年分配现金股利4 500万元；期末未分配利润为6 800万元。会计分录如下：

借：投资收益　　8 400

　　少数股东损益　　2 100

　　期初未分配利润　　2 800

　　贷：利润分配——提取盈余公积　　2 000

　　　　　　　　——分派现金股利　　4 500

　　　　　　　　——未分配利润　　6 800

（4）调整子公司合并前留存收益：

借：资本公积　　3 200

　　贷：盈余公积（1 200×80%）　　960

　　　　期初未分配利润（2 800×80%）　　2 240

天健公司2016年年末合并财务报表工作底稿如表2-9所示。

表 2-9　　天健公司 2016 年年末合并财务报表工作底稿（部分）　　单位：万元

项目	天健公司	地坤公司	合计数	抵销分录		少数股东权益	合并数
				借方	贷方		
资产负债表部分							
流动资产							
……	…	…	…				…
流动资产小计	70 000	43 000	113 000				113 000
非流动资产：							
债权投资	8 000	0	8 000				8 000
其他债权投资	13 000	4 000	17 000				17 000
长期股权投资	40 000	0	40 000	①4 800	②30 400		14 400
固定资产	28 000	26 000	54 000				54 000
在建工程	13 000	4 200	17 200				17 200

续表

项目	天健公司	地坤公司	合计数	抵销分录		少数股东权益	合并数
				借方	贷方		
无形资产	6 000	1 800	7 800				7 800
商誉	2 000	0	2 000				2 000
非流动资产小计	110 000	36 000	146 000				146 000
资产总计	180 000	79 000	259 000	4 800	30 400		233 400
流动负债：							
……	…	…	…				…
流动负债小计	64 000	29 000	93 000				
非流动负债：							
……	…	…	…				…
非流动负债小计	30 000	12 000	42 000				
负债合计	94 000	41 000	135 000				
股东权益：							
股本	40 000	20 000	60 000	②20 000			40 000
资本公积	10 000	8 000	18 000	②8 000 ④3 200			6 800
盈余公积	18 000	3 200	21 200	②3 200	④960		18 960
未分配利润	18 000	6 800	24 800	20 100	20 340		25 040
股东权益合计	86 000	38 000	124 000	54 500	21 300		90 800
少数股东权益					②7 600		7 600
负债和股东权益总计	180 000	79 000	259 000				
利润表部分							
……							
投资收益	9 800	200	10 000	③8 400	①4 800		6 400
……							
营业利润	49 000	12 600	61 600	8 400	4 800		58 000
……	…	…	…				
净利润	36 000	10 500	46 500	8 400	4 800		42 900
其中：归属母公司的净利润							40 800
少数股东损益				③2 100			2 100
权益变动表部分							
期初未分配利润	9 000	2 800	11 800	③2 800	④2 240		11 240
提取盈余公积	7 000	2 000	9 000		③2 000		7 000
分派现金股利	20 000	4 500	24 500		③4 500		20 000
期末未分配利润	18 000	6 800	24 800	②6 800 20 100*	③6 800 20 340**		25 040***

注意，在表2-9中：

*期末未分配利润借方调整额=利润表借方发生额小计（8 400）+少数股东损益（2 100）+调减的期初未分配利润（2 800）+抵销的期末未分配利润（6 800）=20 100（万元）

**期末未分配利润贷方调整额=利润表贷方发生额小计（4 800）+调增的期初未分配利润（2 240）+冲减的子公司提取盈余公积（2 000）+冲减的子公司现金股利分配（4 500）+冲减的期末未分配利润（6 800）=20 340（万元）

***期末未分配利润=归属于母公司利润+母公司期初未分配利润-母公司利润分配（提取盈余公积+分派现金股利）=40 800+11 240-7 000-20 000=25 040（万元）

【例2-13】 接【例2-12】。假设2017年，地坤公司实现净利润12 000万元；提取盈余公积金2 400万元；向股东分配现金股利6 000万元；期末股东权益为44 000万元，其中，股本20 000万元，资本公积8 000万元，盈余公积5 600万元，未分配利润10 400万元。

要求：编制天健公司2017年年末合并财务报表工作底稿中的抵销分录与调整分录(单位:万元)。

分析：天健公司于2016年1月1日合并了同一控制下的地坤公司，2017年天健公司合并财务报表为合并后第二年的合并财务报表。在该年度合并财务报表中，依然涉及四笔抵销分录与调整分录。

(1)按权益法调整长期股权投资：

天健公司2017年调整长期股权投资时，应基于2016年和2017年两年期间权益变动进行调整，调整金额如下：

长期股权投资调整数=地坤公司(2017年年末股东权益-合并日股东权益)×80%

=(44 000-32 000)×80%=9 600(万元)

其中，在2016年合并财务报表工作底稿中已经调整的投资收益为4 800万元，在2017年应进一步调整“期初未分配利润”；其余4 800万元应调整投资收益，分录如下：

借：长期股权投资　　9 600
　贷：期初未分配利润　　4 800
　　投资收益　　4 800

经过上述调整后，长期股权投资的金额为35 200(25 600+9 600)万元。由于地坤公司分派现金股利时，天健公司在个别财务报表中已确认投资收益4 800(6 000×80%)万元，因此，做上述调整后，合并财务报表中的内部投资收益金额为9 600(4 800+4 800)万元。

(2)抵销母公司长期股权投资和期末子公司所有者权益。会计分录为：

借：股本　　20 000
　资本公积　　8 000
　盈余公积　　5 600
　未分配利润　　10 400
（子公司 2017 年年末股东权益的账面价值为 44 000 万元）
　贷：长期股权投资　　35 200
　　少数股东权益(44 000×20%)　　8 800

(3)抵销投资收益和子公司利润分配：

借：投资收益(12 000×80%)　　9 600
　少数股东损益(12 000×20%)　　2 400
　期初未分配利润　　6 800
　贷：利润分配——提取盈余公积　　2 400
　　——分派现金股利　　6 000
　　——未分配利润　　10 400

(4)调整子公司合并前留存收益：

借：资本公积　　3 200
　贷：盈余公积(1 200×80%)　　960
　　期初未分配利润(2 800×80%)　　2 240

本例合并财务报表工作底稿略，其填制方法与【例2-12】的基本相同。

(二)合并日后/非同一控制下/股权投资抵销示例

【例2-14】 接【例2-11】。假设2016年，地坤公司实现净利润(股利分配前)10 500万元；提取盈余公积金2 000万元；向股东分配现金股利4 500万元；股利分配后净利润为6 000万元；2016

年年末股东权益的账面价值为38 000万元，其中，股本20 000万元，资本公积8 000万元，盈余公积3 200万元，未分配利润6 800万元。地坤公司当年减值的应收账款已核销；存货全部对外销售；固定资产的增值全部是公司办公大楼的增值，预计剩余使用年限为20万元。假设不考虑所得税的影响。

要求：编制天健公司2016年年末合并财务报表工作底稿中的抵销分录与调整分录（假设不考虑内部债权债务的抵销）（单位：万元）。

分析：因为天健公司于2016年1月1日购买了非同一控制下的地坤公司，所以2016年年末合并财务报表属于合并日后第一年编制的非同一控制下企业合并财务报表。根据前述股权类抵销分录框架，天健公司在2016年年末合并财务报表工作底稿中应编制以下四笔分录。

（1）基于购买日子公司公允价值的调整。

2016年1月1日，子公司存货增值1 100万元，固定资产增值3 000万元，应收账款减值100万元，在购买日合并财务报表中均已相应调整存货、固定资产和应收账款的价值。基于财务报表项目会计披露的内在一致性，这三项资产的增值额在未来编制合并财务报表时应继续进行相应的调整。

在本例中，子公司在2016年年末个别报表中，存货成本因销售已全部结转至营业成本；固定资产按原账面价值计提了折旧；应收账款已收回，并按原账面价值核销了减值损失。与此相应，在2016年年末合并财务报表中调整子公司公允价值时，存货增值额1 100万元应随存货调整营业成本；固定资产应按预计使用年限补提150（3 000÷20）万元的折旧，余额继续调整固定资产的成本；应收账款100万元的减值损失应予以转回，即调减“信用减值损失”账户。有关调整分录如下：

借：营业成本　　1 100
　　固定资产　　2 850
　　管理费用　　150
　　贷：信用减值损失　　100
　　　　资本公积　　4 000

上述调整分录对2016年地坤公司在合并财务报表损益的综合影响为-1 150（-1 100-150+100）万元。该分录同时影响2016年地坤公司在合并财务报表中的净利润、期末未分配利润和股东权益，地坤公司有关指标变动如下：

① 调整后本年利润=净利润账面数±合并财务报表中调整的损益
　　=10 500-1 100-150+100=9 350（万元）

② 调整后净利润=9 350-4 500=4 850（万元）

③ 调整后期末未分配利润=期末未分配利润账面数±合并财务报表中调整的损益
　　=6 800-1 100-150+100=5 650（万元）

④ 调整后股东权益公允价值（基于合并日）=股东权益账面数+相关调整金额
　　=38 000+4 000-1 150=40 850（万元）

在接下来的抵销分录和调整分录中，凡涉及地坤公司当期利润、当年净利润和期末未分配利润和股东权益的，均应采用上述调整后的金额计算确认。

（2）按权益法调整长期股权投资。

在本例中，天健公司应按地坤公司调整后净利润的70%调整长期股权投资金额：

调整金额=调整后地坤公司净利润×70%=4 850×70%=3 395（万元）

会计分类如下：

借：长期股权投资　　3 395
　　贷：投资收益　　3 395

调整上述分录后，长期股权投资金额为32 895（29 500+3 395）万元。由于地坤公司分派现金股利时，天健公司在个别报表中确认了投资收益3 150（4 500×70%）万元，因此，做上述调整后，在合并财务报表中确认的内部投资收益金额为6 545（3 395+3 150）万元。

（3）抵销长期股权投资和期末子公司所有者权益。其中，股本为20 000万元；资本公积为12 000（8 000+4 000）万元；盈余公积为3 200万元；未分配利润（调整后）为5 650万元；商誉仍为4 300万元；长期股权投资为32 895万元；少数股东权益为12 255（40 850×30%）。会计分录为：

借：股本　　20 000
　　资本公积　　12 000
　　盈余公积　　3 200
　　未分配利润　　5 650
　　（股本、资本公积、盈余公积、未分配利润：2016 年年末地坤公司的股东权益为 40 850 万元）
　　商誉　　4 300
　　贷：长期股权投资　　32 895
　　　　少数股东权益　　12 255

（4）抵销投资收益和子公司的利润分配。会计分录如下：

借：投资收益（9 350×70%）　　6 545
　　少数股东损益（9 350×30%）　　2 805
　　期初未分配利润　　2 800
　　贷：利润分配——提取盈余公积　　2 000
　　　　　　　　——分派现金股利　　4 500
　　　　　　　　——未分配利润　　5 650

天健公司2016年年末合并财务报表工作底稿如表2-10所示。

表 2-10　　天健公司 2016 年年末合并财务报表工作底稿（部分）　　单位：万元

项目	天健公司（合并后）	地坤公司	合计数	抵销与调整		少数股东权益	合并数
				借方	贷方		
资产部分：							
……	…	…	…				……
流动资产小计	70 000	43 000	113 000				113 000
债权投资	9 000	0	9 000				9 000
其他债权投资	14 000	4 000	18 000				18 000
长期股权投资（地坤公司）	69 500（29 500）	0	69 500	②3 395	③32 895		40 000
固定资产	28 000	26 000	54 000	①2 850			56 850
在建工程	13 000	4 200	17 200				17 200
无形资产	6 000	1 800	7 800				7 800
商誉				③4 300			4 300
非流动资产小计	139 500	36 000	175 500	10 545	32 895		153 150
资产总计	209 500	79 000	288 500	10 545	32 895		266 150
负债部分：							
……							
应付股利	5 000	4 500	9 500				
……							
负债合计	94 000	41 000	135 000				135 000
股东权益部分：							
股本	50 000	20 000	70 000	③20 000			50 000
资本公积	29 500	8 000	37 500	③12 000	①4 000		29 500

续表

项目	天健公司（合并后）	地坤公司	合计数	抵销与调整		少数股东权益	合并数
				借方	贷方		
盈余公积	18 000	3 200	21 200	③3 200			18 000
未分配利润	18 000	6 800	24 800	19 050	15 645		21 395
股东权益合计	115 500	38 000	153 500	54 250	19 645		118 895*
少数股东权益					③12 255		12 255
负债和股东权益总计	209 500	79 000	288 500	54 250	31 900		266 150
利润表							
……							
营业成本	96 000	73 000	169 000	①1 100			170 100
管理费用	6 000	3 900	9 900	①150			10 050
信用减值损失	600	300	900		①100		800
投资收益（地坤公司）	9 800（3 150）	200	10 000	④6 545	②3 395		6 850
……							
营业利润	49 000	12 600	61 600	7 795	3 495		57 300
……							
净利润	36 000	10 500	46 500	7 795	3 495		42 200
其中：归属母公司净利润							39 395
少数股东损益				④2 805			2 805
权益变动表部分							
期初未分配利润	9 000	2 800	11 800	④2 800			9 000
提取盈余公积	7 000	2 000	9 000		④2 000		7 000
分派现金股利	20 000	4 500	24 500		④4 500		20 000
期末未分配利润	18 000	6 800	24 800	③5 650 19 050*	④5 650 15 645**		21 395***

在表 2-10 中：

*期末未分配利润的借方调整额=利润表借方发生额小计（7 795）+少数股东损益（2 805）+调减的期初未分配利润（2 800）+抵销的期末未分配利润（5 650）=19 050（万元）

**期末未分配利润的贷方调整额=利润表贷方发生额小计（3 495）+冲减的提取盈余公积（2 000）+冲减的现金股利分配（4 500）+冲减的期末未分配利润（5 650）=15 645（万元）

***期末未分配利润=归属母公司的利润（39 395）+母公司期初未分配利润（9 000）−母公司利润分配[提取盈余公积（7 000）+分派现金股利（20 000）]=21 395（万元）

【例2-15】 接【例2-14】。假设2017年，地坤公司实现净利润12 000万元；提取盈余公积金2 400万元；向股东分配现金股利6 000万元；期末所有者权益的账面价值44 000万元，其中，股本20 000万元，资本公积8 000万元，盈余公积5 600万元，未分配利润10 400万元。

要求： 编制天健公司2017年年末合并财务报表中的有关抵销分录与调整分录（单位：万元）。

分析： 本例中，天健公司于2016年1月1日合并了非同一控制下子公司，2017年年末编制的合并财务报表应为合并后第二年的合并财务报表。在2017年年末合并财务报表工作底稿中，天健公司仍需编制四笔抵销分录与调整分录，具体分录如下。

（1）基于购买日地坤公司净资产公允价值调整有关资产和负债。

在连续第二年编制合并财务报表的2017年，天健公司应针对购买日子公司净资产公允价值继续进行调整，调整金额仍为4 000万元，其中，按在2016年合并财务报表中已调整的1 150万元损益，在本期调整“期初未分配利润”；按在2016年合并财务报表中调整的2 850万元的固定资产，在本期应补提折旧150万元，其余2 700万元继续作为固定资产的增值。调整分录如下：

借：期初未分配利润　　1 150
　　固定资产　　2 700
　　管理费用　　150
　　贷：资本公积　　4 000

这笔调整分录对地坤公司在2017年合并财务报表损益的综合影响为-150万元（期初未分配利润属于资产负债表项目）。基于该影响，2017年，地坤公司应在合并财务报表中对净利润、未分配利润和股东权益进行相应调整，调整金额如下。

① 调整后地坤公司本年利润=地坤公司本年利润账面数±合并财务报表中调整的损益
=12 000−150=11 850（万元）

② 调整后地坤公司净利润=11 850−6 000=5 850（万元）

③ 调整后地坤公司期末未分配利润=期末未分配利润账面数±合并财务报表累计调整损益（2016—2017年）
=10 400−1 150−150=9 100（万元）

④ 调整后股东权益公允价值（基于合并日）=股东权益账面数±相关调整金额
= 44 000+4 000−1 150−150=46 700（万元）

在接下来的抵销分录和调整分录中，凡涉及子公司当期利润、当期净利润、期末未分配利润和股东权益的，均应采用上述调整后的金额计算确认。

（2）基于购买日至2017年年末地坤公司权益变动的金额调整长期股权投资。

调整金额=累计调整后净利润×70%=（4 850+5 850）×70%=7 490（万元）

天健公司在2016年合并财务报表工作底稿中已经调整的3 395万元的投资收益，在本期应调整“期初未分配利润”，其余4 095万元调整投资收益，分录为：

借：长期股权投资　　7 490
　　贷：期初未分配利润　　3 395
　　　　投资收益　　4 095

上述调整分录后，长期股权投资金额为36 990（29 500+7 490）万元。由于地坤公司2017年宣告分派现金股利时，天健公司在个别财务报表中确认了投资收益4 200（6 000×70%）万元，因此，做上述调整后，天健公司在合并财务报表中确认的内部投资收益金额为8 295（4 095+4 200）万元。

（3）抵销母公司长期股权投资和期末子公司所有者权益。其中，股本为20 000万元；资本公积为12 000（8 000+4 000）万元；盈余公积为5 600万元；未分配利润为调整后金额9 100万元；商誉仍为4 300万元；长期股权投资为调整后金额36 990万元；少数股东权益为14 010（46 700×30%）万元。会计分录为：

借：股本　　20 000
　　资本公积　　12 000
　　盈余公积　　5 600
　　未分配利润　　9 100
　　（以上四项：2017 年年末地坤公司股东权益的公允价值为 46 700 万元）
　　商誉　　4 300
　　贷：长期股权投资　　36 990
　　　　少数股东权益　　14 010

（4）抵销投资收益和子公司利润分配。

借：投资收益（11 850×70%）　　8 295

少数股东损益（11 850×30%）　　3 555
期初未分配利润　　5 650
贷：利润分配——提取盈余公积　　2 400
——分派现金股利　　6 000
——未分配利润　　9 100

本例合并财务报表工作底稿略，其填制方法与【例2-14】的基本相同。

第三节 内部债权债务的抵销与调整

一、内部债权债务抵销与调整概述

内部债权债务是指集团内部母公司与子公司之间、子公司与子公司之间发生的债权和债务项目，主要包括应收账款与应付账款、预收账款与预付账款、应收票据与应付票据、其他应收款与其他应付款、应付债券与债权投资等。这些项目在集团内部债权方个别报表中表现为资产；在债务方个别报表中表现为负债。在编制合并财务报表时，依据一体化原则，应将这些内部的债权和债务以及内部债权计提的坏账准备全部抵销。

（一）内部债权债务的抵销框架

对于集团内部各公司之间发生的债权、债务，在合并财务报表工作底稿中，应直接将其抵销。合并财务报表工作底稿中常见的债权债务的抵销分录框架如下。

（1）抵销内部应收账款和应收票据时：

借：应付票据（应付账款）
　　贷：应收票据（应收账款）

（2）抵销内部其他应收款、应收股利和应收利息时：

借：其他应付款
　　贷：其他应收款

（3）抵销内部预收账款和预付账款时：

借：预收账款
　　贷：预付账款

（4）抵销内部债券投资及相关利息时：

① 借：应付债券　　[内部发行债券的摊余成本]
　　　财务费用　　[借方差额]
　　贷：债权投资等 [内部债权投资的摊余成本]
　　　　投资收益　　[贷方差额]

② 借：投资收益　　[内部投资收益和财务费用的低者]
　　贷：财务费用

在集团内部发行和认购债券时，如果内部企业认购债券是在内部企业发行债券的时点，则应付债券和债权投资的摊余成本通常不存在价差，投资方确认的投资收益和发行方确认的财务费用通常也不存在价差；如果内部认购债券是在发行日后从二级市场认购的（相当于从市场赎回集团内部发行的债券），则市场价格与发行价格之间的差异，很可能导致同一笔债券在集团内部两家公司的摊余成本出现差额。在这种情况下，如果差额在借方，计入“财务费用”账户；如果差额在贷方，则计入“投资收益”账户。另外，在抵销内部债券投资收益和财务费用时，也从低抵销。

【例2-16】 甲公司因资金周转需要于2016年12月31日以7 755万元的价格发行3年期分期付息的A债券。A债券的面值为8 000万元，票面年利率为4.5%，实际年利率为5.64%，每年付息一次，到期后按面值偿还，可上市交易。为便于阐述，假设2017年12月31日，与甲公司同属于丙集团的乙公司在二级市场以7 800万元的价格将A债券全部买入，作为“债权投资”入账。假定甲、乙两家公司使用的实际利率相同，应付债券和债权投资均按摊余成本核算，不考虑相关税费的影响。

要求：为丙集团编制2017年年末内部债权投资和应付债券的抵销分录（单位：万元）。

分析：

乙公司于2017年年末购入的A债券为其集团内部公司甲公司2016年年末发行的债券，因此，该债券交易属于内部交易。在集团的合并财务报表中，丙集团应将该内部债券交易抵销。在本例中，为便于阐述，假设乙公司将A债券全部回购集团内。

在本例2017年合并财务报表中，丙集团应将乙公司“债权投资——A债券”与甲公司“应付债券——A债券”的摊余成本相互抵销。2017年年末，乙公司“债权投资——A债券”的摊余成本为7 800万元，甲公司“应付债券——A债券”的摊余成本为7 832.38万元，计算如下：

2017年A债券利息费用=7 755×5.64%=437.38（万元）

2017年A债券应付利息=8 000×4.5%=360（万元）

2017年A债券应付债券（利息调整）摊销额=437.38−360= 77.38（万元）

2017年“应付债券——A债券”摊余成本=7 755+77.38=7 832.38（万元）

抵销分录为：

借：应付债券——A债券　　7 832.38

　贷：债权投资——A债券　　7 800

　　投资收益　　32.38

本例不涉及债券利息费用的抵销；在2018年和2019年合并财务报表中，除债券摊余成本应抵销之外，甲公司确认的债券利息费用和乙公司确认的利息收益也应同时抵销。

（二）内部坏账准备的抵销框架

如果内部债权在个别财务报表中计提了坏账准备，则在合并财务报表工作底稿中，该坏账准备与内部债权一并抵销。在合并财务报表中抵销坏账准备的分录，应该与在个别财务报表中计提坏账准备的分录相反。由于个别财务报表在计提坏账准备时，借记“信用减值损失”科目，贷记“应收账款——坏账准备”科目，因此，在编制合并财务报表时，抵销分录应为：

借：应收账款（坏账准备）

　贷：信用减值损失

在以后各年连续编制合并财务报表时，母公司针对内部计提的坏账应该继续编制如下抵销分录。

（1）调整上期抵销分录对“期初未分配利润”的影响，会计分录为：

借：应收账款（坏账准备）

　贷：期初未分配利润

（2）对本期个别财务报表补提或冲减的坏账准备予以抵销。

① 当个别财务报表当期补提坏账准备时，抵销分录为：

借：应收账款（坏账准备）

　贷：信用减值损失

② 当个别财务报表当期冲减坏账准备时，抵销分录为：

借：信用减值损失

　　贷：应收账款（坏账准备）

以上两个分录也可合并编制如下：

借：应收账款（坏账准备）　　　　　　　　[期末内部债权计提的坏账]

　　贷：期初未分配利润　　　　　　　　　[上年抵销的内部坏账准备]

　　借（贷）：信用减值损失　　　　　　　[差额]

二、内部债权债务与坏账准备的抵销示例

【例2-17】 2017年7月，天健公司与地坤公司合并。当年年末，天健公司编制合并后第一年合并财务报表。2017年年末，天健公司的应收账款的总额为1 000万元，其中应收地坤公司200万元；地坤公司的应付账款的总额为800万元，其中应付天健公司200万元。天健公司对其所有应收账款按5%计提坏账准备，期末计提的坏账准备的金额为50万元，其中针对内部债权计提的坏账准备为10万元。假设不考虑所得税等其他因素的影响。

要求：将2017年天健公司和地坤公司之间的债权、债务及坏账准备予以抵销（单位：万元）。

分析：

2017年年末，天健公司应收地坤公司200万元，且天健公司按5%计提了10万元的坏账准备。这两笔业务都属于内部债权债务业务，在合并财务报表中应分别抵销，分录如下。

① 抵销内部应收（应付）款项时：

借：应付账款　　200

　　贷：应收账款　　200

② 抵销内部坏账准备时：

借：应收账款（坏账准备）　　10

　　贷：信用减值损失　　10

本例中，合并财务报表工作底稿（部分）的填制情况如表2-11所示（其他数据略）。

表2-11　　天健公司合并财务报表工作底稿（部分）　　单位：万元

项目	天健公司	地坤公司	合计数	抵销分录		少数股东权益	合并数
				借方	贷方		
资产负债表项目							
应收账款	950			②10	①200		760
……							
应付账款		800		①200			600
……							
利润表项目							
……							
信用减值损失	50				②10		40
……							
营业利润	−50				10		−40
……							
净利润	−50				10		−40

续表

项目	天健公司	地坤公司	合计数	抵销分录		少数股东权益	合并数
				借方	贷方		
股东权益项目							
期初未分配利润	0						
……							
期末未分配利润	-50				10		-40

【例2-18】 接【例2-17】。2018年年末，天健公司的应收账款的总额为1 500万元，其中应收地坤公司400万元；地坤公司的应付账款的总额为1 200万元，其中应付天健公司400万元。天健公司在2018年年末对其所有应收款按5%计提坏账准备，期末坏账准备期末余额应为75（1 500×5%）万元，假设当年没有坏账损失发生，则天健公司2018年应补提25万元坏账准备，其中内部坏账准备为20（400×5%）万元，即当年相应补提了10万元内部坏账准备。假设不考虑所得税等相关因素的影响。

要求：将2018年天健公司和地坤公司之间的债权、债务予以抵销（单位：万元）。

分析：

2018年年末，天健公司与地坤公司之间的内部应收与应付款项为400万元，应予抵销。天健公司对该内部应收款计提了坏账准备20万元，也应予抵销，其中对于上年已经抵销的10万元的内部坏账准备，在2018年应该调整“期初未分配利润”，抵销分录如下：

① 抵销内部应收与应付款项时：

借：应付账款　　400

　　贷：应收账款　　400

② 抵销内部坏账准备时：

借：应收账款（坏账准备）　　20

　　贷：期初未分配利润　　10

　　　　信用减值损失　　10

本例中，合并财务报表工作底稿（局部）的填制情况如表2-12所示（其他数据略）。

表2-12　天健公司合并财务报表工作底稿（局部）　单位：万元

项目	天健公司	地坤公司	合计数	抵销分录		少数股东权益	合并数
				借方	贷方		
资产负债表项目							
应收账款	1 425		1 425	②20	①400		1 045
……							
应付账款		1 200	1 200	①400			800
……							
利润表项目							
……							
信用减值损失	25		25		②10		15
……							
营业利润	-25		-25		10		-15
……							
净利润	-25		-25		10		-15

续表

项目	天健公司	地坤公司	合计数	抵销分录		少数股东权益	合并数
				借方	贷方		
股东权益项目							
期初未分配利润	-50		-50			②10	-40
……							
期末未分配利润	-75		-75		10		-65

第四节 内部交易的抵销与调整

集团内部常见的交易主要包括内部存货交易、内部固定资产交易和内部无形资产交易。在合并财务报表中，基于“一体性”原则，企业应将合并主体内部交易未实现的利润进行抵销，同时抵销和调整其他有关项目。

一、内部存货交易的抵销与调整

（一）内部存货交易抵销的原则

内部存货交易的抵销分录可区分为顺流交易和逆流交易。顺流交易是指母公司销售商品给子公司；逆流交易是指子公司出售商品给母公司。根据现行企业会计准则的规定，不论内部存货交易是顺流交易还是逆流交易，企业均应编制相关的抵销分录。

1. 顺流交易的抵销

对于存货的顺流交易，企业应将该存货视为“合并主体”的存货。在合并财务报表中，存货成本应反映初始进入企业集团的成本；存货的收入应反映最终售出集团外的收入。在集团内部销售取得的收入和结转的成本都应该抵销，且企业应将期末尚未销售的内部交易存货中的未实现利润（对集团而言尚未实现）抵销，使存货价值反映其作为合并主体存货的成本。

在编制存货顺流交易的抵销分录时，企业应区分交易当年和以后各年的抵销分录。

（1）交易当年的抵销

在交易当年，存货抵销分录有三种情形，一种是当年交易的存货当年全部销售到集团以外；第二种是当年交易的存货在当年年末有结存；第三种是内部交易存货发生减值的损失。

① 当年交易的存货当年全部销售的情形。

对于交易当年发生的顺流交易，如果子公司当年将相关存货全部销售到集团以外，则在合并财务报表中，因母子公司按内部交易价格各自确认了营业收入并结转了营业成本，从而合并财务报表中就该存货确认的收入和结转的成本出现了重复。基于“一体性”原则，该存货的营业成本应为母公司内部交易时结转的成本（即存货初次进入集团的成本）；该存货的营业收入应为子公司在销售时取得的收入（即销售到集团外的收入）。这样，母公司在内部交易时确认的营业收入和子公司对外销售时结转的营业成本，应该相互抵销。抵销分录应为：

借：营业收入　　　[内部交易价格]

　　贷：营业成本　[内部交易价格]

② 当年交易的存货当年年末有结存的情形。

如果子公司当年没有将顺流交易的存货全部销售到集团以外，则对于已经销售的部分，可按上述分录抵销；对于期末结存的部分，应将其包含的内部交易利润抵销，从而使期末结存的内部交易存货反映其初始成本，抵销分录为：

借：营业收入　　　[内部交易价格]
　　贷：营业成本 [内部交易成本]
　　　　存货　　　[结存存货内部交易利润]

③ 内部交易存货发生减值的情形。

如果当年内部交易存货在个别财务报表中计提了存货跌价损失，则企业在合并财务报表工作底稿中，应将针对集团而言尚未跌价的部分抵销（即转回），分录为：

借：存货（跌价准备）
　　贷：资产减值损失

（2）以后各年连续编表时的抵销

企业在以后各年连续编制合并财务报表时，可以遵循下面“三步骤”来抵销内部交易的存货。

① 调整上期抵销的结存存货中包含的未实现利润对期初未分配利润的影响，视同其在本期全部销售，调整分录为：

借：期初未分配利润　　[上期结存存货内部交易利润]
　　贷：营业成本

② 对于本期发生的内部交易存货，视同其本期全部销售，抵销分录为：

借：营业收入　　　　　[内部交易价格]
　　贷：营业成本

③ 对于期末结存存货中包含的内部交易利润，统一进行调整。调整分录为：

借：营业成本
　　贷：存货　　　　　[尚未销售存货内部交易利润]

在连续编制合并财务报表时，对于内部交易存货的存货跌价准备，应编制如下抵销与调整分录：

借：存货（跌价准备）　　　[期末针对集团而言没发生跌价的减值准备]
　　贷：期初未分配利润　　[上期抵销的内部存货交易跌价准备]
　　借（贷）：资产减值损失 [差额]

应注意的是，内部交易存货跌价准备应与以期末结存存货可变现净值和该存货交易前在母公司账面的成本进行比较，若前者低于后者，则两者的差额应该在合并财务报表中确认为存货跌价准备。如果个别财务报表计提的存货跌价准备高出这个差额，则差额应该转回（即抵销）。

例如，A 商品在母公司账面的成本为 100 万元，母公司以 120 万元的价格转让给子公司，期末 A 商品全部结存，可变现净值为 110 万元，因此，子公司在个别财务报表中计提了 10 万元的跌价准备。但在合并财务报表中，A 商品的价格被调整为 100 万元，因此，A 商品并未跌价，子公司计提的跌价准备 10 万元在合并财务报表中应该转回。

2. 逆流交易的抵销

对于逆流交易的存货，其交易利润是在子公司个别财务报表中确认的，其中既包括母公司的利益，也包括少数股东的利益。少数股东的利益在合并财务报表中是单独披露的，根据现行企业会计准则的规定，企业在抵销逆流交易存货未实现的利润时，不能把属于少数股东的利润抵销，即对逆流交易中属于少数股东的权益和损益在合并财务报表中应正常确认。

在逆流交易中，当期交易和以后各期连续编表时的抵销分录与顺流交易的基本相同，只是最后需要对期末存货中包含的未实现内部销售损益中归属于少数股东的部分，编制如下调整分录：

借：少数股东权益 [期末结存存货内部交易利润×少数股东持股比例]

贷：少数股东损益

（二）内部交易存货的抵销与调整示例

【例2-19】 天健公司2017年合并了地坤公司。当年天健公司向地坤公司销售了1 000万元的A商品，商品成本为800万元。地坤公司当年将A商品对外销售了70%，销售收入为840万元，并结转成本560万元。2018年，天健公司又销售1 500万元的A商品给地坤公司，商品成本为1 200万元。2018年年末，经盘点确认，A商品结存350万元，包含内部交易利润70万元。假设不考虑所得税等其他因素的影响。

要求：为天健公司编制2017年年末和2018年年末与存货内部交易相关的抵销分录（单位：万元）。

分析：

2017年年末，天健公司销售给地坤公司的A商品有300（1 000×30%）万元没有对外销售，含未实现利润60 [（1 000−800）×30%]万元。2018年，天健公司又销售了1 500万元的A商品给地坤公司。2018年年末，经盘点确认，地坤公司尚有350万元的A商品尚未出售，含未实现利润70万元。根据这些资料，天健公司应做如下会计处理（单位：万元）。

（1）2017年年末，应编制的抵销分录为：

借：营业收入　　1 000

　贷：营业成本　　940

　　存货　　60

（2）2018年年末，应编制的抵销分录如下。

① 调整上期抵销分录对本期期初未分配利润的影响，视同其在本期全部销售：

借：期初未分配利润　　60

　贷：营业成本　　60

② 抵销本期内部交易存货，视同其在本期全部销售：

借：营业收入　　1 500

　贷：营业成本　　1 500

③ 抵销期末结存内部交易存货中的未实现利润：

借：营业成本　　70

　贷：存货　　70

在本例中，合并财务报表工作底稿（局部）的填制情况如表2-13所示（其他数据略）。

表2-13　　天健公司合并财务报表工作底稿（局部）　　单位：万元

项目	天健公司	地坤公司	合计数	抵销分录		少数股东权益	合并数
				借方	贷方		
2017年							
资产负债表项目							
……							
存货		300	300		①60		240
……							
利润表项目							
营业收入	1 000	840	1 840	①1 000			840
营业成本	800	560	1 360		①940		420
……							
营业利润	200	280	480	1 000	940		420
……							

续表

项目	天健公司	地坤公司	合计数	抵销分录		少数股东权益	合并数
				借方	贷方		
净利润	200	280	480	1 000	940		420
股东权益项目							
期初未分配利润	0						0
……							
期末未分配利润	200	280	480	1 000	940		420
2018年							
资产负债表项目							
……							
存货		350	350		③70		280
……							
利润表项目							
营业收入	1 500	840	2 340	②1 500			840
营业成本	1 200	560	1 760	③70	①60 ②1 500		270
……							
营业利润	300	280	580	1 570	1 560		570
……							
净利润	300	280	580	1 570	1 560		570
股东权益项目							
期初未分配利润	200	280	480	①60			420
……							
期末未分配利润	500	560	1 060	1 630	1 560		990

【例2-20】 天健公司2017年合并了地坤公司。同年，天健公司向地坤公司销售了1 000万元的A商品，成本为800万元。地坤公司在2017年没有对外销售A商品。2017年年末，地坤公司在盘点时发现，A商品因陈旧过时，其可变现净值已低于成本。假设：

（1）A商品的可变现净值为950万元，地坤公司计提了50万元的减值损失；

（2）A商品的可变现净值为800万元，地坤公司计提了200万元的减值损失；

（3）A商品的可变现净值为700万元，地坤公司计提了300万元的减值损失。

本例不考虑所得税等其他因素的影响。

要求：就以上三种情况，为天健公司编制2017年年末合并财务报表中与减值损失相关的抵销分录（单位：万元）。

分析：

地坤公司基于A商品的内部交易价格1 000万元对A商品计提减值损失，但在合并财务报表中，应基于A商品内部交易前的成本确认资产减值损失。有关抵销分录如下。

（1）当可变现净值为950万元时，地坤公司计提的减值损失全额抵销：

借：存货（跌价准备） 50

　　贷：资产减值损失 50

（2）当可变现净值为800万元时，地坤公司计提的减值损失全额抵销：

借：存货（跌价准备） 200

贷：资产减值损失　　200

（3）当可变现净值为700万元时，合并财务报表发生100万元减值，地坤公司计提的减值损失应抵销200万元：

借：存货（跌价准备）　　200

　贷：资产减值损失　　200

二、内部固定资产交易的抵销与调整

（一）内部固定资产交易抵销与调整概述

内部交易固定资产业务主要包括一方将产品销售给另一方作为固定资产使用和一方将固定资产销售给另一方继续作为固定资产使用两种情况。对于内部交易的固定资产，由于购买方的固定资产按内部交易价格确定，因此，基于“一体性”原则，企业在合并财务报表中必须对固定资产原值进行调整，将其还原为交易前资产的成本，同时还需要将与固定资产有关的折旧业务与清理报废业务一并进行抵销和调整处理。下面将分别阐述内部交易固定资产在不同情况下的抵销与调整。

1. 交易当年的抵销与调整

内部交易固定资产在交易当年主要涉及对固定资产原值、固定资产累计折旧和固定资产减值准备的抵销和调整。

（1）对当期交易固定资产原值的抵销

从交易结果角度看，内部交易固定资产有两种情况：一是固定资产的内部交易价格高于交易前固定资产的账面价值，转出方将取得的收益或利得计入资产处置损益（转计固定资产时）或营业收入（转让存货时）账户；二是固定资产的内部交易价格低于交易前固定资产账面价值，转出方将发生的损失计入资产处置损益账户。这样，在固定资产交易当年，抵销分录应包括以下情形。

① 转让固定资产作为固定资产使用的情形，抵销分录为：

借：资产处置收益

　贷：固定资产原值

或

借：固定资产原值

　贷：资产处置收益

② 转让产品作为固定资产使用的情形，抵销分录通常为：

借：营业收入

　贷：营业成本

　　固定资产原值

（2）对当期交易固定资产累计折旧的抵销

在合并财务报表中，对固定资产累计折旧的抵销也有两种情况：当固定资产的内部交易价格高于交易前账面价值时，企业在个别财务报表中将基于较高的内部价格多计提折旧；当资产的交易价格低于交易前账面价值时，企业在个别财务报表中将基于较低的交易价格少计提折旧。企业在合并财务报表中已将固定资产原值调整为交易前账面价值，因此，在合并财务报表中，不论多计提或少计提折旧，都应该对折旧进行调整，使合并财务报表中的折旧是基于交易前账面价值计提的。有关抵销与调整分录如下。

① 当内部交易价格高于交易前账面价值时，冲减多计提的折旧：

借：累计折旧

　　贷：管理费用等

② 当内部交易价格低于交易前账面价值时，补提少计提的折旧：

借：管理费用等

　　贷：累计折旧

（3）对当期交易资产减值准备的抵销

如果当年交易的固定资产计提了资产减值损失，则企业应基于资产交易前账面价值判断其是否在合并财务报表中也发生了减值，对于合并财务报表中没有发生减值而在个别财务报表中计提减值的部分，应该在合并财务报表中予以抵销，会计分录为：

借：固定资产减值准备

　　贷：资产减值损失

2. 连续编制合并财务报表时的抵销与调整

在连续编制合并财务报表时，内部交易固定资产主要涉及对固定资产原值、固定资产累计折旧、固定资产减值准备以及固定资产清理的抵销和调整。

（1）对连续编表时固定资产原值的抵销

企业在连续编制合并财务报表时，每年对内部交易固定资产原值中的未实现内部交易利润都应该进行抵销，以调整内部交易固定资产原值中未实现利润对期初未分配利润的影响，会计分录为：

借：期初未分配利润

　　贷：固定资产原值

或

借：固定资产原值

　　贷：期初未分配利润

（2）对连续编表时累计折旧的抵销

企业在连续编制合并财务报表时，每年都应对累计折旧中累计多提或累计补提的金额进行调整，同时调整管理费用和期初未分配利润账户，会计分录为：

借：累计折旧

　　贷：期初未分配利润

　　　　管理费用等

或

借：管理费用等

　　期初未分配利润

　　贷：累计折旧

（3）对连续编表时资产减值准备的抵销

企业在以后各年连续编制合并财务报表时，对于内部销售固定资产减值准备，可按下列步骤进行合并处理。

第一步，消除上期减值准备抵销分录对本期期初未分配利润的影响，会计分录为：

借：固定资产减值准备

　　贷：期初未分配利润

第二步，抵销本期个别财务报表中多计提的减值准备，会计分录为：

借：固定资产减值准备

　　贷：资产减值损失

（4）在固定资产清理时的抵销与调整

内部交易固定资产的清理是在个别财务报表中进行的，主要分三种情况：期满清理、提前清理和超期清理。内部交易固定资产原值中包含的未实现损益在清理前一直通过“期初未分配利润”在合并财务报表中递延，因而，当进行固定资产报废清理时，必须消除该业务对合并财务报表中“期初未分配利润”的影响，具体分录可分为期满清理、提前清理和超期清理三种情况。

① 期满清理的情形。

内部交易固定资产期满意味着：累计折旧已经提足，合并财务报表中固定资产原值和累计折旧的金额相等，两者对合并财务报表中损益的影响已达到一致。假如固定资产在期满时不进行清理，则在合并财务报表中编制的抵销分录为（以交易价格大于原值、使用年限为 n 年为例）：

借：期初未分配利润　　a

　贷：固定资产原值 [原值中包含的内部交易未实现损益]　　a

借：累计折旧 [n年中基于a累计多计提折旧]　　a

　贷：期初未分配利润 [在n-1年中基于a累计多提折旧]　　b

　　管理费用 [在第n年多计提的折旧]　　c

通过上面两笔分录可以看出，在合并财务报表中，固定资产原值中每年抵销的内部交易未实现损益 a，在 n 年中通过折旧逐期实现（每年补提的金额为 c）。在期满报废时，累计补提的金额为 b，报废那期再提 c，则 a 全部得以实现。因此，在期满清理时，随着“固定资产——原值”“固定资产——累计折旧”出表，只需编制下列分录即可：

借：期初未分配利润　　c

　贷：管理费用　　c

② 提前清理时。

固定资产提前清理意味着在内部交易固定资产累计折旧没有提足之前就处置了。这时上述①分录中“期初未分配利润”借贷之差（a−b）无法继续通过计提折旧实现，在合并财务报表中应计入“营业外收入”或“营业外支出”账户。抵销分录为（以交易价格大于原值、使用年限为 n 年、提前 1 年清理为例）：

借：期初未分配利润 [a−b]

　贷：营业外收入 [a−b−c]

　　管理费用 [c]

③ 超期清理的情形。

在内部交易固定资产超期使用的情况下，如果继续在合并财务报表工作底稿中编制抵销分录，则抵销分录应为（假设交易价格大于原值、使用年限为 n 年、内部交易未实现利润为 a）：

借：期初未分配利润　　a

　贷：固定资产原值　　a

借：累计折旧　　a

　贷：期初未分配利润　　a

可见，在内部交易固定资产超期使用时，其对合并财务报表中的“固定资产”和“期初未分配利润”项目已无影响。因此，内部交易固定资产超期清理时，母公司无须在编制任何分录。

（二）内部固定资产交易抵销与调整示例

【例2-21】 天健公司是地坤公司的母公司。2015年1月1日，天健公司将账面价值为80万元的A产品以100万元的价格出售给地坤公司。地坤公司将A产品作为办公大楼的固定资产使用，并于当日投入使用，预计使用年限为5年，预计净残值为零。假设地坤公司从投入使用开始时计提折旧，每年折旧额为20万元，不考虑所得税等其他因素的影响。

要求：编制2015年、2016年和2017年与该固定资产内部交易有关的抵销分录（单位：万元）。

分析：

该内部交易固定资产的原值为80万元，内部交易价格为100万元，内部交易利润为20万元；在合并财务报表中，每年多计提的折旧额为4[（100−80）÷5]万元。基于这些资料，各年应该编制的抵销与调整分录如下。

（1）2015年的有关抵销分录

① 抵销固定资产原值中的内部交易利润：

借：营业收入　　100

　贷：营业成本　　80

　　固定资产原值　　20

② 抵销合并财务报表中多计提的折旧：

借：累计折旧　　4

　贷：管理费用　　4

（2）2016年的有关抵销分录

① 抵销固定资产原值中的内部交易利润：

借：期初未分配利润　　20

　贷：固定资产原值　　20

② 抵销合并财务报表中多计提的折旧：

借：累计折旧　　8

　贷：期初未分配利润　　4

　　管理费用　　4

（3）2017年的有关抵销分录

① 抵销固定资产原值中的内部交易利润：

借：期初未分配利润　　20

　贷：固定资产原值　　20

② 抵销合并财务报表中多计提的折旧：

借：累计折旧　　12

　贷：期初未分配利润　　8

　　管理费用　　4

在本例中，合并财务报表工作底稿（局部）的填制情况如表2-14所示（其他数据略）。

表2-14　　天健公司合并财务报表工作底稿（局部）　　单位：万元

项目	天健公司	地坤公司	合计数	抵销分录		少数股东权益	合并数
				借方	贷方		
2015年							
资产负债表项目							
……							
固定资产原值		100	100		①20		80
累计折旧		20	20	②4			16
固定资产净值		80	80	4	20		64
……							
利润表项目							
营业收入	100		100	①100			0

续表

项目	天健公司	地坤公司	合计数	抵销分录		少数股东权益	合并数
				借方	贷方		
营业成本	80		80		①80		0
……							
管理费用		20	20		②4		16
……							
营业利润	20	-20	0	100	84		-16
……							
净利润	20	-20	0	100	84		-16
股东权益项目							
期初未分配利润	0	0	0				0
……							
期末未分配利润	20	-20	0	100	84		-16
2016年							
资产负债表项目							
……							
固定资产原值		100	100		①20		80
累计折旧		40	40	②8			32
固定资产净值		60	60	8	20		48
……							
利润表项目							
……							
管理费用		20	20		②4		16
……							
净利润	0	-20	-20		4		-16
股东权益项目							
期初未分配利润	20	-20	0	①20	②4		-16
……							
期末未分配利润	20	-40	-20	20	8		-32
2017年							
资产负债表项目							
……							
固定资产原值		100	100		①20		80
累计折旧		60	60	②12			48
固定资产净值		40	40	12	20		32
……							
利润表项目							
……							
管理费用		20	20		②4		16
……							
净利润	0	-20	-20		4		-16

续表

项目	天健公司	地坤公司	合计数	抵销分录		少数股东权益	合并数
				借方	贷方		
股东权益项目							
期初未分配利润	20	-40	-20	①20	②8		-32
……							
期末未分配利润	20	-60	-40	20	12		-48

【例2-22】接【例2-21】，并假设：

（1）2018年年末，地坤公司对外转让A设备，转让价为25万元，固定资产处置净损益为5万元，计入资产处置收益。

（2）2019年年末，A产品期满报废；无处置损益。

（3）A设备因保养完好，于2020年年底报废，无处置损益。假设不考虑所得税等其他因素的影响。

要求：就以上三种情况，在合并财务报表工作底稿中编制相应的抵销分录（单位：万元）。

分析：

本例为内部交易固定资产清理的业务，第一种情况为提前清理；第二种情况为期满清理；第三种情况为超期清理。各种情况下的会计处理如下。

（1）2018年提前清理时

在这种情况下，A设备提前1年处置，在合并财务报表中，A设备内部交易未实现损益20万元已经随折旧实现了16万元（其中，以前年度计提了12万元，当年通过“管理费用”计提了4万元），剩余4万元在处置时可计入“营业外收入”账户，抵销分录为：

借：期初未分配利润　　8
　贷：管理费用　　4
　　营业外收入　　4

（2）2019年期满清理时

在这种情况下，A设备内部交易未实现损益20万元已经随折旧实现了全部，其中，以前年度计提了16万元，当年通过“管理费用”计提了4万元。抵销分录为：

借：期初未分配利润　　4
　贷：管理费用　　4

（3）2020年超期清理时

在这种情况下，无须编制抵销分录。

在本例中，合并财务报表工作底稿（局部）的填制情况如表2-15所示（其他数据略）。

表2-15　天健公司合并财务报表工作底稿（局部）　单位：万元

项目	天健公司	地坤公司	合计数	抵销分录		少数股东权益	合并数
				借方	贷方		
2018 年							
资产负债表项目							
……							
利润表项目							
……							
管理费用		20	20		②4		16
……							

续表

项目	天健公司	地坤公司	合计数	抵销分录		少数股东权益	合并数
				借方	贷方		
营业外收入		5	5		②4		9
……							
营业利润		-15	-15		8		-7
……							
净利润		-15	-15		8		-7
股东权益项目							
期初未分配利润	20	-60	-40	①8			-48
……							
期末未分配利润	20	-75	-55	8	8		-55
2019 年							
资产负债表项目							
……							
利润表项目							
……							
管理费用		20	20		②4		16
……							
净利润	0	-20	-20		4		-16
股东权益项目							
期初未分配利润	20	-80	-60	①4			-64
……							
期末未分配利润	20	-100	-80	4	4		-80

三、内部无形资产交易的抵销与调整

（一）内部无形资产交易抵销与调整概述

内部无形资产交易的抵销与调整与内部固定资产交易的抵销与调整大同小异，主要包括以下内容。

1. 交易当年涉及的抵销分录

内部无形资产交易在交易当年主要涉及对无形资产原值和无形资产摊销的抵销。以无形资产的内部交易价格高于交易前无形资产的账面价值为例，则有关抵销分录如下。

（1）抵销无形资产中包含的内部交易未实现损益：

借：资产处置收益

　　贷：无形资产

（2）抵销无形资产摊销中多摊的内部交易未实现损益：

借：累计摊销

　　贷：管理费用

如果无形资产的内部交易价格低于其交易前的账面价值，则编制相反的分录。另外，无形资产计提减值损失时，可比照固定资产减值的抵销处理。

2. 连续编制合并财务报表时的抵销

在连续编制合并财务报表时，内部无形资产交易抵销与调整分录如下（以内部交易价格高于交易前价格为例）。

（1）抵销无形资产中包含的内部交易未实现损益：

借：期初未分配利润

　　贷：无形资产

（2）抵销无形资产摊销中多摊的内部交易未实现损益：

借：累计摊销

　　贷：期初未分配利润

　　　　管理费用

若无形资产的内部交易价格低于其交易前的账面价值，则编制相反的分录。

（二）内部无形资产交易抵销与调整示例

【例2-23】 天健公司是地坤公司的母公司。2016年1月1日，天健公司将账面价值为690万元的无形资产以810万元的价格出售给地坤公司。地坤公司预计该无形资产使用年限为3年，并从当年开始摊销。2018年，该无形资产摊销完毕，地坤公司结转了该无形资产的价值。假设不考虑所得税等其他因素的影响。

要求：编制2016年、2017年和2018年与该内部交易无形资产有关的抵销分录（单位：万元）。

分析：

该内部交易无形资产的原值为690万元，内部交易价格为810万元，内部交易利润为120万元；在合并财务报表中，每年多提的摊销额为40[（810−690）÷3]万元。基于这些资料，天健公司各年应该编制的抵销与调整分录如下（单位：万元）。

（1）2016年，抵销分录为：

借：资产处置收益　120

　　贷：无形资产　120

借：累计摊销　40

　　贷：管理费用　40

（2）2018年，抵销分录为：

借：期初未分配利润　120

　　贷：无形资产　120

借：累计摊销　80

　　贷：期初未分配利润　40

　　　　管理费用　40

（3）2018年，抵销分录为：

借：期初未分配利润　40

　　贷：管理费用　40

在本例中，合并财务报表工作底稿（局部）的填制情况如表2-16所示。

表2-16　天健公司合并财务报表工作底稿（局部）　单位：万元

项目	天健公司	地坤公司	合计数	抵销分录		少数股东权益	合并数
				借方	贷方		
2016年							
资产负债表项目							
……							

续表

项目	天健公司	地坤公司	合计数	抵销分录		少数股东权益	合并数
				借方	贷方		
无形资产原值		810	810		①120		690
累计摊销		270	270	②40			230
无形资产净值		540	540	40	120		460
……							
利润表项目							
……							
管理费用		270	270		②40		230
……							
资产处置收益	120		120	①120			0
……							
营业利润	120	-270	-150	120	40		-230
……							
净利润	120	-270	-150	120	40		-230
股东权益项目							
期初未分配利润	0		0				0
……							
期末未分配利润	120	-270	-150	120	40		-230
2017 年							
资产负债表项目							
……							
无形资产原值		810	810		①120		690
无形资产累计摊销		540	540	②80			460
无形资产净值		270	270	80	120		230
……							
利润表项目							
……							
管理费用		270	270		②40		230
……							
净利润	0	-270	-270		40		-230
股东权益项目							
期初未分配利润	120	-270	-150	①120	②40		-230
……							
期末未分配利润	120	-540	-420	120	80		-460
2018 年							
资产负债表项目							
……							
利润表项目							
……							
管理费用		270			①40		230
……							
净利润	0	-270			40		-230
股东权益项目							
期初未分配利润	120	-540	-420	①40			-460
……							
期末未分配利润	120	-810	-690	40	40		-690

第五节 内部现金流量的抵销与调整

一、内部现金流量的抵销与调整原则

内部现金流量的抵销与调整是在合并现金流量表工作底稿中进行的。合并现金流量表是综合反映集团内母公司及所有子公司在一定期间内的现金流入量、现金流出量及其增减变化情况的财务报表。根据合并财务报表编制的“一体性”原则，母公司在编制合并现金流量表时，应对集团内部各公司之间发生的现金收付业务予以抵销。

（一）合并现金流量表的编制流程

1. 开设合并现金流量表工作底稿

合并现金流量表工作底稿如表 2-17 所示。

表 2-17 合并现金流量表工作底稿（局部） 单位：万元

项目	母公司	子公司	合计数	抵销分录		少数股东权益	合并数
				借方	贷方		
一、经营活动产生的现金流量							
……							
经营活动现金流入小计							
……							
经营活动现金流出小计							
经营活动产生的现金流量净额							
二、投资活动产生的现金流量							
……							
投资活动现金流入小计							
……							
投资活动现金流出小计							
投资活动产生的现金流量净额							
三、筹资活动产生的现金流量							
……							
筹资活动现金流入小计							
……							
筹资活动现金流出小计							
筹资活动产生的现金流量净额							
四、汇率变动对现金及现金等价物的影响							
五、现金及现金等价物增加额							
加：期初现金及现金等价物余额							
六、期末现金及现金等价物余额							

2. 将个别财务报表的现金流量数据过入合并现金流量表工作底稿中

将母公司和子公司个别现金流量表的数据过入合并现金流量表工作底稿中，计算工作底稿中各项现金流量的合计数。

3. 编制内部现金流量的抵销分录

合并现金流量表各项目的合计数反映的是集团公司中所有业务发生的现金流量，包括集团内部发生的现金流量。在工作底稿中，企业必须通过编制抵销分录，将集团内部发生的现金流量抵销。合并现金流量表工作底稿中的抵销分录通常都是抵减现金流项目，因此，现金流量项目的合并数通常小于合计数。

合并现金流量项目抵销分录的规律是：贷方抵销现金流入量，借方抵销现金流出量，抵销分录框架为：

借：××活动产生的现金流量——××活动支付的现金

　　贷：××活动产生的现金流量——××活动收到的现金

4. 计算现金流量表各项目的合并金额

现金流量表各项目的合并金额等于各项目的合计金额减去抵减金额，具体内容如下。

① 现金流入项目：工作底稿中各现金流入项目的合计数减去贷方的抵减金额即为各现金流入项目的合并金额。

② 现金流出项目：工作底稿中各现金流出项目的合计数减去借方的抵减金额即为各现金流出项目的合并金额。

5. 填列合并财务报表

根据现金流量表合并财务报表工作底稿中各项目的合并金额，填列正式的合并现金流量表。

（二）合并现金流量表工作底稿涉及的抵销分录

企业在编制合并现金流量表时，应将报告期内集团内部母公司与子公司之间、子公司与子公司之间发生的各种交易或业务中收付的现金流抵销，相关抵销分录如下。

1. 与销售商品有关的现金流量的抵销

与销售商品有关的现金流交易主要包括以下两种情况。

（1）供货方供货商品，购买方作为存货处理的情况。

这种情况不论在供货方还是购买方，都属于经营业务。集团内部的供货方将收到的现金计入现金流量表经营活动项下的“销售商品、提供劳务收到的现金”中；集团内部的购买方将支付的现金计入现金流量表经营活动项下的“购买商品、接受劳务支付的现金”中。因此，此种情况下的抵销分录应为：

借：经营活动产生的现金流量——购买商品、接受劳务支付的现金

　　贷：经营活动产生的现金流量——销售商品、提供劳务收到的现金

（2）供货方销售商品，购买方作为固定资产、工程物资、无形资产等处理的情况。

这种情况对于供货方属于经营业务，收到的现金计入现金流量表中经营活动项下的“销售商品、提供劳务收到的现金”中；对于购买方属于投资活动，购货支付的现金计入现金流量表投资活动项下的“购建固定资产、无形资产和其他长期资产所支付的现金”中。因此，此种情况下的抵销分录应为：

借：投资活动产生的现金流量——购建固定资产、无形资产和其他长期资产所支付的现金

　　贷：经营活动产生的现金流量——销售商品、提供劳务收到的现金

2. 与股权投资活动有关的现金流的抵销

与股权投资有关的现金流交易主要包括以下两种情况。

（1）购买方认购股权，出售方发行股权的情形。

在这种情况下，出售方出售股权是为了筹集资金，取得的现金应计入现金流量表“筹资活动产生的现金流量”中的“吸收投资收到的现金”；购买方认购股权属于投资活动，投资支出

应计入“投资活动产生的现金流量”中的“投资支付的现金”。因此，在此种情况下，抵销分录应为：

借：投资活动产生的现金流量——投资支付的现金

　　贷：筹资活动产生的现金流量——吸收投资收到的现金

（2）购买方投资股权，出售方出售股权的情形。

在这种情况下，出售方将原持有的股权出售，收回投资，属于投资活动，收到的现金应计入“投资活动产生的现金流量”中的“收回投资收到的现金”；购买方认购股权仍属投资活动，支付的现金应计入“投资活动产生的现金流量”中的“投资支付的现金”。因此，在此种情况下，抵销分录应为：

借：投资活动产生的现金流量——投资支付的现金

　　贷：投资活动产生的现金流量——收回投资收到的现金

3. 与投资收益有关的现金流的抵销

投资方在投资中收到的股利和利息等投资收益都属于投资活动所得，在现金流量表中应计入“投资活动产生的现金流量”中的“取得投资收益收到的现金”；而筹资方支付的股利和利息都属于筹资活动付出的资金成本，在现金流量表中应计入“筹资活动产生的现金流量”中的“分配股利、利润或偿付利息支付的现金”。因此，此业务抵销分录应为：

借：筹资活动产生的现金流量——分配股利、利润或偿付利息支付的现金

　　贷：投资活动产生的现金流量——取得投资收益收到的现金

4. 与结算债权债务有关的现金流的抵销

与结算债权债务有关的现金流交易主要包括以下两种情况。

（1）结算因商品和劳务交易而形成的债权债务。

因商品和劳务交易而形成的债权债务包括应收账款、应付账款和应收票据、应付票据等。这类业务产生的现金流量在双方企业中都属于经营活动产生的现金流量。债权方将收到的现金计入现金流量表中“经营活动产生的现金流量”中的“销售商品、提供劳务收到的现金”；债务方将支付的现金计入现金流量表中“经营活动产生的现金流量”中的“购买商品、接受劳务支付的现金”。因此，此类业务的抵销分录应为：

借：经营活动产生的现金流量——购买商品、接受劳务支付的现金

　　贷：经营活动产生的现金流量——销售商品、提供劳务收到的现金

（2）结算因内部往来形成的债权债务。

因内部往来形成的债权债务也属于经营活动产生的现金流量，但债权债务双方收付的现金流在现金流量表中通常计入“经营活动产生的现金流量”中的“收到其他与经营活动有关的现金”和“支付其他与经营活动有关的现金”，因此，此种业务的抵销分录应为：

借：经营活动产生的现金流量——支付其他与经营活动有关的现金

　　贷：经营活动产生的现金流量——收到其他与经营活动有关的现金

5. 与处置固定资产等长期资产有关的现金流的抵销

集团内一方处置固定资产和无形资产等长期资产，另一方购买固定资产和无形资产等长期资产的业务，对买卖双方来讲都属于投资活动。处置方应将处置收到的现金计入“投资活动产生的现金流量”中的“处置固定资产、无形资产和其长期资产等收回的现金”；购买方支付的现金应计入“投资活动产生的现金流量”中的“购置固定资产、无形资产和其长期资产等支付的现金”。因此，相关抵销分录应为：

借：投资活动产生的现金流量——购置固定资产、无形资产和其长期资产等支付的现金

　　贷：投资活动产生的现金流量——处置固定资产、无形资产和其长期资产等收回的现金

6. 其他内部现金流交易的抵销

其他内部现金流交易的抵销指上述情形之外的其他内部现金流交易的抵销，这里不再展开阐述。

二、内部现金流抵销与调整示例

【例2-24】 天健公司是地坤公司的母公司。2018年，该集团内部发生如下与现金流量有关的内部交易。

（1）天健公司收回地坤公司应收账款150万元；

（2）天健公司收到地坤公司支付的现金股利120万元；

（3）天健公司向地坤公司出售一台轿车，售价为35万元，款项已如数收到。

要求：在2018年合并财务报表工作底稿中编制与现金流量有关的抵销分录（单位：万元）。

分析：

根据本例资料,天健公司应在合并现金流量表工作底稿中编制如下与现金流量有关的抵销分录。

（1）抵销与销售商品有关的内部现金交易业务：

借：经营活动产生的现金流量——购买商品、接受劳务支付的现金　　150

　　贷：经营活动产生的现金流量——销售商品、提供劳务收到的现金　　150

（2）抵销与股利收付有关的内部现金交易业务：

借：筹资活动产生的现金流量——分配股利、利润或偿付利息支付的现金　　120

　　贷：投资活动产生的现金流量——取得投资收益收到的现金　　120

（3）抵销与固定资产交易有关的内部现金收付业务：

借：投资活动产生的现金流量——购置固定资产、无形资产等支付的现金　　35

　　贷：投资活动产生的现金流量——处置固定资产、无形资产等收回的现金　　35

在本例中，合并现金流量表工作底稿（局部）的填制情况如表2-18所示（假设表中所有现金流项目的合计数均为1 000万元，其他数据略）。

表2-18　　合并现金流量表工作底稿（局部）　　单位：万元

项目	母公司	子公司	合计数	抵销分录		少数股东权益	合并数
				借方	贷方		
一、经营活动产生的现金流量							
销售商品、提供劳务收到现金	××	××	1 000		①150		850
……							
经营活动现金流入小计							
购买商品、接受劳务支付现金	××	××	1 000	①150			850
……							
经营活动现金流出小计							
经营活动产生的现金流量净额							
二、投资活动产生的现金流量							
……							
取得投资收益收到的现金	××	××	1 000			②120	880
处置固定资产、无形资产等收回的现金净额	××	××	1 000			③35	965
……							
投资活动现金流入小计							
……							

续表

项目	母公司	子公司	合计数	抵销分录		少数股东权益	合并数
				借方	贷方		
购置固定资产、无形资产等长期资产支付的现金	××	××	1 000	③35			965
……							
投资活动现金流出小计							
投资活动产生的现金流量净额							
三、筹资活动产生的现金流量							
……							
筹资活动现金流入小计							
分配股利、利润或偿付利息支付的现金	××	××	1 000		②120		880
……							
筹资活动现金流出小计							
筹资活动产生的现金流量净额							
四、汇率变动对现金及现金等价物的影响							
五、现金及现金等价物增加额							
六、期末现金及现金等价物余额							

第六节 与所得税费用相关的抵销和调整

一、合并财务报表中涉及的所得税会计概述

在合并财务报表中，企业根据合并理论以及合并主体的“一体性”编表原则，经常要对某些资产和负债的价值进行调整，如非同一控制下企业合并中对子公司净资产按公允价值进行的调整；对内部交易存货、固定资产、无形资产中包含的内部交易损益的抵销与调整；与内部交易债权以及各项资产计提的减值准备有关的抵销与调整等。这些抵销与调整通常会导致合并财务报表中相关资产和负债的计税基础与账面价值的不一致。因为在合并财务报表中，相关资产和负债的计税基础通常是个别财务报表中资产和负债的交易价格，而其账面价值则为合并财务报表中相关资产和负债的合并数，合并数是在个别财务报表金额的基础上，经过抵销和调整后的金额。

为了正确反映合并财务报表中的所得税，根据现行企业会计准则的规定，在合并财务报表中，资产和负债的账面价值和计税基础不一致的，应按照《企业会计准则第 18 号——所得税》（简称“CAS18”）的有关规定，正确计算暂时性差异，并确认相应的递延所得税资产和递延所得税负债。

合并财务报表中涉及的所得税主要包括以下情形。

（一）内部坏账准备抵销产生的递延所得税

企业在编制合并财务报表对内部应收款项进行抵销时，如果在个别财务报表中对内部应收款项计提了减值准备，则必然会在个别财务报表中相应地确认一笔递延所得税资产。由于在编

制合并财务报表中，对内部应收款项及相关的减值都已经抵销，因此，对个别财务报表中确认的这笔递延所得税资产也应该抵销，抵销分录为：

借：所得税费用

　　贷：递延所得税资产

企业在连续编制合并财务报表时，对于上期合并财务报表中抵销的所得税费用，在本期应首先消除其对期初未分配利润的影响，调整分录为：

借：期初未分配利润

　　贷：递延所得税资产

然后，再根据本期应确认的递延所得税资产金额，进一步调整递延所得税资产，同时调整合并财务报表中的所得税费用。这两笔分录也可以合并为如下分录：

借：期初未分配利润　　　　[上期抵销的递延所得税资产金额]

　　贷：递延所得税资产　　[本期应抵销的递延所得税资产金额]

　　借（贷）：所得税费用　[差额]

（二）内部存货交易抵销产生的递延所得税

企业在编制合并财务报表时，对于内部交易的存货，需将期末结存存货包含的内部交易未实现利润抵销。抵销后，该存货在合并财务报表中的计税基础（合计数）将大于账面价值（合并数）。因此，在合并财务报表中确认相应的递延所得税资产的会计分录为：

借：递延所得税资产

　　贷：所得税费用

企业在连续编制合并财务报表时，对于上期合并财务报表中抵销的所得税费用，在本期应首先消除其对期初未分配利润的影响，调整分录为：

借：递延所得税资产

　　贷：期初未分配利润

然后，再根据本期应确认的递延所得税资产，进一步调整递延所得税资产，同时调整合并财务报表中的所得税费用。这两笔分录也可以合并为如下分录：

借：递延所得税资产　　　　[本期应抵销的递延所得税资产金额]

　　贷：期初未分配利润　　[上期抵销的递延所得税资产金额]

　　借（贷）：所得税费用　[差额]

（三）内部固定资产和无形资产交易抵销产生的递延所得税

企业在编制合并财务报表时，对于内部交易的固定资产和无形资产，需按其交易前的账面价值进行调整。抵销内部交易未实现利润后，固定资产和无形资产在合并财务报表中的计税基础（合计数）可能大于也可能小于原账面价值（合计数）。因此，企业应在合并财务报表中确认相应的递延所得税资产或递延所得税负债，会计分录如下。

① 账面价值小于计税基础时：

借：递延所得税资产

　　贷：所得税费用

② 账面价值大于计税基础时：

借：所得税费用

　　贷：递延所得税负债

企业在连续编制合并财务报表时，对于上期合并财务报表中抵销的所得税费用，在本期首先应消除其对期初未分配利润的影响，调整分录如下。

① 账面价值小于计税基础时：

借：递延所得税资产

　　贷：期初未分配利润

② 账面价值大于计税基础时：

借：期初未分配利润

　　贷：递延所得税负债

然后，再根据本期应确认的递延所得税资产和递延所得税负债，进一步调整递延所得税资产或递延所得税负债，同时调整合并财务报表中的所得税费用。上述两笔分录也可以合并为如下分录。

① 账面价值小于计税基础时：

借：递延所得税资产　　　　[本期应抵销的递延所得税资产金额]

　　贷：期初未分配利润　　[上期抵销的递延所得税资产金额]

　　借（贷）：所得税费用　[差额]

② 账面价值大于计税基础时：

借：期初未分配利润　　　　[上期抵销的递延所得税负债金额]

　　贷：递延所得税负债　　[本期应抵销的递延所得税负债金额]

　　借（贷）：所得税费用　[差额]

（四）非同一控制下企业合并对子公司净资产按公允价值的调整

前已述及，在非同一控制下企业合并的合并财务报表中，子公司净资产应按公允价值列示。因此，企业在编制合并财务报表时，应基于购买日子公司净资产的公允价值对有关资产和负债进行调整。由于子公司的资产和负债的计税基础是子公司个别财务报表中资产和负债的账面价值，因此，在合并财务报表中按公允价值调整后，这些资产和负债就产生了暂时性差异。对此，企业需要在合并财务报表中确认相应的递延所得税资产或递延所得税负债。调整分录如下。

① 账面价值小于计税基础时：

借：递延所得税资产

　　贷：资本公积

② 账面价值大于计税基础时：

借：资本公积

　　贷：递延所得税负债

二、合并财务报表中涉及的所得税会计示例

【例2-25】 天健公司于2017年12月31日收购了集团外公司地坤公司。购买日，地坤公司净资产的账面价值为4 000万元，公允价值为4 400万元，其中存货增值100万元、固定资产增值300万元。2018年，地坤公司将存货全部销售，售价为1 500万元；固定资产从购买日按10年计提折旧，预计无残值，考虑所得税的影响，所得税税率为25%。

要求：在购买日、2018年年末合并财务报表中，调整子公司有关资产的公允价值的增值，并考虑所得税的影响（单位：万元）。

分析：

（1）购买日调整子公司净资产公允价值。

在购买日，存货增值100万元，固定资产增值300万元。在合并财务报表中，存货和固定资产的账面价值都大于计税基础，因此，形成应纳税暂性差异400万元。在合并财务报表中，针对该应纳税

暂时性差异，天健公司应相应地确定递延所得税负债100（400×25%）万元，因此，资产净增值额应为300万元。调整分录如下：

借：存货 100

固定资产 300

贷：资本公积 300

递延所得税负债 100

上述分录也可以拆分成以下两笔分录：

借：存货 100

固定资产 300

贷：资本公积 400

借：资本公积 100

贷：递延所得税负债 100

（2）2018年年末调整子公司净资产公允价值。

2018年，地坤公司将存货全部销售，合并财务报表中调整的增值额也应随之结转到营业成本中，账面余额为0；固定资产除在个别财务报表中正常折旧外，在合并财务报表中还应基于购买日增值额补提折旧30（300÷10）万元。因此，固定资产净增值额应为270万元，在合并财务报表中继续确定递延所得税负债，金额为67.5（270×25%）万元，递延所得税负债与2017年相比，减少了32.5万元，为本期转回的金额，应计入所得税费用。调整分录如下。

① 首先，基于购买日增值额调整子公司净资产的公允价值：

借：存货 100

固定资产 300

贷：资本公积 300

递延所得税负债 100

② 因2018年存货已销售，因此，应做如下调整：

借：营业成本 100

贷：存货 100

③ 因2018年固定资产应补提折旧30万元，因此，应做如下调整：

借：管理费用 30

贷：固定资产——累计折旧 30

④ 因2018年递延所得税负债为67.5万元，因此，应做如下调整：

借：递延所得税负债 32.5

贷：所得税费用 32.5

以上分录也可以合并编制如下：

借：营业成本 100

固定资产原值 300

管理费用 30

贷：固定资产累计折旧 30

资本公积 300

递延所得税负债 67.5

所得税费用 32.5

在本例中，合并财务报表工作底稿（局部）的填制情况如表2-19所示（其他数据略）。

表 2-19　　天健公司合并财务报表工作底稿（局部）　　单位：万元

项目	天健公司	地坤公司	合计数	抵销分录		少数股东权益	合并数
				借方	贷方		
2017 年							
资产负债表项目							
……							
存货		1 000		①100			1 100
固定资产		3 000		①300			3 300
……							
递延所得税负债					①100		100
……							
股本		4 000					4 000
资本公积					①300		300
……							
利润表项目							
……							
净利润							
股东权益变动项目							
期初未分配利润							
……							
期末未分配利润							
2018 年							
资产负债表项目							
应收账款		1 500	1 500				1 500
存货		0		0			0
固定资产		3 000	3 000	⑤300			3 300
减：累计折旧		300	300	⑤30			330
固定资产净值		2 700	2 700	270			2 970
……							
递延所得税负债					⑤67.5		67.5
应交税费		50	50				50
……							
股本		4 000	4 000				4 000
资本公积					⑤300		300
未分配利润		150	150	130	32.5		52.5
利润表项目							
营业收入		1 500	1 500				1 500
营业成本		1 000	1 000	⑤100			1 100
管理费用		300	300	30			330
……							
所得税费用		50	50		⑤32.5		17.5
……							
营业利润		150	150	130	32.5		52.5

续表

项目	天健公司	地坤公司	合计数	抵销分录		少数股东权益	合并数
				借方	贷方		
……							
净利润		150	150	130	32.5		52.5
股东权益变动项目							
期初未分配利润		0	0	0			0
……							
期末未分配利润		150	150	130	32.5		52.5

【例2-26】 天健公司2017年合并了地坤公司。当年天健公司向地坤公司销售了1 000万元的A商品，成本为800万元。地坤公司当年将A商品对外销售了70%，销售收入为840万元，并结转成本560万元。2018年，天健公司又销售了1 500万元的A商品给地坤公司，成本为1 200万元。2018年年末，经盘点确认，内部交易A商品结存350万元，其中包含内部交易利润70万元。

要求：在2017年年末和2018年年末合并财务报表工作底稿中，编制与存货内部交易相关的抵销分录，并考虑所得税的影响（单位：万元）。

分析：

在本例中，2017年年末，存货内部交易未实现利润60[（1 000−800）×30%]万元，抵销内部交易利润后，将在合并财务报表中产生可抵扣暂时性差异60万元，由此，天健公司应在合并财务报表中确认15（60×25%）万元的递延所得税资产；2018年年末，存货内部交易未实现利润为70万元，在合并财务报表中将产生可抵扣暂时性差异70万元。由此，天健公司应在合并财务报表中确认17.5（70×25%）万元的递延所得税资产。两期递延所得税资产的差额应为转回的所得税费用，金额为2.5万元。天健公司在两年合并财务报表中的抵销分录如下。

（1）2017年年末的抵销分录

① 抵销当年内部交易的存货时：

借：营业收入　　1 000

　　贷：营业成本　　940

　　　　存货　　60

② 确认所得税影响时：

借：递延所得税资产　　15

　　贷：所得税费用　　15

（2）2018年的抵销分录

① 消除上期抵销分录对期初未分配利润的影响，视同上期剩余存货在本期全部销售：

借：期初未分配利润　　60

　　贷：营业成本　　60

② 抵销本期内部交易存货，视同其在本期全部销售：

借：营业收入　　1 500

　　贷：营业成本　　1 500

③ 抵销期末结存存货中的未实现利润：

借：营业成本　　70

　　贷：存货　　70

④ 确认期末结存存货对所得税的影响：

借：递延所得税资产　　17.5

贷：期初未分配利润　　15

　　所得税费用　　2.5

在本例中，合并财务报表工作底稿（局部）的填制情况如表2-20所示（其他数据略）。

表2-20　　天健公司合并财务报表工作底稿（局部）　　单位：万元

项目	天健公司	地坤公司	合计数	抵销分录		少数股东权益	合并数
				借方	贷方		
2017年							
资产负债表项目							
……							
存货		300	300		①60		240
……							
递延所得税资产					②15		15
……							
利润表项目							
营业收入	1 000	840	1 840	①1 000			840
营业成本	800	560	1 360		①940		420
……							
所得税费用					②15		15
……							
营业利润	200	280	480	1 000	955		435
……							
净利润	200	280	480	1 000	955		435
股东权益项目							
期初未分配利润	0						0
……							
期末未分配利润	200	280	480	1 000	955		435
2018年							
资产负债表项目							
……							
存货		350	350		③70		280
……							
递延所得税资产				④17.5			
……							
利润表项目							
营业收入	1 500	840	2 340	②1 500			840
营业成本	1 200	560	1 760	③70	①60 ②1 500		270
……							
所得税费用					④2.5		
……							
营业利润	300	280	580	1 570	1 562.5		572.5
……							
净利润	300	280	580	1 570	1 562.5		572.5

续表

项目	天健公司	地坤公司	合计数	抵销分录		少数股东权益	合并数
				借方	贷方		
股东权益项目							
期初未分配利润	200	280	480	①60	④15		435
……							
期末未分配利润	500	560	1 060	1 630	1 577.5		1 007.5

思考题

1. 试述合并财务报表的含义、特点及编制理念。
2. 试述合并范围的含义及确定方法。
3. 试述合并财务报表编制的一般流程。
4. 试述少数股东权益的含义及确定方法。
5. 试述商誉的含义及确定方法，并阐述我国现行企业会计准则关于商誉处理的规定。
6. 同一控制下企业合并中股权类抵销和调整分录有哪些？
7. 非同一控制下企业合并中股权类抵销和调整分录有哪些？
8. 对于内部债权债务及坏账准备应当如何编制抵销分录？
9. 对于内部存货交易应当如何编制抵销分录？
10. 什么是顺流交易与逆流交易？在编制合并财务报表中，两者对少数股东损益有何影响？
11. 对于内部固定资产交易应当如何编制抵销分录？
12. 对于内部无形资产交易应当如何编制抵销分录？
13. 试述合并现金流量表抵销分录的要点。
14. 合并财务报表中涉及哪些与所得税会计相关的抵销或调整分录？

练习题

练习一

[目的] 编制同一控制下企业合并的调整与抵销分录。

[资料] 甲公司于2017年1月1日以40 000万元的银行存款取得了集团内A公司70%的股权，同时支付合并费用10万元。合并日A公司股东权益账面价值为50 000万元，其中，股本为30 000万元，资本公积为10 000万元，盈余公积为3 600万元，未分配利润为6 400万元。

A公司2017年度实现净利润9 600万元；提取盈余公积3 000万元；向股东分配现金股利3 600万元。A公司2018年度实现净利润15 000万元；提取盈余公积3 500万元；向股东分配现金股利5 500万元。

2017年和2018年甲公司和A公司之间发生如下交易和事项。

（1）2017年6月15日，甲公司将本公司生产的产品出售给A公司，售价为600万元，成本为500万元。A公司将取得的产品作为管理用固定资产，取得该固定资产时即投入使用，预计使用年限为5年，预计净残值为0，采用年限平均法计提折旧。截至2017年年底，甲公司尚未收到A公司购买产品的价款。甲公司对账龄在1年以内的应收账款（含应收关联方款项）按照账面余额的5%计提坏账准备。

（2）甲公司2017年向A公司销售产品形成的应收账款于2018年结清。

甲公司和A公司均为增值税一般纳税人，适用的增值税税率是13%，本题不考虑除增值税外其他相关税费的影响，并假设甲公司资本公积（资本溢价）金额足够大。

[要求]

（1）编制2017年1月1日甲公司取得A公司70%股权时的会计分录；

（2）编制与2017年1月1日甲公司合并A公司财务报表相关的调整与抵销分录；

（3）编制与2017年年末甲公司合并A公司财务报表相关的调整与抵销分录；

（4）编制与2018年年末甲公司合并A公司财务报表相关的调整与抵销分录。

练习二

[目的] 编制非同一控制下企业合并的调整与抵销分录。

[资料] 乙公司于2017年1月1日发行了10 000万股股票收购了集团外公司B公司60%的股权，股票面值为1元/股，市场价为3.6元/股。购买日B公司股东权益账面价值为55 000万元（其中，股本为35 000万元，资本公积为16 000万元，盈余公积为1 000万元，未分配利润为3 000万元），公允价值为58 000万元（其中，存货增值1 200万元，固定资产增值2 000万元，应收账款减值200万元）。

B公司2017年实现净利润（股利分配前）20 000万元；提取盈余公积2 500万元；向股东分配现金股利5 500万元。B公司当年发生减值的应收账款已经核销；存货全部对外出售；固定资产的增值全部是公司管理用固定资产，预计剩余使用年限为10年。

2018年，B公司实现净利润24 000万元；提取盈余公积3 000万元；向股东分配现金股利6 000万元。

2017年和2018年乙公司和B公司发生如下内部交易。

（1）2017年5月1日，乙公司向B公司销售产品一批，销售价格为2 000万元，产品成本为1 600万元。至2017年12月31日，B公司没有将产品对外出售，全部结存。

（2）2018年，B公司将2017年从乙公司购入的产品对外销售了70%，年末剩余30%的产品结存。

假设不考虑所得税及其他因素的影响。

[要求]

（1）编制2017年1月1日乙公司取得B公司60%股权时的会计分录；

（2）编制与2017年1月1日乙公司合并B公司财务报表相关的调整与抵销分录；

（3）编制与2017年年末乙公司合并B公司财务报表相关的调整与抵销分录；

（4）编制与2018年年末乙公司合并B公司财务报表相关的调整与抵销分录。

练习三

[目的] 在合并财务报表工作底稿中对所得税进行相关会计处理。

[资料] 丙公司是C公司的母公司。2017年和2018年丙公司和C公司发生以下内部交易。

（1）2017年6月1日，丙公司向C公司销售1 000万元的产品。该销售成本为700万元，销售毛利率为30%。C公司在本期将该批内部购进商品的60%对外销售，其销售收入为750万元，销售成本为600万元，销售毛利为20%；该商品的另外40%形成C公司期末存货。

（2）2018年5月30日，丙公司将成本为840万元的存货以1 200万元的价格销售给C公司，丙公司销售毛利率与上期相同，为30%。C公司本期对外销售内部购进商品实现销售收入1 125万元，结转的内部销售成本为900万元，销售毛利率为20%，剩余商品形成C公司期末存货。

[要求] 在2017年年末和2018年年末合并财务报表工作底稿中，编制与存货内部交易相关的抵销分录。考虑所得税的影响。

第三章 外币业务

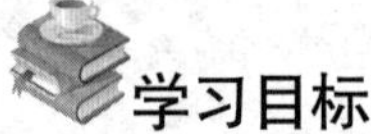

学习目标

1. 了解记账本位币的含义及其确定方法。
2. 了解汇兑损益的含义及会计处理规定。
3. 掌握外币交易的会计核算方法。
4. 掌握外币账户期末调整损益的会计处理方法。
5. 掌握外币报表的折算方法。

第一节 外币业务概述

一、记账本位币

（一）记账本位币及其确定

1. 记账本位币的含义

记账本位币是指企业经营所处的主要经济环境中的货币，通常指企业在生产经营中主流业务收入与支出所使用的货币。发生多种货币计价业务的企业，需要选择一种基本计量尺度的记账货币，并以该种货币计量所有的经济业务。这种作为会计核算基本计量尺度的货币就是记账本位币。

我国《企业会计准则第 19 号——外币折算》（CAS19）规定：企业通常应选择人民币作为记账本位币，业务收支以人民币以外的货币为主的企业，也可以选定其中一种外币作为记账本位币。企业在编制财务报表时所采用的货币一般称为列报货币。同一企业的记账本位币与列报货币可能一致，也可能不一致。我国现行企业会计准则规定，企业的正式编表货币只能是人民币，而记账本位币是可以选择的，既可以是人民币，也可以是人民币以外的其他货币。

2. 确定记账本位币时应考虑的因素

企业在选定记账本位币时，主要应当考虑下列因素。

（1）该货币主要影响企业商品和劳务的销售价格，企业通常以该种货币进行商品和劳务的计价与结算。

（2）该货币主要影响企业商品和劳务所需的人工费、材料费及其他费用，企业通常以该货币对这些费用进行计价与结算。

（3）企业在融资活动中获得的货币以及日常从经营活动中收取的款项通常都是这种货币。

应当指出，在确定企业记账本位币时，上述因素的重要程度因企业具体情况的不同而不同，企业需要根据实际情况进行判断。一般情况下，综合考虑前两个因素即可确定企业的记账本位币，第三个只是参考因素。在综合考虑前两个因素仍不能确定企业记账本位币的情况下，第三个因素对企业记账本位币的确定起重要作用。

例如，国内 A 外商投资企业，（以下简称“A 企业”）超过 80%的营业收入来自向各国的出口业务，其商品销售价格一般以美元结算，主要受美元的影响，因此，从影响商品和劳务销售价格的角度看，A 企业应选择美元作为记账本位币。如果 A 企业除厂房设施，25%的人工成本在国内以人民币采购，生产所需原材料、机器设备及 75%以上的人工成本来自美国投资者以美元在国际市场采购，则可进一步确定 A 企业的记账本位币应是美元。如果 A 企业的人工成本、原材料及相应的厂房设施、机器设备等 95%以上在国内采购并以人民币计价，则我们难以确定 A 企业的记账本位币，需要继续考虑第三个因素。如果 A 企业取得的美元营业收入在汇回国内时可随时换成人民币存款，且 A 企业融入资金基本为人民币，则 A 企业应当选定人民币为其记账本位币。

（二）境外经营及其记账本位币的确定

1. 境外经营的含义

所谓境外经营，主要是指企业在境外的子公司、合营企业、联营企业、分支机构。在境内的子公司、合营企业、联营企业、分支机构，采用不同于本企业记账本位币的，也视同境外经营。

2. 确定境外经营记账本位币时应考虑的因素

境外经营企业在确定记账本位币时，除正常考虑前述几个因素外，还应考虑如下几个因素。

（1）境外经营对其所从事的活动是否拥有很强的自主性。如果境外经营所从事的活动可视同本企业经营活动的延伸，构成企业经营活动的组成部分，那么该境外经营应当选择与本企业相同的记账本位币；如果境外经营对其所从事的活动具有很强的自主性，那么该境外经营不适合选择与本企业记账本位币相同的货币作为记账本位币。

（2）境外经营活动中与企业的交易是否占有较大比重。如果境外经营与企业的交易占境外经营活动的比例较高，那么境外经营应当选择与企业记账本位币相同的货币作为记账本位币；反之，可选择其他货币。

（3）境外经营活动产生的现金流量是否直接影响企业的现金流量，是否可以随时汇回。如果境外经营活动产生的现金流量直接影响企业的现金流量，并可随时汇回，境外经营应当选择与企业记账本位币相同的货币作为记账本位币；反之，可选择其他货币。

（4）境外经营活动产生的现金流量是否足以偿还其现有债务和可预期的债务。在企业不提供资金的情况下，如果境外经营活动产生的现金流量难以偿还其现有债务和正常情况下可预期的债务，境外经营应当选择与企业记账本位币相同的货币作为记账本位币；反之，可选择其他货币。

（三）记账本位币的变更

企业记账本位币一经确定，不得随意变更，除非企业经营所处的主要经济环境发生重大变化。企业经营所处的主要经济环境发生重大变化，通常指企业主要收入和支出现金的环境发生了重大变化，使用该环境中的新货币便能反映企业的主要交易业务的经济结果。

企业因经营所处的主要经济环境发生重大变化，确需变更记账本位币的，应当采用变更当日的即期汇率将所有项目折算为变更后的记账本位币，折算后的金额作为以新的记账本位币计量的历史成本，由于将所有项目采用同一即期汇率进行折算，所以，该折算不会产生汇兑损益。因经营所处的主要经济环境发生重大变化而变更记账本位币的，企业应提供确凿的证据，并应在报表附注中披露变更的理由。

二、记账汇率

汇率，又称外汇牌价或汇价，是以一国货币表示另一国货币的价格，即将一国货币换算成另一国货币的比率。汇率有两种标价方法：直接标价法和间接标价法。直接标价法是以一个单位外币折合成一定数额本国货币的标价方法，如 1 美元=6.5 人民币（$1=¥6.5）；间接标价法是以一个单位本国货币折合成一定数额的外国货币的标价方法，如 1 人民币=0.15 美元（¥1=$0.15）。我国采用直接标价法。

汇率有多种分类方法，如按其变动与否可分为固定汇率和变动汇率。固定汇率是指某一国家的货币与别国货币的兑换比率基本不变或因某种限制而在一定幅度内进行波动的汇率。浮动汇率是指某一国货币与另一国货币的兑换比率由外币市场供求关系决定、其波动不受限制的汇率。目前，国际上基本都采用浮动汇率，我国也采用浮动汇率。

根据我国现行企业会计准则的规定，企业对于发生的外币业务应按规定汇率折算成人民币记账；对于境外经营以外币编制的报表，也应按规定汇率折算成人民币报表。为便于阐述，本文将企业在外币业务和外币报表折算中使用的汇率称为记账汇率。根据我国 CAS19 的规定，记账汇率在不同业务中可能具体表现为现行汇率、即期汇率、即期汇率的近似汇率或平均汇率。

（一）现行汇率

现行汇率（current rate），也称期末汇率（closing rate），一般指资产负债表日的汇率。我国 CAS19 规定，境外经营的企业在会计期末应按现行汇率法将外币报表折算成人民币报表。我国境外经营外币报表的折算汇率基本是现行汇率（股本除外）。

（二）即期汇率

即期汇率（spot rate），是指立即交付所兑换的货币时适用的汇率。即期汇率是与远期汇率对应的一个概念。我国现行企业会计准则规定，企业对发生的外币业务进行折算时，通常应该选择即期汇率作为记账汇率。

即期汇率按照外汇牌价的报价方式，包括买入价、卖出价和中间价。买入价指银行买入外币的价格；卖出价指银行卖出外币的价格；中间价是买入价和卖出价的平均价格。在会计实务中，外币业务发生时选择的即期汇率通常是外汇牌价的中间价。

（三）即期汇率的近似汇率

即期汇率的近似汇率是指按照系统合理的方法确定的与交易日即期汇率比较接近的汇率，通常指当期平均汇率、当期加权平均汇率（以外币交易金额做权重）。有些企业会选择当月 1 日的汇率作为即期汇率的近似汇率。根据我国企业会计准则的规定，当汇率变动不大时，为简化核算手续，企业可以选择即期汇率的近似汇率作为记账汇率。

即期汇率的近似汇率是企业在核算外币业务时的一种备选汇率。企业在选择即期汇率的近似汇率作为记账汇率时，应在财务报表附注中说明近似汇率的确定方法。

（四）平均汇率

平均汇率（average rate）是将现行汇率或历史汇率按简单算术平均或加权平均计算出来的汇率。根据我国现行企业会计准则的规定，企业在进行外币报表折算时，对于利润表的折算应选择该会计期间的平均汇率作为折算汇率。

从广义上讲，记账汇率都属于现行汇率的范畴；现行汇率是与历史汇率对应的概念；历史汇率是指经济业务在发生当时（即取得外币资产或承担外币负债时）所选择的折算汇率，即经济业务发生当时的现行汇率。在记录原始外币交易之日，选择的折算汇率为现行汇率，但只要登记完账簿、过了此日之后，该汇率就变成历史汇率了。所以，历史汇率也可称为账面汇率。

三、汇兑损益的分类及会计处理理念

(一) 汇兑损益的分类

汇兑损益是指企业在外币交易业务、期末外币账户调整业务及外币报表折算业务中，因对同一笔外币采用不同的记账汇率折算而产生的记账本位币的差异，也称汇兑差额。根据外币业务的会计核算惯例，汇兑损益通常有以下两种分类方式。

1. 按外币业务的种类划分

根据现行企业会计准则的规定，汇兑损益根据其产生的外币业务的种类，可以分为以下四种。

（1）交易损益：产生于外币商品交易中，指在外币商品交易业务中，因交易日与结算日采用了不同的汇率折算，即交易中产生的外币债权在初始确认与收回时或者外币债务在初始确认与偿还时分别采用了不同的汇率折算而产生的汇兑差额。例如，我国的 A 公司向美国的 B 公司出口了 1 万美元的商品。销售日，记账汇率为$1=¥6.8。A 公司据此借记“应收账款——美元户”账户，金额为 6.8 万元人民币；数日后收回 1 万美元，当日记账汇率为$1=¥6.9，A 公司据此贷记“应收账款——美元户”账户，金额为 6.9 万元人民币，则 A 公司“应收账款——美元户”账户贷差 0.1 万元人民币就是交易损益。

（2）兑换损益：产生于外币兑换业务中，指在外币兑换业务中，因换出货币和换入货币按规定采用了不同的汇率折算而产生的汇兑差额。企业到银行兑换外币时，应按银行当日的买入价和卖出价与银行结算，但记账汇率通常是中间价，因此，外币兑换必然会产生兑换损益。例如，A 公司到银行以 6.9 万元人民币兑换了 1 万美元（当时银行卖出价为$1=¥6.9），当日美元外汇牌价中间价为$1=¥6.8，A 公司选择中间价作为当日记账汇率。因此，买入 1 万美元的入账金额应为 6.8 万元人民币，与买价 6.9 万元之间的差额 0.1 万元，就是兑换损益。

（3）调整损益：产生于外币账户调整业务中的汇兑差额。现行企业会计准则规定，在会计期期末，企业应对有关的外币账户按照期末汇率重新折算，重新折算的记账本位币与原账面记账本位币的汇兑差额就是调整损益。例如，A 企业 2018 年年末有 1 万美元的存款，期末折算前人民币余额为 6.8 万元人民币。假设 2018 年 12 月 31 日，美元汇率为$1=¥6.9，则这 1 万美元按期末汇率重新折算后的人民币余额为 6.9 万元，折算后与折算前人民币之间的差额 0.1 万元就是调整损益。

（4）折算损益：产生于外币报表折算业务中的汇兑差额。现行企业会计准则规定，在财务报表日，母公司应对境外子公司的外币报表按规定的折算方法折算成与母公司报告货币一致的报表。在外币报表折算中，因不同项目采用不同的折算汇率而产生的汇兑差额即为折算损益。假如 A 公司的母公司在中国，A 公司的记账本位币是美元，2018 年年末，A 公司将其美元财务报表按企业会计准则的规定折算成人民币报表后，出现 0.1 万元的汇兑差额，那么这个差额就是折算损益。

2. 按汇兑损益实现与否划分

汇兑损益是否实现主要取决于与汇兑损益有关的外币业务是否已经结算。根据外币业务是否已经结算，汇兑损益可分为以下两种。

（1）已实现的汇兑损益：指产生汇兑损益的外币业务在本期内已经全部结算，后续不会继续产生汇兑损益的波动。例如，已经收回的外币债权产生的交易损益；已经偿还的外币债务产生的汇兑损益。一般来说，交易损益和兑换损益都属于已实现汇兑损益。

（2）未实现的汇兑损益：是指产生汇兑损益的外币业务尚未结算，已确认的汇兑损益后续还将会继续波动。例如，一笔应收账款（美元）在 2018 年年末尚未收回，那么，只要这笔美元没有收回，汇兑损益就会随着现行汇率的变动而变动，直至这笔美元收回。一般来说，调整损益和折算损益属于未实现的汇兑损益。

（二）汇兑损益的会计处理理念

在相当长的一段时期内，对于汇兑损益的会计处理，一直存在以下两种不同的理念。

一种理念认为，汇兑损益应根据已实现和未实现分别处理。该理念认为，汇兑损益应根据其在当期实现与否分别处理：当期已实现的汇兑损益，应作为当期损益入账；当期未实现的汇兑损益，当期不能入账，或在当期资产负债表中做递延处理，待其实现以后，再转入相关期间的损益。

持这种理念的人认为，未实现损益只是外币报表重新表述过程中的产物，尤其是折算损益。在境外子公司结束经营活动并把全部净资产分配给母公司之前，这种折算损益是不可能实现的。在这之前，汇率的变动可能逆转。也就是说，这种折算损益有可能永远不能实现，也不会影响境外经营子公司所创造的当地货币的现金流量，把这种折算损益作为当期损益计入利润表，可能会使人产生误解。因此，企业应将其作为合并业主权益的一部分单独积累，即将折算损益以单独项目列示于资产负债表的股东权益内，作为累计递延处理。

另一种理念认为，汇兑损益是汇率变动的结果，不必划分已实现和未实现的情况，应采用一致的会计处理方法。这种理念主张将本期已实现和未实现的汇兑损益全部计入当期损益，即只要汇率发生变动，就应确认相关汇兑损益。

持这种理念的人认为，汇率变动是不容掩盖的客观事实，汇率变动会引起资产和负债折算后价值的改变，而资产净额的变动必然会使企业收益受到影响，只有将折算损益计入当期损益，才能给报表使用者以真实的信息。

从理论上讲，除折算损益之外，一般外币账户的调整损益在外币业务结束之后就会变现。因此，在会计实务中，许多国家允许将调整损益计入当期损益，而将折算损益递延，我国也是这样规定的。我国现行企业会计准则对汇兑损益会计处理的规定如下。

（1）对于当期已实现的汇兑损益，包括交易损益和兑换损益，因相关外币业务已结算或已完成，因此，汇兑损益应于发生时或当期计入当期损益；

（2）对于当期未实现的汇兑损益，如果属于期末外币账户的调整损益（包括未结算债权债务的调整损益及其他外币账户的调整损益），应计入当期损益；如果是境外经营外币报表的折算损益，则应在资产负债表日计入其他综合收益，若将来境外经营企业终止了经营或转让，可将相关折算损益转入当期损益。

我国关于汇兑损益的分类及会计处理要点如图3-1所示。

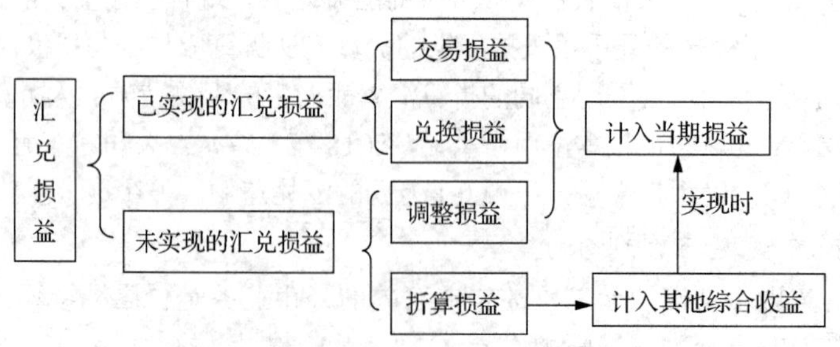

图3-1　汇兑损益的分类及会计处理要点

四、外币业务的记账方法及核算内容

（一）外币账户的设置

一般情况下，企业对于外币业务在核算中不需要单独设置一级科目，只需要在涉及的相应的一级科目下设置二级科目，如在银行存款、应收账款等科目下设置二级科目“美元户”来反映以美元计价的交易金额。在外币账户中，通常应该分别反映外币金额、折算汇率和人民币金额，外币账户的格式如表 3-1 所示（以“银行存款——美元户”账户为例）。

表 3-1　银行存款——美元户　单位：人民币元

借方			贷方			余额		
美元	汇率	人民币	美元	汇率	人民币	美元	汇率	人民币

在外币交易中，企业对于因汇率变动对损益产生的影响，通常应在财务费用科目下设置二级科目“汇兑损益”予以反映。“汇兑损益”账户的借方表示因汇率变动而产生的汇兑损失，贷方表示因汇率变动而产生的汇兑收益。但外币交易频繁、外币币种较多的企业，如金融企业，也可以单独设置“汇兑收益”账户。

（二）外币业务的记账方法

在我国，外币业务通常有两种记账方法：外币统账制和外币分账制。

1. 外币统账制

外币统账制是指外币业务在发生时即按现行汇率折算为记账本位币的核算方法。在采用外币统账制进行会计核算时，现行汇率有以下两种选择。

（1）当日汇率法

这种方法对每笔外币业务均按业务发生当天的即期汇率折算为记账本位币。外币业务在核算时，除了外币兑换业务外，平时可不确认汇兑损益，月末再将各外币账户的外币余额按月末汇率折合为记账本位币金额，折合后的记账本位币金额与账面记账本位币金额之间的差额，确认为汇兑损益。采用当日汇率法时，会计人员需要了解每日的市场汇率信息，这增加了会计工作量。这种方法一般适用于外币种类较少、外币业务量较小的企业。

（2）期初汇率法

这种方法对每笔外币业务均在发生时按当期期初（即当月 1 日）的市场汇率折合为记账本位币。外币业务在核算时，除了外币兑换业务外，平时可不确认汇兑损益，月末再将各外币账户的外币余额按月末汇率折合为记账本位币金额，并将其与账面记账本位币金额的差额确认为汇兑损益。这种方法与前一种方法相比，只需掌握每月 1 日的市场汇率信息，减少了会计工作量。这种方法适用于外币业务较多的企业。

2. 外币分账制

外币分账制是指企业在外币业务发生时，直接按照原币记账，不需要折算成记账本位币，月末再将所有外币的发生额按期末现行汇率折算为记账本位币，并确认汇兑损益。这种方法减少了日常会计核算的工作量，又可及时、准确地反映外币业务情况，一般适用于外币业务繁多的企业。

在我国的会计实务中，绝大多数企业都采用外币统账制，而外币交易频繁、外币币种较多的金融企业通常采用外币分账制。

（三）外币业务的核算内容

外币业务主要包括外币交易业务、期末外币账户调整业务和外币报表的折算业务。

1. 外币交易业务

外币交易业务主要包括外币兑换业务、外币商品的买卖业务、外币借贷业务以及外币投资业务等。对于外币交易业务，企业通常应按照外币统账制的要求，对于涉及的外币账户，可选择交易日即期汇率或交易当月 1 日的汇率作为记账汇率，并在账簿中同时记录外币金额、记账汇率和折算后的人民币金额；对于外币交易中涉及的非外币账户，只记录人民币金额。

（2）期末外币账户调整业务

根据现行企业会计准则的规定，企业应在会计期末，对有关的外币账户进行调整。根据流动性，外币账户可区分为外币货币性账户和外币非货币性账户。对于外币货币性账户（如外币现金、外币银行存款以及各种外币的债权和外币债务等），企业在会计期末必须按现行汇率重新折算人民币余额，同时确定调整损益；对于外币非货币性账户，如果以公允价值计量，则企业应按期末外币公允价值和期末现行汇率重新折算成人民币，并同时确认公允价值变动损益和调整损益；如果以历史成本计量，一般无须调整。

（3）外币报表的折算业务

根据现行企业会计准则的规定，企业应在会计期末，将境外经营的外币财务报表折算成人民币报表。在外币报表折算中，不同项目可能会选择不同的汇率折算，因此，在折算后会产生折算差额，根据我国 CAS19 的规定，折算差额应计入“其他综合收益”账户。

第二节 外币业务的会计处理

一、外币兑换业务

外币兑换业务，是指企业从银行买入外币或将外币卖给银行以及将一种货币兑换为另一种货币的经济业务。该业务主要包括买入外币业务和卖出外币业务。

（一）买入外币业务

企业用人民币买入外币时，应将收到的外币按记账汇率（当日即期汇率或当月 1 日的汇率）折算成人民币，借记“银行存款——××外币户”账户；按实际支付给银行的人民币（按银行当日的卖出价计算），贷记“银行存款——人民币户”账户，将两者之间的差额计入“财务费用——汇兑损益”账户。

【例3-1】 天健公司因业务需要于2019年4月1日从银行买入10 000美元。当天银行卖出价为$1=¥6.73，买入价为$1=¥6.7，中间价为$1=¥6.72。天健公司选择当日银行外汇牌价的中间价作为公司外币业务的记账汇率。

要求：编制天健公司买入美元时的会计分录（单位：元）。

分析：

2019年4月1日，天健公司按$1=¥6.73的价格，买入1万美元，支付了人民币67 300元，取得的1万美元应按$1=¥6.72的价格计入美元账户，金额为67 200元，差额100元为兑换损益，计入财务费用。会计分录如下：

借：银行存款——美元户（$10 000×6.72） 67 200

　　财务费用——汇兑损益 100

　　贷：银行存款——人民币户（$10 000×6.73） 67 300

（二）卖出外币业务

企业将外币兑换成人民币，即将外币卖给银行时，银行按照当日外币的买入价支付给企业人民币，企业应按收到的人民币，借记“银行存款——人民币户”账户；将卖出的外币按记账汇率（当日即期汇率或当月 1 日的汇率）折算成人民币，贷记“银行存款——××外币户”账户；将两者之间的差额计入“财务费用——汇兑损益”账户。

【例3-2】 天健公司因业务需要于2019年4月1日将1万美元出售给银行。当日银行的买入价为$1=¥6.7，卖出价为$1=¥6.73，中间价为$1=¥6.72。天健公司选择当日银行外汇牌价的中间价作为公司外币业务的记账汇率。

要求：编制天健公司卖出美元时的会计分录（单位：元）。

分析：

2019年4月1日，天健公司按$1=¥6.7的价格，卖出1万美元，收到人民币67 000元，卖出的美元按$1=¥6.72结转，金额为67 200元，差额200元为兑换损益，计入财务费用。会计分录如下：

借：银行存款——人民币户　67 000
　　财务费用——汇兑损益　200
　　贷：银行存款——美元户（$10 000×6.72）　67 200

二、外币商品购销业务

外币商品购销业务是指企业从国外进口商品或出口商品的交易。一直以来，关于外币商品购销业务有两种会计处理理念：单一交易观和两项交易观。

单一交易观，亦称一笔交易观，是指企业将发生的购货或销货业务及以后的款项结算视为一项交易。在这种观点下，在交易日和结算日之间，汇率变动所产生的影响作为销售收入或购货成本的调整处理，外币交易中确认的销售收入或购货成本，取决于结算日的汇率。单一交易观的会计处理方法比较麻烦，如对于进口商品尚未结算就已经销售的情况以及本年度已结转损益的出口商品跨年结算的情况，在结算时的汇兑损益都不便再调整相应的销售成本或销售收入，因此，从会计实务的角度讲，这种方法并不可行。

两项交易观，亦称两笔交易观，是指企业将自身发生的购货或销货业务及以后的货款结算业务视为两项交易。在这种观点下，购货成本或销售收入均按照交易日的汇率确定，而与结算日的汇率无关，外币商品交易中确认的购货成本或取得的销售收入，取决于交易日的汇率。对于交易日和结算日之间汇率变动的影响不再调整销售收入或购货成本，通常直接计入财务费用①。

与单一交易观相比，两项交易观简单可行。目前绝大多数国家都采用两项交易观核算外币业务，我国《企业会计准则 19 号——外币折算》（CAS19）规定，企业采用两项交易观核算外币商品的购销业务。下面举例说明两项交易观下外币商品购销业务的会计核算方法。

（一）外币商品的销售业务

企业在出口商品时，应将外币货款按交易日的即期汇率折算成人民币，借记“应收账款——××外币户”账户，贷记“主营业务收入”账户；在结算时，应将收到的外币按结算日即期汇率，借记“银行存款——××外币户”账户，贷记“应收账款——××外币户”账户。对于在交易日和结算日之间因汇率变动发生的汇兑损益，外币业务量较小的企业，可以在结算日确认汇兑损益；外币业务量较大的企业，可以在会计期末，与其他外币账户一并结转汇兑损益。

【例3-3】 天健公司于2019年3月1日以赊销方式向美国的A公司出口一批甲商品，价值10 000美元，当日即期汇率为$1=¥6.71。3月15日，天健公司收到A公司支付的1万美元购货款，当日即期汇率为$1=￥6.72。假设天健公司选择交易日的即期汇率作为外币业务的记账汇率，并在结算日同时确认汇兑损益。

① 两项交易观下的汇兑损益还有一种会计处理方法：在发生时先递延，待结算后再转入当期损益。这种方法比较麻烦，因此，在会计实务中并不流行。

要求：为天健公司编制其出口商品时的会计分录（单位：元）。

分析：

2019年3月1日，天健公司赊销美国A公司的1万美元的甲商品应按$1=￥6.71计入“应收账款——美元户”账户；2019年3月15日，天健公司收回的1万美元，应按$1=￥6.72计入“银行存款——美元户”账户，两者之间的差额100元，属于交易损益，应在结算日计入财务费用。会计分录如下。

（1）2019年3月1日，销售甲商品时：

借：应收账款——美元户（$10 000×6.71）　　67 100

　　贷：主营业务收入　　67 100

（2）2019年3月15日收到货款时：

借：银行存款——美元户（$10 000×6.72）　　67 200

　　贷：应收账款——美元户　　67 100

　　　　财务费用——汇兑损益　　100

在会计实务中，为简化核算手续，外币交易量较大的企业，在收到货款时，可按即期汇率将货款同时计入“银行存款——美元户”账户和“应收账款——美元户”账户，待会计期末再将“应收账款——美元户”账户的余额与其他外币账户一并结转汇兑损益。在这种会计处理方法下，有关会计分录如下。

（1）2019年3月1日，销售甲商品时：

借：应收账款——美元户（$10 000×6.71）　　67 100

　　贷：主营业务收入　　67 100

（2）2019年3月15日，收到货款时：

借：银行存款——美元户（$10 000×6.72）　　67 200

　　贷：应收账款——美元户　　67 200

（3）2019年3月末，结转汇兑损益时：

借：应收账款——美元户　　100

　　贷：财务费用——汇兑损益　　100

（二）外币商品的采购业务

企业在进口商品时，应在收到外币商品时，按外币货款及交易日即期汇率折算成人民币，借记“库存商品”等账户，贷记“应付账款——××外币户”账户；在结算时，应将支付的外币按结算日的即期汇率，借记“应付账款——××外币户”账户，贷记“银行存款——××外币户”账户。对于在交易日和结算日之间因汇率变动发生的汇兑损益，外币业务量较小的企业，可以在结算日确认汇兑损益；外币业务量较大的企业，可以在会计期末，与其他外币账户一并结转汇兑损益。

【例3-4】 地坤公司于2019年4月1日从美国的B公司进口一批乙商品，价值20 000美元，当日即期汇率为$1=¥6.72。4月15日，地坤公司向B公司支付了20 000美元的购货款，当日即期汇率为$1=¥6.71。假设地坤公司选择交易日的即期汇率作为外币业务的记账汇率，并于结算日同时确认汇兑损益。

要求：为地坤公司编制其进口商品时的会计分录（单位：元）。

分析：

2019年4月1日，地坤公司从B公司购入2万美元的乙商品。该商品当日应按134 400元（$20 000×6.72）计入“库存商品——乙商品”账户和“应付账款——美元户”账户；2019年4月15日，地坤公司支付了2万美元的购货款，“应付账款——美元户”按$1=￥6.71折成人民币的金额是134 200元，两者之间的差额200元，属于交易损益，应计入财务费用。有关会计分录如下。

（1）2019年4月1日，购进乙商品时：

借：库存商品——乙商品　　134 400

　　贷：应付账款——美元户（$20 000×6.72）　　134 400

（2）2019年4月15日支付货款时：

借：应付账款——美元户　　134 400

　　贷：银行存款——美元户（$20 000×6.71）　　134 200

　　　　财务费用——汇兑损益　　200

在会计实务中，为简化核算手续，外币交易量较大的企业，在支付外币货款时，可按即期汇率将货款同时计入“银行存款——美元户”账户和“应付账款——美元户”账户，待会计期末再将“应付账款——美元户”的余额与其他外币账户一并结转汇兑损益。在这种会计处理方法下，有关会计分录如下。

（1）2019年4月1日，购进乙商品时：

借：库存商品——乙商品　　134 400

　　贷：应付账款——美元户（$20 000×6.72）　　134 400

（2）2019年4月15日，支付货款时：

借：应付账款——美元户（$20 000×6.71）　　134 200

　　贷：银行存款——美元户（$20 000×6.71）　　134 200

（3）2019年4月30日，结转汇总损益：

借：应付账款——美元户　　200

　　贷：财务费用——汇兑损益　　200

三、外币借贷业务

外币借贷业务是指企业从金融机构借入外币资金并以外币偿还本息的业务。企业在取得外币时，应根据当日即期汇率折算成人民币，借记“银行存款——××外币户”账户；贷记“长期借款——××外币户”“短期借款——××外币户”账户；按期计提外币利息时，应按即期汇率折算成人民币，借记“财务费用”等账户，贷记“应付利息——××外币户”等账户；偿还本息时，应按当日即期汇率折算成人民币，借记“长期借款——××外币户”“短期借款——××外币户”“应付利息——××外币户”等账户，贷记“银行存款——××外币户”账户；外币借贷中的有关外币账户还应在财务报表日计算调整损益，分别计入“财务费用”“长期借款——××外币户”“短期借款——××外币户”“应付利息——××外币户”等账户。

【例3-5】 天健公司于2018年1月1日从银行借入10 000美元。该借款的期限为半年，2018年6月30日到期，到期一次还本付息，年利率为6%，按美元计算。天健公司提供季度财务报表，因此，按季度计提利息费用和确认外币账户调整损益。2018年美元兑人民币的相关即期汇率如表3-2所示。

表3-2　2018年美元兑人民币的即期汇率

日期	2018年1月1日	2018年3月30日	2018年6月30日
即期汇率	6.87	6.88	6.77

要求：编制与该美元借款有关的会计分录（单位：元）。

分析：

（1）2018年1月1日的会计分录为：

借：银行存款——美元户（$10 000×6.87）　　68 700

　　贷：短期借款——美元户（$10 000×6.87）　　68 700

（2）2018年3月30日的会计分录为：

① 计提第一季度利息时：

应付利息=10 000×6%×（3/12）×6.88=1 032（元）

根据以上计算结果，编制如下会计分录：

借：财务费用——利息支出　　1 032

　　贷：应付利息——美元户（$150×6.88）　　1 032

② 调整“短期借款——美元户”账户汇兑损益时：

借：财务费用——汇兑损益　　100

　　贷：短期借款——美元户[$10 000×（6.88−6.87）]　　100

2018年3月30日，“应付利息——美元户”账户的余额为1 032（150×6.88）元；“短期借款——美元户”账户的余额为68 800（$10 000×6.88）元。

（3）2018年6月30日的会计分录为：

① 计提第二季度利息时：

应付利息=10 000×6%×（3/12）×6.77=1 015.5（元）

借：财务费用——利息支出　　1 015.5

　　贷：应付利息——美元户（$150×6.77）　　1 015.5

② 调整“短期借款——美元户”和“应付利息——美元户”账户的汇兑损益时：

借：短期借款——美元户[$10 000×（6.88−6.77）]　　1 100

　　应付利息——美元户[$150×（6.88−6.77）]　　16.5

　　贷：财务费用——汇兑损益　　1 116.5

2018年6月30日，“应付利息——美元户”账户的余额为2 031（$300×6.77）元；“短期借款——美元户”账户的余额为67 700（10 000×6.77）元。

③ 偿还借款本金时：

借：短期借款——美元户（$10 000×6.77）　　67 700

　　应付利息——美元户（$300×6.77）　　2 031

　　贷：银行存款——美元户（$10 300×6.77）　　69 731

四、外币资本投资业务

根据我国企业会计准则的规定，企业收到投资者以外币投入的资本时，应当按照交易发生日的即期汇率折算，借记“银行存款——××外币户”等账户，贷记“实收资本——××外币户”等账户。因为企业收到的外币资本和实收资本在记账时的折算汇率相同，所以在核算中不会产生汇兑损益。企业不得采用合同约定汇率和即期汇率的近似汇率折算收到的外币资本。

【例3-6】 天健公司于2018年年末收到某外商投入的外币资本200万美元，收到出资当天的即期汇率为$1=¥6.45。天健公司应于收到该投资款时，编制如下会计分录：

借：银行存款——美元户（$2 000 000×6.45）　　12 900 000

　　贷：实收资本——美元户（$2 000 000×6.45）　　12 900 000

五、外币账户的调整业务

根据我国企业会计准则的规定，企业在会计期末，必须对有关外币项目进行调整，正确确认调整损益。在调整过程中，企业应注意区分外币货币性项目的调整和外币非货币性项目的调整。

（一）外币货币性项目的调整

外币货币性项目，是指企业持有的外币资金和将以固定金额或可确定的金额收取的外币资产或者偿付的外币负债。外币货币性项目分为外币货币性资产和外币货币性负债。外币货币性资产包括以外币计量的库存现金、银行存款、应收账款、其他应收款和长期应收款等；外币货币性负债包括以外币计量的短期借款、应付账款、其他应付款、长期借款、应付债券和长期应付款等。

对于外币货币性项目，企业必须在资产负债表日进行调整：按照资产负债表日的即期汇率将有关外币货币性项目的余额重新折算成记账本位币余额；新记账本位币金额与原账面记账本位币金额之间的差额，作为汇兑损益，计入“财务费用”或其他有关账户。

在资产负债表日，外币货币性账户的具体调整程序如下。

（1）将所有外币货币性账户的期末外币余额，按照期末即期汇率计算出人民币余额。

（2）将新折算人民币余额与原账面人民币余额进行比较，计算各项货币性资产项目或货币性负债项目人民币余额的增加额或减少额。

（3）根据上述计算结果，分别借记或贷记有关外币货币性资产和外币货币性负债，按期末即期汇率调增或调减相关外币货币性账户的人民币余额，同时将调整的金额计入“财务费用——汇兑损益”账户。

为简化期末外币货币性账户的调整，外币账户较多的企业，可以编制“期末外币货币性账户余额调整计算表”，统一计算外币货币性账户的调整损益，并进行会计处理。

【例3-7】 天健公司2018年年末有关外币货币性账户的余额如表3-3所示。

表3-3　外币货币性账户的余额

账户	美元余额（$）	人民币余额（¥）
银行存款	5 000	33 000
应收账款	8 000	53 980
应付账款	7 000	46 690
短期借款	10 000	67 300
合计	30 000	200 970

假设2018年年末的即期汇率为$1=¥6.71。

要求：编制天健公司2018年年末有关外币货币性账户的调整分录（单位：元）。

分析：

天健公司2018年年末有关外币货币性账户的汇兑差额计算如表3-4所示。

外币货币性账户的期末调整

表3-4　期末外币货币性账户余额调整计算表金额　单位：美元

外币账户名称	美元余额 ①	即期汇率 ②	调整后人民币余额 ③=①×②	调整前人民币余额 ④	汇兑差额 ⑤=③-④
银行存款	5 000	6.71	33 550	33 000	550（借）
应收账款	8 000	6.71	53 680	53 980	300（贷）
应付账款	7 000	6.71	46 970	46 690	280（贷）
短期借款	10 000	6.71	67 100	67 300	200（借）
合计	30 000	6.71	201 300	200 970	170（贷）

根据表3-4中计算的各外币货币性账户的汇兑差额，天健公司应编制如下调整分录：

借：银行存款——美元户　　550
　　短期借款——美元户　　200
　　贷：应收账款——美元户　　300
　　　　应付账款——美元户　　280
　　　　财务费用——汇兑损益　　170

【例3-8】 2018年1月1日，天健公司为建造A固定资产，从银行取得了专门借款2 000万美元。该笔借款的年利率为6%，借款期限为2年，到期还本付息。假定不考虑存款利息收入因素，天健公司按年计提应付利息。天健公司的记账本位币为人民币，对外币交易采用业务发生时的即期汇率折算。

天健公司在A固定资产建造期间发生的资产支出和汇率如下。

（1）2018年1月1日，支出400万美元；当天汇率为$1=￥6.21。

（2）2018年7月1日，支出600万美元；当天汇率为$1=￥6.12。

（3）2018年12月31日，支出400万美元；当天汇率为$1=￥6.49。

（4）2019年1月1日，支出400万美元；当天汇率为$1=￥6.49。

2019年6月30日，A固定资产达到预定可使用状态，当天汇率为$1=￥6.70。

要求：编制与专门借款有关的会计分录，并计算和确认2018年12月31日和2019年6月30日“银行存款——美元户”的调整损益（单位：万元）。

分析：

根据上述业务，天健公司应编制的会计分录如下。

（1）2018年1月1日，取得2 000万美元借款时：

借：银行存款——美元户（$2 000×6.21）　　12 420
　　贷：长期借款——美元户（$2 000×6.21）　　12 420

（2）2018年1月1日，支出400万美元时：

借：在建工程　　2 484
　　贷：银行存款——美元户（$400×6.21）　　2 484

（3）2018年7月1日，支出600万美元时：

借：在建工程　　3 672
　　贷：银行存款——美元户（$600×6.12）　　3 672

（4）2018年12月31日，支出400万美元时：

借：在建工程　　2 596
　　贷：银行存款——美元户（$400×6.49）　　2 596

（5）2018年12月31日，应计外币借款利息时：

借：在建工程　　778.8
　　贷：应付利息——美元户（$2 000×6%×6.49）　　778.8

（6）2018年12月31日，确认外币借款调整损益额时：

借：在建工程　　560
　　贷：长期借款——美元户[$2 000×（6.49−6.21）]　　560

（7）2018年12月31日，确认“银行存款——美元户”账户的调整损益时：

“银行存款——美元户”的调整损益=600×6.49−（12 420−2 484−3 672−2 596）=226

借：银行存款——美元户　　226
　　贷：财务费用——汇兑损益　　226

（8）2019年1月1日，支出400万美元时：

借：在建工程　　2 596

　　贷：银行存款——美元户（\$400×6.49）　　2 596

（9）2019年6月30日，应计外币借款利息时：

借：在建工程　　402

　　贷：应付利息——美元户［\$2 000×6%×（6/12）×6.70］　　402

（10）2019年6月30日，确认外币借款本金利息的调整损益额时：

借：在建工程　　445.2

　　贷：应付利息——美元户［\$2 000×（1＋6%）×（6.70−6.49）］　　445.2

（11）2019年6月30日，结转固定资产时：

2 484+3 672+2 596+778.8+560+2 596+402+445.2=13 534（万元）

借：固定资产　　13 534

　　贷：在建工程　　13 534

（12）2019年6月30日，确认“银行存款——美元户”账户的汇兑差额时（具体计算见表3-5）：

借：银行存款——美元户　　42

　　贷：财务费用——汇兑损益（\$200×6.7−1 298）　　42

表3-5　银行存款——美元户　单位：万元

日期		摘要	借方			贷方			余额		
			美元	汇率	人民币	美元	汇率	人民币	美元	汇率	人民币
2018	1-1	期初余额							0		0
	1-1	借款	2 000	6.21	12 420				2 000		12 420
	1-1	支出				400	6.21	2 484	1 600		9 936
	7-1	支出				600	6.12	3 672	1 000		6 264
	12-31	支出				400	6.49	2 596	600		3 668
	12-31	调整			226				600	6.49	3 894
2019	1-1	支出				400	6.49	2 596	200		1 298
	6-30	调整			42				200	6.70	1 340

（二）外币非货币性项目的调整

外币非货币性项目是指外币货币性项目以外的外币项目，包括以外币计量的存货、长期股权投资、交易性金融资产、固定资产、无形资产等。外币非货币性项目的期末调整分为以历史成本计量的外币非货币性项目和以公允价值计量的外币非货币性项目两种情况。

1. 以历史成本计量的外币非货币性项目

以历史成本计量的外币非货币性项目，如以外币计量的固定资产和无形资产等，基于历史成本计量属性的要求，其入账成本决定于交易日的即期汇率，即以历史成本计量的外币非货币性项目在交易日按当日即期汇率折算成人民币后，将以此成本作为历史成本进行后续核算，未来不能再根据汇率变动对其进行调整。以历史成本计量的外币非货币项目在后续核算期间不产生汇兑损益。

例如，某公司于2×17年12月末进口了一台设备。该设备的价款为500万美元，交易日即期汇率为\$1=￥6.40。该设备在交易日按当日即期汇率折算为人民币3 200万元，计入“固定资产”科目。这3 200万元即为该设备的初始入账成本，未来不能根据汇率变动对该成本进行调整。

2. 以公允价值计量的外币非货币性项目

以公允价值计量的外币非货币性项目，如以外币计量的交易性金融资产、其他债权投资和其他权益工具投资等，基于公允价值计量的属性，在会计期末，应根据期末外币公允价值及期末即期汇率计量。以公允价值计量的外币非货币性项目折算后的记账本位币金额与原记账本位币金额的差额（包括公允价值变动和汇率变动的影响），一并作为公允价值变动计入“公允价值变动损益”或“其他综合收益”等账户。另外，在个别特殊情况下，如国内没有人民币报价、只能以外币计量的外币非货币性资产，如果其外币可变现净值低于外币初始计量成本，则企业在计提资产减值损失时，也必须考虑汇率变动的影响。

【例3-9】 天健公司以人民币作为记账本位币。2017年11月30日，天健公司以每股2美元的价格购入美国的A公司的2 000股普通股股票（分类为交易性金融资产），款项已付清，当日即期汇率为\$1=¥6.68。2017年12月31日，A公司的股价为每股2.2美元，当日即期汇率为\$1=¥6.71。2018年4月5日，A公司的股价涨到2.8美元/股；天健公司将持有的2 000股股票全部售出；当日即期汇率为\$1=¥6.69。

要求：为天健公司编制与该交易性金融资产有关的会计分录（单位：元）。

分析：

根据资料，A公司的股价及相应的即期汇率如表3-6所示。

表3-6　　A公司的股价及相应的即期汇率

	A公司股票市价	即期汇率
2017年11月30日	2美元/股	\$1=¥6.68
2017年12月31日	2.2美元/股	\$1=¥6.71
2018年4月5日	2.8美元/股	\$1=¥6.69

根据表3-6，天健公司应编制如下分录。

① 2017年11月30日，购入A公司股票时：

借：交易性金融资产（\$2 000×2×6.68）　　26 720

　　贷：银行存款——美元户（\$2 000×2×6.68）　　26 720

② 2017年12月31日，调整交易性金融资产公允价值变动（含汇兑损益）时：

借：交易性金融资产[\$2 000×（2.2×6.71−2×6.68）]　　2 804

　　贷：公允价值变动损益　　2 804

调整后“交易性金融资产”账户的账面价值为29 524（2 000×2.2×6.71）元。

③ 2018年4月5日，出售A公司股票时：

借：银行存款——美元户（\$2 000×2.8×6.69）　　37 464

　　贷：交易性金融资产（\$2 000×2.2×6.71）　　29 524

　　　　投资收益　　7 940

借：公允价值变动损益　　2 804

　　贷：投资收益　　2 804

在本例中，天健公司因购买美国A公司股票共获得取投资收益10 744元，这其中既有股票价值变动的因素，也有汇率变动的因素。

【例3-10】 天健公司的记账本位币为人民币。2018年3月1日，天健公司以每股20港元的价格购入乙公司的H股20 000股，并将该投资指定为以公允价值计量且其变动计入其他综合收益的金融资产，当日即期汇率为1港元=0.9元人民币，款项已付。2018年12月31日，由于市价变动，乙公司H股的市价变为每股28港元，当日即期汇率为1港元=0.85元人民币。假定不考虑相关税费的影响。

要求：编制与该金融资产交易相关的会计分录（单位：元）。

分析：

（1）2018年3月1日，购入乙公司H股时：

借：其他权益工具投资（HKD20 000×20×0.9）　　360 000

　　贷：银行存款——港元户　　360 000

（2）2018年12月31日，调整H股公允价值变动损益时：

借：其他权益工具投资[HKD20 000×28×0.85−360 000]　　116 000

　　贷：其他综合收益　　116 000

在本例中，2018年年末确认的116 000元其他综合收益中既包含年末乙公司股票公允价值变动的影响，也包含了人民币与港元之间汇率变动的影响。

【例3-11】 天健公司以人民币为记账本位币。2018年11月15日，天健公司组织进口10件包含国际领先技术的A商品，每件1 000美元，当日即期汇率为$1=¥6.68；2018年12月31日，A商品剩余3件尚未出售，当日即期汇率为$1=¥6.69。A商品在国内暂无报价，因新升级同类产品上市，A商品2018年年末在国际市场上的售价降为950美元/件。

要求：编制与A商品购进及减值有关的会计分录（单位：元）。

分析：

① 2018年11月15日，进口A商品时：

借：库存商品——A（$1 000×10×6.68）　　66 800

　　贷：银行存款——美元户（$1 000×10×6.68）　　66 800

② 2018年12月31日，计提存货跌价准备时：

借：资产减值损失（$1 000×3×6.69−$950×3×6.68）　　1 032

　　贷：存货跌价准备　　1 032

在本例中，天健公司2018年年末确认的1 032元资产减值中既包含A商品的跌价损失，也包含了期末汇率变动的影响。

第三节 外币财务报表折算

一、外币财务报表折算概述

（一）外币财务报表折算的含义

在我国，外币财务报表（以下简称“外币报表”）折算是指将以外币表示的财务报表折算为人民币财务报表的业务。在合并报表编制的业务中，母公司在编制合并报表之前，需对纳入合并范围的子公司的会计政策、会计期间及报告货币等进行统一。如果母公司拥有境外经营的子公司，除了应将其会计政策、会计期间与母公司统一之外，还必须将境外子公司以外币编制的财务报表折算为以母公司记账本位币表示的财务报表，才能与母公司的财务报表进行合并。境外子公司的外币报表折算成与母公司相同的货币的报表是合并报表编制的前提。

除此之外，为了向国外股东和其他报表使用者提供适合他们使用的财务报表，或者为了在国外证券市场上通过发行股票或债券等方式进行融资，有时企业也需要将以本国货币表示的财务报表折算为以某一外国货币表示的财务报表。本书立足于我国境内母公司，主要阐述如何将外币财务报表折算成人民币报表。

（二）外币财务报表折算的主要问题

外币财务报表在折算过程中，主要涉及两个问题。

1. 折算汇率选择的问题

外币财务报表折算汇率的选择是指外币财务报表中的各个项目按什么汇率进行折算，即按现行汇率还是历史汇率；按即期汇率、即期汇率的近似汇率还是平均汇率进行折算的问题。

2. 折算差额的处理问题

外币财务报表折算差额是指外币财务报表各项目由于选择了不同的汇率折算使折算后财务报表出现的差额。那么，外币财务报表差额应该怎样处理，是直接作为当期损益计入利润表，还是作为其他综合收益计入资产负债表？

这两个问题看似简单，实则是国际财务会计领域中的难题。多年来，各国对外币折算汇率的选择及外币折算差额处理的不同认识及选择，产生了外币财务报表折算的不同方法。时至今日，世界各国对外币财务报表的折算方法依然没有形成统一的会计核算惯例。以下将具体阐述外币财务报表的折算的几种方法以及我国企业会计准则规定的外币报表折算方法。

（三）外币财务报表折算的方法

外币财务报表的折算主要涉及对外币资产负债表和外币利润表的折算。对于外币利润表，目前国际会计惯例基本一致，除个别项目外，各种收入与费用项目都应按报告期间的平均汇率折算；对于外币资产负债表，目前国际会计惯例尚未达成一致做法。基于对外币资产负债表各项目折算汇率的不同选择，历史上先后产生了以下四种外币财务报表的折算方法。

1. 流动与非流动项目法

流动与非流动项目法借鉴传统的资产负债表项目分类方法，将资产负债表项目按其流动性划分为流动项目和非流动项目两类。流动项目包括流动资产和流动负债，其中，流动资产项目主要有库存现金、银行存款、应收账款和存货等；流动负债项目主要有应付账款、应付票据等。非流动项目是指除了流动项目以外的资产负债项目，主要有长期股权投资、固定资产、无形资产、递延资产、长期负债和所有者权益等。

流动与非流动项目法的折算要点是：流动资产和流动负债项目按报表编制日的现行汇率折算；非流动项目按资产取得或负债发生时的历史汇率折算；利润表项目中除了折旧费用和摊销费用按相关资产取得时的历史汇率折算外，其他收入和费用项目均按会计报告期内的平均汇率折算。

流动性与非流动性项目法认为，非流动资产一般不会在短期内转变为现金，非流动负债一般也不会在短期内进行偿还，因而它们不应该受到现行汇率的影响，但这种解释所依据的理论并不充分，即不能说明流动项目和非流动项目要采用不同汇率的原因。例如，按期末现行汇率折算流动资产，意味着货币性资产（如现金和应收账款）和存货都承受着汇率波动的风险，但这对以历史成本计价下的存货项目来说是不恰当的。因为历史成本按现行汇率折算后改变了存货的计量属性。另外，这种折算方法基于稳健性考虑，将折算净损失计入由母公司报告的当期合并收益之中；将折算利得予以递延，以抵销未来会计期间可能发生的折算损失。这种做法可能会歪曲各会计期间的经营成果，与现实情况不符。例如，一家企业将某一年度的折算利得予以递延，而下一年度由于汇率波动出现了折算损失，这时，由于相互抵消的结果，这两个会计年度的收益都出现很稳定的表象。

2. 货币性与非货币性项目法

货币性与非货币性项目法将资产负债表项目划分为货币性项目和非货币性项目两类。

货币性项目，是指货币性资产和负债，货币性资产主要有库存现金、银行存款、应收账款、应收票据等；货币性负债主要有应付账款、应付票据和长期负债等。非货币性项目，是指除了货币性项目以外的资产、负债和所有者权益项目。

货币性与非货币性项目法的折算要点是：货币性项目按现行汇率折算；非货币性项目按其取得或发生时的历史汇率折算；利润表项目的折算方法和流动与非流动项目法的相同。

货币性与非货币性项目法认为，外币应收款和应付款等外币货币性项目代表着在以后期间将要收回或付出的一笔固定的外币债权和外币债务，这些外币债权和外币债务的币值，将随着汇率的变动有所增减，承受着汇率变动的风险，因而这些外币项目按编表日的现行汇率进行折算是合理的，而非货币性项目不受汇率变动的影响，则按历史汇率折算是比较合理的。

不赞成这种方法的理由是，外币的折算涉及的是计量而不是分类，因此，合理的折算方法不一定与资产、负债的分类有关，非货币性项目并不一定都按历史汇率折算才合理，如果某项非货币性项目以历史成本计价，则按历史汇率折算是合理的，但如果某项非货币性项目以现行成本计价，则按历史汇率折算就不合理了。例如，以成本和市价孰低法计量的存货就是这样的情况。另外，现行财务报表中的交易性金融资产、其他债权投资和其他权益工具投资等也都有这种情况。这些资产都允许以公允价值计量，如果期末这些资产以公允价值计量并以历史汇率折算，这些资产的计量属性将改变。

3. 时态法

时态法（temporal method），亦称时间量度法，是美国注册会计师协会的研究人员列奥纳德·洛伦森于 1972 年在其研究报告中针对货币性与非货币性项目法的不足而提出来的，并于 1975 年被美国财务会计准则委员会的第 8 号财务会计准则采用。

时态法认为，外币财务报表折算的过程，实际上是将以外币表述的报表转换成另一种货币单位重新表述的过程。在这一过程中，企业只应改变计量单位（如人民币或美元），而不应改变其计量基础（如历史成本或公允价值）。为了保持各资产负债项目的计量基础，企业对各项目应分别按其计量所属日期的汇率进行折算。根据这一原则，以历史成本计价的项目适用历史汇率折算，以现行重置成本、可变现净值和未来现金流量现值计价的项目适用期末汇率折算。

时态法除了关注会计计量属性这一根本问题之外，还与母公司理论下编制合并会计报表的目的相吻合。这种方法从母公司理论出发，为子公司不同外币项目选择恰当的折算汇率（现行汇率和历史汇率），就好像这些项目的价值已定格在交易时日，在交易日的会计记录中已把这些外币资产或负债项目折算为母公司所在国的等值货币，并从一而终地反映母公司所享有子公司权益的价值，达到合并会计报表编制的目的。

时态法的折算要点是：外币报表的现金、应收项目和应付项目按现行汇率折算；以历史成本计量的非货币性资产，按历史汇率折算；以现行成本计量的非货币性资产，按现行汇率折算；所有者权益中除未分配利润以外的其他项目均按历史汇率折算，未分配利润项目则为轧算的平衡数额；收入、费用项目按交易发生时的实际汇率或当期加权平均汇率（业务频繁时）折算；折旧费用和摊销费用按照取得有关资产时的历史汇率折算；销货成本要在对期初存货、当期购货、期末存货等项目按不同的适用汇率分别折算后的基础上计算确定。时态法下，外币资产负债表和利润表项目在折算过程中形成的折算损益均确认为当期损益。

时态法的缺点在于：第一，折算的过程比较复杂；第二，原外币财务报表的财务关系可能被歪曲。时态法下，折算的结果不能保持境外经营财务报表中原有的比例关系，而且在汇率多变的经济环境中，甚至还会出现将亏损折算为盈利或将盈利折算为亏损的现象，从而歪曲外币财务报表中的财务关系。在境外经营相对自主的情况下，即境外经营的企业完全独立于母公司的经营活动之外时，这种方法并不适用；第三，将外币折算差额直接计入当期损益，可能使母公司的合并利润多变，从而影响上市公司的股票价格。

对于时态法的缺陷，时态法的推崇者自有其辩解。他们认为，折算的目的在于编制合并财务报表。作为一般原则，折算后的境外经营子公司的资产、负债、收入及费用的数字要在合并财务报表上加计至母公司财务报表中的有关项目，境外经营子公司这个独立的主体就不再在合并财务报表中单独出现。因此，境外经营主体作为独立主体所具有的负债权益比率从合并财务报表的角度而言是不相关的。至于将亏损折算为利润的现象，则是源于某些资产，如固定资产是按历史汇率折算的结果。事实上，这些资产确实是由母公司在过去的某个年份里提供的，其量度就是以资金提供时的母公司的本国货币来表述的。在编制合并财务报表时，自然要用原始成本反映这些资产。也就是说，应采用历史汇率对这些资产进行折算。这样，在境外经营子公司的货币相对升值的情况下，自然也就会出现将亏损折算为利润的现象。

4. 现行汇率法

现行汇率法对外币资产负债表中的所有资产负债项目均按现行汇率折算。这种方法的折算要点是：所有的资产负债项目均按现行汇率折算；收入和费用项目均按平均汇率折算；实收资本项目按发生时的历史汇率折算。现行汇率法将折算过程中形成的差额作为报表折算价差，在所有者权益部分单列。

现行汇率法的优点是：第一，采用单一汇率对各项资产负债进行折算，非常简便；第二，按单一汇率统一折算，可使折算后报表中各项目之间的比例关系与原外币报表中各项目之间的比例关系保持一致，可解决时态法下折算后可能歪曲外币报表财务关系的缺陷；第三，将折算价差计入所有者权益部分，不会从根本上改变原外币财务报表输出的财务信息的本质，从而减少对上市公司股价的影响。

现行汇率法的缺点在于：第一，它将外币报表中按历史成本表示的资产项目按折算日现行汇率折算，其折算结果既不是资产的历史成本，也不是资产的现行市价，而是外币资产的历史成本与资产负债表日现行汇率两个不同时点数字的乘积；第二，现行汇率法假设所有的外币资产都将受汇率变动的影响，这显然也与实际情况不符。

以上各种外币财务报表折算方法下各主要项目折算汇率的比较如表3-7所示。

表3-7　外币财务报表折算方法比较表

资产负债表项目	流动与非流动项目法	货币性与非货币性项目法	时态法	现行汇率法
库存现金	CR	CR	CR	CR
应收账款	CR	CR	CR	CR
存货				
按成本	CR	HR	HR	CR
按市价	CR	HR	CR	CR
投资				
按成本	HR	HR	HR	CR
按市价	HR	HR	CR	CR
固定资产	HR	HR	HR	CR
其他资产	HR	HR	HR	CR
应付账款	CR	CR	CR	CR
非流动负债	HR	CR	CR	CR
股本	HR	HR	HR	HR
留存利润	※	※	※	※

注：CR——现行汇率；HR——历史汇率；※——轧算的平衡数字。

企业在进行外币财务报表折算时，不论选择哪一种方法都会产生折算损益。外币财务报表的折算损益，主要取决于两个因素：一是汇率变动所引起的有关资产和负债项目相比的差额；二是汇率变动的方向，即外汇汇率变动是升值还是贬值。当汇率升值或贬值时，如果有关资产项目和有关负债项目金额相等，发生的损益就会相互抵销；如果资产项目金额大于负债项目金额，当外币升值时，折算收益就会产生；贬值时，折算损失将会产生。外币折算损益的大小，除取决以上两个因素外，还取决于所选用的折算方法。在不同的折算方法下，折算损益的金额也不一样。

【例3-12】 假设中国的甲企业（母公司）的某国的乙公司（子公司）以FC为记账本位币。2017年12月31日，乙公司外币资产负债表如表3-8所示。

表 3-8 乙公司外币资产负债表 单位：FC

项目	金额	项目	金额
应收账款	2 000	流动负债	1 000
存货	2 000	长期负债	1 800
固定资产	1 000	股本	2 200
资产合计	5 000	负债与股东权益合计	5 000

为便于说明，假设：（1）2018年，乙公司没有发生任何交易，这样，2018年年末乙公司以FC表述的财务报表数字与2017年年末的完全相同；（2）2018年年末即期汇率为FC1=￥9；乙公司2018年资产负债表中所有非货币性项目的历史汇率都是FC1=¥10；（3）乙公司采用成本与可变现净值孰低法计量存货。

要求：按四种外币财务报表折算方法分别折算乙公司2018年年末的外币报表。

分析：

2018年年末，乙公司外币财务报表按四种外币财务报表折算方法折算后的结果如表3-9所示。

表 3-9 乙公司外币财务报表折算方法比较表

资产负债表		流动非流动项目法		货币非货币项目法		时态法		现行汇率法	
项目	金额（FC）	折算汇率	金额（¥）	折算汇率	金额（¥）	折算汇率	金额（¥）	折算汇率	金额（¥）
应收账款	2 000	9	18 000	9	18 000	9	18 000	9	18 000
存货	2 000	9	18 000	10	20 000	9	18 000	9	18 000
固定资产	1 000	10	10 000	10	10 000	10	10 000	9	9 000
资产合计	5 000		46 000		48 000		46 000		45 000
流动负债	1 000	9	9 000	9	9 000	9	9 000	9	9 000
长期负债	1 800	10	18 000	9	16 200	9	16 200	9	16 200
负债合计	3 000		27 000		25 200		25 200		25 200
股本	2 200	10	22 000	10	22 000	10	22 000	10	22 000
折算损益			（3 000）		800		（1 200）		（2 200）
负债与权益合计	5 000		46 000		48 000		46 000		45 000

通过表3-9可以看出，同一张报表，同一组数据，由于采用了不同的折算方法，折算差额结果不完全相同，有的表现为损失，有的表现为利得。

从理论上讲，外币财务报表折算的四种方法各有不足，目前在会计实务中，比较流行的方法是现行汇率法和时态法。美国流行时态法，但美国财务会计准则委员会（FASB）在《财务会计准则公告第 52 号——外币折算》中也肯定了现行汇率法；国际会计准则理事会（IASB）允许企业在外币财务报表折算时，采用现行汇率法或时态法；我国（CAS19）要求企业在外币财务报表折算时，采用现行汇率法。

二、外币财务报表折算方法示例

我国 CAS19 规定，外币财务报表的折算应采用现行汇率法。根据 CAS19 的规定，企业在对境外经营子公司外币财务报表进行折算前，首先应当调整境外经营子公司的会计期间和会计政策，使之与母公司会计期间和会计政策相一致，并根据调整后会计政策和会计期间对折算前财务报表进行调整，然后再按照下面的方法进行折算。

（1）资产负债表中的资产负债项目，采用资产负债日的即期汇率折算，所有者权益项目除"未分配利润"项目外，其他项目采用发生时的即期汇率折算。

（2）利润表中的收入、费用、利得和损失项目，采用交易发生日的即期汇率折算；也可以采用按照系统、合理的方法确定的与交易日即期汇率近似的汇率折算。

（3）按照上述两步折算所产生的外币财务报表折算差额应当在合并资产负债表中的"其他综合收益"项目中单独列示，其中属于少数股东权益的部分，应列入"少数股东权益"项目。

下面举例说明现行汇率法的应用。

【例3-13】 天健公司（以人民币为记账本位币）在美国拥有一全资子公司A公司。A公司以美元为记账本位币。2018年，A公司资产负债表、利润表如表3-10、表3-11所示，其他有关资料如下。

外币报表折算流程及方法

2018年12月31日的汇率为\$1=￥6.87；

2018年的平均汇率为\$1=￥6.62；

实收资本取得时的即期汇率为\$1=￥6.35；

期初未分配利润的折算汇率为\$1=￥6.65；

2018年A公司按净利润的10%提取盈余公积4 360美元；

2018年A公司分派现金股利27 600美元。

表 3-10　　A 公司资产负债表

编制单位：A 公司　　2018 年 12 月 31　　单位：美元

项目	2017 年 12 月 31 日	2018 年 12 月 31 日
资产：		
货币资金	12 000	20 000
应收账款	52 000	40 000
存货	48 000	60 000
固定资产	360 000	320 000
资产总计	472 000	440 000
负债：		
流动负债	88 000	96 000
非流动负债	176 000	120 000
负债合计	264 000	216 000

续表

项目	2017年12月31日	2018年12月31日
所有者权益：		
股本	80 000	80 000
盈余公积	12 800	17 160
未分配利润	115 200	126 840
所有权者权益合计	208 000	224 000
负债及所有者权益总计	472 000	440 000

表 3-11　　A 公司 2018 年度利润表

编制单位：A 公司　　2018 年　　单位：美元

项目	金额
一、营业收入	400 000
减：营业成本	（238 000）
折旧费	（40 000）
其他费用	（59 720）
二、营业利润	62 280
减：所得税	（18 680）
三、净利润	43 600
加：其他综合收益	0
四、综合收益	43 600

要求：采用现行汇率法对2018年年末A公司的外币财务报表进行折算。

分析：

现行汇率法下，外币财务报表折算差额将列示于折算后资产负债表中的“其他综合收益”项目中，因此，在外币财务报表折算过程中，企业应按利润表、所有者权益变动表和资产负债表的顺序折算，具体方法如下。

第一步：折算利润表，确定折算后净利润。

根据现行汇率法的要求，在折算利润表时，企业可以选择全年平均汇率。在本例中，A公司选择了2018年的平均汇率即$1=￥6.62对2018年利润表各损益项目进行折算。2018年A公司折算后利润表如表3-12所示。

表 3-12　　A 公司已折算利润表及留存收益情况

2018 年度　　单位：元

项目	美元（$）	平均汇率	人民币（￥）
一、营业收入	400 000	6.62	2 648 000
减：营业成本	（238 000）	6.62	（1 575 560）
折旧费	（40 000）	6.62	（264 800）
其他费用	（59 720）	6.62	（395 346.4）
二、营业利润	62 280		412 293.6
减：所得税	（18 680）	6.62	123 661.6
三、净利润	43 600		288 632
加：其他综合收益	0		0
四、综合收益	43 600		288 632

通过表3-12可以看到，A公司折算后净利润为288 632元人民币，将该折算后净利润转入表3-13，继续折算所有者权益变动表，并计算2018年A公司折算后未分配利润。

第二步：折算所有者权益变动表，计算折算后未分配利润。

根据现行汇率法的要求，在折算利润分配表时，A公司可以选择全年平均汇率。在本例中，A公司选择了2018年的平均汇率即$1=￥6.62对2018年利润分配项目进行了折算。在表3-13中，年初所有者权益各项目的美元金额和人民币金额均来自A公司2017年年末折算后外币财务报表。2018年A公司折算后所有者权益变动表（部分）如表3-13所示。

表3-13　A公司折算后所有者权益变动表（部分）

2018年

项目	实收资本			盈余公积			未分配利润			其他综合收益	所有者权益合计	
	美元	折算汇率	人民币（元）	美元	折算汇率	人民币（元）	美元	折算汇率	人民币（元）	人民币（元）	美元	人民币（元）
一、年初余额	80 000	6.35	508 000	12 800		85 120	115 200		766 080		208 000	1 359 200
二、本年增减变动												
（一）净利润							43 600	—	288 632		43 600	288 632
（二）其他综合收益：折算差额										73 760		73 760
（三）利润分配												
1. 提取盈余公积				4 360	6.62	28 863.2	−4 360	6.62	−28 863.2		0	0
2. 分配股利							−27 600	6.62	−182 712		−27 600	−182 712
三、年末余额	80 000	6.35	508 000	17 160		113 983.2	126 840		843 136.8	73 760	224 000	1 538 880

通过表3-13可以看到，A公司折算后未分配利润为843 136.8元人民币，将该折算后未分配利润转入表3-14，继续折算A公司2018年资产负债表，并计算2018年A公司外币财务报表折算差额。这里必须注意的是，表3-13中的其他综合收益（折算价差）和期末所有者权益金额是根据第三步计算的结果最后填列的。

第三步：折算资产负债表，确定折算损益。

根据现行汇率法的要求，在折算资产负债表时，除实收资本和资本公积之外，其余资产和负债项目应选择期末即期汇率折算。在本例中，A公司选择了2018年年末汇率即$1=￥6.87对其2018年资产负债项目进行了折算。

其中，外币财务报表折算差额的确定，可以参照下面步骤进行。

（1）折算资产项目，计算折算后资产总计。在本例中，折算后资产总计为3 022 800元人民币。

（2）折算负债项目，计算折算后负债总计及折算后净资产。在本例中，折算后负债为1 483 920元人民币；折算后净资产为1 538 880（3 022 800−1 483 920）元。

（3）折算所有者权益项目，计算折算后所有者权益总计。在本例中，折算后所有者权益总计为1 465 120元。

（4）计算外币财务报表折算差额，填入资产负债表和所有者权益变动表。

折算差额=折算后净资产−折算后所有者权益=1 538 880−1 465 120=73 760（元）

企业也可以直接用下面的公式计算折算差额：

折算差额=折算后净资产−折算负债−折算后所有者权益

=3 022 800−1 483 920−1 465 120=73 760（元）

根据上述计算，将外币财务报表折算差额填入表3-13和表3-14。

表3-14　　A公司折算后资产负债表

2018年12月31日

项目	美元（$）	现行汇率	折合本位币（元）
资产：			
货币资金	20 000	6.87	137 400
应收账款	40 000	6.87	274 800
存货	60 000	6.87	412 200
固定资产	320 000	6.87	2 198 400
资产总计	440 000		3 022 800
负债：			
流动负债	96 000	6.87	659 520
非流动负债	120 000	6.87	824 400
负债合计	216 000		1 483 920
净资产合计			1 538 880
所有者权益：			
股本	80 000	6.35	508 000
盈余公积	17 160		113 983.2
未分配利润	126 840		843 136.8
所有权者权益合计（调整前）	224 000		1 465 120
其他综合收益（外币报表折算差额）			73 760
所有权者权益合计（调整后）	224 000		1 538 880
负债及所有者权益总计	440 000		3 022 800

注：本表中盈余公积和未分配利润折合本位币的金额来自表3-13。

根据我国现行企业会计准则的规定，外币财务报表折算差额应在资产负债表和所有者权益变动表“其他综合收益”项目中列示，并在利润表“其他综合收益”中单独列示。

思考题

1. 什么是记账本位币？企业在确定记账本位币时应当考虑哪些因素？
2. 什么是境外经营？企业在确定境外经营记账本位币时应当考虑哪些因素？
3. 什么是汇率？什么是记账汇率？记账汇率包括哪些汇率？
4. 简述汇兑损益的含义及种类。
5. 简述我国企业会计准则对外币业务核算的要求。
6. 简述外币商品购销业务的单一交易观和两项交易观。
7. 什么是外币货币性项目？什么是外币非货币性项目？两者有何意义？
8. 如何理解外币财务报表折算？外币财务报表折算的主要问题是什么？
9. 简述流动与非流动项目法的折算要点及优缺点。
10. 简述货币性与非货币性项目法的折算要点及优缺点。
11. 什么是时态法？简述时态法的折算要点及优缺点。

12. 什么是现行汇率法？简述现行汇率法的折算要点及优缺点。

练习题

练习一

[目的] 对外币业务进行会计处理。

[资料] 甲公司在2018年度发生以下外币业务。

（1）1月18日，因业务需要从银行买入50 000美元，当天银行的卖出价为$1=¥6.35，实付人民币317 500元；该公司选择当日银行外汇牌价的中间价$1=¥6.32作为公司外币业务的记账汇率。

（2）1月27日，因业务需要将其所持有的30 000美元出售给银行，当日银行买入价为$1=6.30，实收人民币189 000元；该公司选择当日银行外汇牌价的中间价$1=¥6.31作为公司外币业务的记账汇率。

（3）7月1日，从银行贷款20 000美元，期限为6个月，年利率为4%，2018年12月31日到期，到期一次还本付息。借款当天的即期汇率为$1=¥6.77；9月30日的即期汇率为$1=¥6.87；12月31日的即期汇率为$1=¥6.76。

（4）9月7日，收到某外商的外币资本投资10 000美元，收到投资款当天的即期汇率为$1=¥6.78。

（5）10月13日，向美国A公司赊销一批商品，价值25 000美元，当日的即期汇率为$1=¥6.76。10月25日收到美国公司的25 000美元购货款，当日的即期汇率为$1=¥6.78。假设甲公司选择交易日的即期汇率作为外币交易业务的记账汇率。

（6）12月1日，从美国B公司购入15 000美元的W商品，当日即期汇率为$1=¥6.75。12月15日，甲公司向美国B公司支付了15 000美元购货款，当日即期汇率为$1=¥6.74.假设甲公司选择交易日的即期汇率作为外币交易业务的记账汇率。

[要求] 根据我国现行企业会计准则的规定，编制与甲公司外币业务相关的会计分录。

练习二

[目的] 对期末外币货币性项目进行损益调整。

[资料] 乙公司2017年年末有关外币货币性账户的余额如表3-15所示。

表3-15　乙公司2017年年末外币货币性账户余额

外币账户名称	外币余额（美元）	人民币余额（元）
银行存款	2 000	18 000
应收账款	1 500	8 500
应付账款	1 000	6 000
短期借款	4 000	27 000
合计	8 500	59 500

假设2017年年末的即期汇率为$1=¥6.67。

[要求] 根据上述资料编制乙公司期末外币货币性项目余额调节计算表，并编制有关外币货币性账户的调整分录。

练习三

[目的] 对外币非货币性项目进行损益调整。

[资料] 丙公司以人民币为记账本位币，在2018年发生以下外币业务。

（1）3月1日，以每股4美元的价格购入F公司2 000股股票作为交易性金融资产，当日即期汇率为

\$1=¥6.46，款项已付清。9月30日，由于股市价格波动，F公司的股票市价为每股4.5美元，当日即期汇率为\$1=¥6.40。12月1日，丙公司将所购F公司股票以每股4.7美元的价格全部售出，当日的即期汇率为\$1=¥6.41。

（2）6月1日，以每股40港元的价格购入G公司H股1 500股股票，并将其指定为以公允价值计量且其变动计入其他综合收益的金融资产，当日的汇率为1港元=0.83元人民币，货款已付。12月31日，由于市价变动，购入的G公司H股的市价变为每股35港元，当日汇率为1港元=0.85元人民币。假设不考虑其他因素的影响。

[要求] 根据上述资料，编制与丙公司外币业务相关的会计分录。

练习四

[目的] 对外币财务报表进行折算。

[资料] 丁公司以人民币作为记账本位币，丁公司在境外的子公司C公司以美元作为记账本位币。C公司2018年12月31日资产负债表及2018年度利润表如表3-16和表3-17所示。

表3-16 C公司资产负债表

编制单位：C公司　　2018年12月31日资产负债表　　单位：万美元

项目	金额
资产：	
货币资金	1 500
应收账款	2 500
存货	6 000
固定资产	18 000
资产合计	28 000
负债：	
应付账款	4 500
非流动负债	7 000
负债合计	11 500
所有者权益：	
实收资本	10 000
未分配利润	6 500
所有者权益合计	16 500
负债及所有者权益合计	28 000

表3-17 C公司利润表

编制单位：C公司　　2018年度　　单位：万美元

项目	金额
一、营业收入	40 000
减：营业成本	32 000
税金及附加	500
折旧费	2 000
其他费用	1 500
二、营业利润	4 000
减：所得税费用	2 000
三、净利润	2 000

续表

项目	金额
加：年初未分配利润	6 800
减：股利分配	2 300
期末未分配利润	6 500

其他有关资料如下。

2018年12月31日的即期汇率为$1=¥6.85；

2018年的平均汇率为$1=¥6.65；

实收资本取得时的即期汇率为$1=¥7.10；

股利支付日的汇率为$1=¥6.70。

假设期初未分配利润在2017年年末折算后的金额为43 520元人民币。

[要求] 采用现行汇率法对C公司外币财务报表进行折算。

第四章 租赁会计

学习目标

1. 掌握与租赁会计相关的概念。
2. 掌握承租人租赁的会计核算原则和会计处理方法。
3. 掌握出租人租赁的会计核算原则和会计处理方法。
4. 掌握售后租回的会计核算方法。

第一节 租赁会计概述

一、租赁的含义、种类及识别

（一）租赁的含义

2006 年 2 月 15 日，在企业会计准则国际化背景下，财政部借鉴国际会计准则委员会（IASC）发布的《国际会计准则第 17 号——租赁》（IAS17），制定并发布了《企业会计准则第 21 号——租赁》（2006）。后者将租赁定义为"在约定的期间内，出租人将资产的使用权让与承租人，以获取租金的协议"。此定义与 IAS17 中租赁的定义"租赁是在约定的期间内，出租人将资产的使用权让与承租人，以获取一项或一系列租金的协议"基本相同。

2016 年，根据不断变化的租赁市场环境，国际会计准则理事会（IASB）发布了《国际财务报告准则第 16 号——租赁》（IFRS16），取代了 IAS17。随后，我国财政部根据《中国企业会计准则与国际财务报告准则持续趋同路线图》（2010）的规定，于 2018 年 12 月 7 日发布了修订后的《企业会计准则第 21 号——租赁》（以下简称"CAS21"）。

CAS21 将租赁定义为：在一定期间内，出租人将资产的使用权让与承租人以获取对价的合同。该定义与 IFRS16 对租赁的定义"租赁是让渡在一定期间内使用资产（标的资产）的权利以换取对价的合同或合同的一部分"基本相同。

从字面上看，新旧准则对租赁的定义似乎无实质性区别，都是指租赁期内转让资产使用权以获取租金的合同。但通过 CAS21 和其应用指南对租赁定义的进一步解释，可以看出，CAS21 强调对租赁合同的判断，且在判断一项合同是否属于租赁合同或是否包含租赁时，CAS21 强调必须满足以下两个条件：第一，租赁合同的标的资产必须是已识别资产；第二，租赁合同应转移了租赁期内控制已识别资产使用的权利。

综上，根据现行企业会计准则的规定，企业应首先对合同是否属于租赁合同进行判断，只有对经判断属于租赁的合同或包含租赁的合同才能按照 CAS21 的规定进行会计处理。

（二）租赁的种类

租赁有多种分类方式，按照租赁资产对象的不同，可分为不动产租赁（包括土地租赁、建筑物租赁）和动产租赁（包括各种设备租赁）等；根据与租赁资产相关的风险和报酬是否转移，可分为融资租赁和经营租赁；按照租赁资产投资的来源不同，可分为直接租赁、生产商或经销商租赁、售后租回和转租赁等。其中，直接租赁是指购置租赁资产所需的资金全部由出租人筹集垫付；生产商或经销商租赁是指租赁资产所需的资金由生产商或经销商筹集垫付（即生产商或经销商租赁出租其产品或商品）；售后租回（简称回租）是指承租人将自制或外购的资产出售给出租人后再从出租人租赁回来的行为；转租赁（简称转租）是指承租人将租入的资产转租给第三者的行为。

从我国企业租赁情况来看，直接租赁比较普遍，本书将结合 CAS21，主要阐述承租人和出租人直接租赁的会计核算方法。

（三）租赁合同的识别

从本质上看，租赁合同是一项资产使用合同。该类合同有三个核心要素：标的资产（以下简称“资产”）、资产的提供方（出租企业/出租人）和资产的使用方（客户/承租人）。根据 CAS21 的规定，企业应对一定期间内使用资产的合同进行评估，以识别该合同是否为租赁合同或包含租赁。租赁合同的识别步骤如下。

1. 判断标的资产是否为已识别资产

识别租赁合同的第一步，是判断标的资产是否为已识别资产。已识别资产是指根据合同条款或相关描述，客户能够明确识别其租用或使用的是哪项具体资产。可识别资产主要有以下几个特征。

（1）物理上可区分。

可识别资产在物理上必须是可以明确识别出来的、不同于其他同类的资产，如某建筑物的某一层楼、某商场的某一个固定柜台、某船运公司的某条或若干固定船只等。如果合同只赋予客户使用某类资产的权利，如货运公司的某类型集装箱，而不是特指的可明确辨别的某个集装箱或某些集装箱，则标的资产被认为在物理上不能够识别。

（2）可明确指定或隐性指定。

可识别资产通常应该是合同中明确指定的，但也可以表现为隐性指定。例如，甲公司与乙公司签订了一项使用一节火车车厢的合同，期限为 5 年，合同中没有明确指明标的车厢。在合同签订后，乙公司根据合同条款的要求，专门设计了一节车厢，用于运输甲公司的特殊材料。这节车厢未经重大改造，不适合其他客户使用。乙公司仅有这一节适合甲公司使用的车厢。在本例中，虽然合同中没有明确指定甲公司租用的车厢，但乙公司仅拥有一节适合甲公司使用的车厢，没有其他车厢可以替换。因此，该合同中的车厢属于隐形指定，就是乙公司为甲公司专门改造的这节车厢。

（3）出租人（标的资产供应方）无实质替换资产的能力。

对于可识别资产，出租人是没有实质性替换能力的。如果在使用期内，出租人有能力根据其利益需求替换标的资产，那么，标的资产在物理上是不能够被识别的。例如，客户从船运公司租用一条船只运货，期限为 2 年。根据合同，在客户需要运送货物时，船运公司可以安排任意一条船为客户提供运输服务。在这种情况下，船运公司只是给客户提供了使用任意船只的服务，而没有指定船只专门为客户提供服务。因此，在该合同中，船只是无法识别的标的资产，不属于已识别资产。

2. 判断使用期内控制标的资产使用的权利是否转移

识别租赁合同的第二步，是判断在使用期内控制资产使用的权利是否转移。如果在使用期内，控制资产使用的权利由资产的供应方转移给了客户，意味着这段期间内与资产相关的几乎所有的经济利益将归属于客户。根据现行租赁准则的规定，在这种情况下，相关合同属于租赁合同或者合同包含着租赁。

根据 CAS21 的规定，同时具备以下两个条件时，意味着一段期间内控制资产使用的权利已由资产的供应方转移给了客户。

（1）客户在使用期内有主导资产使用的权利。

主导权意味着控制权。客户在使用期内有主导资产使用的权利，是指在整个使用期内，资产的使用目的、使用方式等重大决策权掌控在客户手中。根据 CAS21 的规定，存在下列情形之一的，应视为客户主导整个使用期内资产的使用。

① 客户主导在整个使用期内资产的使用目的和使用方式。

这种情况是指在使用期内，与资产的使用目的和使用方式相关的决策经常会发生变更，如标的船舶运输的货物、开船的时间及目的地；标的发电厂发电的时间及发电量；标的集装箱储存货物还是运输货物等。如果类似决策发生变更，则相关决策的权利应由客户所掌控。

【例4-1】 甲公司（客户）与乙船运公司（以下简称“乙公司”）签订了船只使用合同。按照合同，甲公司将使用指定船只5年。合同规定，甲公司在这5年期间有权决定运输的货物、航行路线、航行时间和目的港等具体运营事宜，但需遵守相关限制条件。这些限制条件用于防止甲公司将船只驶入遭遇海盗风险较高的水域或装载危险品。在合同期间，船只只能由乙公司负责操作、维护及运输，其他公司或甲公司不能操作。

分析：

在本例中，已识别资产（指定船只）虽然由乙公司负责操作、维护及运输，但运输何种货物、何时运营及目的港等与船只使用目的和使用方式相关的决策完全由甲公司做出。因此，甲公司拥有5年内主导指定船只使用的权利。

② 资产的使用目的和使用方式在开始使用前已经确定，且客户在该期间可自行或主导他人按预先确定的方式运营该资产。

在这种情况下，尽管资产的使用目的和使用方式可能在开始使用前已经确定，但在使用期内，与资产的使用目的和使用方式相关的决策依然可能会发生变更。如果变更时的决策权由客户所掌控，则客户主导整个使用期内资产的使用权。如果合同预先确定的资产使用目的和使用方式不允许变更，即在资产使用期间内，不涉及与资产使用相关的任何决策，则不能判断客户主导着使用期内资产的使用权。

【例4-2】 沿用【例4-1】的资料，假设合同明确规定了使用期内的船只、运输的货物、装卸日期及运输路线等与船只运营相关的事宜，甲公司不能改变合同确定的运输日期、运送的货物及目的地。在使用期内，也不会出现与指定船只运营相关的其他决策。

分析：

在本例中，在5年使用期内，已识别资产（指定船只）的使用目的及使用方式已由合同预先明确，甲公司无权更改，运营期间也不会出现与指定船只运营相关的其他决策。因此，甲公司在这5年内只是购买了乙公司指定船只的运输服务而已，无权主导指定船只的使用。

③ 资产由客户所设计，且客户在设计时已经预先确定了该资产在整个试用期内的使用目的和使用方式。

这种情况是指资产在开始使用时，其使用目的和使用方式已经预先按照客户的要求确定下来。在使用期内，资产实质上是按客户主导的目的和方式运行的，即客户主导着整个使用期内资产的使用权。

【例4-3】 甲公司（客户）与乙电力生产公司（以下简称“乙公司”）签订一份购买一家新太阳能电厂20年全部电力的合同。该太阳能电厂由甲公司设计，且由甲公司聘请了太阳能专家协助其确定了该太阳能电厂的选址和各项设备工程。乙公司负责按照甲公司的设计建造太阳能电厂，并负责电厂的运行和维护。该太阳能电厂的产权归乙公司所有。合同明确规定，乙公司只能通过该电厂向甲公司供电，没有可能选择其他电厂向甲公司供电（即乙公司没有替换供电厂的可能性）。该太阳能电厂在设计时，已经预先按甲公司的要求确定了发电时间和发电量，合同期间不存在其他相关决策。

分析：

在本例中，合同明确指定了太阳能电厂，且乙公司无权替换。因此，合同存在已识别资产。另外，由于太阳能电厂的使用目的、使用方式等相关决策在太阳能电厂设计时已按照甲公司的要求预先确定，在合同期间，电厂只需要按照预选设计的发电时间和发电量发电，不存在其他相关决策。这说明甲公司在实质上掌控着20年内该太阳能电厂的使用权。

（2）客户在使用期内能获得资产几乎全部的经济利益。

通常情况下，如果使用期内，标的资产的使用权已由资产的供应方转移给了客户，那么，在这段期间内，与资产相关的几乎所有的经济利益应该归客户所有。根据 CAS21，客户在使用期内获得的与资产使用相关的经济利益，主要包括以下两部分。

第一，在合同约定的客户权利范围内资产所产生的经济利益。例如，如果合同规定标的资产汽车仅限在某一个特定的区域内使用，则企业应当仅考虑在该区域内使用汽车所产生的经济利益，而不包括在该区域以外使用该汽车所产生的经济利益。

第二，在整个使用期间客户通过多种方式使用资产所产生的经济利益，包括使用、持有或转租资产。企业在考虑使用资产所产生的经济利益时，不仅要考虑主要产品带来的经济利益，还要考虑副产品和通过与第三方之间交易所产生的其他经济利益。

综上所述，在合同开始日，企业应对合同进行评估，如果合同存在一项（或多项）已识别资产，且已识别资产在使用期内的控制权力已由资产的供给方转移给了客户，客户在使用期内获得资产几乎全部的经济利益，则该项合同为租赁合同或包含租赁，应按 CAS21 的规定进行会计处理。

在会计实务中，租赁合同识别的流程如图 4-1 所示。

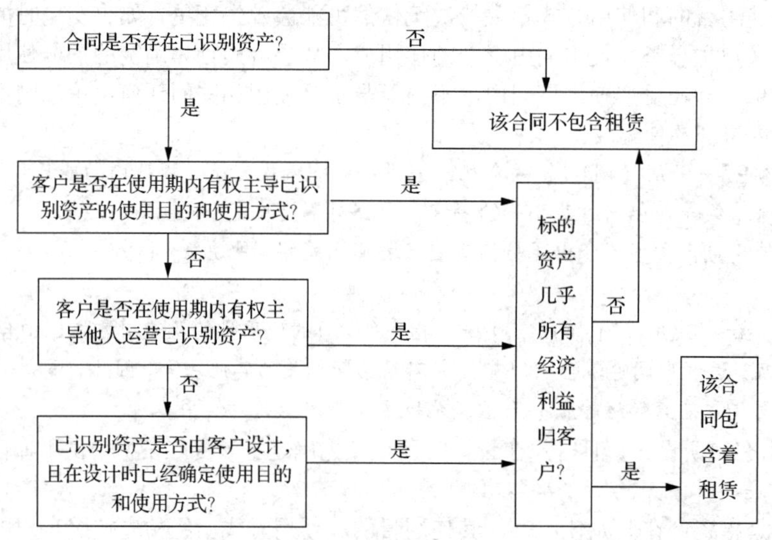

图 4-1　租赁合同识别流程

二、租赁会计涉及的主要概念

租赁会计涉及很多专门术语。为便于学习，这里将集中介绍以下常见概念。

（一）租赁开始日

租赁开始日是指租赁合同签署日与租赁合同双方就合同主要条款做出承诺的较早者。在租赁开始日，承租人通常应识别租赁合同以确认其为一般租赁合同还是短期租赁合同或低价值租赁合同；出租人通常应判断租赁合同是属于融资租赁还是经营租赁。

（二）租赁期开始日

租赁期开始日指租赁合同载明的租赁期的起始日。租赁期开始日是出租人提供租赁资产供承租人使用的起始日期，也是承租人依据合同控制租赁资产使用权的日期。在租赁期开始日，承租人应对租赁付款额、租赁负债、使用权资产及未确认融资费用等进行初始确认与计量（短期租赁或低价值租赁除外）；出租人应对融资租赁收款额、租赁投资净额和未实现融资收益等进行初始确认和计量。

（三）租赁期

租赁期是指租赁合同载明的承租人有权控制使用租赁资产且不可撤销的期间。租赁合同签订后一般不可撤销，但特殊情况除外：①承租人和出租人双方同意；②承租人与出租人就同一资产或同类资产签订了新的租赁合同；③要求撤销一方支付足够多的罚金；④发生某些很少会发生的不可控事项等。

承租人在确定租赁期时，应在不可撤销租赁期的基础上，同时考虑以下因素的影响。

（1）续租选择权。如果租赁协议包含续租选择权，且在租赁期开始日承租人可以合理确定将会行使这种选择权，那么，不论是否再支付租金，续租期都应包含在租赁期之内。

（2）终止租赁选择权。如果租赁协议包含承租人终止租赁选择权，在租赁期开始日，承租人应考虑未来能否行使该项权利，如果能合理确定不会行使终止租赁选择权，则在确定租赁期时，无须考虑其对租赁期的影响。

（3）承租人发生的一些相关重大事件。如果租赁期内发生了一些承租人可控范围内的重大事项（如改变战略决策等），并且这些事件将影响承租人对未来续租或终止租赁的选择，那么，承租人应根据新出现的情况，重新确定租赁期；但如果承租人不能够控制这些重大事件（如金融危机等），则不予考虑。

（四）租赁付款额

租赁付款额是指租赁期内由承租人向出租人支付的与租赁资产使用权相关的款项。租赁付款额主要包括以下内容。

（1）固定付款额或实质固定付款额（扣除租金激励）。

固定付款额是根据租赁合同规定，在租赁期内由承租人定期定额支付给出租人的租金；实质固定付款额是指从形式上看，合同可能包含影响租金的变量，但从实质上看，这些变量并不会对租金产生真正的影响，承租人定期支付的租金实质上是固定的。例如，合同规定了多套租金支付方案，但其中只有一套是可行的。在这种情况下，租金实质上是固定的。

租金激励是出租人为达成租赁协议向承租人提供的租金方面的优惠，如出租人替承租人承担的佣金等。如果出租人给承租人提供了租金激励，则租金激励应从固定付款额或实质固定付款额（以下简称固定付款额）中扣除。

（2）取决于指数或比率的可变租赁付款额。

可变租赁付款额是指与消费者价格指数、基准利率或市场租金费率等挂钩的租赁付款额。这类租赁付款额在租赁期内将随价格指数、利率或费率的变动而变动。

根据现行会计准则的规定，基于指数、利率和费率的可变租赁付款额应计入租赁付款额，而由其他因素导致的可变租赁付款额，如根据租赁资产生产的产品确定的营业收入等支付的可变租赁付款额，应计入当期损益。

（3）购买选择权的行权价格。

如果租赁合同中包含承租人在租赁期满时的购买选择权，并且在租赁期开始日，承租人能够合理确定届时将会行使该选择权，则购买选择权的行权价格应计入租赁付款额中。当发生承租人可控范围内的重大事项，使承租人对于是否行使购买选择权的决定发生改变时，承租人应重新计算租赁付款额。

（4）行使终止租赁选择权需支付的款项。

如果租赁合同中包含承租人终止租赁的选择权，并且在租赁期开始日，承租人能够合理确定将会行使该选择权，则承租人应将行使终止租赁选择权时所支付的罚金计入租赁付款额。当发生承租人可控范围内的重大事项，使承租人对于是否行使终止租赁选择权的决定发生改变时，承租人应重新计算租赁付款额。

（5）承租人担保余值中预计应赔付的款项。

如果承租人对租赁资产余值提供了担保，则承租人应于会计期末评估未来可能赔付的担保金额，并将该金额计入租赁付款额中。当承租人评估的预计需要支付的担保金额发生变化时，承租人应重新计算租赁付款额。

（五）租赁收款额

租赁收款额是指出租人因让渡租赁期内使用租赁资产的权利而应向承租人收取的款项。租赁收款额主要包括以下内容。

（1）承租人支付的固定付款额或实质固定付款额。

（2）取决于指数或比率的可变租赁付款额。

（3）购买选择权的行权价格。

（4）承租人行使终止租赁选择权需支付的款项。

（5）由承租人、承租人的关联方或独立的第三方向出租人提供的担保余值。

这里应注意，租赁收款额中的担保余值与租赁付款额中的担保余值在计量上是有差异的，前者是按担保余值的金额计入租赁收款额，而后者是按担保余值中预计应赔付的金额计入租赁付款额。

（六）初始直接费用

初始直接费用是指承租人和出租人在租赁谈判和签订合同过程中发生的、可直接归属于某租赁项目的增量成本。增量成本是指若企业不取得该租赁合同，则不会发生的成本，主要包括印花税、佣金、律师费、差旅费、谈判费等。

承租人发生的初始直接费用应计入使用权资产的成本；出租人融资租赁发生的初始直接费用应冲减未实现融资收益；出租人经营租赁发生的初始直接费用应计入当期损益。

（七）增量借款利率

增量借款利率是指承租人在类似经济环境下为获得与使用权资产价值接近的资产，在类似租赁期间以类似抵押条件借入资金须支付的利率。

在租赁会计中增量借款利率可用于替代租赁内含利率。根据现行企业会计准则的规定，在租赁期开始日，承租人应选择出租人的租赁内含利率对租赁付款额进行折现，但如果承租人无法获得租赁内含利率，可以选择增量借款利率作为折现率。

承租人在确定增量借款利率时，通常应参考同期银行贷款利率、相关租赁合同利率、最近一期类似资产抵押贷款利率以及与承租人信用状况相似企业发行的同期债券利率等。

（八）资产余值

资产余值是指在租赁开始日能够合理预计的租赁资产在租赁期满时的公允价值。资产余值是合理确定担保余值和未担保余值的基础。

（九）担保余值

担保余值是指与出租人无关的一方向出租人提供担保，保证在租赁结束时租赁资产的价值至少为某指定的金额。资产余值的担保人通常是承租人、承租人的关联方或独立的第三方。由承租人或其关联方提供的担保余值为对承租人而言的担保余值。它反映了承租人未来预计可能赔付出租人的担保余值。对于出租人而言的担保余值不仅包括对承租人而言的担保余值，还包括由独立的第三方提供的担保余值。

（十）未担保余值

未担保余值指租赁资产余值中，出租人无法保证能够实现的部分或由与出租人有关的一方提供担保的部分。未担保余值对于出租人来讲是一项资产，在金额上等于资产余值与对于出租人而言的担保余值的差额。例如，某租赁资产的资产余值预计为10万元，其中，由承租人担保的余值为5万元，由独立的担保公司提供的担保为3万元，则未担保余值应该为2万元。

（十一）租赁投资总额

租赁投资总额指出租人的租赁收款额和未担保余值之和。该金额代表租赁业务未来能够给出租人带来的经济利益的总流入，其中租赁收款额代表在租赁期内和租赁期结束时能从承租人处陆续收回的经济利益；未担保余值是租赁期满时未被外部提供担保的租赁资产余值。

（十二）租赁投资净额

从理论上讲，租赁投资净额应为租赁期开始日出租人对租赁业务进行的初始投资。在金额上，它应该等于租赁投资总额按租赁内含利率计算的现值。

现行租赁准则及其指南对租赁投资净额有三种表达：首先，CAS21 第三十八条指出：租赁投资净额等于租赁收款额现值与未担保余值现值之和。其次，CAS21 应用指南在阐述相关示例时，根据其对租赁投资净额的计算，又给出了以下两种表达：①租赁投资净额等于租赁期开始日租赁资产的公允价值与初始直接费用之和；②租赁投资净额等于租赁投资总额与未实现融资收益的差额[①]。

以上三种表达从不同角度解释了租赁投资净额的含义，基于租赁内含利率是“使租赁投资总额现值等于租赁投资净额的折现率”，因此，租赁投资总额、租赁投资净额和未实现融资收益之间存在图4-2所示的关系。

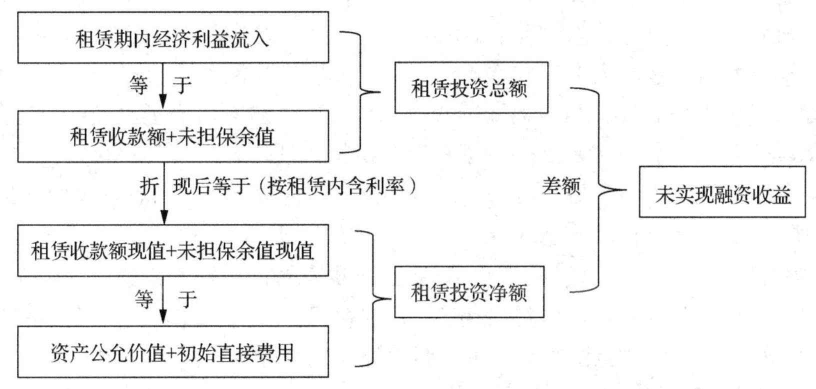

图4-2 租赁投资总额、租赁投资净额和未实现融资收益关系图

租赁投资净额是出租人计算租赁收入的基础，出租人期末确认的租赁收入等于期末租赁投资净额余额与租赁内含利率的乘积。

（十三）租赁内含利率

租赁内含利率是出租人在融资租赁业务中取得的收益率。它是使租赁投资总额现值等于租

① 参见中国财政经济出版社《企业会计准则第21号——租赁》应用指南（2019）第70页中的第四步“确认租赁投资净额和未实现融资收益”。

赁投资净额的折现率，计算公式如下：

租赁收款额的现值+未担保余值的现值=租赁资产公允价值+初始直接费用

租赁内含利率是出租人确认租金收入（即摊销未实现融资收益）时的摊销率。未实现融资收益是租赁投资总额与租赁投资净额的差额，代表出租人融资租赁的租赁收入。

（十四）短期租赁

短期租赁是针对承租人而言的租赁业务，指在租赁期开始日，租赁期不超过 12 个月的租赁。附带购买选择权的租赁合同不能作为短期租赁处理。

（十五）低价值资产租赁

低价值资产租赁也是针对承租人而言的租赁业务，指单项租赁资产为全新资产时价值较低的租赁。承租人对低价值资产租赁的判定仅与资产的绝对价值有关，不受承租人规模、性质和其他情况影响。低价值资产租赁不能进行转租，即转租赁不包含低价值资产租赁。

（十六）融资租赁

融资租赁是针对出租人而言的租赁业务，指在实质上转移了与租赁资产所有权有关的几乎全部风险和报酬的租赁。

（十七）经营租赁

经营租赁也是针对出租人而言的租赁业务，是与融资租赁相对应的业务，指出租人除融资租赁以外的其他租赁业务。

三、租赁会计涉及的主要会计科目

（一）与承租人相关的主要会计科目

1. “使用权资产”科目

该科目核算承租人持有的使用权资产的原值。在租赁期开始日，承租人应将以下项目计入使用权资产的成本：①租赁付款额的现值，即租赁负债的初始入账价值；②在租赁期开始日或之前已支付的租赁付款额；③初始直接费用；④预计移除租赁资产、复原租赁资产所在场地、将租赁资产恢复至租赁合同规定状态将发生的成本（以下简称“移除恢复成本”）。

在租赁期开始日，承租人应按成本借记“使用权资产”科目，按尚未支付的租赁付款额现值贷记“租赁负债”科目；按租赁期开始日前支付租赁付款额，借记“使用权资产”科目，贷记“预付款项”科目；按发生的初始直接费用，借记“使用权资产”科目，贷记“银行存款”科目；按预计移除恢复成本现值，借记“使用权资产”科目，贷记“预计负债”科目。

2. “使用权资产累计折旧”科目

该科目核算使用权资产的累计折旧。承租人通常应当自租赁期开始日起按规定计提使用权资产折旧费，借记“制造费用”“销售费用”“管理费用”“研发支出”等科目，贷记“使用权资产累计折旧”科目；因租赁范围缩小、租赁期缩短或转租等原因减记或终止确认使用权资产时，应同时结转相应的使用权资产累计折旧。

3. “使用权资产减值准备”科目

该科目核算使用权资产的减值准备。使用权资产发生减值的，应按减记的金额，借记“资产减值损失”科目，贷记“使用权资产减值准备”科目；因租赁范围缩小、租赁期缩短或转租等原因减记或终止确认使用权资产时，应同时结转相应的使用权资产累计减值准备。使用权资产减值准备一旦计提，不得转回。

4. “租赁负债”科目

该科目用于核算承租人尚未支付的租赁付款额的现值。在该科目下应设置“租赁付款额”

和“未确认融资费用”两个二级科目。该科目的核算要点如下。

（1）在租赁期开始日，承租人应按尚未支付的租赁付款额的现值，借记“使用权资产”科目；按尚未支付的租赁付款额，贷记“租赁负债——租赁付款额”科目；按尚未支付的租赁付款额与其现值的差额，借记“租赁负债——未确认融资费用”科目。

（2）承租人在租赁期内，确认各期间融资费用时，应借记“财务费用”“在建工程”等科目，贷记“租赁负债——未确认融资费用”科目；支付租赁付款额时，应借记“租赁负债——租赁付款额”科目，贷记“银行存款”科目。

（3）在租赁期间，如果租赁付款额（租赁变更因素除外）有变动，则承租人应按变动后的租赁付款额的现值重新计量租赁负债。

（4）在租赁期内，因租赁变更导致租赁范围缩小或租赁期缩短时，承租人应按缩小或缩短的比例，分别调减“租赁负债——租赁付款额”“租赁负债——未确认融资费用”和“使用权资产”科目，并将差额计入“资产处置损益”科目。

（二）与出租人相关的主要会计科目

1.“应收融资租赁款”科目

本科目用于核算出租人融资租赁中的租赁收款额、未担保余值和未实现融资收益。为此，该科目应设置“租赁收款额”“未实现融资收益”和“未担保余值”三个明细科目。其中“应收融资租赁款——租赁收款额”科目用于核算出租人因出租标的资产应向承租人收取的款项；“应收融资租赁款——未担保余值”科目用于核算标的资产余值中未被担保的部分；“应收融资租赁款——未实现融资收益”科目用于租赁收款总额与租赁投资净额之间的差额，即融资租赁的收益。

2.“融资租赁资产”科目

本科目用于核算出租人为开展融资租赁业务取得资产的成本。租赁业务不多的企业，也可通过“固定资产”科目核算融资租赁的资产。融资租赁资产在未融资租赁期间可按固定资产等相关企业会计准则的规定进行核算。

在租赁期开始日，出租人应按租赁收款额和未担保余值的金额，分别借记“应收融资租赁款——租赁收款额”“应收融资租赁款——未担保余值”科目，按融资租赁资产的公允价值和初始直接费用的金额，分别贷记“融资租赁资产”“资产处置损益”和“银行存款”等科目；按借贷双方的差额贷记“应收融资租赁款——未实现融资收益”科目。

3.“应收融资租赁款减值准备”科目

本科目用于核算出租人应收融资租赁款发生减值时计提的减值准备。应收融资租赁款的减值损失属于信用减值损失，应计入“信用减值损失”科目。应收融资租赁款的减值准备允许转回，出租人转回已计提的减值准备时，应同时冲减“应收融资租赁款减值准备”和“信用减值损失”科目。

4.“租赁收入”科目

本科目核算租赁企业作为出租人确认的融资租赁和经营租赁的租金收入。对于经营租赁，出租人应按每期收到或应收的租金，借记“银行存款”“应收账款”等科目，贷记“租赁收入”科目；对于融资租赁，出租人按每期确认的租金收入，借记“应收融资租赁款——未实现融资收益”科目，贷记“租赁收入”科目；出租人是金融企业时，应将租金收入计入“利息收入”科目。

第二节 承租人的会计核算

为便于阐述，本书将承租人的租赁业务区分为一般租赁业务和简单租赁业务，其中简单租赁业务包括短期租赁和低价值租赁，一般租赁业务指简单租赁业务之外的租赁。除一般租赁和简单租赁的会计处理方法之外，本节还将阐述承租人租赁合同变更的会计处理方法。

新准则下租赁会计的主要内容

一、承租人一般租赁的核算

本书将承租人一般租赁业务的会计核算分为租赁期开始日的会计核算和租赁期内的后续核算两部分。

（一）租赁期开始日的会计核算

对于一般租赁而言，在租赁期内，租赁资产的使用权由承租人所控制，与租赁资产所有权相关的几乎所有的风险及报酬已由出租人转移给了承租人，因此，现行企业会计准则要求，在租赁期开始日，承租人应按其取得租赁资产使用权的成本，确认其所拥有的租赁资产使用权，同时根据为取得租赁资产使用权而承担的负债，确认租赁负债。会计分录框架如下：

借：使用权资产　　　　　　　　　　[取得资产使用权的成本]

　　租赁负债——未确认融资费用
　　贷：租赁负债——租赁付款额　　＞ [租赁负债初始入账金额]

在上述会计分录中，租赁负债和使用权资产的计量是最关键的因素，下面将重点阐述租赁负债和使用权资产的初始确认与计量问题。

1. 租赁负债的初始确认与计量

租赁负债的初始入账价值应为租赁期开始日尚未支付的租赁付款额的现值。在租赁期开始日，承租人应根据合同条款，确定租赁付款额和其折现率，据以计算租赁付款额的现值，即租赁负债。下面将具体阐述租赁付款额、折现率和租赁负债的确定。

（1）租赁付款额的确定。

租赁付款额反映了租赁期内应由承租人支付给出租人的全部款项，包括固定付款额或实质固定付款额、取决于指数或比率的可变租赁付款额、购买选择权的行权价格、行使终止租赁选择权需支付的款项和承租人提供的担保余值。

① 固定付款额或实质固定付款额的确定。

这里主要应注意对实质固定付款额的认定。如果租赁合同的支付条款存在某些变量，导致租赁付款额表面上看是不固定的，但这些变量实质上不会影响承租人的租赁付款额，如没有经济实质的可变租赁条款；仅有一套方案可行的多方案支付条款等。有些合同可能要求承租人必须从多套支付方案中选择一套方案，那么，承租人不可避免的支付金额实质上也就是固定付款额。

【例4-4】 承租人甲公司签订了一份为期5年的卡车租赁合同。合同中关于租赁付款额的条款为：如果该卡车在某月的行驶里程不超过1万千米，则该月应付的租金为10 000元；如果该卡车在某月的行驶里程超过1万千米但不超过2万千米，则该月应付的租金为160 00元；该卡车1个月内的行驶里程最高不能超过2万千米，否则承租人需支付巨额罚款。

分析：

在本例中，甲公司支付的租金应基于卡车的行驶里程，月租金可能是10 000元，也可能是16 000元，看似租金是不确定的。但不论卡车每月实际行使多少里程，甲公司每月至少需要支付10 000元租金。因此，月租金10 000元为实质固定付款额。

【例4-5】 承租人甲公司租入一台预计使用寿命为5年的机器，不可撤销的租赁期为3年，租金16 000元/年。在第3年年末，甲公司必须以29 000元的价格购买该机器，或者续租2年，在续租期内每年应支付租金15 000元。在租赁期开始时，甲公司不能合理确定其在第3年年末是购买该机器还是续租2年。

分析：

在本例中，假设甲公司在租赁期开始时，不能合理确定其在第3年年末是购买该机器还是续租2年。但是，根据合同的规定，甲公司在租赁期满时必须在购买和续租之间选择一个，甲公司届时至少要支付29 000元。因此，29 000元属于实质固定的付款额，应计入租赁付款额中。

② 可变租赁付款额（基于指数或比率）的确定。

可变租赁付款额包括与下列指标挂钩的租赁付款额：A.基准利率、消费者价格指数和市场租金费率等比率或指数；B.承租人租赁资产的绩效，如零售业租赁不动产所取得的销售收入；C.租赁资产的使用情况，如租赁车辆使用的里程数等。

需要注意的是，在上述各类可变租赁付款额中，只有基于指数或比率的可变租赁付款额才能纳入租赁负债的初始计量中。由其他因素导致的可变租赁付款额应计入当期损益。

【例4-6】 承租人甲公司签订了一项为期10年的不动产租赁合同，每年的租赁付款额为50 000元，于每年年初支付。合同规定，租赁付款额在租赁期开始日后每两年基于过去24个月消费者价格指数的上涨进行上调。租赁期开始日的消费者价格指数为125，租赁付款额为50 000元是基于指数125确定的。

分析：

在本例中，甲公司租赁的不动产租金是基于消费者价格指数确定的，属于应计入租赁付款额的可变租赁付款额。在租赁期开始日，消费者价格指数为125，由此确定的可变租赁付款额为50 000元/年，租赁期开始日的租赁负债应根据该租赁付款额计算确定。

在租赁期内，每隔两年，甲公司应基于最新消费者价格指数的变动重新确定租赁付款额。假设租赁第三年年初，消费者价格指数为135，由此确定的租赁付款额应为54 000（50 000×135÷125）元/年，则租赁负债应基于新的租赁付款额重新调整。

③ 购买选择权行权价格的确定。

如果租赁合同包含租赁期满时购买标的资产的选择权，则在租赁期开始日，承租人应评估未来是否能够行使该选择权。在评估时，承租人应考虑对其行使或不行使购买选择权经济后果带来影响的所有相关事实和情况。经综合评估后，如果承租人能够合理确定将行使购买选择权，则承租人应将行权价格计入租赁付款额中；否则，行权价格不能计入租赁付款额。

【例4-7】 甲公司与乙公司签订了一份不可撤销的5年期设备租赁合同。合同规定，甲公司可以选择在租赁期结束时以5 000元购买这台设备。已知该设备应用于不断更新、迅速变化的科技领域，因此，租赁期结束时的公允价值可能出现大幅波动，且租赁期内尤其是5年之后，有很大可能会有更好的替代产品出现。

分析：

在本例中，甲公司租赁的设备属于高科技领域，更新换代较快；在租赁期满时，租赁资产公允价值具有较大的不确定性；在租赁期间或租赁期满时，更好替代产品很可能会出现。因此，在租赁期开始日，甲公司无法合理确定未来将行使这项购买选择权。因此，在租赁期开始日，5 000元行权价格不能计入租赁付款额。

④ 终止租赁选择权需支付款项的确定。

如果租赁合同中包含承租人终止租赁的选择权，则在租赁期开始日，承租人应评估未来是否能够行使该终止租赁选择权。在评估时，承租人应考虑对其行使或不行使终止租赁选择权经济后果有影响的所有相关事实和情况。经综合评估后，如果承租人能够合理确定未来将行使终止租赁选择权，则应将行使终止租赁选择权时需支付的款项计入租赁付款额；否则，承租人不应该考虑这项选择权对租赁付款额的影响。

【例4-8】 承租人甲公司与乙公司签订了一项租赁合同，租入乙公司办公楼的一层楼，为期10年。甲公司有权选择在5年后提前终止租赁，但需向乙公司支付相当于6个月的租金作为罚金。合同规定，该楼层每年租金为12万元，基本与市场正常租金水平相符。乙公司的办公楼是全新的，并且在周边商业园区的办公楼中处于技术领先水平。

甲公司评估后认为，6个月的租金罚款对于甲公司而言金额重大，不能轻易损失。另外，甲公司的经营具有可持续性，在同等条件下，5年后甲公司很难以更优惠的价格租入类似办公楼。因此，在租赁期开始日，甲公司确定不会提前终止该租赁合同。

分析：

在本例中，甲公司经过综合评估后认为，不会选择提前终止租赁合同，因此，合同中提前终止租赁合同选择权对甲公司没有影响。在租赁开始日，甲公司不能将提前终止租赁需支付的6个月罚金计入租赁付款额。

⑤ 承租人担保余值的确定。

如果承租人在租赁合同中对租赁资产余值提供了担保，则应该考虑该担保余值对租赁付款额的影响。这里应注意的是，租赁付款额只应包含预计未来可能赔付给出租人的担保余值，而不是承租人承诺的全部担保余值。

【例4-9】 承租人甲公司与出租人乙公司签订了汽车租赁合同，租赁期为5年。合同规定：甲公司为标的汽车的余值提供担保，担保余值总额为40 000元。如果在租赁期结束时，汽车的公允价值低于40 000元，则甲公司需向乙公司支付40 000元与租赁期满时汽车公允价值之间的差额。假设在租赁开始日，甲公司预计因担保未来可能赔付给乙公司的金额为0。

分析：

在本例中，根据租赁合同的规定，甲公司为租赁的汽车提供了40 000元的担保余值，即租赁期满时，甲公司就租赁的汽车可能赔付出租人的最大金额为40 000元。

在租赁期开始日，甲公司预计因提供担保未来可能赔付给乙公司的金额为0，因此，当日应计入租赁付款额中的担保余值为0；假设在租赁开始日，甲公司预计因担保未来可能赔付给乙公司的金额为10 000元，则当日应计入租赁付款额的担保余值应为10 000元。

（2）折现率的确定。

承租人在计算租赁付款额现值时，应选择合理的折现率。在租赁期开始日，如果承租人知悉出租人的租赁内含利率，应首选租赁内含利率作为折现率；如果无法知悉租赁内含利率，则应采用增量借款利率作为折现率。

承租人增量借款利率主要受以下因素影响：①借款人的状况，即承租人自身的偿债能力和信用状况；②借款期限，即租赁期限；③借入金额，即租赁负债的金额；④抵押条件，即租赁资产的性质和质量；⑤经济环境，主要包括承租人所处的司法管辖区、计价货币、合同签订时间等。

在具体操作时，承租人可以先根据所处经济环境，以可观察的利率作为确定增量借款利率的参考基础，然后根据承租人自身情况、标的资产情况、租赁期和租赁负债金额等租赁业务具体情况，对参考的基础利率进行调整，得出适用的承租人增量借款利率。企业应当对确定承租人增量借款利率的依据和过程做好记录。

在会计实务中，承租人增量借款利率常见的参考基础利率包括：承租人同期银行贷款利率、相关租赁合同利率、承租人最近一期类似资产抵押贷款利率、与承租人信用状况相似的企业发行的同期债券利率等。

【例4-10】 2019年1月1日，承租人甲公司签订了一份租期为10年的不动产租赁合同，租金为90万元/年。在租赁期开始日，甲公司无法获悉出租人租赁内含利率，因此，需采用增量借款利率作为折现率。假设：①甲公司有在公开市场上发行的债券；②甲公司有非公开市场上发行的债券；③甲公司没有任何借款。

分析：

在本例中，甲公司在确定租赁内含利率时，可参考以下做法。

① 甲公司发行的债券有公开市场的情况。

甲公司在发行的债券有公开市场时，通常可以考虑该债券的市场价格及市场利率，因为它能够反映甲公司现有的信用状况及债权投资者所要求的现实回报率。

甲公司可以在此基础上，结合租赁合同中的租赁付款总额、租赁期间、租金偿还方式以及抵押情况等进行调整，确定增量借款利率。

② 甲公司发行的债券没有公开市场的情况。

当甲公司发行的债券没有公开市场、但有可观察到的信用评级时，甲公司可以参考与其信用评级相同企业发行的公开交易债券的利率，将其作为基础参考利率，再结合租赁合同中的租赁付款总额、租赁期间、租金偿还方式以及抵押情况等进行调整，确定增量借款利率。

③ 甲公司没有任何借款的情况。

当甲公司没有任何借款时，其可以通过银行询价的方式获取相关借款利率，并通过适当调整后，确定其增量借款利率。甲公司也可以通过第三方评级机构获取其信用等级，并参考上述②的方法，确定其增量借款利率。

（3）租赁负债的确定。

租赁期开始日，承租人在确定了租赁付款额和折现率后，应按下面的公式确定租赁负债的金额：

租赁负债=年租赁付款额×年金现值系数+租赁期满时支付的金额×复利现值系数

租赁负债的金额确定后，未确定融资费用的金额可按下面公式计算确定：

未确定融资费用=租赁付款额-租赁付款额现值（租赁负债）

2. 使用权资产的初始确认与计量

前文述及使用权资产包括租赁负债的初始入账价值、租赁期开始日前已支付的租赁付款额、初始直接费用以及移除恢复成本等。对于使用权资产的计量，承租人主要应注意以下两个问题。

（1）关于租赁期开始日前已支付的租赁付款额。

承租人在租赁期开始日前已支付的、可计入使用权资产的款项必须在租赁付款额的范畴内。在某些情况下，承租人可能会在租赁期开始日前发生一些与标的资产无关的支出。例如，根据租赁合同的规定，标的资产需经过建造或重新设计后方可被承租人使用，但资产重新建造或设计的成本费用不属于租赁付款额的范畴，因此，类似支出不能够计入使用权资产成本。

（2）关于移除恢复成本。

这类成本是指在租赁期开始日或某个特定的期间，承租人因使用标的资产而担负的未来拆除或移除租赁资产、复原租赁资产所在场地或将租赁资产恢复至租赁合同约定的状态预计将发生的成本等。承租人应在有义务承担这类费用时，按照《企业会计准则第 13 号——或有事项》的规定，将这些预计发生的成本费用按现值计入使用权资产。

【例4-11】 承租人初始确认与计量综合举例。

资料：甲公司与乙公司签订了一项租赁合同。有关条款如下。

（1）租赁资产：A建筑物。

（2）租赁期从2018年1月1日起至2027年12月31日止，共10年，续租期5年。

（3）租赁期内租金50 000元/年，甲公司于租赁期开始日支付了50 000元，其余于每年年初支付。续租期间租金为55 000元/年。

（4）甲公司的初始直接费用为20 000元，其中，15 000元是向A建筑物前任租户支付的款项，5 000元是向房地产支付的中介费。

（5）作为对甲公司的激励，乙公司同意补偿甲公司5 000元的中介费。

（6）在租赁期开始日，甲公司无法合理确定将行使续租选择权，因此，将租赁期确定为10年。

（7）甲公司无法确定租赁内含利率，以增量借款利率5%作为租赁付款额的折现率。

假设不考虑税费等其他因素的影响。

要求：编制甲公司在租赁期开始日相关的会计分录。

分析：

在本例中，租赁期为10年，固定付款额为50 000元/年，无其他租赁付款额，因此，租赁付款总额为500 000（50 000×10）元。甲公司于租赁期开始日支付了50 000元，尚未支付的租赁付款额为450 000元，折现率为5%。租赁付款额现值为355 391[50 000×（*P/A*，5%，9）]元；由此，可计算未确认融资费用为94 609（450 000−355 391）元。

在本例中，影响使用权资产成本的项目除了租赁负债初始入账价值355 391元之外，还应包括承租人在租赁期开始日支付的45 000[租金（50 000）−租金激励（5 000）]元租金和20 000元初始直接费用。因此，使用权资产成本应为：

使用权资产=355 391+（50 000−5 000）+20 000=420 391（元）

据此，租赁期开始日，甲公司应编制如下相关会计分录。

（1）支付第一年租金（扣除租金激励），确认租赁负债时：

借：使用权资产　　400 391
　　租赁负债——未确认融资费用　　94 609
　　贷：租赁负债——租赁付款额　　450 000
　　　　银行存款　　45 000

（2）支付初始直接费用时：

借：使用权资产　　20 000
　　贷：银行存款　　20 000

（二）租赁期内的后续核算

租赁期内的核算主要包括对租赁负债和使用权资产的后续核算，具体包括支付租赁付款额、摊销未确认融资费用、计提使用权资产折旧和减值准备等。另外，因租赁期内影响租赁负债和使用权资产相关因素的变化，租赁负债和使用权资产的金额可能会受到影响，因此，租赁期内的后续核算，除了涉及租赁负债和使用权资产的常规后续核算之外，还可能涉及因相关因素变动而对租赁负债和使用权资产的调整。

1. 租赁负债的后续确认与计量

（1）支付租赁付款额、确认利息费用。

支付租赁付款额、确认利息费用是租赁负债的常规后续核算。承租人在支付租赁付款额时，借记“租赁负债——租赁付款额”，贷记“银行存款”；摊销未确认融资费用时，借记“财务费用”等科目，贷记“租赁负债——未确认融资费用”科目。

【例4-12】 租赁负债的常规后续核算。

资料：沿用【例4-11】的资料。要求编制甲公司未确认融资费用摊销表，并编制摊销未确认融资费用和支付租赁付款额的会计分录。

分析：在租赁期开始日，租赁付款额按5%折现后的现值为355 391元，未确认融资费用为94 609元，由此，甲公司应编制表4-1所示的未确认融资费用分摊表。

表 4-1　　未确认融资费用分摊表（保留整数）

2018 年 1 月 1 日　　单位：元

租赁期	支付租赁付款额	摊销的融资费用	租赁负债减少额	租赁负债余额
①	②	③=期初⑤×5%	④=②-③	期末⑤=期初⑤-④
第 1 年（期初）				355 391
第 2 年	50 000	17 770	32 230	323 161
第 3 年	50 000	16 158	33 842	289 319
第 4 年	50 000	14 466	35 534	253 785
第 5 年	50 000	12 689	37 311	216 474
第 6 年	50 000	10 824	39 176	177 298
第 7 年	50 000	8 865	41 135	136 163
第 8 年	50 000	6 808	43 192	92 971
第 9 年	50 000	4 649	45 351	47 620
第 10 年	50 000	2 380*	47 620	0
合计	450 000	94 609	355 391	—

*2 380 元=50 000 元-47 620 元

根据表4-1，在租赁期内，甲公司均应编制如下会计分录。

（1）2018年1月1日：

借：租赁负债——租赁付款额　　50 000
　　贷：银行存款　　50 000
借：财务费用　　17 770
　　贷：租赁负债——未确认融资费用　　17 770

（2）2019年1月1日：

借：租赁负债——租赁付款额　　50 000
　　贷：银行存款　　50 000
借：财务费用　　16 158
　　贷：租赁负债——未确认融资费用　　16 158

其余会计分录略。

（2）因租赁付款额变动，对租赁负债重新计量与调整。

关于承租人对租赁负债的调整

在租赁期内，如果实质固定付款额、预计赔付担保余值、影响可变租金的消费者价格指数或其他比率、影响购买选择权、续租选择权或终止租赁选择权的情况等发生变化，从而引起租赁付款额发生变动时，承租人应重新计算租赁付款额；并按原折现率或调整后折现率，重新计量租赁负债；再根据租赁负债的变动结果，同时调整使用权资产和租赁负债。下面分别阐述不同因素变动时，租赁负债的重新计量与调整。

① 基于消费者价格指数或利率变化导致可变租赁付款额变动时的调整。

这里需注意的问题是：如果因消费者价格指数或浮动利率以外的比率变动而导致租赁付款额发生变动，则承租人在重新计量租赁负债时，应保持折现率不变；如果因浮动利率的变动而导致可变租赁付款额发生变动，则承租人应按调整后折现率重新计量租赁负债。

【例4-13】 重新计量与调整租赁负债——基于消费者价格指数变动。

资料：承租人甲公司签订一项10年期不动产租赁合同，其租金基于每两年消费者价格指数水平，第一年指数为125，据此确定的租金为50 000元/年；租赁第3年年初的消费者价格指数为135，经消费者价格指数调整后的租赁付款额为54 000（50 000×135÷125）元/年。假设甲公司在租赁期开始日的折现率为5%。

要求：确认第3年租赁付款额的变动，并对租赁负债做相应调整。

分析：

本例中，在租赁期开始日，甲公司基于当日消费者价格指数（125）确定的年租赁付款额为50 000元；在第3年年初，消费者价格指数变为135，由此确定的年租赁付款额为54 000元，因此，甲公司应当于第3年年初以54 000元/年的租赁付款额重新计量租赁负债，折现率保持不变。有关计算如下。

（1）计算第3年年初调整并支付租金前租赁负债的账面余额：

50 000+50 000×（P/A，5%，7）=339 320（元）

（2）计算第3年年初调整租金后支付租金前租赁负债的金额：

54 000+54 000×（P/A，5%，7）=366 466（元）

（3）计算第3年年初租赁负债的调整金额：

租赁负债调整额=366 466−339 320=27 146（元）

其中：租赁付款额调整额=（54 000−50 000）×8=32 000（元）

未确认融资费用调整额=32 000−27 146=4 854（元）

根据以上计算结果，在第3年年初，甲公司应编制如下调整分录：

	借方	贷方
借：使用权资产	27 146	
租赁负债——未确认融资费用	4 854	
贷：租赁负债——租赁付款额		32 000

② 与购买选择权、续租选择权、终止租赁选择权有关的后续调整。

租赁期内，购买选择权、续租选择权或终止租赁选择权发生改变时，承租人应当重新确定租赁付款额，并重新计量租赁负债。承租人在重新计量租赁负债时，应采用剩余租赁期间的租赁内含利率作为新的折现率；无法确定新租赁内含利率的，应当采用重估日重新确定的增量借款利率作为折现率。

【例4-14】 重新计量与调整租赁负债——基于购买选择权的变动。

资料：承租人甲公司与出租人乙公司签订了一份为期5年的A设备租赁合同，租赁付款额为10 000元/年，于每年年末支付。A设备剩余使用年限为7年。甲公司拥有在租赁期结束时以5 000元购买A设备的选择权，预计A设备在租赁期满时的资产余值为20 000元。在租赁期开始日，甲公司计划研究和开发自有设备以替代A设备，并预期该自有设备将在5年内投入使用。因此，甲公司在租赁期开始日确定不会行使购买选择权。

在租赁的第3年年末，甲公司对公司的经营进行了战略调整，同时决定停止开发替代A设备的资产，并在租赁期满时，购买A设备。甲公司无法取得租赁内含利率，以增量借款利率作为折现率。在租赁期开始日，甲公司增量借款利率为5%；在第3年年末，甲公司的增量借款利率为5.5%。

要求：根据上述资料，编制与甲公司相关的会计分录。

分析：

根据题中资料，甲公司应分别编制如下会计分录。

（1）租赁期开始日的会计分录。

租赁付款额=10 000×5=50 000（元）

租赁负债=10 000×（P/A，5%，5）=43 300（元）

未确认融资费用=50 000−43 300=6 700（元）

	借方	贷方
借：使用权资产	43 300	
租赁负债——未确认融资费用	6 700	
贷：租赁负债——租赁付款额		50 000

（2）租赁前3年支付租金、摊销未确认融资费用的会计分录（未确认融资费用摊销金额如表4-2所示）。

表4-2　未确认融资费用分摊表　单位：元

租赁期	年租赁付款额	摊销的融资费用	租赁负债减少额	租赁负债余额
①	②	③=期初⑤×5%	④=②-③	期末⑤=期初⑤-④
期初				43 300
第1年	10 000	2 165	7 835	35 465
第2年	10 000	1 773	8 227	27 238
第3年	10 000	1 362	8 638	18 600
第4年	10 000	930	9 070	9 530
第5年	10 000	470	9 530	0
合计	50 000	6 700	43 300	—

根据表4-2，甲公司前3年应编制的会计分录如下。

① 第1年年末的会计分录：

借：租赁负债——租赁付款额　10 000

　贷：银行存款　10 000

借：财务费用　2 165

　贷：租赁负债——未确认融资费用　2 165

② 第2年年末的会计分录：

借：租赁负债——租赁付款额　10 000

　贷：银行存款　10 000

借：财务费用　1 773

　贷：租赁负债——未确认融资费用　1 773

③ 第3年年末的会计分录：

借：租赁负债——租赁付款额　10 000

　贷：银行存款　10 000

借：财务费用　1 362

　贷：租赁负债——未确认融资费用　1 362

（3）第3年年末决定行使购买选择权时，重新计量租赁负债并编制调整分录

调整后租赁付款额为：20 000+5 000=25 000（元）

租赁付款额变动额=25 000−20 000=5 000（元）

调整后租赁负债=10 000×（P/A，5.5%，2）+5 000×（P/F，5.5%，2）=22 960（元）

租赁负债变动额=22 960−18 600=4 360（元）

未确认融资费用变动额=5 000−4 360=640（元）

调整分录如下：

借：使用权资产　4 360

　租赁负债——未确认融资费用　640

　贷：租赁负债——租赁付款额　5 000

在第4年和第5年未确认融资费用应按5.5%摊销。

2. 使用权资产的后续确认与计量

使用权资产在租赁期内的后续核算主要包括使用权资产的折旧和使用权资产的减值。除此之外，企业在租赁期内对租赁负债重新计量时，同时也会涉及使用权资产的调整。

使用权资产的折旧应根据《企业会计准则第4号——固定资产》的规定进行。通常，承租人

应按直线法对使用权资产计提折旧，如果其他折旧方法更能够反映使用权资产预计经济利益的实现方式，应采用其他折旧方法。

企业在计提使用权资产折旧时应注意以下问题。

（1）关于折旧年限：承租人能够合理确定租赁期满时取得租赁资产使用权的，应在租赁资产剩余使用年限内计提折旧；承租人不能够合理确定租赁期满时取得租赁资产使用权的，应在租赁期与租赁资产使用寿命两者孰短的期间内计提折旧。

（2）关于计提基础：承租人应以租赁期开始日使用权资产的账面价值为计提基础；在租赁期内，使用权资产账面价值调整时，应根据调整后的账面价值计提折旧。

【例4-15】 使用权资产计提折旧。

资料：沿用【例4-14】的资料，要求编制甲公司计提折旧的会计分录。

分析：

（1）在租赁期开始日，甲公司不能合理确定是否行使购买权，因此，折旧期限即为租赁期限5年，每年计提的折旧额应为8 660（43 300÷5）元。

在租赁第1年至第3年，会计分录应为：

借：制造费用　　8 660

　　贷：使用权资产累计折旧　　8 660

（2）在租赁的第3年年末，甲公司决定行使购买权。这样在租赁期满后，租赁设备的使用权将归甲公司所有。因此，甲公司应将折旧年限延长至7年，并应根据调整后使用权资产账面价值计提折旧。

年折旧额=[（43 300−8 660×3）+4 360]÷4=5 420（元）

在租赁后第4年至第7年，会计分录应为：

借：制造费用　　5 420

　　贷：使用权资产累计折旧　　5 420

二、承租人租赁合同变更的核算

租赁变更指原合同条款之外的租赁范围、租赁对价、租赁期限的变更，主要包括增加或减少一项或多项租赁资产使用权、增加或缩减租赁范围、延长或缩短租赁期等。

承租人租赁变更的处理要点

承租人对于租赁合同的变更，主要有以下两种会计处理方法。

（一）作为单独租赁处理

当企业因增加一项或多项租赁资产使用权而扩大了租赁范围或延长了租赁期限，且增加的对价与租赁范围扩大部分或延长租赁期限的单独对价基本相当时，则合同变更应作为单独的合同处理。

例如，甲公司就某写字楼一层楼与乙公司签订了一项为期 10 年的租赁合同，在租赁的第 3 年，甲公司、乙公司就该租赁合同的变更达成协议，在原来一层楼的基础上，增加了一层楼。合同变更增加的租赁付款额基本上与当前市价（即扩租价格）相当，因此，甲公司应该将该租赁变更作为一项独立的租赁合同，单独进行会计处理。

（二）未作为单独租赁处理

如果租赁变更不符合作为单独租赁处理的条件，可区分以下情形分别进行处理。

（1）租赁变更导致租赁范围缩小或租赁期缩短的，承租人应首先按缩减比例分别调减使用权资产和租赁负债的账面价值，以反映租赁合同的部分终止，并将终止部分的相关利得或损失计入当期损益；再根据变更后条款，重新计量租赁负债，并根据租赁负债的变动额，同时调整租赁负债和使用权资产的账面价值。

（2）其他租赁变更的情况，承租人可直接根据变更条款重新计量租赁负债，并调整租赁负债和使用权资产的账面价值。

这里应注意的问题是，在计算变更后租赁付款额的现值时，承租人应当采用剩余租赁期间的租赁内含利率作为折现率；无法确定剩余租赁期间的租赁内含利率的，应当采用租赁变更日的增量借款利率作为折现率。

【例4-16】 租赁合同变更——缩减租赁面积。

资料：承租人甲公司与出租人乙公司就5 000平方米的办公场所签订了10年期的租赁合同。年租赁付款额为100 000元，在每年年末支付。租赁期开始日，甲公司无法确定租赁内含利率，增量借款利率为6%。在第6年年初，甲公司经营出现困难，和乙公司商量后决定对原租赁合同进行修改，将原租赁场所缩减至2 500平方米，修改后的租赁付款额为60 000元/年。承租人在第6年年初的增量借款利率为5%。

要求：根据上述资料，编制合同变更日甲公司的会计分录。

分析：

本例中，在租赁期开始日，租赁付款额为1 000 000（100 000×10）元；租赁负债和使用权资产的初始确认金额均为736 000[100 000×（*P/A*，6%，10）]元[①]。在租赁的第6年年初租赁合同变更日，租赁场所缩减至2 500平方米，年租赁付款额调减为60 000元/年。据此，承租人甲公司应做如下会计处理。

（1）按比例调减使用权资产和租赁负债的账面价值，步骤如下。

第一步：确认原使用权资产和租赁负债的账面余额。

① 使用权资产账面余额为：368 000（736 000×5/10）元；

② 租赁付款额账面余额为：500 000（1 000 000×5/10）元；

③ 租赁负债账面余额为：421 240[100 000×（*P/A*，6%，5）]元；

④ 未确认融资费用账面余额为：78 760（500 000−421 240）元。

第二步：根据租赁面积缩减比例（50%）计算有关账户的调减金额。

① 使用权资产账户调减：184 000（368 000×50%）元；

② 租赁付款额账户调减：250 000（500 000×50%）元；

③ 未确认融资费用账户调减：39 380（78 760×50%）元。

第三步：编制调减使用权资产和租赁负债的会计分录。

借：租赁负债——租赁付款额　　250 000
　　贷：租赁负债——未确认融资费用　　39 380
　　　　使用权资产　　184 000
　　　　资产处置损益　　26 620

经上述调整后，使用权资产账面价值为184 000元；租赁付款额账面价值为250 000元；未确认融资费用账面价值为39 380元；租赁负债账面价值为210 620（250 000−39 380）元。

（2）重新计量租赁负债，编制相关调整分录。

在第6年年初，甲公司应根据修订后的条款重新确认租赁付款额，并按新确定的增量借款利率（5%）折现，计算租赁负债，步骤如下。

第一步：计算变更后租赁付款额。

① 变更后租赁付款额为：300 000（60 000×5）元；

② 租赁付款额需调增：50 000（300 000−250 000）元；

③ 租赁负债（租赁付款额现值）为：259 770[60 000×（*P/A*，5%，5）]元；

④ 租赁负债应调增49 150（259 770−210 620）元，使用权资产应同时调增49 150元；

⑤ 未确认融资费用应调整：850（50 000−49 150）元。

---

① 100 000×（*P/A*，6%，10）=736 010（元），为便于计算本题做尾数调整，取736 000元。

第二步，编制调整分录。

借：使用权资产　　49 150

　　租赁负债——未确认融资费用　　850

　　贷：租赁负债——租赁付款额　　50 000

【例4-17】 租赁合同变更——延长租赁期。

资料：承租人甲公司与出租人乙公司就5 000平方米的办公场所签订了一项为期10年的租赁合同。年租赁付款额为100 000元，在每年年末支付。甲公司无法确定租赁内含利率，在租赁期开始日的增量借款利率为6%。在第7年年初，甲公司和乙公司对租赁合同进行了修订，将租赁期延长了4年，延期的年租赁付款额仍为原来的价格，低于当时的市场水平。在合同变更日，剩余租赁期为8年。甲公司在合同变更日的增量借款利率为7%。

要求：根据上述资料，编制合同变更日甲公司的会计分录。

分析：

在本例中，甲公司于租赁的第7年年初延长了租赁期，延期租金仍为原租金，未反映当时市价，因此，不能作为单独的租赁进行处理。

在租赁合同变更日，甲公司的会计处理步骤如下。

（1）计算合同变更后的租赁负债。

① 合同变更前租赁负债账面余额为：346 510[100 000×（*P/A*，7%，4）]元。

合同变更后，剩余租赁期为8年；年付款额为100 000元；折现率为7%，因此：

② 变更后租赁负债为：597 130[100 000×（*P/A*，7%，8）]元。

③ 租赁负债增加250 620（597 130−346 510）元；使用权资产同时增加250 620元；租赁付款额增加400 000（100 000×4）元；未确认融资费用增加149 380（400 000−250 620）元。

（2）编制租赁合同变更日的调整分录。

借：使用权资产　　250 620

　　租赁负债——未确认融资费用　　149 380

　　贷：租赁负债——租赁付款额　　400 000

三、承租人简单租赁的核算

承租人简单租赁业务主要包括短期租赁和低价值租赁。当租赁合同属于短期租赁或低价值租赁时，企业会计准则允许企业进行简易会计处理，不必按一般租赁的会计处理确认使用权资产和租赁负债，可直接将租赁付款额在租赁期内按直线法等，分摊计入相关成本费用。

（一）短期租赁的核算

短期租赁，是指在租赁期开始日，租赁期不超过12个月的租赁。包含购买选择权的租赁不属于短期租赁。对于短期租赁，承租人可以按照租赁资产的类别，采用简化的会计处理方法。如果承租人对某类租赁资产进行了简化会计处理，则未来该类资产的短期租赁都应采用简化会计处理。某类租赁资产是指企业运营中具有类似性质和用途的一组租赁资产，如某类集装箱车。

按照简化会计处理的短期租赁发生租赁变更或者其他原因导致租赁期发生变化的，承租人应当将其视为一项新租赁，重新按照上述原则判断该类租赁是否可选择简化会计处理方法。

（二）低价值资产租赁的核算

低价值资产租赁，是指单项租赁资产为全新资产时价值较低的租赁。低价值租赁应满足租赁合同的判断标准，即只有承租人能够从单独使用该资产或将其与承租人易于获得的其他资源一起使用中获利，且在该项资产与其他租赁资产没有高度依赖或高度关联关系时，才能作为独立的租赁合同。此外，根据现行租赁会计准则指南中的规范，单项租赁资产的单价通常应该低于人民币 40 000 元。

承租人在判断一项租赁是否是低价值资产租赁时，应基于租赁资产在全新状态下的价值进行评估。判断低价值资产租赁的标准应该是一个绝对金额，仅与资产全新状态下的绝对价值有关，不受承租人规模、性质等影响，也不必考虑该资产对于承租人或相关租赁交易的重要性。常见的低价值租赁资产包括平板电脑、普通办公家具、电话等小型资产。

对于低价值资产租赁，承租人可根据每项租赁的具体情况进行简化会计处理。但是，如果承租人已经或预期要把低价值资产进行转租赁，则不能选择对其进行简化会计处理。

【例4-18】 低价值资产租赁的核算。

资料： 承租人甲公司与出租人乙公司签订了一组资产租赁合同，包括：（1）供员工个人使用的笔记本电脑、计算机、平板电脑、桌面打印机和手机等；（2）服务器及相关组件，其中相关组件根据承租人需要应陆续添加到服务器中，以增加服务器存储容量；（3）办公家具，如桌椅和办公隔断等；（4）饮水机。

甲公司租赁的这些资产，除服务器之外，其他资产的绝对单价均低于40 000元。其中，笔记本电脑全新时的单独价格不超过人民币10 000元；台式计算机、平板电脑、桌面打印机和手机全新时的单独价格不超过人民币5 000元；普通办公家具的单独价格不超过人民币10 000元；饮水机的单独价格不超过人民币1 000元；服务器单个组件的单独价格不超过人民币10 000元。

问题： 这些资产是否为低价值租赁？

分析：

在上述单价不超过40 000元的租赁资产中，除服务器组件之外，其他办公设备、办公家具、饮水机等都能够单独使承租人获益，且与其他租赁资产没有高度依赖或关联关系，因此，均符合低价值资产租赁的标准，可以作为低价值资产租赁，选择简化方法进行会计处理。但对于服务器组件，尽管它有单独售价且需要支付单独租金，但由于组件与服务器高度相关，承租人若不租赁服务器就不会租赁这些组件，因此，服务器组件的租赁不构成单独的租赁，甲公司应将其与服务器作为一项租赁业务，按一般租赁业务进行会计处理。

根据前面的阐述，承租人租赁业务的分类及相应的会计处理方法可简单地归纳如图 4-3 所示。

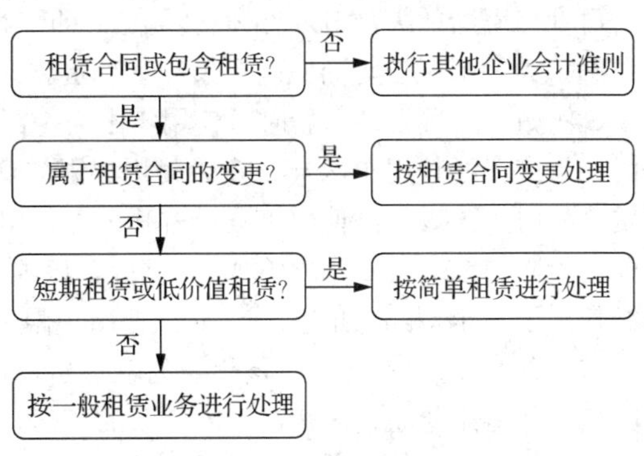

图 4-3 承租人租赁业务分类示意图

第三节 出租人的会计核算

一、出租人租赁的分类及判断标准

根据我国《企业会计准则第 21 号——租赁》的规定，出租人的租赁业务可分为融资租赁和经营租赁两类。融资租赁是指出租人实质上将与租赁资产所有权相关的几乎所有的风险和报酬都转移给承租人的租赁。与租赁资产所有权有关的风险是指由于生产能力的闲置或工艺技术的陈旧可能造成的损失，以及由于某些情况变动可能造成的相关收入的减少；与租赁资产所有权有关的报酬是指在资产的有效使用年限内直接使用租赁资产而可能获取的经济利益，以及因资产升值或变卖余值可能实现的额外收入。

如果与租赁资产所有权有关的几乎所有风险和报酬实质上并未转移给承租人，那么这种租赁就应归类为经营租赁。经营租赁资产的所有权不会发生转移，在租赁期届满后，承租人有退租或续租的选择权，但不存在购买或无偿拥有租赁资产所有权的情况。

确认一项租赁是融资租赁还是经营租赁，应根据租赁业务的实质，即根据与租赁资产所有权有关的全部风险和报酬是否转移来判断，而不能根据租赁合同的形式来判断。根据 CAS21 的规定，满足下列标准之一的，应确定为融资租赁；否则，应为经营租赁。

（1）在租赁期满时，租赁资产的所有权转移给承租人。此种情况通常是指租赁合同中已经约定，在租赁期满时，租赁资产的所有权应由出租人转移给承租人；或者在租赁开始日，根据合同条款能够做出合理判断，在租赁期满时，出租人会将租赁资产的所有权转移给承租人。

（2）在租赁期满时，承租人有购买租赁资产的选择权，并且所确定的购买价格预计将远低于行使选择权时租赁资产的公允价值，因而，在租赁开始日就可以合理确定承租人将会行使这种选择权。例如，某承租人和出租人签订了一项租赁协议，租赁期三年，根据该协议的规定，在租赁期满时，承租人有权以 1 000 元的价格购买该项租赁资产，而该项租赁资产预计租赁期满时的公允价值为 10 000 元。因此，如果没有其他特殊情况出现，基本可以断定承租人在租赁期满时将会购买该项租赁资产。

（3）租赁期占租赁资产使用寿命的大部分。这里的“大部分”一般指租赁期占租赁资产使用寿命的 75%以上（含 75%）。需要说明的是，这里的“租赁期占租赁资产使用寿命的 75%”是对全新租赁资产而言的，如果租赁资产在开始租赁前已使用，且已使用年限超过了该资产全新时可使用寿命的大部分（75%及以上），即使租赁期占租赁资产剩余使用寿命的大部分，也不应该确定为融资租赁，而应确定为经营租赁。

例如，某项设备全新时可使用年限为 10 年，在第 4 年年初开始对外租赁，在签订租赁协议时该资产已经使用了 3 年，剩余使用年限为 7 年，租赁协议中约定的租赁期为 6 年。由于在租赁开始时，该设备已使用年限只占其全部使用年限的 30%（3÷10×100%），而租赁期占资产剩余使用年限的 85.7%（6÷7×100%），因此，该项租赁属于融资租赁。假如该设备在开始出租时，已经使用了 8 年，租赁期为 2 年，剩余使用年限为 2 年，尽管租赁期占该资产剩余使用年限的 100%（2÷2×100%），也不能认定该租赁为融资租赁，只能认定为经营租赁。

在这里需要注意的是，上面提及的 75%的量化判断标准只是指导性的标准。企业在具体运用时，应根据具体条件进行综合判断。

（4）出租人在租赁开始日的租赁收款额现值几乎相当于租赁开始日租赁资产的公允价值。这里的“几乎相当于”一般应在 90%以上（含 90%）。例如，某出租人和承租人就某项设备签订了租赁合同。在租赁开始日，该设备的公允价值为 100 万元，租赁期为 10 年，年固定租金为 15 万元，租赁收款总额为 150 万元，假如该租赁收款额按确定的折现率计算的现值超过 90（100×90%）万元，则可判断该项租赁属于融资租赁，否则，应为经营租赁。

需要指出的是，这里 90%的量化标准只是指导性的标准。企业在具体运用时，必须根据现行准则规定的相关条件进行综合判断。

（5）租赁资产性质特殊，如果不进行较大调整，只有承租人才能使用。一般来讲，经营租赁和融资租赁在租赁过程中的主要区别是：在经营租赁方式下，出租方在购买租赁资产时，一般不会考虑个别承租人的特殊需要，而会根据大多数承租人的需求提供通用资产；在融资租赁方式下，出租方在购买租赁资产时，可能会根据承租人的特殊需要，为其量身定做，即根据承租人对租赁资产的生产厂家、型号、规格等方面的特殊要求专门购买或建造租赁资产，因此，如果融资租赁的资产具有专供的性质，则在不进行较大改制情况下，其他企业通常难以使用，只有承租人才能使用。

另外，根据 CAS21 的规定，如果租赁合同存在以下特征，通常也应分类为融资租赁。

（1）如果承租人撤销租赁合同，则承租人承担对出租人造成的一切损失。

（2）租赁资产余值公允价值波动所产生的利得或损失完全归属于承租人。

（3）租赁期满时，承租人有能力以远低于市场水平的租金继续租赁标的资产，因此，可以合理判断在租赁期满时，承租人将会续租。

上述第一种情况和第二种情况都能说明承租人在实质上承担着与租赁资产所有权相关的几乎所有的风险和报酬；上述第三种情况与承租人享有租赁期满时的购买选择权的情况是类似的。

二、出租人融资租赁的核算

（一）融资租赁的初始确认与计量

融资租赁意味着租赁资产在租赁期开始日后的几乎所有的风险与报酬已经由出租人转移给承租人，因此，出租人在租赁期开始日应终止确认融资租赁资产，同时确认由此形成的租赁投资总额、租赁投资净额及待摊租赁投资收益（即未实现融资收益）。融资租赁的初始确认与计量方法步骤如下。

1. 确定租赁投资总额

租赁投资总额等于出租人租赁期开始日的租赁收款额和未担保余值之和。租赁收款额指出租人因出租资产使用权而应向承租人收取的全部款项，主要包括：（1）承租人应支付的固定付款额及实质固定付款额（扣除租赁激励金额）；（2）取决于指数或比率的可变租赁付款额；（3）承租人可合理确定将购买资产的行权价格；（4）承租人可合理确定将行使终止租赁选择权需支付的款项；（5）针对出租人的担保余值。

通过上面的阐述，可以看出，租赁收款额在金额上等于承租人租赁付款额和独立第三方提供的担保余值之和。也就是说，在没有独立第三方对租赁资产余值提供担保的情况下，租赁收款额应该等于租赁付款额。

未担保余值指租赁资产余值与针对出租人的担保余值的差额。该差额反映了租赁资产余值中没有被承租人和独立第三方担保、出租人无法保证能实现的部分。从理论上讲，未担保余值与固定资产的预计残值类似，代表着在租赁期满时的经济利益流入，只是没有被担保。对于出租人来讲，不论是担保余值，还是未担保余值，都属于出租人的资产，只是担保余值包含在租赁收款额中，而未担保余值作为一项独立的资产确认。

在租赁开始日，出租人应将确认的租赁投资总额（租赁收款额+未担保余值），分别计入“应收融资租赁款——租赁收款额”和“应收融资租赁款——未担保余值”账户的借方。

2. 确定租赁投资净额和未实现融资收益

前已述及租赁投资净额有三种确定方法：（1）租赁投资净额等于租赁收款额现值与未担保余值现值之和；（2）租赁投资净额等于租赁期开始日租赁资产的公允价值与初始直接费用之和；（3）租赁投资净额等于租赁投资总额与未实现融资收益的差额。

在租赁期开始日，出租人通常是根据租赁资产的公允价值与初始直接费用计算确定租赁投资净额；然后再根据租赁投资总额和租赁投资净额的差额确定未实现融资收益，计算公式如下：

租赁投资净额=租赁资产的公允价值+初始直接费用

未实现融资收益=租赁投资总额-租赁投资净额

未实现融资收益在确定后，应记入“应收融资租赁款——未实现融资收益”账户的贷方。

3. 编制租赁开始日会计分录

在租赁开始日，对于融资租赁业务，出租人应根据上面的计算结果，一方面确认应收融资租赁款，另一方面终止确认融资租赁资产。融资租赁资产的公允价值与账面价值之间的差额，计入“资产处置损益”科目。会计分录框架为：

借：应收融资租赁款——租赁收款额

——未担保余值

贷：融资租赁资产

资产处置损

应收融资租赁款——未实现融资收益

银行存款（支付的初始直接费用等）

【例4-19】 出租人融资租赁的初始确认与计量。

资料：2×19年12月31日，甲公司从乙公司租入一台塑钢机，用于生产塑钢窗。为此，承租人甲公司与出租人乙公司签订了一份租赁合同。与合同相关的信息如下。

（1）租赁标的物：塑钢机。

（2）起租日：2×20年1月1日。

（3）租赁期：2×20年1月1日～2×25年12月31日，共6年。

（4）租金：自租赁开始日每年年末固定支付160 000元。如果甲公司能在每年年末最后一天付款，则乙公司将给予10 000元的租金激励。根据甲公司的财务状况，可以合理确定甲公司将会于每年12月31日前支付固定租赁费用。

（5）关于基准利率的影响：在租赁期内，如果中国人民银行贷款基准利率调整，则租赁合同利率将做出同幅度、同方向调整，并将从调整下一期开始按调整后金额收取固定租金。

（6）租赁期开始日塑钢机的公允价值为700 000元；账面价值为600 000元。

（7）签订合同过程中，乙公司支付了可归属于租赁合同的初始直接费用10 000元。

（8）租赁期届满时，甲公司享有优惠购买塑钢机的选择权，购买价为20 000元。估计租赁期满时塑钢机的公允价值为80 000元。

（9）该塑钢机为全新塑钢机，预计使用寿命为7年。

（10）承租人有提前终止租赁合同的权利，但需支付剩余租赁期的全部租金。

本例不涉及担保余值和未担保余值，不考虑税金等其他相关因素影响。

要求：判断租赁类型，编制出租人（乙公司）在租赁期开始日的会计分录。

分析：

根据题中资料，乙公司在租赁期开始日可按下面的步骤进行会计处理。

（1）判断租赁的类型。

在本例中，在租赁期满时，甲公司可优惠购买租赁资产，购买价款为20 000元，远低于那时租赁资产的公允价值80 000元，所以，在租赁开始日，甲公司可以合理确定其在租赁期满时，将会行使这项购买权。另外，在本例中，塑钢机的租赁期限为6年，占租赁开始日塑钢机使用寿命（7年）的86%。根据这两种情况的任意一项，都可以确定该租赁应为融资租赁。

（2）确定租赁投资总额。

在本例中，影响租赁投资总额的因素如下。

① 固定租金：根据合同，基于租赁期开始日基准利率确定的固定租金为160 000元/年，且甲公司每年可享有10 000元的租金激励，因此，每年的固定租金应为150 000（160 000-10 000）元。

② 关于提前终止租赁合同选择权：在本例中，虽然承租人拥有提前终止租赁合同的选择权，但

需支付剩余租赁期的全部租金，因此，承租人不可能行使这项选择权，无须考虑其对租赁收款额的影响。

③ 关于购买选择权：在本例中，承租人甲公司拥有租赁期满购买塑钢机的选择权，由于行权价格远低于行权日预计租赁资产的公允价值，因此，如果没有特殊理由，可以合理判断，甲公司在租赁期满时将会行使购买选择权，行权价格20 000元计入租赁收款额。

基于以上分析，乙公司的租赁收款额=固定租金+购买行权价格=（160 000−10 000）× 6+20 000=920 000（元）

（3）确定租赁投资净额和未确认融资收益。

在本例中，塑钢机公允价值为700 000元，初始直接费用为10 000元。

租赁投资净额=700 000+10 000=710 000（元）

未确认融资收益=920 000−710 000=210 000（元）

（4）编制租赁期开始日会计分录。

在租赁期开始日，出租人应确认920 000元租赁收款额、210 000元未实现融资收益，同时终止确认塑钢机，并将塑钢机公允价值与账面价值的差额100 000（700 000−600 000）元计入资产处置损益。会计分录如下：

借：应收融资租赁款——租赁收款额	920 000	
贷：融资租赁资产——塑钢机		600 000
资产处置损益——塑钢机		100 000
银行存款（初始直接费用）		10 000
应收融资租赁款——未实现融资收益		210 000

（二）融资租赁的后续确认与计量

出租人在融资租赁期间的主要业务包括一些常规业务，如按期收取租金；按期摊销未实现融资收益，确认租赁收入；在租赁期满时收回租赁资产等。除此之外，当租赁期内影响租赁收款额的因素发生变化，从而影响租赁投资净额时，出租人还应对租赁投资净额重新计量并做相应的会计调整。

1. 在租赁期内收回租金、确认租金收入的核算

【例4-20】 沿用【例4-19】中的资料。

要求：编制乙公司租赁期内未实现融资收益分配表，并编制各期收款及未实现融资摊销的会计分录。

分析：

乙公司应于租赁期开始日计算租赁内含利率、编制未实现融资收益摊销表，并据以编制每期收款、确认租赁收入的会计分录。具体步骤及相应的会计处理如下。

（1）计算租赁开始日的租赁内含利率。

在本例中，租赁期为6年；年固定租金为150 000元；租赁期满购买价款为20 000元；租赁开始日租赁投资净额为710 000元。假设租赁内含利率为r，则r应为使下面公式成立的折现率：

150 000×（P/A，r，6）+20 000×（P/F，r，6）=710 000（元）

根据上述等式，可在多次测试基础上，用插入法计算租赁内含利率，计算过程如下：

第一步：首先以同期银行贷款利率（7%）测试。

当利率为7%时，现值为：

150 000×（P/A，7%，6）+20 000×（P/F，7%，6）

=150 000×4.767+20 000×0.666=715 050+13 320=728 370（元）>710 000（元）

第二步：因按7%折现时的金额大于710 000元，因此，实际利率应大于7%，继续选择8%进行测

试。当利率为8%时，现值为：

150 000×（P/A，8%，6）+20 000×（P/F，8%，6）

=150 000×4.623+20 000×0.63=706 050（元）<710 000（元）

根据上面的测试结果，可以判断r应该位于7%～8%。

第三步：用插入法计算r。

根据上面的计算，可知利率与现值之间的对应关系如表4-3所示。

表4-3　　利率与现值之间的对应关系　　单位：元

利率	现值
7%	728 370
r	710 000
8%	706 050

根据表4-3，用插入法计算r。计算公式如下：

（7%−r）÷（7%−8%）=（728 370−710 000）÷（728 370−706 050）

通过计算，得知：r=7.82%

（2）编制未实现融资收益分摊表（见表4-4）。

表4-4　　未实现融资收益分摊表（实际利率法）

2×20年1月1日　　单位：元

日期	租金	确认的融资收入	租赁投资净额减少额	租赁投资净额余额
①	②	③=期初⑤×7.82%	④=②-③	期末⑤=期初⑤-④
2×20年1月1日				710 000
2×20年12月31日	150 000	55 522	94 478	615 522
2×21年12月31日	150 000	48 134	101 866	513 656
2×22年12月31日	150 000	40 168	109 832	403 824
2×23年12月31日	150 000	31 579	118 421	285 403
2×24年12月31日	150 000	22 319	127 681	157 722
2×25年12月31日	150 000	12 278*	137 722	20 000
2×25年12月31日	20 000		20 000	
合计	920 000	210 000	710 000	

*做尾数调整：12 278（元）=150 000−（157 722−20 000）

（3）根据表4-4编制相关的会计分录。

① 2×20年12月31日：

借：银行存款　　150 000

　　贷：应收融资租赁款——租赁收款额　　150 000

借：应收融资租赁款——未实现融资收益　　55 522

　　贷：租赁收入　　55 522

② 2×21年12月31日：

借：银行存款　　150 000

　　贷：应收融资租赁款——租赁收款额　　150 000

借：应收融资租赁款——未实现融资收益　　48 134

　　贷：租赁收入　　48 134

③ 2×22年12月31日：

借：银行存款　　150 000

　　贷：应收融资租赁款——租赁收款额　　150 000

借：应收融资租赁款——未实现融资收益　　40 168

　　贷：租赁收入　　40 168

④ 2×23年12月31日：

借：银行存款　　150 000

　　贷：应收融资租赁款——租赁收款额　　150 000

借：应收融资租赁款——未实现融资收益　　31 579

　　贷：租赁收入　　31 579

⑤ 2×24年12月31日：

借：银行存款　　150 000

　　贷：应收融资租赁款——租赁收款额　　150 000

借：应收融资租赁款——未实现融资收益　　22 319

　　贷：租赁收入　　22 319

⑥ 2×25年12月31日：

借：银行存款　　150 000

　　贷：应收融资租赁款——租赁收款额　　150 000

借：应收融资租赁款——未实现融资收益　　12 278

　　贷：租赁收入　　12 278

2. 租赁期满时的会计处理

在租赁期期满时，对于融资租赁资产，通常有三种处置方法：承租人续租资产、留购资产或退回资产（即出租人收回租赁资产）。

（1）出租人收回租赁资产时的处理。

当租赁期满出租人收回租赁资产时，可分别以下情况处理。

① 资产余值全部担保的情况。

在对资产余值全部担保的情况下，租赁资产只存在担保余值，不存在未担保余值。因此，出租人在收到承租人返还的租赁资产时，应按担保余值金额，借记“融资租赁资产”科目，贷记“应收融资租赁款——租赁收款额”科目。如果收回的租赁资产价值低于其担保余值，则担保人应承担相应的损失，而出租人应按照其向担保人收取的相应补偿金，借记“其他应收款”科目，贷记“营业外收入”科目。

② 资产余值部分担保的情况。

在对租赁资产余值部分担保的情况下，租赁资产既存在担保余值，也存在未担保余值。因此，出租人在收到承租人返还的租赁资产时，应按担保余值及未担保余值的金额，借记“融资租赁资产”科目，贷记“应收融资租赁款——租赁收款额”“应收融资租赁款——未担保余值”科目。如果收回租赁资产的价值扣除未担保余值后的余额低于担保余值，则担保人应承担相应的损失，出租人对于应向担保人收取的相应补偿金，借记“其他应收款”科目，贷记“营业外收入”科目。

③ 资产余值全部未担保的情况。

在对租赁资产余值全部未担保的情况下，租赁资产不存在担保余值，只存在未担保余值。因此，出租人在收到承租人返还的租赁资产时，应按未担保余值的金额，借记“融资租赁资产”科目，贷记“应收融资租赁款——未担保余值”科目。

④ 担保余值和未担保余值均不存在的情况。

对于出租人收到承租人返还的租赁资产，如果既不存在担保余值，也不存在未担保余值，则出租人无须进行任何账务处理，只需做相应的备查登记。

（2）承租人优惠续租资产时的处理。

如果在租赁期满时，承租人按照租赁合同的约定行使了优惠续租选择权，则出租人应根据续租的具体情况，对续租业务编制相关的会计分录。

（3）承租人留购租赁资产时的处理。

在租赁期满时，如果承租人行使了优惠购买租赁资产的选择权，则出租人应按收到的购买价款，借记"银行存款"等科目，贷记"应收融资租赁款——租赁收款额"科目。

【例4-21】 出租人在租赁期满时的会计处理。

资料：沿用【例4-19】中的资料，并假设于2×25年12月31日租赁期满时，甲公司行使了优惠购买租赁资产的选择权，乙公司收到租赁资产的购买价款为20 000元。

要求：编制租赁期满时乙公司的会计分录。

分析：

租赁期满时，乙公司的"应收融资租赁款——租赁收款额"科目的余额为20 000元，为租赁期满时承租人购买租赁资产时应支付的价款。乙公司应于租赁期满收到购买价款时，编制如下会计分录为：

借：银行存款　　20 000

　　贷：应收融资租赁款——租赁收款额　　20 000

3. 租赁期内租赁收款额变化对租赁投资净额的调整

当基于指数和比率的可变租金、未担保余值等影响租赁投资净额的因素发生变化时，出租人应重新确定租赁收款额和租赁内含利率，并相应调整应收融资租赁款。

【例4-22】 因未担保余值变动对租赁投资净额的调整。

资料：沿用【例4-20】中的资料，并假设在租赁开始日不存在购买选择权，但有1 100元的未担保余值；再假设2×22年12月31日，未担保余值发生了500元的减值损失。其余资料保持不变。

要求：计算乙公司租赁期开始日和2×22年年末租赁内含利率并编制相关会计分录。

分析：

在本例中，在租赁开始日，乙公司租赁资产的未担保余值为1 100元，承租人不存在购买选择权，因此，租赁投资总额变为901 100（900 000+1 100）元；租赁投资净额仍为710 000元；未实现融资收益变为191 100（901 100−710 000）元。

基于以上分析，乙公司应进行的相关会计处理如下。

（1）租赁期开始日，确认应收融资租赁款时：

借：应收融资租赁款——租赁收款额　　900 000

　　　　　　　　　——未担保余值　　1 100

　　贷：银行存款（初始直接费用）　　10 000

　　　　融资租赁资产——塑钢机　　600 000

　　　　资产处置损益——塑钢机　　100 000

　　　　应收融资租赁款——未实现融资收益　　191 100

（2）在租赁开始日，计算租赁内含利率，编制未实现融资收益分摊表。

在租赁开始日，租赁内含利率应按下面的公式计算：

150 000 ×（P/A，r，6）+1 100 ×（P/F，r，6）=710 000（元）

经计算：r=7.27%

由此，乙公司应在租赁开始日编制未实现融资收益分摊表（见表4-5）。

表4-5　　　　未实现融资收益分摊表（实际利率法）

2×20年1月1日　　　　单位：元

日期	固定租金	确认的融资收入	租赁投资净额减少额	租赁投资净额余额
①	②	③=期初⑤×7.27%	④=②-③	期末⑤=期初⑤-④
2×20年1月1日				710 000
2×20年12月31日	150 000	51 617	98 383	611 617
2×21年12月31日	150 000	44 464.56	105 535.44	506 081.56
2×22年12月31日	150 000	36 792.13	113 207.87	392 873.69
2×23年12月31日	150 000	28 561.92	121 438.08	271 435.61
2×24年12月31日	150 000	19 733.37	130 266.63	141 168.98
2×25年12月31日	150 000	9 931.02*	140 068.98*	1 100
合计	900 100	191 100	708 900	

*做尾数调整：9 931.02=150 000-140 068.98；140 068.98 =141 168.98-1 100。

（3）2×22年12月31日，计算租赁内含利率，编制相关会计分录。

2×22年年末，未担保余值减值500元，因此，乙公司应根据下面的公式重新计算租赁内含利率：

150 000 ×（P/A，r，3）+ 600 ×（P/F，r，3）=392 873.69（元）

计算得知：r=7.19%。

根据新租赁内含利率，乙公司应编制未实现融资收益分摊表（见表4-6）。

表4-6　　　　未实现融资收益分摊表（实际利率法）

2×22年12月31日　　　　单位：元

日期	固定租金	确认的融资收入	租赁投资净额减少额	租赁投资净额余额
①	②	③=期初⑤×7.19%	④=②-③	期末⑤=期初⑤-④
2×22年12月31日				392 873.69
2×23年12月31日	150 000	28 247.62	121 752.38	271 121.31
2×24年12月31日	150 000	19 493.62	130 506.38	140 614.93
2×25年12月31日	150 000	9 985.07*	140 014.93*	600
合计	450 000	57 726.31	392 273.69	/

*做尾数调整：9 985.07=150 000-140 014.93；140 014.93=140 614.93-600

在2×22年年末，乙公司应根据未担保余值的减值金额，编制以下会计分录：

借：应收融资租赁款——未实现融资收益　　　　500

　　贷：应收融资租赁款——未担保余值　　　　500

（三）出租人融资租赁变更的核算

出租人融资租赁变更的会计处理与承租人租赁变更的会计处理类似，也分为单独处理和不能够单独处理两种情况，其中，单独处理的会计核算方法与承租人的规定大同小异；不能够单独处理的情况有所不同。下面主要阐述出租人融资租赁变更不能单独处理的情况。

出租人在融资租赁变更不满足单独处理的条件时，应按下面的步骤处理。

（1）假定租赁变更发生在租赁开始日，据此重新判断出租人是否应改变租赁合同在租赁开始日的分类。

（2）根据上述判断结果，分别按照以下情况进行处理。

① 变更导致租赁重分类的情况。

在合同变更导致原融资租赁重新分类为经营租赁时，出租人应按租赁变更日租赁投资净额，重新确认固定资产，冲减应收融资租赁款账面价值，并在之后的经营租赁期间，按照经营租赁的有关规定进行会计处理。会计分录为：

借：融资租赁资产

　　应收融资租赁款——未实现融资收益

　　贷：应收融资租赁款——租赁收款额

② 变更没有导致租赁重分类的情况。

如果合同变更没有导致租赁的重分类，则出租人应在租赁合同变更日，重新计算应收融资租赁款，并将其与原账面价值之间的差额计入当期损益（租金收入）。

【例4-23】 融资租赁合同的变更：重分类的情况。

资料：2017年1月1日，承租人甲公司就A设备与出租人乙公司签订了一项为期5年的租赁合同，从2017年1月1日起至2021年12月31日止。该租赁合同在租赁开始日被分类为融资租赁。合同规定，每年年末甲公司应向乙公司支付租金10 000元。租赁开始日，A设备的公允价值为37 908元，未确认融资收益为12 092元，租赁内含利率为10%。

在第2年年初，甲公司和乙公司经协商同意对租赁合同做出修改。修改后，租赁期变为3年，从2017年1月1日起至2019年12月31日止，三年内的租金总额为33 000元；因第1年已经支付租金10 000元，因此，后两年租金为11 500元/年。

要求：编制租赁合同变更日出租人乙公司相关的会计分录（为了便于计算，本例所涉及的计算均四舍五入取整数）。

分析：

在本例中，假如租赁合同变更发生在租赁期开始日（2017年1月1日），则该租赁合同不符合融资租赁条件，乙公司应将该租赁分类为经营租赁。因此，此例的租赁合同变更导致了租赁的重分类。由此，乙公司应做如下会计处理。

（1）确定变更前有关账户的账面余额：

租赁收款额=50 000−10 000=40 000（元）

未确认融资收益=12 092−37 908×10%=8 301（元）

租赁投资净额=40 000−8 301=31 699（元）

（2）根据上述计算结果，编制如下会计分录：

借：融资租赁资产　　31 699

　　应收融资租赁款——未确认融资收益　　8 301

　　贷：应收融资租赁款——租赁收款额　　40 000

在2018年和2019年，乙公司应按经营租赁的规定进行会计处理。

【例4-24】 融资租赁合同的变更：未重分类的情况。

资料：沿用【例4-23】中的资料。假设合同只修改了租金，租赁期没有发生变化。修改后，从第2018年开始，每年租金变为9 500元，租金总额从原来的50 000元变更为48 000元。假设折现率在合同变更前后均为10%。

要求：编制租赁合同变更日出租人乙公司相关的会计分录（为了便于计算，本例所涉及的计算均四舍五入取整数）。

分析：

在本例中，假设租赁合同变更发生在租赁开始日，则乙公司仍会将该租赁分类为融资租赁。因此，变更未导致租赁重分类。据此，乙公司应进行如下的会计处理。

（1）计算租赁变更日应收融资租赁款的变动：

① 原账面租赁收款额=10 000×4=40 000（元）

② 变更后租赁收款额=9 500×4=38 000（元）

③ 租赁收款额变动=38 000−40 000=−2 000（元）

④ 原账面租赁投资净额=37 908−（10 000−37 908×10%）=31 699（元）

⑤ 变更后租赁投资净额=9 500×（*P/A*，10%，4）=30 114（元）

⑥ 租赁投资净额变动额=30 114−31 699=−1 585（元）

⑦ 未确认融资收益变动额=−2 000−（−1 585）=−415（元）

（2）根据以上计算结果，编制如下会计分录：

借：租赁收入	1 585	
应收融资租赁款——未确认融资收益	415	
贷：应收融资租赁款——租赁收款额		2 000

三、出租人经营租赁的核算

在经营租赁的情况下，租赁资产的所有权没有发生改变，出租人仍然将其作为自有资产核算，收取的租金可直接或分摊计入当期损益，会计处理比较简单。出租人对于经营租赁的核算，注意把握以下几个原则。

（1）由于出租人用于经营租赁的固定资产产权并没有发生变化，仍属于出租人自有的固定资产，因此，在租赁期内，应正常计提折旧和资产减值损失，具体的会计核算方法可比照类似资产进行核算。

（2）出租人对于经营租赁的租金，应在租赁期内按照直线法摊销计入当期收益。在摊销时，如果其他方法更为系统合理，出租人也可以采用其他方法核算。

（3）出租人对承租人提供免租期的，应将租金总额在不扣除免租期的整个租赁期内，按直线法或其他合理方法进行分配，即在免租期内也应该确认租金收入。

（4）出租人发生的初始直接费用应当资本化到租赁标的资产成本，在租赁期内按照与租金收入相同的确认基础分期计入当期损益。

（5）如果经营租赁的租金与指数或比率挂钩，出租人应在租赁开始日考虑并计入租赁收款额，但除此之外的变动均应计入当期损益。

（6）经营租赁发生变更的，出租人应自变更生效日开始，将其作为一项新的租赁进行会计核算，对于变更前的预收或应收租金可按变更后条款进行调整。

第四节 售后租回的会计核算

一、售后租回的含义

售后租回是指销售方将资产转让给购买方后，又从购买方将资产租回来的交易。售后租回在本质上是一种融资的行为，销售方因融资需求将资产转让，收回资产，同时又以租赁的方式获取资产的使用权，并在租赁期内陆续支付租金。

在确认售后租回业务时应注意，标的资产在转让之前，其法定所有权必须归属销售方，如果销售方未能在标的资产转让之前获取所有权，则相关交易不能作为售后租回处理。

二、售后租回的会计处理方法

在售后租回交易中，销售方也就是承租人，购买方也就是出租人。根据 CAS21 的规定，购买方（即出租人）的会计处理方法与第三节中阐述的出租人的核算方法基本相同，但销售方（即承租人）的会计处理方法与前述承租人的会计处理方法差异较大。本节将主要阐述售后租回业务中承租人的会计处理方法。

在售后租回交易中，承租人的会计处理有以下两种情形。

（一）售后租回中的资产转让属于销售的情形

根据《企业会计准则第 14 号——收入》的规定，如果经评估后确认售后租赁中的资产转让属于销售行为，则销售方（承租人）应终止确认所转让的资产。相关会计处理要点如下。

（1）终止确认所转让的资产，并仅确认与转让资产相关的利得或损失，与使用权资产相关的利得和损失不予确认。

（2）按 CAS21 的要求，确认使用权资产和租赁负债，其中使用权资产按转让资产账面价值中与租回使用权相关的金额计量。

（3）当销售价格高于资产公允价值时，其差额按销售方（承租人）额外融资处理；反之，销售价格低于公允价值的差额，作为预付租金处理。

（二）售后租回中的转让资产不属于销售的情况

如果经评估确认，售后租回中的转让资产不属于销售行为，则销售方不能终止确认资产，交易中收到的现金应按《企业会计准则第 22 号——金融工具确认与计量》的规定，分别作为金融负债来处理。

【例4-25】 售后租回：额外融资的情形。

资料： 甲公司拥有一幢B建筑物，账面原值为2 400万元，累计折旧400万元，账面净值2 000万元，公允价值为3 600万元，剩余使用年限为40年。2019年1月1日，甲公司以4 000万元的价格将B建筑物出售给乙公司。与此同时，甲公司与乙公司签订了租赁B建筑物的合同，取得了B建筑物18年的使用权，合同付款额为240万元/年，于租赁期内每年年末支付。假设甲公司、乙公司均使用4.5%内含利率作为折现率，不考虑初始直接费用和其他各项税费因素的影响。

要求： 分析该业务类型，编制相关的会计分录。

分析：

1. 甲公司（销售方/承租人）的会计核算

在本例中，甲公司转让了其拥有的B建筑物，同时又将其租回，取得了B建筑物18年的使用权，属于售后租回。在出售日，B建筑物公允价值为3 600万元，售价为4 000万元，售价高于其公允价值，因此，该交易属于额外融资售后租回，额外融资金额为400（4 000−3 600）万元。

据此，甲公司应按下列步骤对额外融资售后租回业务进行会计处理。

（1）计算租赁付款额

在本例中，年合同付款额为240万元，18年合同付款总额为4 320（240×18）万元，其中包括了借款本金400万元、借款期限为18年额外融资未来应偿付的金额和租赁B建筑物未来18年应支付的租赁付款额。

在租赁开始日，甲公司应根据题中资料，首先计算如下指标。

合同付款总额现值=2 400 000×（*P*/*A*，4.5%，18）=29 183 980（元）

租赁付款额现值=合同付款总额现值-额外融资金额

=29 183 980-4 000 000=25 183 980（元）

年额外融资付款额=（额外融资金额÷合同付款总额现值）×年合同付款额

=（4 000 000÷29 183 980）×2 400 000≈328 948（元）

年租赁付款额=年合同付款额-年额外融资付款额

=2 400 000-328 948=2 071 052（元）

租赁付款额=年租赁付款额×租赁期

=2 071 052×18=37 278 936（元）

未确认融资费用=租赁付款额-租赁付款额现值

=37 278 936-25 183 980=12 094 956（元）

（2）计算使用权资产入账价值

租赁开始日，B建筑物的账面价值为2 000 000元，公允价值为3 600 000元。甲公司租回该建筑物18年使用权时，租赁付款额的现值为25 183 980元。因此，甲公司可基于建筑物账面价值、按租赁付款额现值占建筑物公允价值的比例，计算租回资产使用权的入账价值。

使用权资产=B建筑物账面价值×（租赁付款额现值÷B建筑物公允价值）

=20 000 000×（25 183 980÷36 000 000）=13 991 100（元）

（3）计算B建筑物资产处置损益

售后租回该建筑物的全部利得=3 600-2 000=1 600（万元）

该利得包括处置B建筑物的利得和与租回建筑物有关的利得（源于租赁付款额按现值入账，而使用权资产按账面价值入账），其中与租回建筑物相关的利得可基于租赁付款额现值占建筑物公允价值的比例计算；全部利得扣除与租回建筑物的利得的剩余部分可确认为处置B建筑物的利得。具体计算如下。

与租回使用权相关的利得=16 000 000 ×（25 183 980÷36 000 000）=11 192 880（元）

（4）编制租赁开始日会计分录

① 对于取得的额外融资：

	借方	贷方
借：银行存款	4 000 000	
贷：长期应付款——额外融资		4 000 000

② 对租赁业务的初始确认：

	借方	贷方
借：银行存款	36 000 000	
使用权资产	13 991 100	
固定资产——累计折旧	4 000 000	
租赁负债——未确认融资费用	12 094 956	
贷：固定资产——原值		24 000 000
租赁负债——租赁付款额		37 278 936
资产处置损益		4 807 120

③ 对于该租赁业务的后续核算（以第1年年末为例）：

A. 偿还合同付款额时：

	借方	贷方
借：长期应付款——额外融资（年付款额）	328 948	
租赁负债——租赁付款额（年）	2 071 052	
贷：银行存款		2 400 000

B. 确认额外融资利息费用（4 000 000×4.5%）时：

	借方	贷方
借：利息费用	180 000	
贷：长期应付款——额外融资		180 000

C. 摊销未确认融资费用（25 183 980×4.5%）时：

借：利息费用　　　　1 113 279

　　贷：租赁负债——未确认融资费用　　　　1 133 279

2. 乙公司（购买方/出租人）的会计核算

根据题中资料，乙公司应将购入并出租B建筑物的业务分类为经营租赁，因此，会计分录如下。

（1）在租赁开始日：

借：固定资产——B建筑物　　　　36 000 000

　　长期应收款　　　　4 000 000

　　贷：银行存款　　　　40 000 000

（2）对租赁业务后续核算时（以租赁后第1年为例）：

借：银行存款　　　　2 400 000

　　贷：租赁收入（年租赁收款额）　　　　2 071 052

　　　　利息收入（年额外融资利息）　　　　180 000

　　　　长期应收款——额外融资（本金）　　　　148 948

其中，年额外融资本金=年额外融资收款额-年利息

=328 948-18 000=148 948（元）

思考题

1. 租赁合同应具备哪些特征？
2. 试述租赁收款额和租赁付款额的构成及差别。
3. 试述租赁投资总额、租赁投资净额及未实现融资收益的关系。
4. 试述使用权资产成本的构成及相关科目核算要点。
5. 何为租赁负债？试述租赁负债科目的设置及核算要点。
6. 承租人一般租赁包括哪些业务？简述相关会计处理要点。
7. 试述出租人融资租赁的会计处理要点。
8. 何为售后租回？试述销售方兼承租人售后租回的会计处理要点。

练习题

练习一

[目的]　练习识别租赁合同。

[资料]

（1）甲咖啡馆和机场签订了使用机场某处空间销售商品的5年期合同。合同规定了空间的大小，在使用期间，机场有权随时变更咖啡馆的位置，而且变更空间的成本极低，因为该咖啡馆使用了易于移动的售货亭销售其商品。机场有很多符合合同规定的空间可安置咖啡馆的售货亭。

（2）乙客户与一家公用设施公司（供应商）签订了一份为期15年的合同，取得连接客户所在地与另一地区的光缆中三条明确指定的直驳光纤的使用权。乙客户通过将这些光纤的两端连接至其电子设备的方式来决定光纤的使用（客户“点亮”光纤并决定这些光纤将传输的数据内容和数据量）。若光纤损坏，供应商应负责修理和维护。供应商拥有额外的光纤，但仅可因修理、维护或故障原因替换客户的光纤。

（3）丙客户与一家房地产公司（供应商）签订了一份使用其零售单元A的5年期合同，丙客户

可以决定单元A所销售的商品、商品的价格和存货量。单元A是某较大零售空间的一部分，其包含许多零售单元。合同规定，供应商可要求丙客户搬至另一零售单元。在这种情况下，供应商应向客户提供与零售单元A质量和规格类似的零售单元，并向客户支付搬迁费用。仅当有大的新租户决定租用较大零售空间，并支付足够涵盖丙客户及其他租户的搬迁费用时，供应商方能因客户的搬迁获得经济利益。尽管这种情况有可能发生，但在合同开始时，合同双方一致认为不大可能出现这种情况。

（4）丁客户与飞机所有者（供应商）签订了使用被明确指定的一架飞机的两年合同。合同详细规定了飞机的内部规格和外部规格。合同中存在对飞机飞行区域的合同和法律限制；合同规定由客户决定飞机飞行的地点和时间以及搭载的乘客和货物，但需遵守这些限制条件。供应商负责飞机的操作，并使用自己的机组人员。合同期内，客户不得雇用其他人员操作飞机或自行操作。在两年期间内，供应商可随时替换飞机，且在飞机出现故障时必须替换飞机。替换的飞机须符合合同中规定的内部和外部规格。在供应商的机队中配备符合客户要求规格的飞机涉及高昂的成本。

[要求] 判断上述合同是否存在已识别资产？简单说明理由。

练习二

[目的] 练习承租人一般租赁的会计处理

[资料] 甲公司与位于城市繁华地段的乙商场签订了一项租用其某一指定零售单元的合同。其他相关资料如下。

（1）合同规定不可撤销租赁期为3年，从2018年1月1日起至2020年12月31日止，续租期为2年。

（2）租赁期内租金为200 000元/年，于每年1月1日支付；续租期间租金仍为200 000元/年。

（3）甲公司于2018年1月1日支付了第一年200 000元租金，并支付初始直接费用20 000元。

（4）因乙商场位于繁华地段，周边商铺租金逐年上涨，因此，在租赁期开始日，甲公司可以合理确定在租赁期满时将行使续租权。

（5）甲公司无法确定租赁内含利率，以增量借款利率5%作为整个租赁期内租赁付款额的折现率。

（6）甲公司于每年年末摊销当年的未确认融资费用及使用权资产。

已知4年期、利率为5%的年金现值系数为3.546 0。不考虑税费等其他因素影响。

[要求] 编制甲公司在租赁开始日的会计分录及未确认融资费用摊销表，并编制租赁期内相关的会计分录。

练习三

[目的] 练习出租人一般租赁的会计处理

[资料] 2×15年12月10日，A公司与B公司签订了一份租赁合同，合同主要条款如下。

（1）租赁标的物：甲设备。

（2）起租日：2×15年12月31日。

（3）租赁期：2×15年12月31日至2×19年12月31日。

（4）租金支付：2×15年至2×19年每年年末支付租金800万元。

（5）租赁期满时，设备余值估计为400万元，其中A公司担保300万元，未担保余值为100万元。

（6）甲设备于2×15年12月31日的账面原值为3 500万元，已提折旧400万元，公允价值为3 100万元，已经使用3年，预计还可使用5年，期满无残值。

（7）甲设备于2×15年12月31日运抵A公司，当日投入使用。2×19年12月31日，A公司将甲设备归还B公司。

不考虑合同条款之外其他相关因素的影响。

[要求]

（1）判断该租赁的类型，并说明理由。

（2）编制B公司在租赁开始日与租赁期内的会计分录。

练习四

[目的] 练习售后租回的会计处理

[资料] 2019年年末，A公司以200万元的价格向B公司出售了一栋建筑物，该建筑物当日评估确认的公允价值为180万元，原账面价值为100万元。A公司在出售该建筑物的同时，与B公司签订了租赁该建筑物的合同，租赁期为18年，每年的租金为12万元。根据双方交易的条款和条件，A公司转让该建筑物的合同符合收入确认的条件。假设A公司按增量借款利率5%进行相关的会计处理。

[要求] 编制与A公司售后租回当日相关的会计分录（计算结果取整数）。

第五章 金融工具

学习目标

1. 掌握金融工具、金融资产、金融负债和权益工具的概念。
2. 掌握金融负债和权益工具的基本区分方法。
3. 了解金融资产转移的含义、分类及会计处理要点。
4. 了解套期会计的含义、分类及会计处理要点。

第一节 金融工具概述

一、金融工具的含义及种类

金融工具是金融市场交易的对象，亦称“信用工具”或“交易工具”，指资金缺乏部门向资金盈余部门借入资金，或发行者向投资者筹措资金时，依一定格式做成的书面文件，是具有法律效力的契约或合同。该契约或合同的形式多种多样，可以采用书面形式，也可以不采用书面形式，实务中的金融工具合同通常采用书面形式。金融工具具有双重性质：对工具的发行者（借款者）来说，它是一种债务或权益；对投资者（贷款者）来说，它是一种资产。

我国《企业会计准则第 22 号——金融工具确认与计量》（以下简称“CAS22”）指出：金融工具，是指形成一方的金融资产并形成其他方的金融负债或权益工具的合同。金融工具表现为合同形式，非合同形成的资产和负债不属于金融工具，如应交所得税是按照税法规定承担的义务，不是合同义务，因此，不符合金融工具的定义。

金融工具有不同的分类，可按其产生的基础、流动性、偿还方式、期限长短等分类。我国现行企业会计准则按金融工具产生的基础将其分为基本金融工具和衍生金融工具。

（一）基本金融工具

基本金融工具亦称原生金融工具，指一切能证明债权、权益和债务关系的具有一定格式的合法书面文件。我们知道，金融工具是金融市场交易的对象，它是随着信用关系的发展而产生与发展起来的。为了适应日益发达的经济和金融交易需求，让债权或所有权能在市场上转让和流通，人类社会在信用货币的基础上，创造了票据、股票、债券、债权等基础金融工具。信用货币是一种特殊的金融工具，包括纸币和银行活期存款，能随时转让，不受任何限制，企业可将其看成银行的负债。

基本金融工具是随着金融市场对资金融通的需求而产生的，其交易的主要目的是保证资金在资金市场上的充分融通，因此，其取得或发生通常都伴随着标的资产的流入或流出，其价值也取决于标的物本身的价值。资产负债表中的交易性金融资产、债权投资、其他债权投资、长期股权投资和其他权益工具投资等都属于基本金融工具。

（二）衍生金融工具

1. 衍生金融工具的含义及特征

衍生金融工具，是与基本金融工具相对应的一个概念，是建立在基础金融产品之上，其价格随基本金融工具的价格（或数值）变动而变动的派生金融工具。这里所说的基础金融产品不仅包括基本金融工具（如债券、股票、银行定期存单等），也包括衍生金融工具，如利率、汇率、各类价格指数、通货膨胀率甚至天气（温度）指数等。

衍生金融工具具有以下特征。

（1）其价值随特定利率、金融工具价格、商品价格、汇率、价格指数、费率指数、信用等级、信用指数或其他变量的变动而变动。衍生金融工具的价值变动取决于标的变量的变化，如股票期权的价值取决于股票价值的变化。

（2）不要求初始净投资，或者与对市场因素变化预期有类似反应的其他合同相比，要求较少的初始净投资。企业从事衍生金融工具交易不要求初始净投资，即指企业在签订某项衍生金融工具合同时通常不需要支付现金。

例如，某企业与其他企业签订一项未来买入债券的远期合同，双方在签订合同时不需要支付将来购买债券所需的现金。但是，不要求初始净投资，并不排除企业按照约定的交易惯例或规则相应地缴纳一笔保证金，如企业进行期货交易时要缴纳一定的保证金。缴纳保证金不构成企业的一项解除负债的现时支付，因为保证金仅具有“保证”性质。在某些情况下，企业从事衍生金融工具交易也会遇到要求进行现金支付的情况，但该现金支付只是相对很少的初始净投资。例如，从市场上购入认股权证，就需要先支付一笔款项，但相对于行权时购入相应股份所需支付的款项，此项支付往往是很小的。

（3）在未来某一日期结算。衍生金融工具在未来某一日期结算，表明衍生金融工具结算需要经历一段特定期间。远期合同的双方都有义务在约定时间执行合同，而期权合同仅在当期权持有方选择行使权利的情况下才会被执行。

2. 常见的衍生金融工具

常见的衍生金融工具主要包括金融远期合同、金融期货合同、金融互换合同和金融期权合同。

（1）金融远期合同

金融远期（financial forward）合同是远期合同的一种。远期合同，是指交易双方达成的，在未来某一时间按照确定的价格，以事先确定的方式购买或出售约定数量的某项资产的合同。远期合同中用于交易的资产称为标的资产或基础资产；约定的标的资产交割时间称为到期日；约定的价格称为交割价格。

根据标的资产的不同，远期合同可以分为商品类远期合同和金融类远期合同。金融远期合同是指合同双方同意在将来某一特定日期按照事先约定的价格（如汇率、利率或股票价格等），以预先确定的方式买卖约定数量的某种金融工具的合同，主要分为远期外汇合同、远期利率合同和远期股票合同。

（2）金融期货合同

金融期货合同，或称金融期货（financial futures），是指在交易所交易的、协议双方约定在将来某个日期按事先确定的条件（包括交割价格、交割地点和交割方式等）买入或卖出一定标准数量的特定金融工具的标准化协议。

与金融远期不同，金融期货是标准化合同，具有较强的流动性，绝大多数合同在到期前被平仓，到期交割的比例很小。由于保证金制度的存在，金融期货具有较强的杠杆效应。所以，相对于洐生金融工具早期形式的金融远期而言，金融期货具有更有效的制度、更活跃的市场和更大的投机性。

（3）金融期权

期权（options）是一种证券化契约，赋予买方在合同到期日或到期日之前，以执行价格向卖方买入或卖出一定数量的商品及有价证券的权利。它是一种选择权：买方有权利根据市场行情的变化决定是否履行合同；卖方在买方提出履约要求时，只有义务接受买方的要求，进行出售或购买。

对期权合同，买方为了取得履约选择权必须支付给卖方的费用，称为权利金，又称期权价格或期权费。它是买方获取权利所付出的代价，同时也是卖方可能要履行义务得到的补偿。权利金的价格受市场供求情况及其他经济情况的影响，但不论如何变动，买方可能遭受的最大损失为支付给卖方的权利金。由于买方所承担的风险是有限的，因此，买方不必缴纳保证金，便可从事期权交易；卖方因随时有履约的义务，所承担的风险难以预料，因此，必须缴足金融期权保证金，以担保其履约能力。

期权有看涨期权与看跌期权两种。看涨期权（call options）是指在到期日或到期日之前，按照敲定价格，买入事先约定数量商品的权利；看跌期权（put options）是指在到期日或到期日之前，按照敲定价格，卖出事先约定数量商品的权利。敲定价格（strike price）是指期权合同所规定买入或卖出交易商品及有价证券的价格，又称执行价格或行权价格（exercise price）。

期权的买方可在到期日前的任何时间内行使权利的期权，称为美式期权；只在到期日才能行使权利的期权，称为欧式期权。

（4）金融互换

金融互换（Financial swap），是指交易双方按照预先规定的条件，就未来交换债务或现金流量的交易所达成的一种协议。金融互换包括：货币互换、利率互换和混合互换。货币互换指两种货币之间的交换；利率互换指一方的计息基础是固定利率，而另一方的计息基础是浮动利率的交换；混合互换指以一种货币定值的固定利率现金流量去交换另一种货币定值的浮动利率现金流量。

二、金融资产、金融负债和权益工具的含义

金融工具涉及三个相关概念：金融资产、金融负债和权益工具。要了解和掌握金融工具的会计核算方法，必须首先掌握金融资产、金融负债和权益工具的含义。

（一）金融资产的含义

根据 CAS22 的规定，金融资产是指企业持有的现金、其他方的权益工具以及符合下列条件之一的资产。

（1）从其他方收取现金或其他金融资产的合同权利，如应收账款、应收票据、长期应收款、其他应收款、债权投资、其他债权投资等。

（2）在潜在有利条件下，与其他方交换金融资产或金融负债的合同权利。例如，企业持有的看涨期权，在期权到期日，如果对企业有利，企业可以选择行权。

（3）将来须用或可用企业自身权益工具进行结算的非衍生金融工具合同，且企业根据该合同将收到可变数量的自身权益工具。例如，贷款人持有的允许借款人以其持有的贷款人的权益工具（基于公允价值）偿还债务的借贷合同。

（4）将来须用或可用企业自身权益工具进行结算的衍生金融工具合同，但以固定数量的自身权益工具交换固定金额的现金或其他金融资产的衍生金融工具合同除外。例如，企业签出的以其自身普通股为标的的看跌期权，且期权将以普通股净额结算的衍生金融工具，就属于这类金融资产。

（二）金融负债的含义

根据 CAS22 的规定，金融负债是指企业中符合下列条件之一的负债。

（1）向其他方交付现金或其他金融资产的合同义务，如应付账款、应付票据、长期应付款、

其他应付款、应付债券等。

（2）在潜在不利条件下，与其他方交换金融资产或金融负债的合同义务。例如企业发行的看涨期权，当对手方行权时，企业必须以现金或股票与对手方结算。

（3）将来须用或可用企业自身权益工具进行结算的非衍生金融工具合同，且企业根据该合同将交付可变数量的自身权益工具。例如，甲企业从乙企业借入 100 万元人民币，合同规定，甲企业在合同到期日可以用其自身权益工具偿还这笔借款，由于股票市场价的不确定性，甲企业到期支付的自身权益工具的数量也是不确定的。

（4）将来须用或可用企业自身权益工具进行结算的衍生金融工具合同，但以固定数量的自身权益工具交换固定金额的现金或其他金融资产的衍生金融工具合同除外。例如，公司发行以自身普通股为标的的看涨期权，且期权将以普通股净额结算。在这种情况下，因行权日股票价格的不确定性，因此，在行权日，企业交付的自身权益工具的数量是不确定的。

（三）权益工具的含义

权益工具是指能证明拥有某个企业在扣除所有负债后的资产中的剩余权益的合同。在同时满足下列条件的情况下，企业应当将发行的金融工具分类为权益工具。

（1）该金融工具应当不包括交付现金或其他金融资产给其他方，或在潜在不利条件下与其他方交换金融资产或金融负债的合同义务。

（2）将来须用或可用企业自身权益工具结算该金融工具。如果金融工具为非衍生金融工具，则该金融工具应当不包括交付可变数量的自身权益工具进行结算的合同义务（这类属于金融负债）；如果金融工具为衍生金融工具，则企业只能通过以固定数量的自身权益工具交换固定金额的现金或其他金融资产结算该金融工具（除此之外的衍生金融工具，都属于金融负债范畴）。

下面举例说明金融资产、金融负债和权益工具的应用。

【例5-1】 2019年1月1日，甲公司与乙公司签订了6个月后结算的期权合同，行权日为2019年6月30日。合同规定：甲公司以每股4元的期权费从乙公司购入6个月后执行价格为115元/股的丙公司股票的看涨期权1万股。假设签订合同当日，丙公司的股票价格为113元/股。

要求：判断该期权工具在甲乙双方的分类。

分析：

在本例中，如果2019年6月30日，丙公司的股票价格高于115元/股，则甲公司将行权。因此，甲企业享有在潜在有利条件下以现金与乙企业交换丙公司股票的合同权利，这符合金融资产定义的第二种情况。因此，甲公司应将该期权确认为一项金融资产。乙公司承担着在潜在不利条件下，与甲公司交换丙公司股票的合同义务，符合金融负债定义的第二种情况。因此，乙公司应将该期权确认为一项金融负债。

【例5-2】 A公司与B公司签订一项借款合同，合同规定：2019年1月1日，B公司从A公司借入100万元，期限为6个月，到期时B公司将以其持有的A公司的股票偿还本息。假设有以下两种情况。

（1）B公司偿还股票的数量基于6个月后A公司股票的市价。

（2）B公司偿还A公司的股票数量是固定的。

要求：分别判断两种情况下该借款合同在A公司和B公司的分类。

分析：

在本例中，A公司与B公司签订的借款合同属于非衍生金融工具合同。A公司为出借人，B公司为借款人。合同规定，到期后，B公司将以A公司的股票偿还债务。对于B公司而言，因承担着6个月后交付A公司股票的合同义务，因此，B公司应将该借款合同分类为金融负债。对于A公司而言，借款合同的分类取决于未来收到其自身权益工具的数量。

（1）如果B公司偿还股票的数量基于A公司股票的市价。

在这种情况下，A公司最终收到的自身普通股的数量将随其股票市价的变动而变动。该合同符合金融资产的第三种情况，因此，A公司应将该合同确认为金融资产。

（2）如果B公司偿还A公司的股票数量是固定的。

如果B公司偿还A公司的股票数量是固定的，在合同到期后，A公司将收到固定数量的自身权益工具，在这种情况下，该合同不符合金融资产的定义，因此，A公司应将其确认为权益工具。

【例5-3】 2018年年初，甲企业从乙企业购入一项以甲企业自身股票为标的的看涨期权。该期权合同规定，甲企业在行权日有权以每股100元的价格向乙企业购入其自身股票1 000股，行权日为2019年6月30日，在行权日，甲企业、乙企业双方将以甲企业普通股净额结算。

要求：判断期权合同在甲企业和乙企业的分类。

分析：

在本例中，甲企业、乙企业双方签订的合同按未来股票净额结算，甲企业在行权时取得的自身股票数量将随其市价的变化而变化，因此，该合同属于衍生金融工具合同。假设行权日甲企业的股票市价为125元，则甲企业赚取25 000[1 000×（125−100）]元，将从乙企业收到200（25 000÷125）股自身股票；假设行权日股票市价为120元，则甲企业赚取20 000[1 000（120−100）]元，将从乙公司收到167（20 000÷120）股自身股票。可见，该衍生金融工具合同使甲企业在行权时将收到数量不固定的自身权益工具，符合金融资产的第四种情况，因此，甲企业应将该衍生金融工具合同确认为金融资产。

假如该合同规定：在行权日，双方按股票总额结算。这意味着，在行权时，甲企业将支付固定金额100 000元，收到固定数量1 000股其自身股票，这种情况符合“以固定数量的自身权益工具交换固定金额的现金”的条件，则其应被确认为权益工具。

对于本例中的乙企业而言，因承担着在潜在不利条件下，与甲企业交换金融资产的合同义务，因此，乙企业应将该衍生金融工具合同确认为金融负债。

三、金融工具会计的主要内容

我国现行与金融工具相关的企业会计准则主要包括《企业会计准则第 22 号——金融工具确认与计量》（CAS22）、《企业会计准则第 23 号——金融资产转移》（CAS23）、《企业会计准则第 24 号——套期会计》（CAS24）和《企业会计准则第 37 号——金融工具列报》（CAS37）。

金融工具会计主要包括 CAS22 中阐述的金融资产与金融负债的确认与计量问题、CAS23 中阐述的金融资产转移的核算、CAS24 中阐述的套期保值的核算以及 CAS37 中阐述的金融负债和权益工具在列报中的区分等内容。金融资产与金融负债确认与计量的相关内容通常在中级财务会计中阐述，因此，本书主要阐述其他相关内容，包括金融负债与权益工具的区分、金融资产转移的核算和套期会计。

第二节 金融负债与权益工具的区分

根据 CAS37 的规定，企业在财务报表中披露金融工具时，必须按规定正确判断金融工具是属于金融负债还是权益性工具。一般情况下，金融负债和权益工具应该比较容易区分，但近年来，随着永续债和优先股等条款复杂金融工具的出现，金融负债和权益工具的区分变得相对复杂。本节将阐述 CAS37 关于金融负债和权益工具区分的基本原则及具体方法。

一、区分金融负债与权益工具的基本原则

企业在区分金融负债与权益工具时，应根据金融负债与权益工具的定义来判断。通过上节关于金融负债与权益工具概念的阐述，我们知道，从本质上看，金融负债是企业所承担的合同义务，而权益工具则是合同另一方在本企业拥有的剩余资产求偿权。因此，区分金融负债与权益工具的核心原则，是判断一项合同是否具有不能避免的合同义务：如果存在合同义务，就属于金融负债；否则，属于权益工具。

在基于概念来区分金融负债与权益工具时，应注意坚持实质重于形式的原则，即企业应当以金融工具合同条款反映的经济实质而非仅以法律形式为依据，正确地判断该金融工具的实质——是合同义务还是对剩余资产的求偿权，并以此作为金融工具会计分类的依据。

企业对金融工具合同经济实质的评估应基于合同的具体条款，而不能仅仅依据金融工具的名称。例如，“永续债”，不能因为有“债”字，就简单地将其分类为金融负债；“优先股”，也不能因为有“股”字，就简单地将其分类为权益工具。从会计实务方面看，永续债和优先股等新兴起的金融工具可能既有权益工具的特征，又有金融负债的特征，因此，企业在判断其会计分类时，必须全面、细致地分析此类金融工具各组成部分的合同条款，以确定其显示的是金融负债的“合同义务”特征还是权益工具的“权益”特征，并进行整体评估，以判定整个工具应划分为金融负债或权益工具，还是应划分为既包括负债成分又包括权益工具成分的复合金融工具。

二、区分金融负债与权益工具的具体方法

按照 CAS37 的规定，对于一项条款复杂的金融工具，判断其属于金融负债还是属于权益工具时，可以采用以下两种方法。

（一）根据“能否无条件避免合同义务”来区分

这种方法可以有效地判断条款复杂的永续债、优先股、可赎回工具等新兴金融工具。企业可以根据金融工具的具体条款，判断其是否能无条件地避免合同义务。如果企业可以无条件地避免交付现金或其他金融资产合同义务，则该金融工具应分类为权益工具；如果企业不能无条件地避免合同义务，则该金融工具应分类为金融负债。

基于此方法判断，可分类为权益工具和金融负债的情形如下。

1. 分类为权益工具的情形

（1）无强制付息义务的永续债类金融工具

永续债又称无期债券，是非金融企业（发行人）在银行间债券市场注册发行的“无固定期限、内含发行人赎回权”的债券。永续债可能与传统债券一样，具有债券的按期付息特征，支付利息是传统债券不能规避的合同义务，因此，强制付息的永续债应归类为金融负债，通过“应付债券——永续债”科目核算。

但在近年来的实务中，出现了一种无强制付息义务的永续债，其主要特征如下。

① 合同不强制付息。在付息日，这类永续债的发行人有权选择将当期利息递延，推迟至下一个付息日支付，且不受任何递延支付利息次数的限制。这类永续债合同规定了相应的议事机制，使其发行方能够自主决定是否支付利息。

② 合同无到期日。这类永续债通常没有到期日或发行方有权无限期地递延到期日。这样，发行方没有“返本”的义务。

③ 合同没有回售权，即发行方没有回购债券的义务。

根据上述特征可以看出，无强制付息义务的永续债合同不包含交付现金或其他金融资产的合同义务，从性质上看，与权益工具类似，因此，无强制付息义务的永续债应分类为权益工具，通过“其他权益工具——永续债”科目核算。

（2）附股利制动机制或股利推动机制的优先股类金融工具

优先股是指对公司资产、利润分配等享有优先权的股票。传统优先股的发行方应按规定的利率按期支付股息，即发行方不能避免股息支付的合同义务规定，因此传统优先股应分类为金融负债，通过“应付债券——优先股”科目核算。

但在近年来的实务中，出现了一种股利制动机制或股利推动机制的优先股，其主要特征是：股息不再按期支付，而是与普通股股息支付绑定在一起，采用股利制动机制或股利推动机制的支付方法。股利制动机制是指如果企业不宣派或支付优先股等金融工具的股利，则不能宣派或支付普通股股利；股利推动机制的合同条款要求企业如果支付普通股股利，则必须支付优先股等金融工具的股利。

从本质上看，如果优先股的股利支付与普通股股利支付绑定，则意味着发行人有权利根据合同议事机制自主决定其股利的支付，即发行人没有强制发放股利的合同义务。因此，根据现行企业会计准则的规定，企业应将此类优先股分类为权益工具，通过“其他权益工具——优先股”科目核算。

“其他权益工具”科目用于核算企业发行的除普通股以外的归类为权益工具的各种金融工具。该科目可按照发行金融工具的种类，如“永续债”或“优先股”等设置明细科目。

2. 分类为金融负债的情形

（1）不能无条件避免赎回的金融工具

需赎回的金融工具是指合同到期时，发行方需要回购的金融工具。如果一项合同使发行方承担了以现金或其他金融资产回购自身权益工具的合同义务，且不可无条件避免，则该合同涉及的金融工具应分类为金融负债；如果企业通过合同议事机制可以无条件避免需赎回金融工具的合同义务，则该合同涉及的金融工具应分类为权益工具。

对于需赎回的金融工具，即使发行方的回购义务取决于合同另一方是否行使回售权，发行方也应当在初始确认时将该合同确认为一项金融负债，其金额等于回购所需支付金额的现值，如远期回购价格的现值、期权行权价格的现值或其他回售金额的现值。如果发行方最终无须用现金或其他金融资产赎回该金融工具，则发行方应该在合同对手回购的权力到期时，再将该金融负债按照账面价值重新分类为权益工具。

（2）强制付息的金融工具

强制付息是指金融工具发行方必须按合同规定定期支付股利或利息。例如，合同要求发行方按期付息的永续债及优先股，由于发行方承担了定期支付利息或股息的合同义务，因此，相关永续债及优先股应分类为金融负债。

在会计核算中，分类为金融负债的永续债或优先股等金融工具，可通过“应付债券——永续债”和“应付债券——优先股”等科目核算，并列报于资产负债表的负债部分；分类为权益工具的永续债和优先股等金融工具，可通过“其他权益工具——永续债”和“其他权益工具——优先股”等科目核算，并列报于资产负债表的所有者权益部分。

【例5-4】 甲公司发行了一项年利率为8%、无固定还款期限、可自主决定是否支付利息的不可累积永续债，其他合同条款如下：（1）该永续债嵌入了一项看涨期权，允许甲公司在发行第5年及之后以面值回购该永续债；（2）如果甲公司在第5年没有回购该永续债，则之后的票息率增加至11%；（3）该永续债票息采用“股利推动机制”，在甲公司向其普通股股东支付股利时，必须支付。甲公司根据相应的议事机制能够自主决定普通股股利的支付；该公司发行该永续债之前多年来均支付普通股股利。

要求：判断该金融工具属于金融负债还是权益工具。

金融负债与权益工具区分的进一步探讨

分析：

根据合同条款的规定，本例中的合同属于非强制付息的永续债，甲公司没有合同义务，应整体被分类为权益工具，理由如下。

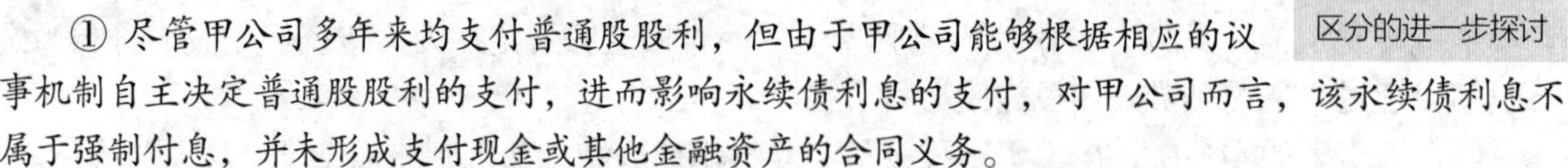

① 尽管甲公司多年来均支付普通股股利，但由于甲公司能够根据相应的议事机制自主决定普通股股利的支付，进而影响永续债利息的支付，对甲公司而言，该永续债利息不属于强制付息，并未形成支付现金或其他金融资产的合同义务。

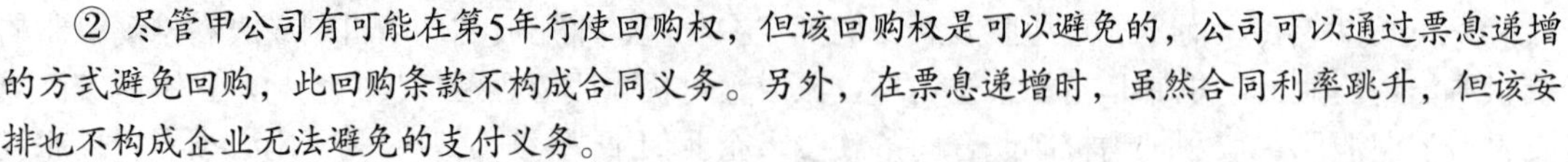

② 尽管甲公司有可能在第5年行使回购权，但该回购权是可以避免的，公司可以通过票息递增的方式避免回购，此回购条款不构成合同义务。另外，在票息递增时，虽然合同利率跳升，但该安排也不构成企业无法避免的支付义务。

如果本例要求甲公司每年必须按照8%的利率支付利息，且该利息支付不能避免，则甲公司承担了不可避免的合同义务，在这种情况下，永续债应被分类为金融负债。

（二）根据“固定换固定”的原则来区分

这种方法可以有效地判断金融负债定义中规定的后两种情形（具体参考金融负债的定义）。根据 CAS22 中的金融负债和权益工具的概念，如果某项金融工具将来须用或可用企业自身权益工具进行结算，不管是非衍生金融工具还是衍生金融工具，只要结算符合“固定换固定”的原则，则应分类为权益工具；如果结算不符合“固定换固定”的原则，则应分类为金融负债。

所谓“固定换固定”，是指在未来结算时，企业通过交付固定数量的自身权益工具换取固定金额的对价。从理论上讲，权益工具是指能证明拥有某个企业剩余权益的合同，如果企业将来须以自身权益工具进行结算，且以收取固定对价交付固定数量的权益工具，则证明金融工具持有者在拥有该金融工具时已经开始享有企业资产扣除负债的剩余权益，该金融工具符合权益工具的定义，发行者应将其分类为权益工具。而如果交付的权益工具数量是可变的，或者收到的对价的金额是可变的，则该金融工具的结算将对其他权益工具所代表的剩余权益带来不确定性（如影响剩余权益总额或者稀释其他权益工具），该金融工具就不符合权益工具的定义，应分类为金融负债。

一般来讲，不符合“固定换固定”原则的金融工具往往是作为现金等对价的替代品或作为一种交易的支付手段，属于负债的范畴。如果金融工具的订立是为了使持有方作为出资人享有发行企业的剩余权益，则企业应在签订金融工具合约时，便以“固定换固定”的原则商定相关权益，从而赋予金融工具权益工具的特征。

在依据此方法区分金融负债和权益工具时，企业应注意区分以下两种情况。

（1）基于非衍生金融工具的合同

对于非衍生金融工具合同，合同标的的金额通常是固定的。因此，如果发行方未来需要用自身权益性工具结算，且有义务交付的自身权益工具的数量是变动的，则不符合“固定换固定”的原则，合同标的应分类为金融负债；反之，合同标的应分类为权益工具。

（2）基于衍生金融工具的合同

基于衍生金融工具合同的区分，应掌握以下要点：①如果发行方以固定数量的自身权益工具交换另一方固定金额金融资产进行结算，则符合“固定换固定”的原则，相关衍生金融工具应分类为权益工具；②如果发行方以固定数量自身权益工具交换另一方可变金额的对价，或者发行方以可变数量自身权益工具交换另一方固定金额的对价，或者发行方以可变数量自身权益工具交换可变金额的对价，都不符合“固定换固定”的原则，相关衍生金融工具均应当分类为金融负债或金融资产。

运用上述“固定换固定”原则来判断金融工具分类的例子常见于可转换债券、具备转股条款的永续债和优先股等。如果发行的金融工具合同条款中包含转换发行方普通股的约定，且另一方存在交付现金等对价的义务，则该转股权将涉及发行方是否需要交付可变数量自身权益工具或者是否符合“固定换固定”情形的判断。在实务中，转股条款呈现的形式可能纷繁复杂，发行方应审慎确定其合同条款及所反映的经济实质是否满足“固定换固定”原则。

下面举例说明依据“固定换固定”原则区分金融负债和权益工具的方法。

【例5-5】 甲公司与乙公司签订一项金融工具合同。合同约定，甲公司未来需要以自身权益工具偿还所欠乙公司的100万元债务，偿还的权益工具数量取决于合同到期日权益工具价格。

要求：判断甲公司应如何分类该合同标的？

分析：

在本例中，甲公司需偿还乙公司的负债金额100万元是固定的，但甲公司需交付的自身权益工具的数量随着其权益工具市场价格的变动而变动，因此，该合同属于交付可变数量自身权益工具进行结算的非衍生金融工具合同。根据企业会计准则的规定，甲公司应将该合同标的划分为金融负债。

【例5-6】 甲公司与乙公司签订一项金融工具合同。合同约定，甲公司未来需要以与100盎司黄金等值的自身权益工具偿还所欠乙公司的债务（以人民币计量）。

要求：判断甲公司应如何分类该合同标的？

分析：

在本例中，甲公司所欠乙公司的负债以人民币计量，是个固定金额。合同规定未来需要用与100盎司黄金等值的自身权益工具来偿还这笔金额固定的债务。因此，在未来偿债时，甲公司首先应确定100盎司黄金的金额，然后折算成自身权益工具的数量，用以偿还乙公司的债务。在这种情况下，甲公司未来需交付的自身权益工具的数量将随其权益工具市场价格以及黄金价格的变动而变动。因此，该合同标的属于未来交付可变数量自身权益工具的非衍生金融工具。甲公司应将该合同标的划分为金融负债。

【例5-7】 甲公司发行了金额为人民币200万元的优先股。合同条款规定该优先股将在2年后强制转换为普通股，转股价格为转股日前一工作日的该普通股市价。

要求：判断甲公司应如何分类该合同标的？

分析：

在本例中，优先股的金额是固定的，但其未来可转换的普通股数量将随普通股的市场价格的变动而变动。这意味着甲公司在2年后将交付可变数量的自身权益工具以结算该优先股的转换义务。该合同属于交付可变数量自身权益工具进行结算的非衍生金融工具合同，应该分类为金融负债。

【例5-8】 甲公司于2017年2月1日向乙公司发行以自身普通股为标的的看涨期权，行权日为2018年1月31日。合同规定，在行权日，乙公司可以用每股102元的价格从甲公司购入普通股1 000股。甲公司的股价及相关期权价格如表5-1所示。

表5-1　甲公司的股价及相关期权价格　单位：元

	2017年2月1日	2017年12月31日	2018年1月31日
股票市价	100	104	104
期权的公允价值	5 000	3 000	2 000

假设该期权：（1）以现金净额结算；（2）以普通股净额结算；（3）以普通股总额结算。

要求：分析不同情况下甲公司对该金融工具的分类，并编制甲公司有关的会计分录（单位：元）。

分析：

在本例中，期权本身属于衍生金融工具，其未来结算可以按净额结算，也可以按总额结算，不同的结算方式下，期权的分类也有所不同：按净额结算时，通常分类为金融负债；按总额结算时，通常分类为权益工具。

本例在会计处理时，将涉及“衍生金融工具”科目。“衍生金融工具”科目核算衍生金融工具的公允价值及其变动形成的衍生金融资产或衍生金融负债。该账户借方登记衍生金融工具公允价值的增加额，贷方登记衍生金融工具公允价值的减少额，期末借方余额反映衍生金融工具形成的资产价值；贷方余额反映衍生金融工具形成的负债价值。

本例的具体分析及相关会计分录如下（单位）。

（1）期权以现金净额结算的情形

在以现金净额结算的情况下，发行方不能完全避免向另一方支付现金的义务，如果行权日行权对期权持有方有利，则发行方将承担支付现金的义务。因此，对于未来以现金结算的期权，发行方应将其确认为金融负债，通过“衍生金融工具”科目核算。本例中，在行权日，股票的公允价值为104 000（104×1 000）元，行权价格为102 000（102×1 000）元，行权对乙公司有利。因此，结算日，甲公司应该支付乙公司2 000元现金。甲公司相关的会计分录如下。

① 2017年2月1日，发行看涨期权时：

借：银行存款　　5 000

　　贷：衍生金融工具——看涨期权　　5 000

② 2017年12月31日，确认期权公允价值变动时：

借：衍生金融工具——看涨期权　　2 000

　　贷：公允价值变动损益　　2 000

③ 2018年1月31日，确认期权公允价值变动时：

借：衍生金融工具——看涨期权　　1 000

　　贷：公允价值变动损益　　1 000

同时，按现金净值结算期权：

借：衍生金融工具——看涨期权　　2 000

　　贷：银行存款　　2 000

（2）期权以普通股净额结算的情形

期权以普通股净额结算是指结算时以普通股代替现金按净额结算。此时，结算支付的普通股公允价值等于应当支付的现金金额。因此，从性质上看，期权以普通股净额结算和以现金净额结算是一样的，发行方都应该将该期权分类为金融负债。

在本例中，在结算日，甲公司应该支付乙公司价值2 000元的普通股股票，交付的普通股数量约为19.23（2 000÷104）股。由于交付的普通股数量须为整数，因此甲公司实际应交付19股，金额为1 976元，余下的金额24（0.23×104）元将以现金方式支付。在此种情形下，甲公司的会计分录如下。

① 2017年2月1日，发行看涨期权时：

借：银行存款　　5 000

　　贷：衍生金融工具——看涨期权　　5 000

② 2017年12月31日，确认期权公允价值变动时：

借：衍生金融工具——看涨期权　　2 000

　　贷：公允价值变动损益　　2 000

③ 2018年1月31日，确认期权公允价值变动时：

借：衍生金融工具——看涨期权　　1 000

　　贷：公允价值变动损益　　1 000

同时，按股票净值结算期权：

借：衍生金融工具——看涨期权　　2 000

　贷：股本　　19

　　资本公积——股本溢价　　1 957

　　银行存款　　24

（3）期权以普通股总额结算的情形

在期权以普通股总额结算的情况下，甲公司需交付的普通股数量为1 000股，数量是固定的；收到的对价为102 000（1 000×102）元，金额也是固定的。因此，此种情形符合“固定换固定”的原则。甲公司应当将该期权划分为权益工具，通过“其他权益工具”科目核算，并以历史成本计量，不确认持有期间的公允价值变动。在此种情形下，甲公司的会计分录如下。

① 2017年2月1日，发行看涨期权时：

借：银行存款　　5 000

　贷：其他权益工具　　5 000

② 2018年1月31日，乙公司行权时：

借：现金　　102 000

　其他权益工具　　5 000

　贷：股本　　1 000

　　资本公积——股本溢价　　106 000

三、金融负债与权益工具的重分类

金融工具的原合同条款、条件或事项可能会随着时间的推移或经济环境的改变而发生变化。这可能会导致已发行的金融工具的重分类。例如，企业拥有的可回售工具，根据 CAS37 的规定，在初始分类时符合权益工具特征而分类为权益工具，后因其他工具的发行导致该可回售工具并非最次级类别，则其不再符合分类为权益工具的条件，应将其重新分类为金融负债；如果企业赎回其已发行的全部其他工具后，使可回售工具再次符合分类为权益工具的条件，那么企业应从其赎回全部其他工具之日起将可回售工具重分类为权益工具。

从会计核算方面看，对于发行方原分类为权益工具的金融工具，自其不再被分类为权益工具之日起，发行方应当将其重分类为金融负债，以重分类日该工具的公允价值计量，将重分类日权益工具的账面价值和金融负债的公允价值之间的差额确认为权益；对于发行方原分类为金融负债的金融工具，自其不再被分类为金融负债之日起，发行方应当将其重分类为权益工具，以重分类日金融负债的账面价值计量。

第三节　金融资产转移的核算

一、金融资产转移概述

（一）金融资产转移的含义

金融资产转移，是指企业（转出企业或转出方）将金融资产及相关现金流量让与或交付给该金融资产发行方之外的另一方（转入企业或转入方）。金融资产转移意味着与金融资产相关的现金流量的转移，包括金融资产自身及相关收益现金流量的转移。例如，企业将附息应收票据背书转让，包括应收票据本金和应收票据利息两个层面现金流的转移。在金融资产转移中，两个层面现金流也可以分开转移，如企业将一笔贷款利息的现金流量转移了，但没有转移贷款。

从概念上看，金融资产转移与金融资产的终止确认比较相似，但两者在会计处理方法上并不相同。从会计角度看，金融资产的终止确认只是金融资产转移的一种情形。金融资产终止确认是指企业将之前确认的金融资产从其资产负债表中转出，做出表处理；金融资产转移的结果可能是转移金融资产的终止确认，即将其从资产负债表中转出，也可能是转移金融资产在表内继续确认，还可能是介于这两者之间的金融资产继续涉入的情形。我国《企业会计准则第 23 号——金融资产转移》（CAS23）明确规定了金融资产转移的情形、判断标准及相关会计处理方法。

（二）金融资产转移的情形及会计处理原则

根据 CAS23 的规定，金融资产转移有三种情形：金融资产转移的终止确认、金融资产转移的继续确认和金融资产转移的继续涉入。不同情形的会计处理方法不同，金融资产转移属于哪种情形主要取决于金融资产转移后相关权利和义务的归属。

如果企业转移金融资产后不再保留任何与被转移金融资产相关的权利或义务，应终止确认被转移的金融资产。一项金融资产转移是否属于终止确认的情形，主要取决于所转移的金融资产几乎所有的风险与报酬是否真正转移，如果能够证明所转移金融资产几乎所有的风险与报酬已经全部转移给转入方，就可以进行终止确认处理。

企业如果保留了所转移金融资产所有权上几乎所有的风险和报酬，应当继续在账面上确认该金融资产。在这种情况下，企业承担的被转移金融资产的风险与继续持有该金融资产的风险没有实质性区别，因此，不能终止确认被转移金融资产，该金融资产继续留在表内核算。

如果企业既没有转移也没有保留金融资产所有权上几乎所有的风险和报酬，即企业在转移金融资产后保留了与被转移金融资产相关的某些权利或义务，则属于介于上述两种情况之间的继续涉入情形。金融资产转移继续涉入的情形在会计处理上比较复杂，本章将在后面具体加以阐述。下面将分别阐述金融资产转移的终止确认、继续确认和继续涉入的核算方法。

二、金融资产转移终止确认的核算

根据 CAS23 的规定，金融资产转移的终止确认应同时满足金融资产转移的条件和金融资产转移终止确认的条件。就是说，金融资产转移按终止确认进行会计处理时，首先应判断该转移是否属于金融资产转移，同时还应判断该转移是否属于金融资产转移的终止确认。那么，如何确认金融资产是否已经转移？怎样判断已经转移的金融资产是否为终止确认？下面分别述之。

（一）金融资产转移的判断

根据现行企业会计准则的规定，金融资产转移主要表现在转让合同将收取金融资产现金流量的权利转给了其他方，具体包括以下两种情形。

（1）企业将收取金融资产现金流量的合同权利转移给其他方。

企业将收取金融资产现金流量的合同权利转移给其他方，表明该项金融资产发生了转移，通常表现为金融资产的合法出售或者金融资产现金流量权利的合法转移。例如，实务中常见的票据背书转让、商业票据贴现等，均属于这一种金融资产转移的情形。在这种情形下，转出方将收取票据现金流量的权利转移给了转入方，转入方拥有了获取被转移金融资产所有未来现金流量的权利。

（2）企业保留了收取金融资产现金流量的合同权利，但承担了将收取的该现金流量支付给一个或多个最终收款方的合同义务。

这种金融资产转移的情形通常被称为“过手安排”。在某些金融资产转移交易中，转出方在出售金融资产后，会继续作为收款服务方或收款代理人等收取金融资产的现金流量，再转交给转入方或最终收款方。这种金融资产转移情形常见于资产证券化业务。例如，在某些情况下，银行可能负责收取所转移贷款的本金和利息并最终支付给收益权持有者，同时收取相应服务费。根据现行企业会计准则的规定，当企业保留了收取金融资产现金流量的合同权利，但承担了将收取的该现金流量支付给一个或多个最终收款方的合同义务时，当且仅当同时符合以下三个条件时，转出方才能认定其为金融资产转移的情形。

① 转出企业只有从该金融资产收到对等的现金流量时，才有义务将其支付给最终收款方。在有的资产证券化等业务中，如发生由于被转移金融资产的实际收款日期与向最终收款方付款的日期不同而导致款项缺口的情况，转出方需要提供短期垫付款项。在这种情况下，当且仅当转出方有权全额收回该短期垫付款并按照市场利率就该垫款计收利息时，方能视同满足这一条件，其他情况不能视为满足这一条件。

例如，在一项资产证券化交易中，按照交易协议，转出方在设立结构化主体时，应向结构化主体提供现金，建立垫款储备，以确保在收款延误时能够向资产证券化产品的持有者按规定付款，且被垫款资金只能通过基础资产后续现金流量收回，但如果基础资产后续产生的现金流量不足，则转出方没有收回权，这种情况就不满足这一条件。

② 转让合同规定禁止转出企业出售或抵押该金融资产，但企业可以将其作为向最终收款方支付现金流量义务的保证。企业不能出售该项金融资产，也不能以该项金融资产作为质押品对外进行担保，意味着转出方不再拥有出售或处置被转移金融资产的权利。但是，由于企业负有向最终收款方支付该项金融资产所产生的现金流量的义务，因此该项金融资产可以作为企业如期向最终收款方支付现金流量的保证。

③ 转出企业有义务将代表最终收款方收取的所有现金流量及时划转给最终收款方，且无重大延误（通常不应超过三个月）。转出方无权将代收取的现金流量进行再投资，但是，如果在收款日和最终收款方要求的划转日之间的短暂结算期内，将代为收取的现金流量进行现金或现金等价物投资，并且按照合同约定将此类投资的收益支付给最终收款方，则视同满足本条件，否则，不能视为满足这一条件。例如，如果按照某过手安排允许企业将代最终收款方收取的现金流量投资于不满足现金和现金等价物定义的某些理财产品或货币市场基金等产品，则该过手安排不满足本条件，不属于金融资产转移。

企业根据上述原则判断某合同属于金融资产转移后，应继续判断其是否属于金融资产转移的终止确认情形，然后才能按金融资产转移终止确认进行会计处理。

（二）金融资产转移终止确认的判断

金融资产转移的终止确认包括以下两种情形。

（1）转移了金融资产所有权上几乎所有的风险和报酬。

这里所指的“几乎所有风险和报酬”，应当根据金融资产的具体特征做出判断，并考虑各种风险变化，包括利率风险、信用风险、外汇风险、逾期未付风险、提前偿付风险、权益价格风险等。如果金融资产转移后，企业承担的金融资产未来净现金流量现值变动的风险显著不同于转移前相关风险，则表明该企业已经转移了金融资产所有权上几乎所有的风险和报酬，应当终止确认该金融资产。因转移所有权上几乎所有的风险和报酬而终止确认的情形主要包括如下几种。

① 企业无条件出售金融资产。

这种情形是指在企业出售金融资产时，协议约定，在任何时候，包括所出售金融资产的现金流量逾期未收回时，购买方均不能够向企业进行追偿，企业不承担任何已转移金融资产的未来损失。

例如，甲银行向乙资产管理公司出售了一组贷款。双方约定，在出售后甲银行不再承担该组贷款的任何风险；该组贷款发生的所有损失均由乙资产管理公司承担；乙资产管理公司不能因该组已出售贷款的任何未来损失向甲银行要求补偿。在这种情况下，可以确定，甲银行已经将该组贷款上几乎所有的风险和报酬转移，应终止确认该组贷款。

② 企业出售金融资产，同时约定按回购日该金融资产的公允价值回购。

企业通过与购买方签订协议，按一定价格向购买方出售了一项金融资产，同时合同约定到期日企业再将该金融资产购回，回购价为到期日该金融资产的公允价值。此时，该项金融资产如果发生公允价值变动，其公允价值变动由购买方承担，因此，企业可以认定自身已经转移了该项金融资产所有权上几乎所有的风险和报酬，应当终止确认该金融资产。

例如，甲公司将其持有的 A 股票转让给乙公司。合同约定，甲公司将在半年后按照 A 股票的市价回购该股票。在这种情况下，甲公司实质上已经将 A 股票的所有价值变动风险和报酬转让给了乙公司，因此，可以认定甲公司已经转移了该项金融资产所有权上几乎所有的风险和报酬，应当终止确认其转让的 A 股票。

③ 附深度价外期权的金融资产出售。

企业在出售金融资产的同时，如果与转入方签订了看跌或看涨期权合约，且该看跌或看涨期权为深度价外期权（即到期日之前不大可能变为价内期权），此时可以认定其已经转移了该项金融资产所有权上几乎所有的风险和报酬，应当终止确认该金融资产。

例如，2018 年年初，甲公司将其持有的面值为 100 万元的国债转让给了丙公司，同时向丙公司签发了看跌期权，约定在出售后的半年内，丙公司可以用 60 万元的价格将国债回售给甲公司。由于国债信用等级高、预计未来市场利率比较稳定，甲公司分析认为该看跌期权属于深度价外期权，丙公司不可能行权。因此，甲公司应终止确认被转让的国债。

（2）既没有转移也没有保留金融资产所有权上几乎所有的风险和报酬，但放弃了资产控制权。

企业既没有转移也没有保留金融资产所有权上几乎所有的风险和报酬的，应继续判断企业是否保留着对该转移金融资产的控制权：如果企业保留着对该转移金融资产的控制权，则不能终止确认；如果失去了控制权，则应当终止确认。

企业在判断是否保留了对被转移金融资产的控制权时，应主要关注转入方出售被转移金融资产的实际能力。如果转入方有实际能力单方面决定将转入的金融资产整体出售给与其不相关的第三方，且没有额外条件对此项出售加以限制，则表明转出企业对被转移金融资产已失去控制权；除此之外的情况，都应视为转出企业保留了对转移金融资产的控制。

另外，企业在判断转入方出售被转移金融资产的实际能力时，应重点关注被转移金融资产是否存在活跃市场，可使转入方随时在该市场上出售转入的金融资产。如果被转移资产不存在活跃市场，则转移的金融资产几乎无法被处置，即使合同条款对转入方处置资产不限制，也不能判断转入方掌握了控制权。因此，在评估转入方处置被转移金融资产的实际能力时，转出企业应当判断被转移金融资产的市场状况：如果被转移金融资产存在活跃市场交易，通常表明转入方有出售被转移资产的实际能力。

例如，甲公司将 A 股票转让给了乙公司。双方同时签订了回购 A 股票的期权合同，由此导致甲公司既没有转移也没有保留 A 股票所有权上几乎所有的风险和报酬。已知 A 股票存在活跃市场，且合同没有对乙公司出售 A 股票进行限制。这说明乙公司可以自行决定是否在证券市场上出售 A 股票，甲公司不能控制 A 股票。因此，甲公司应终止确认所转移的 A 股票。

（三）金融资产整体转移或部分转移的判断

企业对于满足终止确认条件的金融资产转移，还应区分是金融资产的整体转移还是金融资产的部分转移。在多数情况下，金融资产转移应该属于整体转移，但有时也会出现部分金融资产转移的情形。现行企业会计准则规定，满足下列条件之一时，金融资产转移属于部分金融资产转移。

（1）转移的金融资产合同仅包括金融资产所产生的特定可辨认现金流量。

特定可辨认现金流量是指金融资产合同中一部分可明确辨认的现金流量，如一项贷款合同中的利息。贷款利息是贷款合同中特定可辨认的部分现金流量，它可以单独转让。如果企业仅将一项贷款中的利息转移给了其他方，就属于部分转移金融资产的情形，企业应终止确认该贷款利息的现金流量。

（2）转移的金融资产合同中仅包括该金融资产所产生的特定现金流量的固定比例。

这种情形是上述情形的延伸，是指转移金融资产合同中特定可辨认现金流量一个固定比例的情形。例如，企业将一项贷款利息 90%转移给其他方，就属于这种部分转移金融资产的情况。在这种情况下，该企业应终止确认该贷款利息现金流量的 90%。

（3）转移的金融资产合同中仅包括与该金融资产所产生全部现金流量的固定比例。

这种情况属于转移金融资产合同现金流量的一个固定比例，但转移的是金融资产合同整体现金流量的固定比例，而不是特定现金流量的固定比例。如果企业就一项贷款合同与转入方签订转让合同，合同规定转入方拥有获得该贷款全部现金流量（含本金与利息）90%的权利，则这种情况就是此种部分转移金融资产的情况，企业应终止确认该贷款合同全部现金流量的 90%。

除部分终止确认情况外，其他金融资产终止确认都应按金融资产整体终止确认处理。例如，企业转移了公允价值为 100 万元的一组固定期限贷款组合，合同约定向转入方支付贷款组合预期所产生现金流量的前 90 万元，保留 10 万元剩余现金流量的次级权益。因为最初 90 万元的现金流量既可能来自贷款本金，也可能来自利息，且无法辨认来自贷款组合中的哪些贷款，所以不是特定可辨认的现金流量，也不是该金融资产所产生的全部或部分现金流量的固定比例，因此，不满足部分金融资产转移的条件，应当按整体金融资产转移处理。又如，企业转移了一组应收款项整体现金流量的 90%，同时对其提供了担保，以补偿转入方可能遭受的信用损失。在这种情况下，由于存在担保，在发生信用损失的情况下，企业可能需要向转入方支付企业自留的 10%的现金流量，以补偿对方 90%现金流量所遭受的损失。这将导致该组应收款项现金流量的分布并非按 90%和 10%的固定比例在转入方和转出方之间分配，也不满足部分金融资产转移的条件，因此，该企业应终止确认整体金融资产。

（四）金融资产转移终止确认的会计处理

1. 整体转移金融资产终止确认的会计处理

在终止确认整体转移的金融资产时，企业应将转移金融资产收到的对价与被转移金融资产的账面价值的差额计入当期损益，同时将债权投资类原直接计入其他综合收益的公允价值累计变动额计入当期损益；将股权投资类原直接计入其他综合收益的公允价值累计变动额计入留存收益。

整体转移的金融资产终止确认时的有关计算公式如下：

① 金融资产整体转移形成的损益=转移收到的对价−所转移金融资产的账面价值
+/−原计入其他综合收益的公允价值累计变动

② 转移收到的对价=转移收到的价款+转移中新获得金融资产的公允价值+转移中新获得服务资产的公允价值-转移中新承担金融负债的公允价值-转移中新承担服务负债的公允价值

企业在转移贷款及应收款项等金融资产时，有时会对被转移的金融资产继续提供管理服务，可能会形成新的服务资产或服务负债。例如，商业银行将信贷资产转移给信托机构进行资产证券化时，常常与对方签订服务合同，担任贷款服务商。作为贷款服务商，该商业银行可能收取一定的服务费并发生一定的成本。如果商业银行所转移的信贷资产符合终止确认条件，但保留了向该金融资产提供收费服务的权利，则商业银行应当就该服务确认一项服务资产；如果企业将收取的费用预计不能充分补偿企业所提供的服务，则应当按公允价值确认一项服务负债。

【例5-9】 2018年1月1日，甲银行与乙资产管理公司签订协议，甲银行将100笔贷款打包出售给乙资产管理公司。该组贷款总金额为8 000万元人民币，原已计提减值准备1 200万元人民币，账面净值为6 800万元，双方协议转让价为6 000万元人民币，转让后甲银行不再保留任何权利和义务。2018年1月末，甲银行收到该批贷款出售款项。

要求：编制与该贷款转让相关的会计分录（单位：万元）。

分析：

在本例中，甲银行将其100笔贷款现金流量权利打包转让给了乙资产管理公司。转让后，甲银行不再保留任何权利和义务。这批贷款所有权上的风险和报酬全部都转移给乙资产管理公司，因此，甲银行应当终止确认该组贷款。

商业银行的存款一般通过“存放中央银行款项”“存放同业款项”等科目核算。“存放中央银行款项”科目核算企业（银行）存放于中国人民银行的各种款项；“存放同业款项”科目核算商业银行存放在其他银行和非银行金融机构的存款。

商业银行的贷款业务主要通过“贷款”“贷款损失准备”“贷款处理损益”等科目核算。“贷款”科目属于资产类科目，核算商业银行按规定发放的各种客户贷款，包括质押贷款、抵押贷款、保证贷款、信用贷款等；“贷款损失准备”科目是“贷款”科目的备抵科目，核算商业银行贷款的减值准备；“贷款处理损益”科目核算商业银行在处置贷款时发生的损益。

本例的会计分录如下：

借：存放中央银行款项	6 000	
贷款损失准备	1 200	
贷款处理损益	800	
贷：贷款		8 000

【例5-10】 2017年1月1日，甲公司将持有的乙公司债券出售给丙公司，转让价为311万元，转让后甲公司不再保留任何与乙公司债券相关的权利和义务。该债券于2016年1月1日发行，面值总额（取得成本）为300万元。甲公司将该债券分类为以公允价值计量且其变动计入其他综合收益的金融资产。2016年12月31日，该债券的公允价值为310万元人民币。出售协议中无其他相关约定。

要求：编制与该债券转让相关的会计分录（单位：万元）。

分析：

在本例中，甲公司将乙公司债券转移给丙公司，转让后不再保留任何权利和义务。该债券所有权上的风险和报酬全部都转移给丙公司，因此，甲公司应当终止确认该金融资产。根据上述资料，甲公司应该编制的有关会计分录如下。

（1）2016年1月1日，购买乙公司债券时：

借：其他债权投资——面值	300	
贷：银行存款		300

（2）2016年12月31日，按公允价值确认其他综合收益时：

借：其他债权投资——公允价值变动　　10

　　贷：其他综合收益——其他债权投资公允价值变动　　10

（3）2017年1月1日，出售乙公司债券时：

借：银行存款　　311

　　贷：其他债权投资——成本　　300

　　　　　　　　　　——公允价值变动　　10

　　　　投资收益　　1

同时，将原计入其他综合收益的公允价值变动转出：

借：其他综合收益——其他债权投资公允价值变动　　10

　　贷：投资收益　　10

【例5-11】 2016年年初，甲公司以300万元的价格购入A公司股票30万股，将其指定为以公允价值计量且其变动计入其他综合收益的金融资产。2016年12月31日，这项A公司股票的公允价值为350万元。2017年3月，甲公司以370万元的价格将A公司股票全部转让，转让后甲公司没有保留任何与A公司股票相关的权利和义务。假设甲公司按10%计提盈余公积金。

要求：编制甲公司转让A公司股票时的会计分录（单位：万元）。

分析：

在本例中，甲公司转移A公司股票后，没有保留与该股票相关的权利和义务，即该股票所有权上的风险和报酬已全部转移，因此，甲公司应当终止确认A公司股票。根据上述资料，甲公司应该编制的有关会计分录如下（单位：万元）。

（1）2016年年初，购买A公司股票时：

借：其他股权投资——成本　　300

　　贷：银行存款　　300

（2）2016年12月31日，确认A公司股票公允价值变动时：

借：其他股权投资——公允价值变动　　50

　　贷：其他综合收益——其他股权投资公允价值变动　　50

（3）2017年3月，出售A公司股票时：

借：银行存款　　370

　　贷：其他股权投资——成本　　300

　　　　　　　　　　——其他股权投资公允价值变动　　50

　　　　投资收益　　20

同时，将原计入其他综合收益的公允价值变动转入留存收益：

借：其他综合收益——公允价值变动　　50

　　贷：盈余公积　　5

　　　　未分配利润　　45

2. 部分转移金融资产终止确认的会计处理

企业在部分转移金融资产时，应当将转移前金融资产整体的账面价值，在终止确认部分和继续确认部分之间，按照转移日各自公允价值的比例进行分摊，并将终止确认部分收到的对价与终止确认部分的账面价值之间的差额计入当期损益；将债权类投资原计入其他综合收益的公允价值累计变动额的终止确认部分计入当期损益；将股权类投资原计入其他综合收益的公允价值累计变动额的终止确认部分计入留存收益。

三、金融资产转移继续确认的核算

（一）金融资产转移继续确认的主要情形

对于已转移的金融资产，如果企业保留了该金融资产所有权上几乎所有的风险和报酬，则表明所转移的金融资产不满足终止确认条件。这时，企业不应当将该金融资产从资产负债表中转出，应当继续在资产负债表内整体确认。

继续确认被转移金融资产的主要情形如下。

1. 按固定价格卖出回购证券

按固定价格卖出回购证券是指企业在出售金融资产时，与转入方签订回购协议。回购协议规定，企业未来将按照固定价格或按原售价加上合理的资金成本回购被转移的金融资产。按固定价格卖出回购证券时，由于企业保留了卖出证券所有权上几乎所有的风险和报酬，因此，企业应当继续确认该证券。

例如债券买断式回购的交易。债券买断式回购是指企业（债券出售方）在将债券卖给购买方的同时，与购买方约定在未来某一日期，由企业以约定价格从购买方购回相等数量同种债券的交易行为。再如债券质押式回购交易。债券质押式回购交易是指企业（债券出售方）以质押债券的方式将债券卖给购买方，并与购买方约定在将来某一日期，由企业向购买方返还质押债券本金和按约定利率计算的利息，购买方向企业返还原出质债券的交易。

2. 企业融出或出借证券

企业融出或出借证券是指证券公司将自身持有的证券借给客户，双方以合同约定借出期限和出借费率，到期客户需归还相同数量的同种证券，并向证券公司支付出借费用。企业融出或出借证券的风险并没有发生转移，因此，证券公司应继续确认。

3. 附总回报互换的金融资产销售

如果企业（金融资产转出方）在出售金融资产的同时，与转入方就该金融资产的总收益签订了互换协议，这意味着将该金融资产市场风险敞口转回给了企业，企业实际上保留了该金融资产所有权上几乎所有的风险和报酬，应当继续确认所出售的金融资产。

4. 企业全额补偿出售的信贷资产等可能给转入方带来的信用损失

如果企业将应收账款或信贷资产整体出售，同时做出承诺，当已转移的金融资产将来发生信用损失时，由转出企业进行全额补偿。在这种情况下，企业实际上保留了该金融资产所有权上几乎所有的风险和报酬，应当继续确认所出售的金融资产。

5. 附深度价内期权的金融资产出售

如果企业出售某金融资产，同时持有深度价内的看涨期权，或签出深度价内的看跌期权，意味着该期权到期时基本能够行权，并导致已转移的金融资产回售给企业。在这两种情况下，企业实际上保留了该项金融资产所有权上几乎所有的风险和报酬，应当继续确认该金融资产。

6. 采用附追索权方式出售金融资产

企业在出售金融资产时，如果根据与购买方之间的协议约定，在所出售金融资产的现金流量无法收回时，购买方能够向企业进行追偿。此时，可以认定企业保留了该金融资产所有权上几乎所有的风险和报酬，应当继续确认该金融资产。

（二）金融资产转移继续确认的会计处理

对于继续确认的已转移金融资产，因资产转移而收到的对价，应当在收到时确认为一项金融负债。需要注意的是，该金融负债与被转移金融资产应当分别确认和计量，不得相互抵销。在后续会计期间，企业应当继续确认该金融资产产生的收入或利得以及该金融负债产生的费用或损失。

【例5-12】 2018年4月1日，甲公司将其持有的一笔国债出售给丙公司，售价为20万元。同时，甲公司与丙公司签订了一项回购协议，3个月后由甲公司将该笔国债购回，回购价为21万元。2018年7月1日，甲公司将该笔国债购回。假设不考虑其他因素的影响。

要求：编制与该证券回购业务有关的会计分录（单位：元）。

分析：

在本例中，甲公司出售的国债，在3个月后将按固定价格购回。此业务属于按固定价格卖出回购证券的业务。甲公司保留了该笔国债几乎所有的风险和报酬，应继续确认该金融资产。甲公司应将收到的转让对价计入“卖出回购金融资产款”科目；回购时，将支付的利息计入“财务费用”和“卖出回购金融资产款”科目。有关会计分录如下。

（1）2018年4月1日，甲公司出售国债时：

借：银行存款	200 000	
贷：卖出回购金融资产款		200 000

（2）2018年6月30日，甲公司确认利息费用时：

借：利息支出	10 000	
贷：卖出回购金融资产款		10 000

（3）2018年7月1日，甲公司回购债券时：

借：卖出回购金融资产款	210 000	
贷：银行存款		210 000

四、金融资产转移继续涉入的核算

（一）金融资产转移继续涉入的主要情形

已转移金融资产的继续涉入是介于金融资产转移终止确认和继续确认之间的一种情形。

金融资产转移继续涉入主要指以下两种情形。

（1）采用保留次级权益或提供信用担保等方式进行信用增级的金融资产转移。

次级权益（subordinated interest）是指在信托分配中位于次要地位的权益，是次于优先权益的一种权益。企业在转移金融资产的同时，如果保留了次级权益，意味着企业与转入方一样承担着转移金融资产未来现金流量的风险，而且对于金融资产未来现金流量的风险，企业要先行承担。在合同债权人分配的排序中，保留次级权益的企业将处于次级地位。企业保留次级权益或提供信用担保通常是为了增加其转移金融资产的信用等级，从而增加金融资产的可销售性。

企业在转让金融资产时，如果通过保留次级权益或提供信用担保等方式进行了信用增级，这意味着企业既没有转移也没有保留金融资产所有权上几乎所有的风险和报酬，但保留了金融资产的控制权。因此，该情形应作为继续涉入的情形来处理。

（2）附既非重大价内也非重大价外期权且保留了对金融资产控制权的金融资产转移。

重大价内期权意味着期权持有方在行权日基本能够行权；重大价外期权意味着期权持有方在行权日几乎不可能行权；既非重大价内也非重大价外的期权，在行权日的两种可能性都存在。因此，附有既非重大价内也非重大价外的期权将导致企业既没有转移也没有保留所有权上几乎所有风险和报酬。在这种情况下，如果企业保留了对被转移金融资产的控制权，则应按照金融资产转移的继续涉入处理。

通过前面的阐述，可以得知，金融资产转移情形的判断层次较多，不同情形包括的金融资产转移示例也比较多。为便于学习，现将金融资产转移判断的流程和各种情形金融资产转移的示例进行归纳，如图 5-1 和表 5-2 所示。

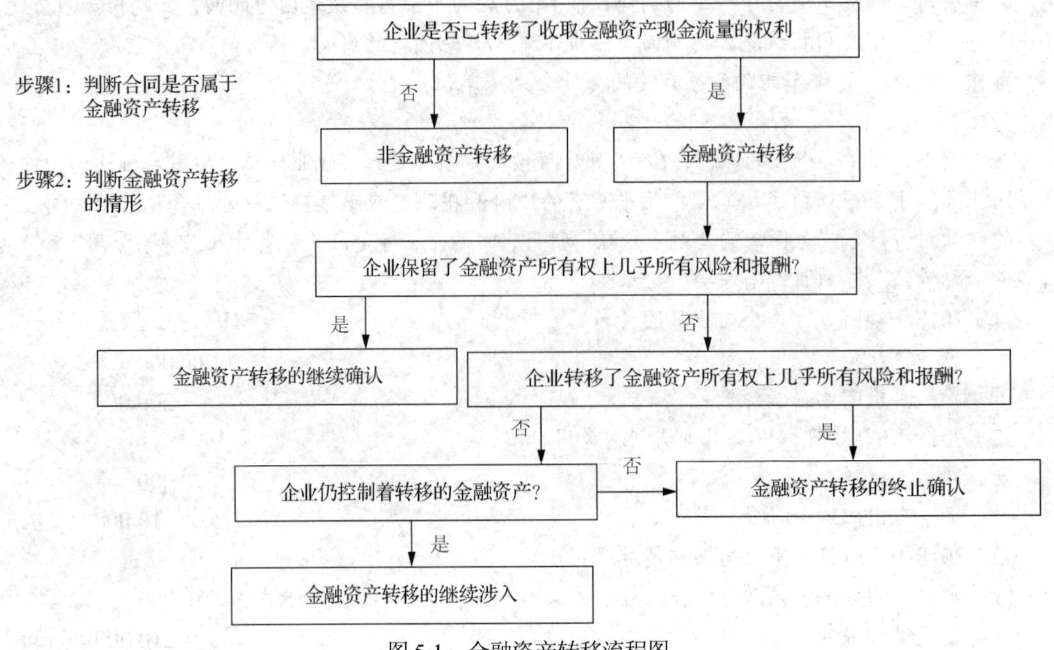

图 5-1　金融资产转移流程图

表 5-2　金融资产转移及常见示例一览表

金融资产转移情形	常见示例
终止确认	1. 无附加条件的金融资产出售； 2. 附未来按公允价值回购的金融资产出售； 3. 附深度价外看跌期权或看涨期权的金融资产出售； 4. 附既非重大价内也非重大价外期权且企业放弃控制权的金融资产出售
继续确认	1. 附未来按固定价格回购的金融资产出售； 2. 企业融出或出借证券； 3. 附总回报互换的金融资产出售； 4. 全额补偿转入方信用损失的短期应收款和信用资产出售； 5. 附追索权方式的金融资产出售； 6. 附深度价内看跌期权或看涨期权的金融资产出售
继续涉入	1. 保留次级权益或提供信用担保的金融资产出售； 2. 附既非重大价内也非重大价外期权且企业保留控制权的金融资产出售

（二）金融资产转移继续涉入的会计处理

金融资产转移继续涉入的核算需要设置以下两个专门的会计科目。

“继续涉入资产”科目：该科目用来核算企业由于对金融资产提供信用增级（如提供担保或持有次级权益）而继续涉入时，根据合同规定所承担的最大可能损失的金额。该金额实际反映了企业在继续涉入中确认的风险资产，如果企业最终没发生损失，则企业应将该账户金额与相应的继续涉入负债对冲；如果企业最终发生了损失，则企业应将损失金额从该账户转至其他有关费用账户。

“继续涉入负债”科目：该科目用来核算企业在金融资产转移中因继续涉入被转移资产而产生的义务。在企业提供信用增级的金融资产转移中，企业如果发生了赔付支出，则应根据赔偿金额冲减该账户；如果没发生赔付支出，则企业应将该账户与相应的继续涉入资产对冲。企业在提供信用增级时收取的费用也通过该账户核算。

对于继续涉入的情形，企业应当按其继续涉入被转移金融资产的程度，确认相关的继续涉入资产及继续涉入负债，反映企业在金融资产转移中保留的权利和承担的义务。继续涉入资产应根据所转移金融资产的原性质及其分类，继续列报于资产负债表中的贷款、应收款项等项目中；对于继续涉入负债应当区别被转移的资产是按公允价值计量还是按摊余成本计量，并按企业会计准则的规定予以计量。

金融资产转移继续涉入的会计处理原则如下。

1. 以提供担保继续涉入的会计处理原则

金融资产转移继续涉入情形的初始确认

企业通过对被转移金融资产提供担保方式继续涉入的，应在终止确认所转移金融资产的同时，按金融资产的账面价值和担保金额两者之中的较低者，确认继续涉入中形成的资产；按照担保金额确认相应的继续涉入负债；担保合同的公允价值也应确认为继续涉入负债，并逐期转入相关损益。这里的担保金额，是指企业所收到的对价中，将可能被要求偿还的最高金额；担保合同的公允价值指因企业提供担保而从转入方收取的费用。

2. 以附期权方式继续涉入的会计处理原则

企业在转移金融资产并附期权方式继续涉入时，被转移的金融资产通常应继续确认，将收到的对价确认为“继续涉入负债”，并按 CAS23 的规定进行后续计量；待到行权日，再根据行权情况分别进行会计处理。

以附期权方式继续涉入具体可分为被转移金融资产以摊余成本计量和以公允价值计量两种情况。

（1）被转移金融资产以摊余成本计量的继续涉入情形

被转移金融资产以摊余成本计量且以附期权方式继续涉入的，企业应当按回购金额继续确认被转移金融资产，按转移日收到的对价确认继续涉入负债。在后续期间，继续涉入负债，应按金融资产到期日摊余成本调整，将到期日摊余成本和初始确认金额之间的差额按实际利率法摊销，计入当期损益。期权到期行权时，企业应将继续涉入负债的账面价值与行权价格之间的差额计入当期损益。

（2）被转移金融资产以公允价值计量的继续涉入情形

① 持有看涨期权而继续涉入时。

企业因持有看涨期权而继续涉入以公允价值计量的被转移金融资产的，应当继续按照公允价值确认和计量被转移金融资产，同时按照下列规定计量继续涉入负债：该期权是价内或平价期权的，应按期权的行权价格扣除期权的时间价值后的金额计量；该期权是价外期权的，应按被转移金融资产的公允价值扣除期权的时间价值后的金额计量。

② 签出看跌期权而继续涉入时。

企业因签出看跌期权而继续涉入以公允价值计量的被转移金融资产的，应当按照转移金融资产的公允价值和该期权行权价格两者的较低者，继续确认和计量被转移金融资产；同时，按照该期权的行权价格与时间价值之和计量继续涉入负债。

③ 同时持有看涨期权和签出看跌期权而继续涉入时。

企业因同时持有看涨期权和签出看跌期权（即上下限期权）而继续涉入以公允价值计量的

被转移金融资产的，应当继续按照公允价值继续确认和计量被转移金融资产，同时按照下列规定计量继续涉入负债：该看涨期权是价内或平价期权的，应当按照看涨期权的行权价格和看跌期权的公允价值之和，扣除看涨期权的时间价值后的金额计量；该看涨期权是价外期权的，应当按照被转移金融资产的公允价值和看跌期权的公允价值之和，扣除看涨期权的时间价值后的金额计量。

通过以上阐述可以得出，金融资产转移继续涉入的会计处理原则比较复杂。为便于学习，现将金融资产转移继续涉入的会计处理原则进行归纳，如图 5-2 所示。

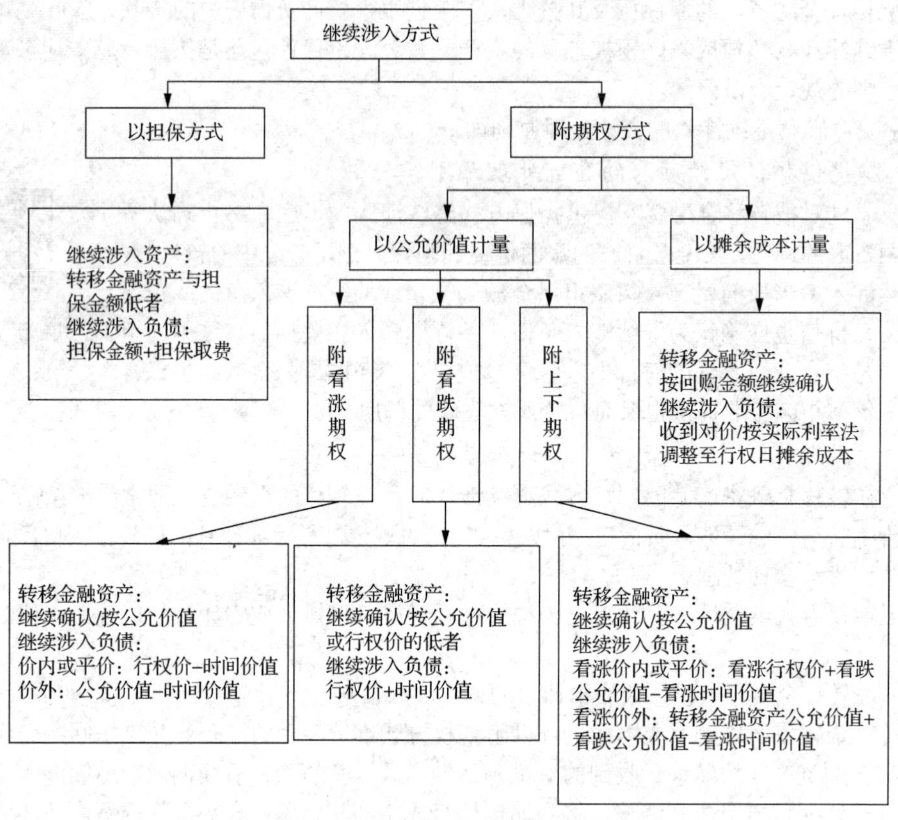

图 5-2　继续涉入的会计处理原则

（三）金融资产转移继续涉入举例

【例5-13】 提供担保继续涉入的情形

甲银行与乙银行签订一笔贷款转让协议，甲银行将其本金为1 000万元、年利率为10%、贷款期限为9年的组合贷款出售给乙银行，售价为890万元。双方约定，由甲银行为该笔贷款提供担保，担保金额为300万元，贷款损失超过担保金额的部分由乙银行承担，担保的公允价值为100万元。转移日，甲银行从乙银行收到990万元（含100万元担保费）。甲银行不负责这笔贷款的收款服务；该贷款没有交易市场；乙银行最终发生了50万元的贷款损失，甲银行承担了这笔贷款损失。

要求：编制与该贷款转让业务相关的会计分录。

分析：

在本例中，甲银行转让了1 000万元贷款且担保300万元，既没有转移也没有保留该笔组合贷款所有权上几乎所有的风险和报酬。由于该贷款没有市场，乙银行不具备出售该笔贷款的实际能力，说明甲银行保留了对该笔贷款的控制权，因此，甲银行应当按照继续涉入情形处理。

根据现行企业会计准则的规定，在本例中，甲银行应按贷款的账面价值和担保金额中的较低者，即300万元确认继续涉入资产，并将担保金额300万元同时确认为继续涉入负债；担保费100万元也应确认为继续涉入负债；贷款卖价与账面价值的差额110（1 000-890）万元应计入贷款处理损益。甲银行的账务处理如下（单位：万元）。

① 转让贷款时：

借：存放中央银行款　　990
　　继续涉入资产　　300
　　贷款处理损益　　110
　　贷：贷款　　1 000
　　　　继续涉入负债　　400

② 确认担保收入时（通常应分期确认）：

借：继续涉入负债　　100
　　贷：其他业务收入　　100

③ 支付贷款损失时：

借：继续涉入负债　　50
　　贷：存放中央银行款　　50

借：其他业务支出　　50
　　贷：继续涉入资产　　50

④ 合同结束将剩余继续涉入资产与负债对冲时：

借：继续涉入负债　　250
　　贷：继续涉入资产　　250

【例5-14】 转移以摊余成本计量金融资产附期权继续涉入情形。

乙公司持有一笔摊余成本为102万元的A债券，分类为以摊余成本计量的金融资产。2018年1月1日，乙公司以100万元的价格将A债券出售给丙公司，同时与丙公司签订一项看涨期权合约。该期权的行权日为2019年12月31日，行权价为105万元。经合理评估，该期权既不是重大价内期权也不是重大价外期权。行权日，A债券的摊余成本为106万元，公允价值为104万元。A债券在公开市场不能交易。

要求：编制与该债券转让业务相关的会计分录。

分析：

在本例中，乙公司将以摊余成本计量的A债券转移给了丙公司，并签订了看涨期权合约。该期权既不是重大的价内期权，也不是重大的价外期权，因此，乙公司既没有转移也没有保留该债券所有权上几乎所有的风险和报酬。A债券没有活跃的市场，丙公司不拥有出售该债券的实际能力，所以，乙公司保留了对该债券的控制权，应按继续涉入处理。有关计算和账务处理如下（单位：元）。

① 2018年1月1日，乙公司转让A债券时，应将所收到的对价计入“继续涉入负债”科目：

借：银行存款　　1 000 000
　　贷：继续涉入负债　　1 000 000

② 在2018年1月1日至2019年12月31日期间，乙公司应采用实际利率法，分期摊销上述“继续涉入负债”账面价值（100万元）与A债券在行权日摊余成本（106万元）之间的差额（6万元），从而将“继续涉入负债”在2019年12月31日的账面价值调整为106万元。与此同时，A债券应继续以摊余成本核算，即采用实际利率法将转让日摊余成本（102万元）与行权日摊余成本（106万元）之间的差额（4万元）分期摊销并计入损益，从而将“债权投资——A债券”在2019年12月31日的账面价值调整为106万元。这期间，摊销“债权投资——A债券”和“继续涉入负债——A债券”的参考会计分录框架如下：

借：债权投资——A债券　　40 000

　　贷：投资收益　　40 000

借：投资收益　　60 000

　　贷：继续涉入负债——A债券　　60 000

调整后，“债权投资——A债券”和“继续涉入负债——A债券”在2019年12月31日的账面价值均为106万元。

③ 2019年12月31日，如果乙公司行权，则会计分录为：

借：继续涉入负债——A债券　　1 060 000

　　贷：银行存款　　1 050 000

　　　　投资收益　　10 000

④ 2019年12月31日，如果乙公司不行权，则会计分录为：

借：继续涉入负债——A债券　　1 060 000

　　贷：债权投资——A债券　　1 060 000

第四节 套期会计

一、套期会计概述

（一）套期的概念及分类

1. 套期的概念

套期是指企业为管理外汇风险、利率风险、价格风险、信用风险等特定风险引起的风险敞口[①]，指定某金融工具为套期工具，以使套期工具的公允价值或现金流量变动，预期抵销被套期项目全部或部分公允价值或现金流量变动的风险管理活动。例如，企业为了规避现货市场的风险敞口，可以用与现货市场数量相当但交易方向相反的期货合同进行套期，以期在未来某一时间通过期货合同的公允价值变动来补偿现货市场价格变动所带来的价格风险

2. 套期的分类

套期分为公允价值套期、现金流量套期和境外经营净投资套期。《企业会计准则第 24 号——套期保值》（CAS24）对各类套期的含义进行了界定，相关定义如下。

（1）公允价值套期

公允价值套期，是指对已确认资产或负债、尚未确认的确定承诺，或上述项目组成部分的公允价值变动风险敞口进行的套期。这里的公允价值变动源于特定风险，且将影响企业的损益或其他综合收益。已确认资产或负债指账面上的资产或负债；尚未确认的确定承诺指不可撤销的但尚未交易的合同。

例如，某石油公司签订一项不可撤销的、6 个月后以固定价格购买原油的合同，此合同即为尚未确认的确定承诺。为规避原油（被套期项目）价格变动的风险，该公司签订了一项未来卖出原油的期货合约（套期工具），对该确定承诺中原油价值变动的风险进行套期，即为公允价值套期。再如，企业签订利率互换合约对其承担的固定利率负债的利率风险引起的公允价值变动风险敞口进行套期，以及企业购买看跌期权对其他权益工具投资的证券价格风险引起的公允价值变动风险敞口进行套期，都属于公允价值套期。

① 风险敞口（risk exposure），指未加保护的风险。

（2）现金流量套期

现金流量套期，是指对现金流量变动风险敞口进行的套期。该现金流量变动源于与已确认资产或负债、极可能发生的预期交易，或与上述项目组成部分有关的特定风险。极可能发生的预期交易指尚未签约但很可能发生的交易。例如，某企业根据业务需求于2019年年初计划将在6个月后进口2万美元的A材料。因为购货合同尚未签订，所以，上述预期交易属于极可能发生的预期交易。为规避未来汇率变动风险敞口对这项预期采购现金流量的影响，该企业与银行在2019年年初签订一项购入2万美元的外汇远期合同，对这项预期交易进行套期。因该套期是对现金流量变动风险敞口进行的套期，因此，属于现金流量套期。再如，某企业签订一项利率互换合约对其承担的固定利率负债的利率风险引起的现金流量变动风险敞口进行套期，也属于现金流量套期。

（3）境外经营净投资套期

境外经营净投资套期，是指对境外经营净投资外汇风险敞口进行的套期。境外经营净投资风险主要是指境外经营中的外币投资净额，因汇率变动折算成母公司记账本位币时折算差额变动的风险敞口。从母公司角度看，境外经营净投资面临的汇率变动风险其实在于将其兑换成母公司记账本位币时现金流变动的风险敞口，因此，对于境外经营净投资套期，通常是按现金流量套期的方法进行会计处理的。

（二）套期工具与被套期项目

在套期会计中，何种套期都将涉及套期工具和被套期项目。套期工具和被套期项目构成了套期会计中的套期的关系，没有套期工具和被套期项目就不存在套期关系。

1. 套期工具的概念及内容

套期工具，是指企业为进行套期而指定的、其公允价值或现金流量变动预期可抵销被套期项目的公允价值或现金流量变动的金融工具。作为套期工具的金融工具，其价值不能是固定金额，应具有随利率、汇率、价格指数等指标的变化而变化的特征，否则，不可能用于抵减被套期项目的风险变化。

根据CAS24的规定，可以作为套期工具的金融工具如下。

（1）以公允价值计量且其变动计入当期损益的衍生金融工具，但卖出期权例外。

衍生金融工具因其价值的可变化性成为最常见的套期工具，只有卖出期权例外。卖出期权只有在对买入期权进行套期时，才可以作为套期工具。期权的买方只有权利没有义务，期权的卖方只有义务没有权利。卖方在签出期权后，只能根据买方行为做出动作，风险较大，其潜在损失可能大大超过被套期项目的潜在利得，从而不能有效地对冲被套期项目的风险。而购入期权的一方可能承担的损失最多就是期权费，可能拥有的利得通常等于或大大超过被套期项目的潜在损失，可被用来有效对冲被套期项目的风险，因此，购入期权可以作为套期工具。

衍生金融工具中的远期合同、期货合同、互换合同和期权合同以及具有远期合同、期货合同、互换合同和期权合同中一种或一种以上特征的工具都可以作为套期工具。

（2）以公允价值计量且其变动计入当期损益的非衍生金融资产或非衍生金融负债，但指定为以公允价值计量且其变动计入当期损益及因信用风险引起的公允价值变动计入其他综合收益的金融负债除外。

一般情况下，分类为以公允价值计量且其变动计入当期损益的交易性金融资产或交易性金融负债都可以作为套期工具；但指定为以公允价值计量且其变动计入当期损益及其自身信用风险变动引起的公允价值变动计入其他综合收益的金融负债，由于公允价值变动不够敏感或整体公允价值变动未计入损益，难以有效地对冲被套期项目的风险，因此，通常不能被指定为套期工具。

根据CAS24的规定，对于指定为以公允价值计量且其变动计入当期损益的金融工具，企业如果决定将其用于套期工具，应先对其进行评估，确定其能够有效对冲被套期项目的风险后，才能用于套期。

（3）对于外汇风险套期，企业可以将非衍生金融资产（以公允价值计量且其变动计入其他综合收益的非交易性权益工具除外）或非衍生金融负债的外汇风险成分指定为套期工具。

例如，甲公司指定其发行的账面价值为 5 000 万美元、固定利率为 5%、期限为 2 年的债券作为套期工具，为公司同期签订的一项 2 年后购买 5 000 万美元 A 商品的确定承诺进行套期。在该套期中，5 000 万美元应付债券的汇率变动风险与 5 000 万美元确定承诺的汇率变动风险可以相互递减。

2. 被套期项目的概念及内容

被套期项目，是指使企业面临公允价值或现金流量变动风险，且被指定为被套期对象的、能够可靠计量的项目。根据现行企业会计准则的规定，以下单个项目、项目组合或项目的组成部分均可指定为被套期项目。

（1）已确认资产或负债。

已确认资产或负债指企业已在表内确认的、面临各种风险影响的资产或负债，如库存商品等。

（2）尚未确认的确定承诺。

确定承诺是指在未来某特定日期或期间，以约定价格交换特定数量资源、具有法律约束力的协议；尚未确认是指尚未在资产负债表中确认。例如，我国境内甲公司与境外乙公司签订了一项设备购买合同。该合同约定 6 个月后，甲公司按固定的外币价格购入 A 设备。该合同即为一项尚未确定的确定承诺，因外币结算而面临汇率变动的风险，为规避汇率变动风险，甲公司可以将其指定为被套期项目。

（3）极可能发生的预期交易。

预期交易是指尚未承诺但预期一定会发生的交易。预期交易不同于确定承诺，确定承诺有合同做保证，不需要判断，而预期交易需要判断。例如，甲企业于 2019 年年初预计 6 月将购买 100 吨铜，用于下半年的生产，这属于预期交易；如果甲公司 2019 年年初签订了采购协议，约定于 6 月以每吨 4 万元的价格购买 100 吨铜，这就属于确定承诺了。企业在判断预期交易发生的可能性时，不能仅依靠管理人员的意图，而应当基于可观察的事实和相关因素。在评估预期交易发生的可能性时，企业应当考虑以下因素：①类似交易之前发生的频率；②企业在财务和经营上从事此项交易的能力；③企业有充分的资源（生产资源、财务资源等）保证能够完成此项交易；④交易不发生时可能对经营带来的损失；⑤企业的业务计划等。

（4）境外经营净投资。

境外经营可以是企业在境外的子公司、合营安排、联营企业或分支机构。在境内的子公司、合营安排、联营企业或分支机构，采用不同于企业记账本位币的，也视同境外经营。境外经营净投资将面临着汇率变动的风险。例如，我国境内甲公司 2018 年 1 月 1 日以 1 亿美元购买了境外乙公司的全部普通股股份，取得 100%控制权。甲公司这 1 亿美元的投资及该子公司未来资产负债表日的美元净资产都可以作为被套期项目。

根据现行企业会计准则的要求，对于符合条件的套期工具和被套期项目，企业应通过书面文件正式指定为套期关系（该文件至少载明套期工具、被套期项目、被套期风险的性质、套期有效性、无效套期的原因、套期比率的确定等内容），且书面文件中指定的套期关系符合套期有效性要求。这样，企业才能运用套期会计方法，对套期工具和被套期项目进行会计核算。对于不符合条件的套期关系，企业不能采用套期会计方法核算。

（三）套期有效性

套期有效性，是指套期工具的公允价值或现金流量变动能够抵销被套期风险引起的被套期项目公允价值或现金流量变动的程度。套期工具的公允价值或现金流量变动大于或小于被套期项目的公允价值或现金流量变动的部分为套期无效部分。

套期关系同时满足下列条件的，企业应当认定符合套期有效性要求。

（1）被套期项目和套期工具之间存在经济关系。

该经济关系是指套期工具和被套期项目的价值因面临相同的风险而发生方向相反的变动。例如，甲公司拥有一组在 10 个月后履约的金额为 100 万美元的确定销售承诺和一组在 10 个月后履约的金额为 100 万美元的确定购买承诺。这两个确定承诺同时面临美元汇率变动的风险，但价值变动的方向相反，因此，这两个确定承诺符合套期关系中具有经济关系的条件。

（2）在被套期项目和套期工具经济关系产生的价值变动中，信用风险的影响不能占主导地位。

信用风险又称违约风险，是指借款人、证券发行人或交易对方因种种原因，不愿或无力履行合同条件而构成违约，致使银行、投资者或交易对方遭受损失的风险。信用风险的存在会导致存在规律变动经济关系的套期关系中，套期工具和被套期项目之间相互抵销的程度变得不规律。如果由信用风险引起的损失或利得干扰了基础变量的变动对套期工具或被套期项目价值变动的影响，则说明信用风险在价值变动中起了主导作用。这种情况下的套期关系不符合套期有效性的要求。

例如，企业使用无担保的衍生金融工具对商品价格风险敞口进行套期。如果该衍生金融工具交易对手方的信用状况严重恶化，与商品价格的变动相比，该交易对手方信用状况的变化对套期工具公允价值所产生的影响更大，而被套期项目的价值变动则主要取决于商品价格的变动。这时，两者的套期关系不能满足套期有效性的要求。

（3）被套期项目和套期工具的套期比率不应权重失衡。

套期比率是被套期项目实际数量与套期工具实际数量之比。当被套期项目的关键条款将与套期工具的关键条款相匹配时，套期比率可能为 1∶1。在有效的套期关系中，套期汇率不一定非是 1∶1，套期比率应当从风险管理角度来设定，并与套期会计目标保持一致。

当被套期项目和套期工具的权重不匹配时，套期可能部分无效。如果无效套期部分具有合理的商业理由，则不影响套期有效性。例如，企业使用标准咖啡期货合同对 100 吨咖啡采购进行套期。因为每份期货合同的标准数量为 37 500 镑（1 磅=0.4 536 千克），所以企业只能使用 5 份或 6 份合同（约为 85 吨和 102 吨）对 100 吨的咖啡采购进行套期。在本例中，由于由被套期项目和套期工具的权重不匹配导致的套期有一部分无效，但该无效部分具有充足的商业理由，且不违背套期会计目标，因此，不影响该套期的有效性。

套期比率不应当反映被套期项目和套期工具权重的失衡，失衡可能会使该套期出现与套期会计目标不一致的会计结果，即套期工具无法有效抵减被套期项目的风险，从而会导致套期无效。如果套期关系由于套期比率的原因而不再符合套期有效性要求，但指定该套期关系的风险管理目标没有改变，企业应当进行套期关系再平衡，通过增加或减少被套期项目或套期工具数量的方式调整套期比率，使套期关系重新满足有效性要求。

企业发生下列情形之一的，应当终止套期关系：①因风险管理目标发生变化，导致套期关系不再满足风险管理目标；②套期工具已到期、被出售、合同终止或已行使；③被套期项目与套期工具之间不再存在经济关系，或者在被套期项目和套期工具经济关系产生的价值变动中，信用风险的影响开始占主导地位；④套期关系不再满足 CAS24 所规定的运用套期会计方法的其他条件。

二、套期的会计处理方法

（一）套期涉及的会计科目

套期会计在核算时，主要涉及以下几个专门会计科目。

（1）“套期工具”科目：该科目核算套期工具及其公允价值变动形成的资产或负债。企业将已确认的衍生金融工具等指定为套期工具时，应当按账面价值，借记本科目，贷记“衍生金融工具”等科目；期末对于公允价值套期产生的利得，借记本科目，贷记“套期损益”“其他综合收益——套期损益”等科目，套期损失时做相反的分录；对于现金流量套期，应当按照有效套期产生的利得，借记本科目，贷记“其他综合收益——套期储备”等科目，有效套期损失时做相反的分录；对于现金流量套期无效的部分，通过“套期损益”科目核算。本科目借方余额反映套期工具形成的资产，贷方余额反映套期工具形成的负债。

（2）“被套期项目”科目：该科目核算被套期项目及其公允价值变动形成的资产或负债。企业将已确认的资产、负债或其组成部分指定为被套期项目的，应当按照其账面价值，借记本科目，贷记“原材料”“库存商品”“债权投资”等科目；期末对于公允价值套期产生的利得，借记本科目，贷记“套期损益”“其他综合收益——套期损益”等科目，对相应的损失做相反的会计分录。本科目借方余额反映被套期项目形成的资产，贷方余额反映被套期项目形成的负债。

（3）“套期损益”科目：该科目属于损益类科目，用于核算套期工具和被套期项目价值变动形成的利得和损失。对于套期中产生的利得，借记“套期工具”“被套期项目”等科目，贷记本科目；对于套期形成的损失做相反的会计分录。现金流量套期中套期无效的部分，也计入本科目。

（4）“其他综合收益——套期储备”科目：该明细科目核算现金流量套期下套期工具累计公允价值变动中的套期有效部分。对于有效套期形成的利得或损失，借记或贷记“套期工具”科目，贷记或借记该明细科目；现金流量套期无效的部分应计入“套期损益”科目；将套期储备转出时，借记或贷记本明细科目，贷记或借记有关科目。

（5）“其他综合收益——套期损益”科目：该明细科目核算指定为以公允价值计量且其变动计入其他综合收益的非交易性权益工具进行公允价值套期时，套期工具和被套期项目形成的利得和损失。该类套期工具产生的利得，计入本明细科目贷方；相关套期损失计入本明细科目借方。当套期关系终止时，本明细科目的余额直接转入“利润分配——未分配利润”科目。

（二）公允价值套期的会计核算

1. 公允价值套期的会计处理原则

公允价值套期满足运用套期会计方法条件的，应当按照下列规定处理。

（1）套期工具的会计处理原则：套期工具产生的利得或损失直接计入套期损益，同时调整套期工具账户；如果套期工具是对以公允价值计量且其变动计入其他综合收益的非交易性权益工具进行套期的，则套期工具产生的利得或损失应当计入“其他综合收益——套期损益”，当套期关系终止时，将该科目余额转入“利润分配——未分配利润”科目。

（2）被套期项目的会计处理原则：被套期项目因风险敞口形成的利得或损失应当计入套期损益。同时，调整未以公允价值计量的已确认被套期项目的账面价值。如果被套期项目是“以公允价值计量且其变动计入其他综合收益的金融资产（或其组成部分）”，或者是“以公允价值计量且其变动计入其他综合收益的非交易性权益工具投资（或其组成部分）”，因账面价值已经按公允价值计量，所以不需要再调整被套期项目的账面价值。

如果被套期项目是尚未确认的确定承诺，且履行该承诺时将取得一项资产或负债，则“被套期项目”累计确认的套期利得或损失最终应计入该资产或负债的初始确认金额；如果被套期项目是以摊余成本计量的金融工具，则“被套期项目”累计套期利得或损失应于调整日或套期结束前按重新计算实际利率进行摊销。

公允价值套期会计处理原则如图 5-3 所示。

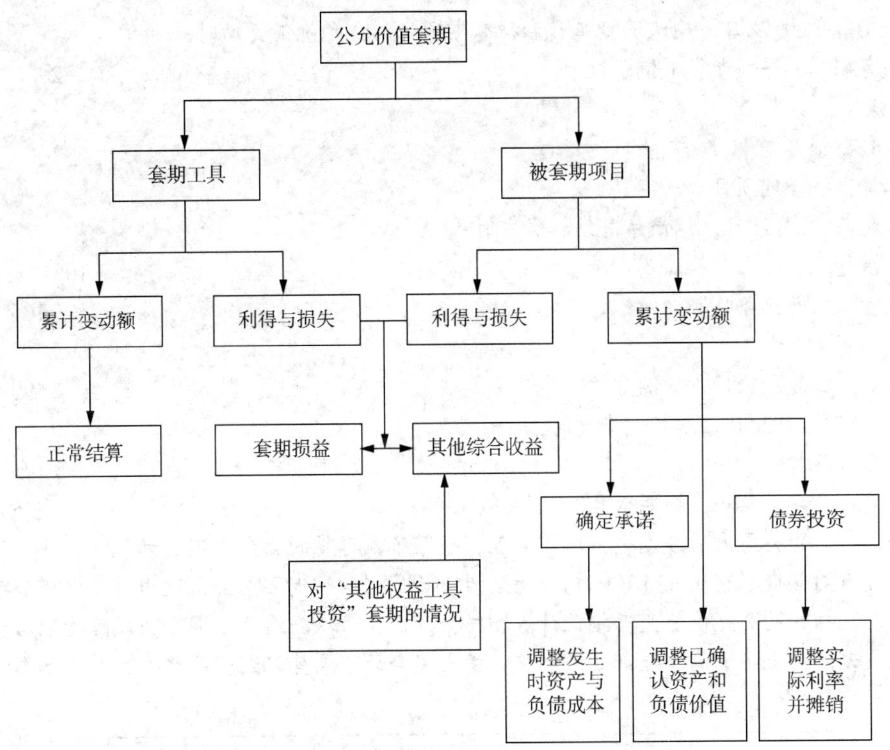

图 5-3　公允价值套期会计处理原则

2. 公允价值套期示例

【例5-15】 2017年1月1日，甲公司为规避所持有的铜存货的公允价值变动风险，与某金融机构签订了一项铜期货合同，并将其指定为对2017年前两个月铜存货的商品价格变化引起的公允价值变动风险的套期工具。铜期货合同的标的资产与被套期项目铜存货在数量、质次和产地方面相同。假设不考虑其他因素的影响。

2017年1月1日，铜期货合同的公允价值为0，被套期项目（铜存货）的账面价值为100万元，公允价值为110万元。2017年1月31日，存货铜的公允价值下降了3万元，期货铜合同的公允价值上涨了3万元。2017年2月28日，存货铜的公允价值又下降了2万元，期货铜的公允价值又上升了2万元。2月末，甲公司将铜存货以105万元的价格全部出售，并将铜期货合同结算。

要求：编制与铜存货公允价值套期有关的会计分录（单位：万元）。

分析：

本例题属于对已确认资产的公允价值套期。被套期项目是铜存货，套期工具是铜期货合同，两者存在经济关系，且经济关系中信用风险不占主导地位，套期比率反映了套期的实际数量，且符合套期有效性要求。假定不考虑增值税及其他因素影响，甲公司的账务处理如下（单位：万元）。

（1）2017年1月1日，铜被指定为被套期项目时（期货合同的公允价值为0，不做账务处理）：

借：被套期项目——铜　　100

　　贷：库存商品——铜　　100

（2）2017年1月31日，确认套期工具和被套期项目的公允价值变动时：

借：套期工具——期货（铜）　　3

　　贷：套期损益　　3

借：套期损益　　3

　　贷：被套期项目——铜　　3

（3）2017年2月28日，确认套期工具和被套期项目的公允价值变动时：

借：套期工具——期货（铜） 2

　　贷：套期损益 2

借：套期损益 2

　　贷：被套期项目——铜 2

（4）2017年2月28日，铜销售并结转成本时：

借：银行存款 105

　　贷：主营业务收入 105

借：主营业务成本 95

　　贷：被套期项目——铜存货 95

（5）2017年2月28日，结算铜期货时：

借：银行存款 5

　　贷：套期工具——铜期货合同 5

在本例中，甲公司采用套期进行风险管理，规避了铜存货的公允价值变动风险，使铜存货公允价值下降没有对预期毛利10（110−100）万元产生不利影响。同时，甲公司运用公允价值套期将套期工具与被套期项目的公允价值变动损益计入相同会计期间，从而消除了因企业风险管理活动可能导致的损益波动。为说明本例的套期效果，下面将上述会计分录登记到有关账户，具体如图5-4所示。

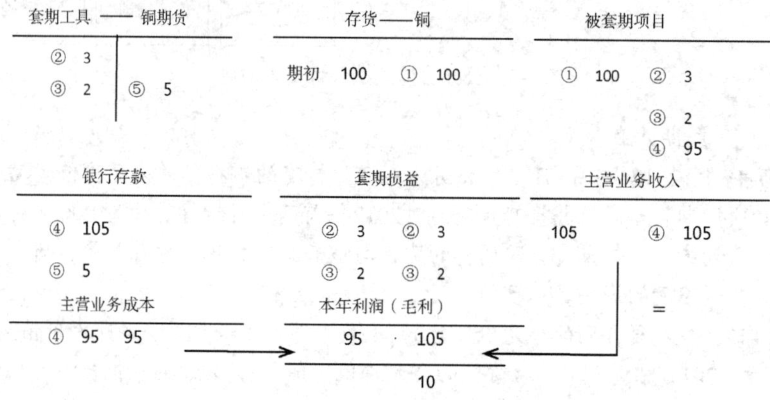

图5-4　铜存货公允价值套期的相关分录

【例5-16】 2017年3月3日，我国境内甲公司与某境外公司签订了一项A设备购买合同，A设备价格为外币（FC）300万元，交易日为2017年4月30日。2017年3月3日，甲公司与乙银行签订了一项按远期汇率1FC=1.65元人民币购买FC300万元的外汇远期合同，结算日为2017年4月30日。甲公司将该外汇远期合同指定为对A设备采购承诺进行公允价值套期的套期工具。已知：

2017年3月3日，远期汇率1FC=1.65元人民币；

2017年3月31日，远期汇率1FC=1.68元人民币；

2017年4月30日，即期汇率为1FC=1.8元人民币；

2017年4月30日，甲公司履行确定承诺并以净额结算该远期合同。假定不考虑税金及其他相关因素的影响。

要求：编制与A设备采购承诺套期有关的会计分录。

分析：

本例题涉及对尚未确定的确定承诺的公允价值套期。被套期项目为300万元FC设备采购承诺；套期工具为300万元FC远期合同。甲公司应在3月末和4月末分别确定该套期关系中的套期工具和被套期项目公允价值变动，并在套期结束时，履行采购合同，结算远期合同。有关账务处理如下（单位：万元）。

（1）2017年3月3日，因为远期合同和尚未确认确定承诺当日公允价值均为0，所以无须进行账务处理。

（2）2017年3月31日，确认套期工具和被套期项目公允价值变动时：

借：套期损益　9

　　贷：被套期项目——确定承诺[FC 300×（1.68−1.65）]　9

借：套期工具——远期合同[FC 300×（1.68−1.65）]　9

　　贷：套期损益　9

（3）2017年4月30日，确认被套期项目和套期工具公允价值变动时：

借：套期损益　36

　　贷：被套期项目——确定承诺[FC 300×（1.8−1.68）]　36

借：套期工具——远期合同[FC 300×（1.8−1.68）]　36

　　贷：套期损益　36

（4）2017年4月30日，结算远期合同时：

借：银行存款　45

　　贷：套期工具——远期合同　45

（5）2017年4月30日，购买A设备时：

借：固定资产——设备　540

　　贷：银行存款（FC 300×1.8）　540

（6）2017年4月30日，将被套期项目累计变动利得调整设备成本时：

借：被套期项目——确定承诺　45

　　贷：固定资产——A设备　45

在本例中，甲公司通过套期进行风险管理，使所购设备的成本锁定为495（FC 300×1.65）万元人民币，规避了汇率上浮对设备价格带来的不利影响。为说明本例的套期效果，下面将上述会计分录登记到有关账户，具体如图5-5所示。

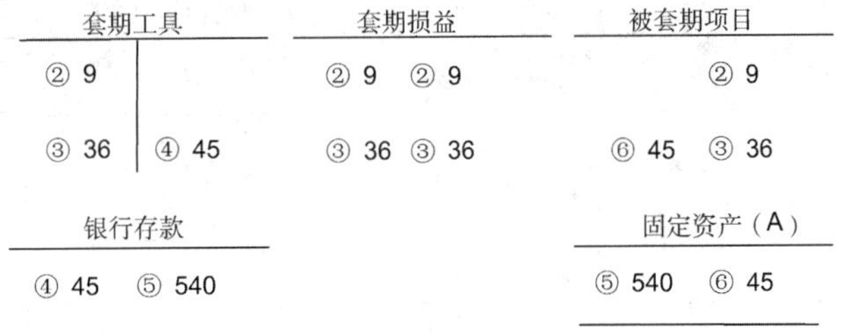

图 5-5　A 设备采购承诺公允价值套期的相关分录

（三）现金流量套期的会计核算

1. 现金流量套期的会计处理原则

现金流量套期与公允价值套期的会计核算原则有所不同。公允价值套期关注的是被套期项目公允价值变动的风险，所以，企业设计公允价值套期关系的目的是将套期工具公允价值变动与被套期项目公允价值变动同时计入同一个会计期间，以消除不利影响。现金流量套期关注的是被套期项目未来现

套期的会计处理要点

金流量变动的风险，因此涉及此类套期关系的目的是保证被套期项目未来现金流量不受相关风险的不利影响。在会计核算上，现金流量套期区分了有效套期和无效套期，并分别规范了会计处理原则，具体内容如下。

（1）现金流量套期中的有效套期部分：在现金流量套期工具产生的利得或损失中，属于有效套期的部分，应作为现金流量套期储备，先计入“其他综合收益——套期储备”科目；现金流量套期储备的金额应按套期工具的累计套期利得或损失与被套期项目预计未来现金流量现值的累计变动额两者中较低者确认。企业应将每期现金流量套期储备的变动额计入当期“其他综合收益——套期储备”科目。

（2）现金流量套期中的无效套期部分：在现金流量套期工具产生的利得或损失中，属于无效套期的部分，即套期利得或损失扣除计入“其他综合收益——套期储备”后的部分，应当计入当期损益。

（3）现金流量储备的后续处理：在套期关系结束时，企业应将“其他综合收益——套期储备”的金额按下面原则转出。

① 若被套期项目为预期交易且该预期交易使企业随后确认一项非金融资产或非金融负债，或预期形成一项适用于公允价值套期会计中的与未确认确定承诺相关的资产或负债时，企业应当将“其他综合收益——套期储备”金额转出，计入该资产或负债的初始确认金额。

② 对于不属于上述现金流量套期的情形，企业应当在被套期的预期现金流量影响损益的相同期间，将原在其他综合收益中确认的现金流量套期储备金额转出，计入当期损益。

③ 如果在其他综合收益中确认的现金流量套期储备金额是一项损失，且该损失全部或部分预计在未来会计期间不能弥补，企业应当将预计不能弥补的部分从其他综合收益中转出，计入当期损益。

现金流量套期的会计处理原则如图 5-6 所示。

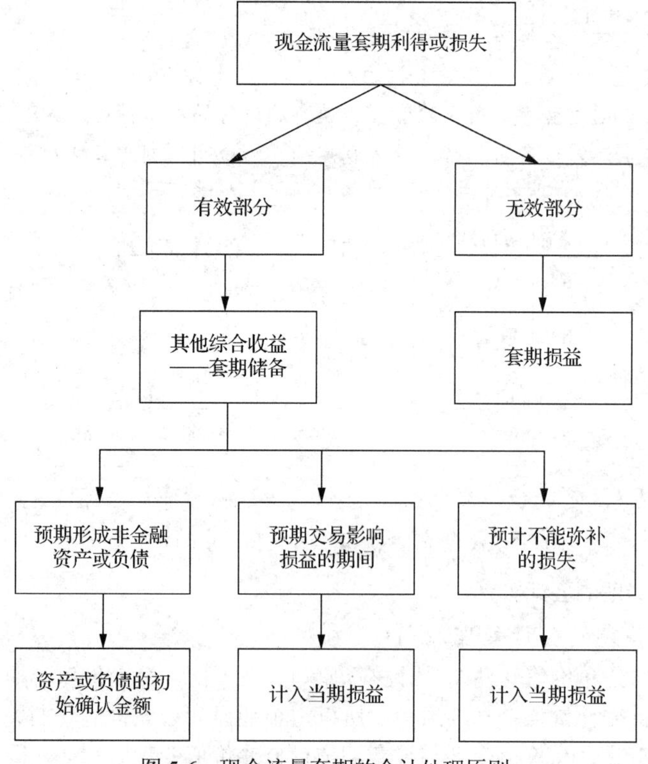

图 5-6　现金流量套期的会计处理原则

2. 现金流量套期示例

【例5-17】 甲公司预期在2017年2月28日销售一批A商品，数量为100吨，预期售价为110万元。为规避该预期销售时与A商品价格有关的现金流量变动风险，甲公司于2017年1月1日与某金融机构签订了A商品期货合同，且将其指定为对该A商品销售的套期工具。A商品期货合同的标的资产与被套期预期销售商品在数量、价格变动和产地等方面相同，并且期货合同的结算日和预期商品销售日均为2017年2月28日。

2017年1月1日，A商品期货合同的公允价值为0。2017年1月31日，期货合同的公允价值上涨了25 000元，预期销售价格下降了25 000元。2017年2月28日，期货合同的公允价值又上涨了10 000元，A商品销售价格也下降了10 000元。当日，甲公司以106.5万元的价格出售了A商品，并结算了A商品期货。假设本例套期工具自套期开始的累计利得或损失与被套期项目自套期开始的预计未来现金流量现值的累计变动额一致，且不考虑增值税及其他相关因素的影响。

要求：编制与铜存货现金流量套期有关的会计分录（单位：元）。

分析：

本例涉及对已确认资产进行的现金流量套期，套期工具是A期货合同；被套期项目是A商品。根据现金流量套期的会计核算原则，甲公司应将A期货（套期工具）在套期期间的利得或损失先确认为套期储备，然后在A商品出售时，转入营业收入，并结算A期货。甲公司的会计处理如下。

（1）2017年1月1日，甲公司不进行账务处理。

（2）2017年1月31日，确认现金套期储备：

借：套期工具——商品期货合同　　25 000
　贷：其他综合收益——套期储备　　25 000

（3）2017年2月28日，确认现金流量套期储备：

借：套期工具——商品期货合同　　10 000
　贷：其他综合收益——套期储备　　10 000

（4）2017年2月28日，确认商品的销售收入：

借：应收账款　　1 065 000
　贷：主营业务收入　　1 065 000

（5）2017年2月28日，结算商品期货合同：

借：银行存款　　35 000
　贷：套期工具——商品期货合同　　35 000

（6）将现金流量套期储备金额转出，调整主营业务收入：

借：其他综合收益——套期储备　　35 000
　贷：主营业务收入　　35 000

在本例中，甲公司持有的100吨A商品在2017年1月1日出现了价格下跌的趋势，当时的市场价为110万元，但甲公司计划2个月以后出货。为保证其销售A商品时现金流量不受价格下跌的影响，甲公司于年初签订了A商品期货，进行现金流量套期。在2017年2月28日，甲公司将A商品以106.5万元的价格销售；A商品期货结算收回3.5万元，共回流现金110万元，达到了该现金流量套期的预期目的。

【例5-18】 对尚未确认确定承诺套期的情形。

甲公司于2016年11月1日与境外乙公司签订合同，约定于2017年1月30日以外币（FC）每吨60元的价格购入100吨橄榄油。甲公司为规避购入橄榄油时外汇变动给现金流量带来的风险，于当日与某金融机构签订一项3个月到期的外汇远期合同，约定汇率为1FC=45元人民币，合同金额为FC6 000元。假设：

2016年12月31日，1个月远期汇率为1FC=45.5元人民币；

2017年1月30日，即期汇率为1FC=45.9元人民币；

2017年1月30日，甲公司以净额方式结算该外汇远期合同，并购入橄榄油。不考虑增值税等相关因素的影响。

要求：编制与橄榄油采购承诺现金流量套期有关的会计分录。

分析：

本例题涉及对尚未确定的确定承诺的现金流量套期。被套期项目为100吨橄榄油采购承诺；套期工具为远期合同。根据现金流量套期的会计核算原则，甲公司应将远期合同（套期工具）在套期期间的利得或损失先确认为套期储备，然后在购买橄榄油时，调整橄榄油的成本，并结算远期合同。如果根据书面指定套期的条款判断，该套期关系符合套期有效性要求，则甲公司的账务处理如下（单位：人民币元）。

（1）2016年11月1日，外汇远期合同的公允价值为0，不进行账务处理。

（2）2016年12月31日，确认现金流量套期储备时：

外汇远期合同的公允价值=（45.5−45）×FC 6 000=3 000（元）

借：套期工具——外汇远期合同　　3 000

　　贷：其他综合收益——套期储备　　3 000

（3）2017年1月30日，确认现金流量套期储备时：

外汇远期合同的公允价值=（45.9−45.5）×FC 6 000=2 400（元）

借：套期工具——外汇远期合同　　2 400

　　贷：其他综合收益——套期储备　　2 400

（4）2017年1月30日，购入橄榄油时：

借：库存商品——橄榄油　　275 400

　　贷：银行存款（45.9×FC 6 000）　　275 400

（5）2017年1月30日，结算外汇远期合同时：

借：银行存款　　5 400

　　贷：套期工具——外汇远期合同　　5 400

（6）2017年1月30日，将现金流量套期储备转出，调整采购成本时：

借：其他综合收益——套期储备　　5 400

　　贷：库存商品——橄榄油　　5 400

在本例中，套期的目的不是规避汇率变动对橄榄油成本带来的影响，而是避免汇率可能升值对采购橄榄油时的现金流带来的不利影响。进行现金流量套期以后，如果将来汇率升值，则外汇远期会补贴相应现金流，将现金流出锁定在1FC=45元人民币；如果汇率下跌，自然也会相应减少采购橄榄油付出的现金流。在本例中，当甲公司于2017年1月30日采购橄榄油时，汇率升值，使甲公司购买橄榄油的现金流锁定在270 000（45×FC 6 000）元。

思考题

1. 简述金融工具的含义、性质及其类别。
2. 什么是衍生金融工具？它具有哪些特征？
3. 分别阐述金融资产、金融负债和权益工具的概念。
4. 如何区分金融负债和权益工具？
5. 什么是金融资产转移？金融资产转移处理的基本原则是什么？

6. 试阐述金融资产转移终止确认、继续确认和继续涉入的条件及情形。

7. 什么是套期？它有哪些类别？企业为什么要进行套期？

8. 简要说明哪些金融工具可以作为套期工具，哪些金融工具可以作为被套期项目。

9. 如何评价套期的有效性？

10. 什么是公允价值套期？其会计核算要点有哪些？列举其适用范围。

11. 什么是现金流量套期？其会计核算要点有哪些？列举其适用范围。

练习题

练习一

[目的] 区分金融负债与权益工具。

[资料]

1. 甲公司发行了一项年利率为7%、无固定还款期限、可自主决定是否支付利息的不可累积的永续债。其他资料如下。

（1）该永续债嵌入了一项看涨期权，允许甲公司在发行第3年后以面值回购该永续债。

（2）如果甲公司在第3年没有回购该永续债，则债券利率涨至10%。

（3）该债券利息无须按年支付，但有鼓励驱动机制，即在甲公司支付普通股股利时必须支付该债券利息。

2. 乙公司按面值发行了票面金额为100元的优先股10万张。合同条款规定：5年后，这批优先股将强制性转为普通股股票。假设：

（1）转化价格为转换日前一天该股票的市价；

（2）转化价格为固定价格（10元/股）。

3. 2×19年1月1日，甲公司发行了5亿元优先股。合同规定：（1）期限5年，前5年票面年利率固定为5%；从第6年起，每5年重置一次利率，重置利率为基准利率加上1%，最高不超过8%；（2）甲公司可根据相应的议事机制决定是否派发优先股股利（非累计），但如果分配普通股股利，则必须先支付优先股股利；（3）如果因甲公司不能控制的原因导致控股股东发生变更，甲公司必须按面值赎回该优先股，不考虑其他相关因素。

[要求] 根据上述资料，判断以上金融工具属于金融负债还是权益工具，并说明理由。

练习二

[目的] 判断金融资产转移的种类。

[资料] 丙公司2019年发生如下与金融资产转移的有关事项。

（1）3月18日，将“应收账款——A公司”的余额30万元出售给乙银行，卖价为26万元，乙银行无追索权。

（2）5月20日，将一张20万元的商业承兑汇票到乙银行办理了贴现，贴现金额为17.5万元，乙银行拥有追索权。

（3）7月8日，将其持有的面值为500万元的国债转让给丁公司，并向丁公司签发了看跌期权，约定在出售后的半年之内，丁公司可以300万元的价格将国债卖回给丙公司。经过判断，该期权属于深度价外期权。

（4）10月11日，将一笔账面价值为80万元、公允价值为97万元的交易性金融资产，按102万元的价格出售给戊公司；同时，双方签订了一项可使戊公司于两年内当该资产公允价值低于96万元时以96万元的价格返售该资产的看跌期权合约。经过判断，该期权属于重大的价内期权。

（5）11月12日，将一组账面价值为100万元、合同到期日为2020年12月31日的应收账款转让给C公司，转让价格为90万元。丙公司和C公司签订了保理协议。该交易中，丙公司保留了最高30日的迟付风险。除了迟付风险，丙公司没有保留任何信用风险或利率风险等其他风险。该组应收账款没有交易市场。

[要求] 根据上述丙公司发生的金融资产转移事项，判断相关金融资产转移的种类，并说明理由。

练习三

[目的] 对公允价值套期进行会计处理。

[资料] 甲公司为了规避持有存货X的公允价值变动风险，与某金融机构签订了一项衍生金融工具合同Y，并将其指定为对存货X在2018年上半年因价格变化所致公允价值变动风险的套期工具。衍生金融工具的标的资产与被套期项目的存货X在数量、质量、价格变动和产地等方面相同。甲公司预期该套期完全有效。

2018年1月1日，衍生金融工具合同Y的公允价值为0，被套期存货的账面价值为50 000元，市价为55 000元。2018年6月30日，衍生金融工具合同Y的公允价值上涨了2 000元，存货X的公允价值下降了2 000元。当日，甲公司将存货X出售，售价53 000元，并结算用于套期的衍生金融工具合同Y。假定不考虑衍生金融工具的时间价值、商品销售相关的税费及其他因素。

[要求] 编制与甲公司上述业务相关的会计分录。

练习四

[目的] 对现金流量套期进行会计处理。

[资料] 2018年1月1日，乙公司预期将在3月31日销售一批W商品。该批商品的数量为2 000件，预期售价为150 000元。为规避与该预期销售有关的现金流量变动风险，乙公司于2018年1月1日与某金融机构签订了一项W商品期货合同，合同结算日为3月31日，并将其指定为对该W商品销售的现金流量进行套期的工具。W商品期货合同的标的资产与被套期W销售商品在数量、质量、价格变动和产地等方面相同。乙公司预期该套期完全有效。

2018年1月1日，W商品期货合同的公允价值为0。2月末，期货合同的公允价值上涨了20 000元，W商品的预期售价下降了20 000元。3月末，期货合同的公允价值又上涨了15 000元，W商品的预期售价也下降了15 000元。3月31日，乙公司将W商品售出，售价115 000元，并结算商品期货合同。假设不考虑期货合同的时间价值、商品销售相关的税费及其他因素。

[要求] 编制与乙公司上述业务有关的会计分录。

第六章 股份支付业务

学习目标

1. 掌握股份支付的含义、类别、环节及可行权条件等相关概念。
2. 掌握权益结算股份支付的会计核算方法。
3. 掌握现金结算股份支付的会计核算方法。
4. 掌握与股份支付修改与取消的会计处理原则。

第一节 股份支付概述

一、股份支付的含义

我国《企业会计准则第11号——股份支付》（CAS11）指出：股份支付是指企业为获取职工或其他方提供的服务而授予权益工具或者承担以权益工具为基础确定的负债的交易。从定义上看，股份支付就是企业与职工之间发生的一种交易，但这种交易以公司的股份为支付基础，从而赋予了股份支付一定的特殊性。

深入分析股份支付的定义，不难看出，股份支付在本质上是一种激励性交易，其核心功能是激励，其次才是交易功能。股份支付就是为了激励职工而安排的特殊交易，其主要特征如下。

（1）股份支付具有交易的特征。

股份支付主要是企业与职工之间，也可以是企业与其他方之间，因提供服务与接受服务的关系而产生的交易行为，具有一般合作伙伴之间交易的特征。所以，股份支付从形式上看，首先是一种交易行为。

（2）股份支付的对价是公司的股份或基于公司股份的现金。

股份支付是公司股份或基于股份计算的现金。这使股份支付具有了特别的激励作用。股份支付中的股份一般应该是企业自身的权益工具，但也可以是集团内部其他企业的股份。不论是哪家企业的股份，股份的价值都可能具有成长性，与企业未来的发展密切相关。股份支付通常以具有提升空间的企业股份作为支付基础，这无疑可使职工的利益同企业长远发展和未来价值有机联系起来，理顺了委托代理关系下的利益分配关系，可以发挥激励职工的作用。因此，股份支付与一般的现金支付方式有着本质区别。

（3）股份支付的对象多数是企业的职工，也可以是企业予以激励的其他方。

股份支付的目的很简单，主要就是激励企业的职工，尤其是优秀的管理人才与技术骨干。企业通过股份支付的方式，使他们分享企业的权益，将他们个人的经济利益与企业利益绑定在一起。恰当的股权激励可以留住企业需要的人才，有利于企业长期健康的发展。除了职工，企业因业务需要，为与其他方保持良好的合作伙伴关系，也可以采用股份支付的方式与其他利益相关者进行交易。

综上所述，可以说，股份支付是企业为了激励职工（或其他方）而采用股份支付的方式与其进行服务结算的交易业务。

二、股份支付的分类

股份支付通常有以下两种分类方法。

（一）按分享权益的类型不同分类

股份支付按其分享权益的类型划分，可分为股份增值权、股票期权、限制性股票、模拟股票、业绩股份、员工持股计划、利润分享计划、股份奖励、管理层收购等。从我国现行法律规定和实践操作情况来看，限制性股票、股票期权、股份增值权应用较广，模拟股票也有所应用。

1. 限制性股票

限制性股票是指事先授予激励对象一定数量的公司股票，但对股票的来源、抛售等都有一些特殊限制，激励对象只有在规定的服务期限后，完成要求的业绩目标（如净利润增长率等）时，才可解锁或出售限制性股票并从中获益；否则，企业有权将免费赠与的限制性股票收回或以激励对象购买时的价格回购限制性股票。

限制性股票在我国上市公司中应用较广。从目前上市公司实施的限制性股票方案来看，很多方案在可行权日之后，都是陆续分期解锁和行权的。例如，三六零（股票代码：601360）于 2006 年制订了限制性股票购买计划。计划规定：公司员工、董事及顾问均可按照规定价格购买规定数量的公司股票，其中，公司董事可以每股 5.2 美元的价格购买规定数量的公司股份，员工可以每股 2.8 美元的价格购买规定数量的公司股份。职工购买的股份不得转让和抵押，可分四次兑现，每隔 12 个月允许职工出售所持股份的 25%，职工可于持股 4 年后全部套现。

2. 股票期权

股票期权是公司授予激励对象的一种权利。激励对象可以在规定的时间内（即行权期）以事先确定的价格（即行权价）购买一定数量的本企业流通股票（即行权）。股票期权是一种权利，持有者在股票价格低于行权价时，可以放弃这种权利。

实施股票期权的假定前提是企业股票的内在价值在证券市场能够得到真实的反映。由于在有效市场中股票价格是企业长期盈利能力的反映，而股票期权至少要在 1 年以后才能实现，所以被授予者为了使股票升值而获得价差收入，会尽力保持企业业绩的长期稳定增长，使企业股票的价值不断上升。这样就使股票期权具有了长期激励的功能。

股票期权被我国上市公司广范运用。例如，阿里巴巴集团自成立以来，曾数次实施期权股份支付方案，如受限制股份单位计划、购股权计划等。阿里巴巴集团员工每年年终随着奖金的发放至少都会收到 1 份受限制股份单位奖励，每个员工的奖励因职位和贡献的不同而不同，每 1 份受限制股份单位分 4 年发放，每年发放 25%。这种滚动式受限制股份单位的发放，使得每位老阿里巴巴员工可能每年都有可行权股票，每年又会新增股票期权。海尔智家（600690）从 2009 年开始也先后数次实施股票期权激励。

3. 股份增值权

股份增值权是指企业给予激励对象的一种权利。这种权利使激励对象可以在规定的时间内获得规定数量的股份价格上升所带来的收益，但激励对象不拥有这些股份的所有权、表决权和配股权。激励对象在行权时，通常是从企业获得与股份升值收益等值的现金。

股份增值权与股票期权的区别主要在于激励标的物的不同。股票期权的激励标的物是企业的股票，激励对象在行权后可以获得完整的股东权益；股份增值权是一种虚拟股权激励工具，激励标的物仅仅是二级市场股价和激励对象行权价格之间的差价的升值收益，激励对象并不能获取企业的股票。另外，股票期权实际上是“企业请客，市场买单”，激励对象获得的收益由市场进行支付；股份增值权是“企业请客，企业买单”，激励对象的收益由企业用现金进行支付，其实质是企业奖金的延期支付。

4. 模拟股票

模拟股票是指企业授予激励对象的一种虚拟股票，激励对象可以据此享受一定数量的分红和股价升值收益，但不拥有股票的所有权、表决权，也不能对其进行转让和出售，虚拟股票在激励对象离开企业时自动失效。

在虚拟股票持有人实现既定目标的条件下，公司支付给持有人收益时，既可支付现金，也可支付等值的股票，或者同时支付股票和现金。虚拟股票通过其持有者分享企业剩余索取权，将他们的长期收益与企业效益挂钩。由于这种方式不涉及企业股票的所有权授予，只是奖金的延期支付，其长期激励效果并不明显。

（二）按结算方式的不同分类

根据现行企业会计准则的规定，股份支付按照结算方式的不同，可分为以权益结算的股份支付和以现金结算的股份支付。

1. 以权益结算的股份支付

CAS11 指出：以权益结算的股份支付是指企业为获取服务而以股份或其他权益工具作为对价进行结算的交易。从本质上看，以权益结算的股份支付属于企业与职工或其他方之间发生的权益交易。在权益结算的股份支付计划中，员工或其他方在未来规定的时间或期间、在满足行权条件的情况下，有权以固定的价格购买固定数量的企业股份或其他权益工具，从而持有企业完整的股份。

对于以权益结算的股份支付计划来讲，自其生效之日起，被授予股份的员工或其他方即拥有了企业股份或其他权益工具的相应权益。因此，在会计核算中，对于生效日与行权日之间员工或其他方提供服务的成本及获得的相应权益，应以权益工具授予日公允价值为基础计量，并将服务成本分别计入相关成本费用与所有者权益（资本公积）账户，待行权时，再根据行权情况确认股本和股本溢价。以权益结算的股份支付属于权益交易的范畴，相关服务成本和权益取决于授予日权益工具公允价值，不受未来权益工具变动的影响。

限制性股票和股票期权都属于以权益结算的股份支付，两者在未来行权后，都可以使职工获得真实的股权，但两者也存在一定区别的，具体如表 6-1 所示。

表 6-1 限制性股票和股票期权的比较

	风险	收益	激励力度	等待期/禁售期
限制性股票	风险较小	享有企业财产分割权和红利	根据企业利润完成确定，激励力度较大	被授予后，存在一定时期的禁售期
股票期权	风险较大	享有未来一定期限潜在收益	计划总额事先确定	在授予后存在等待期（一年或以上）

2. 以现金结算的股份支付

CAS11 指出：以现金结算的股份支付是指企业为获取服务而承担的以股份或其他权益工具为基础计算确定的交付现金或其他资产义务的交易。股票增值权和模拟股票都属于以现金结算的股份支付。

从本质上看，以现金结算的股份支付属于企业与员工之间的负债交易，员工以自己的服务在将来换取以企业股份或其他权益工具为基础计算的现金。在以现金结算的股份支付计划中，员工或其他方在未来规定的时间或期间、在满足一定行权条件的情况下，有权要求企业支付以企业股份或其他权益工具为基础计算的现金。

由于以现金结算的股份支付使企业在未来承担了支付义务，且该义务将随所授予权益工具的公允价值的变动而变动，因此，在会计核算中，相关服务成本和负债应基于每个等待期每个资产负债表日的公允价值计算确定，且在等待期结束后，如果相关负债尚未行权，则企业应在后续期间继续反映负债的公允价值变动损益。

以权益结算的股份支付和以现金结算的股份支付的主要区别如表 6-2 所示。

表 6-2　以权益结算的股份支付和以现金结算的股份支付之比较

	以权益结算的股份支付	以现金结算的股份支付
交易性质	属于权益交易的范畴	属于负债交易的范畴
初始计量	基于授予日权益工具公允价值	基于行权前资产负债表日权益工具公允价值
后续计量	无须确认权益工具公允价值变动	确认权益工具公允价值变动损益
涉及的科目	成本费用/权益	成本费用/负债
结算方式	以权益工具结算	以现金结算
常见种类	限制性股票/股票期权	股票增值权/模拟股票

从理论上看，以权益结算的股份支付和以现金结算的股份支付各有利弊：前者的优点是激励对象可以获得真实股权，企业不需要支付大笔资金，但企业股本需要变动，原股东持股可能被稀释；后者不影响企业股本结构，原有股东股权比例不会被稀释，但企业需要大量现金，激励对象不能获得真正的股份。

企业在确定股权激励方式时，应充分考虑企业性质、市场竞争程度、所处行业、企业发展的阶段、企业经营状况等多种因素，否则，可能达不到股权激励效果。例如，以现金结算的股份支付未来行权时需要大量现金，对于企业发展的初期阶段可能就不太合适。另外，如果股份支付的等待期限太短，可能会使企业管理层出现短期行为，不利于股份支付发挥应有的激励作用。目前，我国实施股份支付方案的上市公司，其等待期一般都倾向于中长期。

三、股份支付的主要环节

除立即行权外，典型的股份支付通常涉及授予、可行权、行权、出售和失效等几个主要环节。

（一）授予日

授予日是股份支付协议获得股东大会或类似权力机构批准的日期。股份支付协议获得批准意味着企业与职工（或其他方）就股份支付协议中的主要条款和条件已达成一致意见，即双方均接受股份支付协议中规定的条件和条款。按照相关法规的规定，股份支付计划的授权日应报中国证券监督管理委员会（以下简称“证监会”）备案。证监会无异议后，应经企业股东大会审议批准，最后由公司董事会确定。

（二）可行权日

可行权日是职工或其他方因可行权条件得到满足、有权从企业取得权益工具或现金的日期。从授予日到可行权日的期间，是行权等待期或行权限制期，是等待可行权条件得到满足的期间。可行权日是等待期的最后一日。在这个时点，企业可根据股份支付方案的规定，确认可行权条件是否得到了满足，并确定有多少职工有资格行权以及能够换取多少权益工具或现金。

（三）行权日

行权日是指职工或其他方行使权利、获取现金或获取权益工具的日期。例如，以权益结算的股份支付行权以后，持有股票期权的职工行使了以特定价格购买一定数量公司股票的权利，职工就真正拥有了企业完整的股票；以现金结算的股份支付行权以后，职工会获得基于企业股票升值带来相应现金收益。股份支付方案的行权日一般安排在可行权日至行权失效日之间的时间段，可能是一次完成行权，也可能是分期完成行权。

（四）出售日

出售日是指职工或其他方可以将以权益结算的股份支付中获取的股票出售的日期。根据我国现行有关法规的规定，企业在以权益结算的股份支付中获取的股票，一般不允许在行权后立即出售。企业用于期权激励的股份支付协议，在行权日与出售日之间都设有一段时间的禁售期。在禁售期间，激励对象行权后所获得的股票无法进行交易。根据有关规定，我国国有控股上市公司设定的禁售期一般不得低于 2 年。

（五）行权失效日

行权失效日是指股份支付协议中规定的可行权权利失效的日期。行权日至行权失效日之间的期间一般称为行权有效期。满足可行权条件的职工或其他方，应按规定在行权有效期内行权。过了行权有效期后，股份支付方案相关的权利和义务就此结束。

股份支付交易环节如图 6-1 所示。

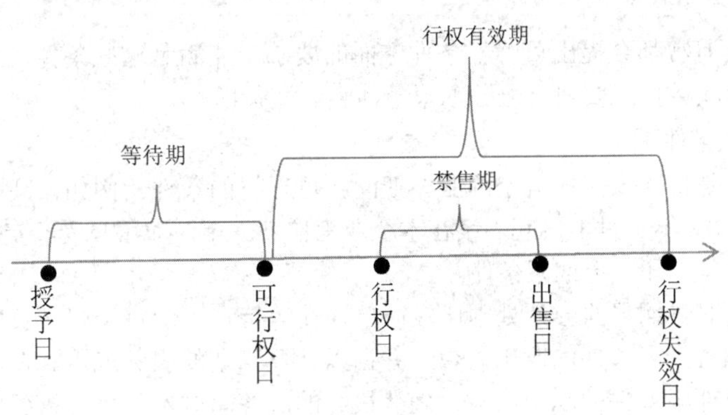

图 6-1　典型的股份支付交易环节示意图

【例6-1】 假设天健公司于2014年12月31日被批准授予一项股份支付计划。该计划于2015年1月1日开始实施。计划规定：若职工从2015年起连续在公司工作满2年，即可以每股5元的价格购买公司3 000股股份；行权日为2016年年末；行权期为3年，从2016年年末至2018年年末，其中2016年年末可行权30%，2017年年末可行权30%，2018年年末可行权40%，2018年年末未行权部分自动失效。已行权后的股票禁售期为2年。

要求：分析天健公司的股份支付协议涉及的相关环节。

分析：

在本例中，天健公司于2014年12月31日批准的股份支付计划分别涉及授予日、可行权日、行权日、可出售日、行权失效日以及等待期和禁售等环节，具体安排如表6-3所示。

表 6-3 天健公司股份支付的基本方案

阶段名称	时间安排	备注
授权日	2014 年 12 月 31 日	
等待期	2015 年 1 月 1 日至 2016 年 12 月 31 日	
可行权日	2016 年 12 月 31 日	
行权日	第 1 期：2016 年 12 月 31 日	可获得 900 股（占 30%）
	第 2 期：2017 年 12 月 31 日	可获得 900 股（占 30%）
	第 3 期：2018 年 12 月 31 日	可获得 1 200 股（占 40%）
禁售期	第 1 期：2016 年 12 月 31 日—2018 年 12 月 31 日	
	第 2 期：2017 年 12 月 31 日—2019 年 12 月 31 日	
	第 3 期：2018 年 12 月 31 日—2020 年 12 月 31 日	
可出售日	第 1 期：2018 年 12 月 31 日	
	第 2 期：2019 年 12 月 31 日	
	第 3 期：2020 年 12 月 31 日	
行权失效日	2018 年 12 月 31 日	

四、股份支付的可行权条件及变更

可行权条件是指股份支付协议中规定的能够确定企业是否得到了职工或其他方提供的服务，且该服务能使职工或其他方拥有获取协议规定的权益工具或现金权利的条件。在股份支付协议中，有些条件不影响职工或其他方行权，属于非行权条件。非行权条件在股份支付的会计核算中，一般不予考虑。

股份支付方案通常都会提出可行权条件方面的要求，在满足这些条件之前，职工无法获得股份或现金。可行权条件主要包括服务期限条件和业绩条件。

（一）服务期限条件

服务期限条件是指职工完成规定的服务期间才可行权的条件。例如，某股份支付协议中规定，如果职工从 2018 年 1 月 1 日起连续在本企业工作满 3 年，即可享受一定数量的股票期权，协议中的服务满 3 年，即服务期限条件。

可行权条件是服务期限的会计处理比较简单，在等待期内的每个资产负债表日，企业应估计预期能够满足服务期限条件的职工人数，并据以计算当期的服务成本。在可行权日，企业应根据最终满足服务期限条件的职工人数，确认最终的服务总成本。可行权条件是服务期限的股份支付协议，一般不会存在因不满足可行权条件而取消股份支付的情况。

（二）业绩条件

业绩条件是指职工或其他方根据股份支付协议的要求，在规定的服务期限内应达到的特定业绩目标的可行权条件，具体包括市场条件和非市场条件。

1. 市场条件

市场条件是指与权益工具市场价格（即股价）相关的业绩条件。例如，某股份支付协议规定：如果 2 年后企业股票价格上涨 10%，职工即可获得每人 1 000 股期权。这里关于企业股价上涨 10%的规定就是市场条件。根据 CAS11 的规定，企业在确定权益工具授予日的公允价值时，应考虑市场条件的影响；在确定每期服务成本时，无须考虑市场条件的影响，只要其他可行权条件得到满足，就可以确定当期服务成本。

2. 非市场条件

非市场条件是指除市场条件之外的其他业绩条件。例如，某股份支付协议规定：如果 2 年后企业净利率的平均增长率达到 15%，管理层可获得每人 5 000 股期权。这里关于企业净利率平均增长率达到 15%的规定就是非市场条件。根据 CAS11 的规定，企业在确定权益工具授予日的公允价值时，不需要考虑非市场条件的影响；在确定每期服务成本时，必须考虑非市场条件的影响，只有非市场条件得到满足，才能确认当期服务成本。

另外，股份支付协议中，可能还会存在对激励对象的某些其他要求。例如，不能受证监会处罚等，在确认股份支付的服务成本时，这些重要的相关因素也应予以考虑。

现将可行权条件的主要内容进行以下归纳，如图 6-2 所示。

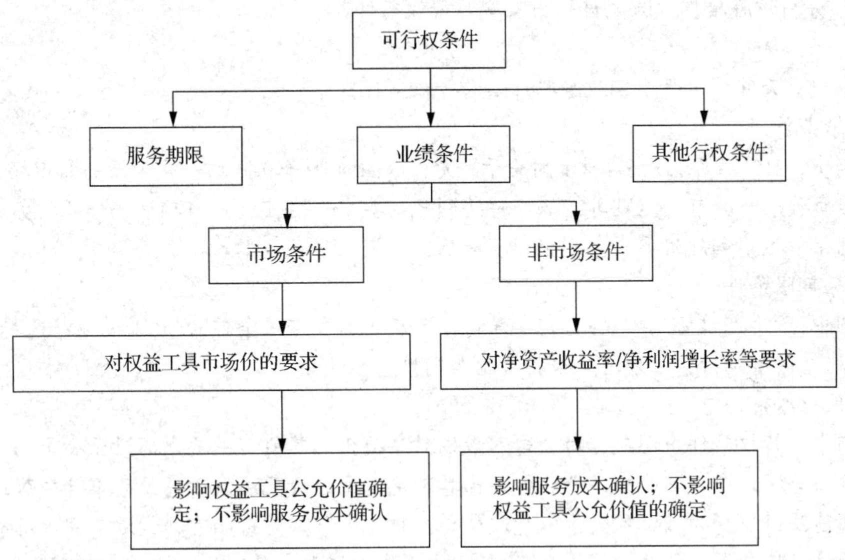

图 6-2　可行权条件的内容

【例6-2】 2018年，天健公司拟向其管理层授予权益总计为5 000万份的股票期权，约占公司股本总额的2%，等待期限为5年，行权分2期进行。该股份支付协议规定的行权条件如下。

1. 业绩方面的条件

（1）等待期业绩考核要求

在等待期内，归属于上市公司股东的净利润及归属于上市公司股东的扣除非经常性损益的净利润均不得低于股票期权授予日前3个会计年度的平均水平且不得为负。

（2）行权前1年度业绩考核要求

在股票期权行权期前1年度，公司将考核加权平均净资产收益率和净利润增长率，考核的具体要求如表6-4所示。

表 6-4　股票期权各年度财务业绩考核指标

行权期	业绩指标
第一个行权期	前 1 年度加权平均净资产收益率不低于 20%； 当期经审计的净利润较授予日年度增长率达到或超过 15%
第二个行权期	前 1 年度加权平均净资产收益率不低于 20%； 当期经审计净利润较授予日年度增长率达到或超过 15%

2. 对公司方面提出的要求

在等待期内及行权时，公司不能发生如下任一情形。

（1）最近一个会计年度财务会计报告被注册会计师出具否定意见或者无法表示意见的审计报告；

（2）最近一年内因重大违法违规行为被证监会予以行政处罚；

（3）证监会认定的其他情形。

3. 对激励对象提出的要求

在等待期内及行权时，激励对象不能发生如下任一情形。

（1）最近三年内被证券交易所公开谴责或宣布为不适当人选的；

（2）最近三年内因重大违法违规行为被证监会予以行政处罚的；

（3）具有《中华人民共和国公司法》（以下简称《公司法》）规定的不得担任公司董事、监事、高级管理人员情形的。

要求：分析该股票期权激励计划中有哪些行权条件？

分析：

在本例中，天健公司股票期权激励计划的行权条件如下。

1. 业绩条件

在本例中，业绩条件指表6-4列示的关于净资产收益率和净利润增长率方面的非市场条件。在等待期的资产负债表日，只要这些非市场条件达到规定要求，企业就应当确认当期的服务成本；如果这些非市场条件达不到规定要求，则企业不能确认当期的服务成本。

2. 服务期限条件

在本例中，股票期权协议中规定的5年等待期即属于服务期限条件。在企业的业绩达标的情况下，只有服务满5年的激励对象，才有资格获得股票期权。

3. 其他行权条件

在本例中，行权条件中还包括对公司和激励对象提出的其他有关要求。对于公司而言，在最近一年的年度报告审计中，不能被注册会计师出具否定意见或者无法表示意见的审计报告；最近一年不能因重大违法违规行为被证监会予以行政处罚。对于被激励对象而言，最近三年内不能有重大违法违规行为被证监会予以行政处罚等；最近三年内不能被证券交易所公开谴责或宣布为不适当人选；不能违背《公司法》规定的不得担任公司董事、监事、高级管理人员情形等。企业在期末确认服务成本时，应该考虑这些条件。

（三）可行权条件及条款的变更

在通常情况下，股份支付协议生效后，企业不应对其条款和条件随意修改。但在某些情况下，企业可能也需要修改授予的权益工具股份支付协议中的条款和条件。例如，企业因股票除权、除息或其他原因，可能需要调整行权价格或所授予股票期权的数量。此外，为了得到更佳的激励效果，有关法规也允许企业依据股份支付协议的规定，调整行权价格或股票期权数量。

关于上市公司股份支付条件和条款的变更，中国证券监督管理委员会在《上市公司股权激励管理办法》（2018）中做了严格的限制和规定，上市公司必须按照规定实施。另外，财政部针对股份支付可行权条件及条款的变更，也做了相关的会计处理规定。根据现行企业会计准则的规定，修改后的条款如果对职工有利，如缩短等待期、降低行权价格、增加授予的股份数量等，则在会计处理上应该考虑这些条件和条款的修改；如果修改后的条款对职工不利，如延长等待期、提高行权价格、减少授予的股份数量等，则在会计处理上不予考虑这些条件和条款的修改。

五、权益工具公允价值的确认

对于股份支付激励方案，不论是以现金结算还是以权益结算，都将涉及权益工具的公允价值，因为，以权益结算的股份支付需基于授予日权益工具的公允价值核算；以现金结算的股份支付需基于等待期每一个资产负债表日权益工具的公允价值核算。

根据现行企业会计准则的规定，股份支付中授予的权益工具（如期权）的公允价值的确定，应当以标的权益工具的市场价格为基础。不论是直接授予的股份还是股票期权，如果存在活跃的交易市场，应当以市场价值为基础确认；如果没有活跃的交易市场，应当采用估值技术计算确定。在通常情况下，企业在实施了股份激励支付方案后，应当按照我国《企业会计准则第 22 号——金融工具确认和计量》（CAS22）的有关规定确定权益工具的公允价值，并根据具体的股份支付协议条款和条件进行调整。

在确认权益工具公允价值时，应注意以下几个原则。

（一）限制性股票公允价值的确定原则

限制性股票公允价值的确定相对比较简单。这类股票在市场上自由交易，属于存在活跃市场的金融资产，因此，其市价即为权益工具的公允价值。但如果限制性股票的取得条件包含了市场条件，则该种激励方式便具有了股票期权的特征。在这种情况下，企业应明确该期权工具的类别，并按期权估值模型确定其公允价值。

（二）股票期权和股票增值权公允价值的确定原则

对于授予职工的股票期权，因其通常受到一些不同于交易期权的条款和条件的限制，在许多情况下，难以获得其市场价格。如果市场上不存在条款和条件相似的交易期权，就应通过期权定价模型来估计所授予期权的公允价值。

根据期权定价模型来估计期权公允价值非常复杂，需要考虑诸多因素，如期权的行权价格、期权期限、基础股份的现行价格、估计的预计波动率、股份的预计股利、期权期限内的无风险利率等。此外，还应考虑熟悉情况和自愿的市场参与者在确定期权价格时会考虑的其他因素，如期权定价模型的输入变量的估计、预计提早行权、预计波动率、预计股利、无风险利率、资本机构的影响等。

（三）权益工具公允价值无法可靠确定时的处理原则

在极少数情况下，授予权益工具的公允价值无法可靠计量，企业应在获取服务的时点、后续的每个资产负债表日和结算日，以内在价值计量该权益工具，内在价值的变动应计入当期损益。内在价值是指交易对方有权认购或取得的股份的公允价值与其按照股份支付协议应当支付的价格间的差额。

股票期权的定价属于财务管理的范畴，具有专业性，应该由专业人员、采用相关准则和规范允许的期权定价模型、在充分考虑相关因素后确定，本书不做详尽阐述。

六、股份支付业务的主要内容

我国《企业会计准则第 11 号——股份支付》（2006）详尽规范了股份支付一般业务的核算方法，包括现金结算股份支付和权益结算股份支付的核算方法；除 CAS11 之外，财政部在后续发布的企业会计准则解释文件中，对股份支付的会计核算方法又做了些补充规定，其中《企业会计准则解释第 3 号》（2009）规范了股权激励可行权条件变更的会计处理方法；《企业会计准则解释第 4 号》（2010）规范了集团内部企业股份支付的会计核算方法；《企业会计准则解释第 7 号》（2015）规范了限制性股票的会计核算方法。

现金结算股份支付当期费用的计算

本章将在第二节阐述股份支付一般业务的会计核算方法，主要包括以现金结算的股份支付和以权益结算的股份支付业务的核算；在第三节阐述股份支付其他的相关业务的核算，主要包括可行权条件的变更与取消和回购股票激励计划等业务的核算。其他内容本书暂不阐述。

第二节 股份支付一般业务的核算

一、股份支付的确认与计量原则

股份支付的确认与计量主要指对以权益结算的股份支付和以现金结算的股份支付中服务成本及所有者权益或负债的会计确认与计量。股份支付的会计确认主要涉及核算中使用的会计科目；会计计量主要涉及服务成本的计算。根据现行企业会计准则的规定，股份支付会计核算的原则如下。

（一）以权益结算的股份支付的确认与计量原则

股份支付方案中确定的服务成本主要取决于相关权益工具的公允价值和未来可行权权益工具数量。以权益结算的股份支付应该以授予日权益工具公允价值及未来可行权权益工具数量的最佳估计为基础，计算确定股份支付的总服务成本及当期服务成本，并在等待期内，分期确认为相关成本费用和权益。在会计核算中，应注意区分换取职工服务的股份支付和换取其他方服务的股份支付。

1. 换取职工服务的以权益结算的股份支付的确认与计量原则

对于换取职工服务的以权益结算的股份支付，企业应当以所授予的权益工具的公允价值计量。在等待期内的每个资产负债表日，企业应以可行权权益工具数量的最佳估计为基础，按照权益工具在授予日的公允价值，将当期取得的服务成本借记相关成本费用科目，贷记资本公积（其他资本公积）科目。

当期服务成本的计算公式为：

当期服务成本=等待期预计服务成本总和−已累计确认服务成本

等待期预计服务成本总和＝预计未来可行权人数×人均授予股份数量×授予日权益工具公允价值

由于未来可行权的职工人数可能会发生变动，因此，企业必须在每个资产负债表日对未来可行权职工人数做出最佳估计，以便修正预计可行权的权益工具数量。

对于授予后立即可行权的换取职工服务的权益结算股份支付（如限制性股票），企业应根据授予日权益工具公允价值、可行权人数及授予的股份数量计量取得服务的成本，并将其计入相关资产成本或当期费用，同时计入股本和资本公积（股本溢价）账户。

2. 换取其他方服务的以权益结算的股份支付的确认与计量原则

对于换取其他方服务的权益结算股份支付，企业应当以换取其他方服务的公允价值为基础，计量相关服务成本。如果其他方服务的公允价值不能可靠计量，而权益工具的公允价值能够可靠计量，企业应当按取得服务日权益工具公允价值为基础计量服务成本，并将服务成本计入相关成本费用和所有者权益账户。

（二）以现金结算的股份支付的确认与计量原则

以现金结算的股份支付的确认与计量和以权益结算的支付的确认与计量有某些类似之处，如服务成本都取决于股份支付方案中权益工具的公允价值和未来可行权权益工具数量。但以现金结算的股份支付未来以现金结算，属于企业与职工负债的交易，因此，与以权益结算的股份支付在确认与计量方面尚存在较大差异。

从会计确认方面看，在等待期内，对于以现金结算的股份支付的服务成本，应分别确认为相关成本费用与负债，借记相关成本费用科目，贷记“应付职工薪酬（股份支付）”科目。

从会计计量方面看，在等待期内，以现金结算的股份支付的服务成本与负债均应以每个资产负债表日的权益工具公允价值为基础计量；等待期结束后，在结算之前，应继续按每个资产负债表日权益工具公允价值计量应付职工薪酬（股份支付），并将这期间负债公允价值的变动计入当期损益。

二、股份支付的会计处理要点

股份支付的会计处理，必须以完整、有效的股份支付协议为基础。根据现行企业会计准则的规定，股份支付的会计处理主要涉及授予日、等待期内每个资产负债表日、可行权日、行权日至行权日期间及行权日几个环节。

（一）授予日

除了立即可行权的股份支付外，不论以权益结算的股份支付还是以现金结算的股份支付，在授予日都不需要做会计处理。

（二）等待期内每个资产负债表日

在等待期内每个资产负债表日，企业应将取得的职工或其他方的当期服务成本，根据被激励对象的不同，借记管理费用等有关成本费用科目；根据结算方式的不同，贷记资本公积或应付职工薪酬科目。相关会计分录为：

借：生产成本、制造费用、管理费用、销售费用、研发支出等

　　贷：资本公积——其他资本公积[权益结算]

　　　　应付职工薪酬——股份支付[现金结算]

对于附非市场业绩条件和服务期限条件的股份支付，只有当相关条件得到满足时，才可以确认当期服务成本。对于附市场条件的股份支付，只要股份支付协议中的其他所有可行权条件得到满足，包括服务期限条件和非市场业绩条件等，企业就应当确认当期服务成本。

（三）可行权日

可行权日一般也是等待期的结束日，如果股份支付协议中的行权条件得到满足，则企业应确认最后一期的服务成本。就此，预计未来可行权的权益工具数量基本确定，股份支付的服务总成本也最后确定。

在可行权日，对于附非市场业绩条件（如净利润增长率等）的股份支付，如果职工因相关非市场业绩条件未得到满足而无法行权，则企业应转回已确认服务成本；对于附市场条件（即股票价格）的股份支付，如果因市场条件未得到满足而无法行权，则企业不能转回已确认服务成本。

（四）可行权日至行权日期间

对于以权益结算的股份支付，因其属于企业和职工或其他方之间权益交易的范畴，因此，企业在可行权日至行权日期间，不再对行权日已确认服务成本和所有者权益总金额进行调整。

对于以现金结算的股份支付，因其属于企业和职工或其他方之间负债交易的范畴，根据现行企业会计准则的规定，企业在可行权日至行权日期间，对行权日已确认的服务总成本不能再进行调整，但对于反映负债的应付职工薪酬（股份支付）账户，应根据后续公允价值的变动进行调整，并将其价值变动计入当期损益。

（五）行权日

对于以权益结算的股份支付，在行权日，职工或其他方应向企业支付购股款，换取相应的股份，并办理股权登记手续。企业应根据收到的购股款，借记“银行存款”科目；根据职工在等待期的服务总成本，借记“资本公积——其他资本公积”科目；根据职工换取的股份面值，贷记“股本”科目；根据换取股份的溢价，贷记“资本公积——股本溢价”科目。

对于以现金结算的股份支付，在行权日，企业应根据行权时支付给职工的现金，借记“应付职工薪酬——股份支付”科目，贷记“银行存款”科目。

以权益结算的股份支付和以现金结算的股份支付的会计处理要点如表 6-5 所示。

表 6-5　以权益结算的股份支付和以现金结算的股份支付的会计处理要点

	以权益结算股份支付	以现金结算股份支付
授予日	无须编制会计分录（立即行权除外）	无须编制会计分录（立即行权除外）
等待期	基于授予日股份公允价值确认服务成本及权益（资本公积）	基于财务报告日股份公允价值确认服务成本及负债（应付职工薪酬）
可行权日	等待期内服务成本及资本公积总额确定	等待期内服务成本及负债总额确定
可行权日至行权日期间	不涉及后续确认	对于尚未行权的负债，应按权益工具公允价值变动继续确认公允价值变动损益
行权日	根据行权情况进行会计处理	根据行权情况进行会计处理

三、股份支付的会计处理示例

(一) 以权益结算的股份支付示例

【例6-3】 天健公司为上市公司。2015年12月，天健公司的董事会批准了一项以权益结算的股份支付协议。协议规定，2016年1月1日，该公司向其50名管理人员每人授予5 000份股票期权。如果这些管理人员从2016年1月1日起在公司连续服务3年，可于2018年年底以每股20元的价格购买5 000股公司股票。公司估计该期权在授予日的公允价值为28元人民币。

（1）第1年有2名管理人员离开公司，估计3年中离开公司的管理人员为5人。

（2）第2年又有2名管理人员离开公司，估计3年中离开公司的管理人员仍为5人。

（3）第3年没有管理人员离开。

（4）第3年年末，46名管理人员全部行权。

要求：编制与该股份支付相关的会计分录（单位：元）。

分析：

该股份支付的行权条件只有服务年限，服务年限为3年，等待期结束后管理人员即可行权。根据上述资料，天健公司在等待期各年应该确认的服务成本如表6-6所示。

表 6-6　费用和资本公积计算表　单位：元

年份	计算	当期费用	累计费用
2016	（50−5）×5 000×28×1/3	2 100 000	2 100 000
2017	（50−5）×5 000×28×2/3−2 100 000	2 100 000	4 200 000
2018	（50−4）×5 000×28−4 200 000	2 240 000	6 440 000

根据表6-6，天健公司应编制如下相关会计分录。

（1）授予日：

无须编制会计处理。

（2）在等待期内每个资产负债表日，确认服务成本。

① 2016年12月31日：

借：管理费用　　2 100 000

　　贷：资本公积——其他资本公积　　2 100 000

② 2017年12月31日：

借：管理费用　　2 100 000

　　贷：资本公积——其他资本公积　　2 100 000

③ 2018年12月31日：

借：管理费用　　2 240 000

　　贷：资本公积——其他资本公积　　2 240 000

（3）2018年12月31日，行权时：

借：银行存款（46×5 000×20）　　4 600 000

　　资本公积——其他资本公积　　6 440 000

　　贷：股本（46×5 000×1）　　230 000

　　　　资本公积——股本溢价　　10 810 000

【例6-4】 2015年12月，天健公司董事会批准了一份股份支付协议。协议规定：2016年1月1日，公司向其50名管理人员每人授予5 000份股票期权。如果公司2016年净利润增长率达到20%，或者公司2016年和2017年两年平均净利率增长率达到15%，或者公司2016年至2018年三年平均净利润增长率达到10%，这些管理人员均可于满足行权条件一年以后，以每股20元的价格购买5 000股公司股票；公司估计该期权在授予日的公允价值为28元人民币。其他相关资料如下。

（1）2016年，公司净利润增长率为17%，没有满足2016年的可行权条件，但公司估计2017年年底能够满足行权条件；当年有2名管理人员离开公司，估计3年中离开公司的管理人员大概为5人。

（2）2017年公司净利润增长率为11%，没有满足2017年的可行权条件，但公司估计2018年年底能够满足行权条件；当年有2名管理人员离开公司，估计3年中离开公司的管理人员仍为5人。

（3）2018年公司净利润增长率为15%，满足可行权条件；第3年没有管理人员离开。

（4）2019年年末，46名管理人员全部行权。

要求：编制与该股份支付相关的会计分录（单位：元）。

分析：

本题的股份支付协议，从2016年至2018年的每一年均有相应的可行权条件，哪一年满足可行权条件，管理人员即可在哪一年取得股票期权。根据本例的资料，在2016年至2018年期间，各年的业绩条件、实际净利润增长率、可行权条件满足情况以及离职情况如表6-7所示。

表6-7　股份支付协议相关情况一览表

	2016年	2017年	2018年
业绩条件（净利润增长率）	20%（当年）	前两年平均15%	前三年平均10%
实际净利润增长率	17%（当年）	前两年平均14%	前三年平均15%
可行权条件满足情况	当年未满足，估计2017年满足条件	当年未满足，估计2018年满足条件	满足可行权条件
离职情况	预计共5人离职	预计共5人离职	实际离职4人

根据表6-7，天健公司可计算该股票期权在2016年至2018年资产负债表日应确定的服务成本和资本公积金额，计算过程如表6-8所示。

表6-8　费用和资本公积计算表　单位：元

年份	计算过程	当期费用	累计费用
2016	（50−5）×5 000×28×1/2	3 150 000	3 150 000
2017	（50−5）×5 000×28×2/3−3 150 000	1 050 000	4 200 000
2018	（50−4）×5 000×28−4 200 000	2 240 000	6 440 000

根据表6-8，天健公司应编制如下会计分录。

（1）2016年12月31日，确认服务成本时：

借：管理费用　3 150 000

　贷：资本公积——其他资本公积　3 150 000

（2）2017年12月31日，确认服务成本时：

借：管理费用　1 050 000

　贷：资本公积——其他资本公积　1 050 000

（3）2018年12月31日，确认服务成本时：

借：管理费用　2 240 000

　贷：资本公积——其他资本公积　2 240 000

（4）2019年12月31日，行权时：

借：银行存款（46×5 000×20）　4 600 000

　资本公积——其他资本公积　6 440 000

　贷：股本（46×5 000×1）　230 000

　　资本公积——股本溢价　1 081 000

（二）以现金结算的股份支付示例

【例6-5】天健公司于2015年1月1日实施了一项以现金结算的股份支付协议。协议规定，2015年1月1日，公司向其20名核心技术人员每人授予5 000份现金股票增值权。如果这些技术人员从2015年1月1日起在公司连续服务3年，即可于2017年年底基于股票授予日股价的增长幅度获得相应的现金。等待期满后，技术人员可选择在2017年至2019年的任意一个年末行权。天健公司估计该增值权在结算前每一资产负债表日的公允价值及行权后每份增值权职工可获得的现金如表6-9所示。

股份支付有利修改时服务成本的计算

表6-9　各年公允价值与支付现金一览表　单位：元

年份	公允价值	支付现金
2015	28	
2016	30	
2017	32	30
2018	35	40
2019		50

其他资料如下。

（1）2015年没有技术人员离开公司，估计3年中离开公司的技术人员为2人。

（2）2016年有1名技术人员离开公司，估计3年中离开公司的技术人员仍为2人。

（3）2017年没有技术人员离开；没有技术人员选择行权。

（4）2018年年末，10名技术人员选择行权。

（5）2019年年末，其余9名技术人员全部行权。

要求：编制与该股份支付相关的会计分录（单位：元）。

分析：

在本例中，天健公司实施的现金股份增值权，只有3年服务期限的要求。服务满3年后，技术人员即可选择行权。根据企业会计准则的要求，天健公司应在每个等待期末，根据各年股票增值权公允价值确认当期服务成本。根据题中各年增值权公允价值及离职情况，天健公司可计算各年的服务成本和负债，计算过程如表6-10所示。

表6-10 费用和负债计算表 单位：元

年份	负债计算 （1）	负债 （2）=（1）	支付现金计算过程 （3）	支付现金 （4）=（3）	当期费用* （5）=（2）变动额+（4）
2015	（20−2）×5 000×28×1/3	840 000	/	0	840 000
2016	（20−2）×5 000×30×2/3	1 800 000	/	0	960 000
2017	（20−1）×5 000×32	3 040 000	/	0	1 240 000
2018	（20−1−10）×5 000×35	1 575 000	10×5 000×40	2 000 000	535 000
2019	/	0	9×5 000×50	2 250 000	675 000
总额	/	0	/	4 250 000	4 250 000

*当期费用即当期借记“管理费用”科目，贷记“应付职工薪酬——股份支付”科目的服务成本。该金额可基于“应付职工薪酬——股份支付”科目的期初余额、期末余额及当期借方发生额（即行权时支付的现金）来计算。例如，2018 年当期费用=应付职工薪酬（2018 年年末金额−2017 年年末金额）+2018 年行权支付的现金=（1 575 000−3 040 000）+2 000 000=535 000（元）。

根据表6-10的计算结果，天健公司在各年应编制的会计分录如下。

（1）2015年12月31日，确认服务成本时：

借：管理费用　840 000

　贷：应付职工薪酬——股份支付　840 000

（2）2016年12月31日，确认服务成本时：

借：管理费用　960 000

　贷：应付职工薪酬——股份支付　960 000

（3）2017年12月31日，确认服务成本时：

借：管理费用　1 240 000

　贷：应付职工薪酬——股份支付　1 240 000

（4）2018年12月31日，支付现金，并确认负债的公允价值变动时：

借：应付职工薪酬——股份支付　2 000 000

　贷：银行存款　2 000 000

借：公允价值变动损益　535 000

　贷：应付职工薪酬——股份支付　535 000

（5）2019年12月31日支付现金，并确认负债的公允价值变动时：

借：应付职工薪酬——股份支付　2 250 000

　贷：银行存款　2 250 000

借：公允价值变动损益　675 000

　贷：应付职工薪酬——股份支付　675 000

第三节 股份支付其他业务的核算

一、股份支付计划修改的会计处理

股份支付计划的修改主要指对股份支付协议中的行权价格或权益工具数量的修改，通常分为对职工有利的修改和对职工不利的修改两种情况。对职工的有利修改包括增加所授予权益工具的公允价值、增加所授予权益工具的数量、缩短等待期等情形；对职工的不利修改包括减少所授予权益工具的公允价值、减少所授予权益工具的数量、延长等待期等情形。

我国现行企业会计准则的规定，无论已授予权益工具的条款和条件如何修改，甚至是取消或提前结算，企业都应至少确认按照所授予的权益工具在授予日的公允价值来计量获取的相应服务，除非因不能满足权益工具的可行权条件（除市场条件外）而无法行权。这就是说，不论股份支付计划如何修改，企业都不可能取消确认相关服务成本（不满足可行权条件的除外），且最低应基于授予日权益工具公允价值来确认。股份支付计划修改的会计处理原则如下。

（一）条款和条件的有利修改

关于股份支付其他相关业务

1. 增加了所授予权益工具公允价值

如果修改导致所授予权益工具的公允价值增加，则这通常意味着权益工具行权价格的降低，职工可以获得更大的利，属于对职工有利的修改。

从会计核算方面看，当修改导致所授予权益工具公允价值增加时，企业除了按原股份支付方案正常确认服务成本之外，还应按照权益工具公允价值的增加额相应地确认服务成本的增加。如果修改发生在等待期内，则修改日至可行权日之间的服务成本应当既包括在原剩余等待期内按原权益工具授予日公允价值确定的服务成本，也包括权益工具公允价值的增加。如果修改发生在可行权日之后，企业应当立即确认权益工具公允价值的增加。

2. 增加了所授予的权益工具数量

如果修改导致所授予的权益工具的数量增加，则这意味着职工将获得更多的股份或现金，因此，对职工也是有利的修改。

从会计核算方面看，当修改导致所授予的权益工具的数量增加时，企业应将因增加权益工具数量而增加的公允价值确认为服务成本的增加。如果修改发生在等待期内，则修改日至可行权日之间取得服务的公允价值，应当既包括在原剩余等待期内按原权益工具数量确定的服务成本，也包括增加权益工具而相应增加的服务成本。如果修改发生在可行权日之后，企业应当立即确认权益工具公允价值的增加。

3. 其他有利修改

如果企业以缩短等待期、减轻或取消非市场业绩条件等有利于员工的方式修改，则在进行会计处理时，应当按修改后的可行权条件进行。

【例6-6】 天健公司于2015年1月1日向其30名高级管理人员和核心技术人员每人授予5万份股票期权。根据股份支付协议的规定，如果这些人员自2015年1月1日起在公司服务满三年，即可按股份支付计划的规定行权。授予日每份期权的公允价值为5元。

2015年年底，受市场影响，天健公司股价大幅下跌。2016年1月1日，管理层决定修改股份支付协议，降低期权的行权价格。在修改股份支付计划的当天，该股票期权的公允价值已跌至1元/份。天健公司修改了股份支付计划的行权价格后，期权公允价值涨到3元/份。

2015年下半年，有2人离职。2015年年底，天健公司估计将有20%的人员在三年内离职。2016年年底，天健公司将离职率修订为10%。2017年年底，等待期结束，最终实际离职3人，其余27人均按计划行权。

要求：分别计算2015年、2016年和2017年股份支付计划的服务成本。

分析：

在本例中，2015年1月1日，天健公司开始实施一项股份支付计划（授予股票期权），授予日期权的公允价值为5元/份。2015年年底，受市场因素影响，天健公司的股价大跌，导致股票期权的公允价值跌至1元/份。因此，该公司决定修改该股份支付计划，降低期权的行权价格，行权价格的修改导致了股票期权公允价值涨到3元/份。因该修改属于有利于职工的修改，因此，修改前后每份期权公允价值增加的2元，应作为期权公允价值的增加，在2016年和2017年计入服务成本。

天健公司2015年、2016年和2017年股份支付计划服务成本的计算过程如下。

（1）2015年的服务成本=30×（1-20%）×50 000×5×1/3=2 000 000（元）

（2）2016年的服务成本=[30×（1-10%）×50 000×5×2/3+30×（1-10%）×50 000×2×1/2]-2 000 000
=[4 500 000+1 350 000]-2 000 000=3 850 000（元）。

（3）2017年的服务成本=[27×50 000×5×3/3+27×50 000×2×2/2]-2 000 000-3 850 000
=[6 750 000+2 700 000]-2 000 000-3 850 000=3 600 000（元）。

（二）条款和条件的不利修改

1. 降低了所授予权益工具的公允价值

在这种情况下，企业应当继续以权益工具在授予日的公允价值为基础，按原股份支付方案，计算确认各期取得的服务成本，无须考虑权益工具的公允价值的降低。

2. 减少了授予权益工具的数量

在这种情况下，企业应当将减少部分作为权益工具的取消来进行处理。已授予权益工具取消的会计处理方法将在后面阐述。

3. 其他不利修改

如果企业以其他不利于职工的方式修改了可行权条件，如延长等待期、增加业绩条件，则企业在处理确认服务成本时，不应当考虑修改后的可行权条件，仍按原授予股份支付方案进行会计处理。

通过上面的阐述可以得出，如果企业只是修改了相关条款和条件，而非取消股份支付计划，主要应关注不同情况对当期确认的成本费用的影响。现将修改股份支付条款与条件的会计处理原则进行归纳，如表6-11所示。

表6-11　修改股份支付条款与条件的会计处理原则

阶段	情形	等待期成本费用的确认原则
有利修改	修改增加了权益工具公允价值	按原支付计划确定的费用+因公允价值增加而增加的费用
	修改增加了权益工具数量	按原支付计划确定的费用+因股份数量增加而增加的费用
	其他修改，如缩短等待期等	按修改后计划确认成本费用
不利修改	修改减少了权益工具公允价值	按原股份支付计划确定费用
	修改减少了权益工具数量	按原股份支付计划确定费用
	其他修改，如延长等待期等	按原股份支付计划确定费用

二、股份支付计划取消的会计处理

（一）等待期内自行取消的情况

如果企业在等待期内自行取消了所授予的权益工具（因未满足可行权条件而被取消的除外），企业应当做如下处理。

（1）将取消或结算作为加速可行权处理，即立即确认原本应在剩余等待期内确认的权益工具的公允价值。

（2）在取消或结算时支付给职工的所有款项均应作为权益的回购处理，回购支付的金额高于该权益工具在回购日的公允价值的部分，计入当期费用。

（3）如果向职工授予新的权益工具，且在新权益工具授予日认定新权益工具是用于替代被取消的权益工具的，企业可参照对原权益工具条款和条件的修改，对所授予的替代权益工具进行处理。企业如果未将新授予的权益工具认定为替代权益工具，则应将其作为一项新授予的股份支付进行处理。

在取消股份支付过程中，对于职工已拥有的可行权权益工具，企业应当做权益回购处理，计入所有者权益的借方；回购支付的金额高于该权益工具在回购日公允价值的部分，计入当期费用。

【例6-7】 2016年1月10日，天健公司向30名公司高级管理人员共授予了3 000万股限制性股票，授予后锁定3年。2016年、2017年、2018年为申请解锁考核年，每年的解锁比例分别为30%、30%和40%。经测算，授予日限制性股票的公允价值总额为30 000万元。该计划为一次授予、分期行权的股份支付计划。各期解锁的业绩条件如下。

第一期：2016年净利润与2015年相比增长率不低于20%。

第二期：2016年和2017年两年净利润平均数较2015年的增长率不低于25%。

第三期：2016至2018年三年净利润平均数较2015年的增长率不低于30%。

2016年11月30日，天健公司公告预计2016年全年净利润较2015年下降20%～50%。2016年12月13日，天健公司召开董事会，称由于市场需求大幅度萎缩，严重影响了公司当年以及未来一两年的经营业绩，公司预测股权激励计划解锁条件中关于经营业绩的指标无法实现，故决定终止实施原股权激励计划，激励对象已获授的限制性股票由公司回购并注销。

要求：分析天健公司在2016年、2017年和2018年的解锁情况及相关会计处理。

在本例中，天健公司所授予的限制性股票有3年解锁期，每年解锁的条件都以2015年的净利润增长率为基础。根据现行企业会计准则的规定，在规定解锁期内，如果企业达到规定的业绩考核指标，则可将解锁限制性股票公允价值作为当期服务成本计入管理费用；如果企业达不到规定的业绩考核指标，则不能进行会计处理。

根据资料，2016至2018年，每年的解锁条件、解锁比例、解锁股票数量及解锁股票的公允价值如表6-12所示。

表6-12 解锁条件、解锁比例、解锁股票数量及解锁股票的公允价值一览表

解锁期	解锁条件（基于2015年净利润增长率）	解锁比例	解锁股票数量（万股）	解锁股票的公允价值（万元）
第一期	2016年20%及以上	30%	900	9 000
第二期	2016—2017年两年平均25%及以上	30%	900	9 000
期三期	2016—2018年三年平均30%及以上	40%	1 200	12 000
合计	—	100%	3 000	30 000

根据题中的资料，在2016年年末第一个解锁期，天健公司全年净利润较2015年下降幅度较大，没有达到可行权条件，因此，相关权益工具不能解锁，也不能确认当期服务成本。另外，在2016年年末，天健公司预见，由于市场原因，估计2017年和2018年也都无法达到股份支付计划提出的可行权条件，因而，公司决定取消该股份支付计划。

根据现行企业会计准则的规定，天健公司自行取消股份支付计划时，应按加速确认股份支付处理。因此，天健公司应在2016年年末，将剩余等待期内权益工具公允价值21 000（9 000+12 000）万元，全部计入相关成本费用账户。会计分录如下：

借：管理费用　　21 000

　　贷：资本公积——其他资本公积　　21 000

（二）等待期结束后取消的情况

1. 未满足市场条件而取消的情况

根据现行企业会计准则的规定，可行权条件中的市场条件不影响服务成本的确定，只要非市场条件得到满足，就可以确定服务成本。若激励对象最终因未能达到市场条件而未能行权，则已经确认的相关成本费用不可以转回。

【例6-8】 2016年年初，为奖励并激励高管，天健公司与其管理层签署一项股份支付协议。协议规定：如果管理层成员在未来3年都在公司服务，且公司股价每年至少能提高10%，管理层成员即可以低于市价的价格购买一定数量的本公司股票。协议同时规定，公司把全体管理层成员的年薪提高5万元，但公司将这部分年薪按月存入公司专门建立的内部基金；3年后，管理层成员可用属于其个人的部分抵减未来行权时支付的购买股票的款项。管理层成员如果决定退出这项基金，可随时全额提取。公司以期权定价模型估计此项期权在授予日的公允价值为900万元。

在授予日，公司估计3年内管理层离职的比例为10%；第二年年末，公司调整其估计离职率为5%；第三年年末，公司实际离职率为6%。在第一年中，公司股价提高了10%，第二年提高了11%，第三年提高了6%。

要求：分析天健公司在2016年、2017年和2018年的相关会计处理（单位：万元）。

分析：

在本例中，行权条件为市场条件。在等待期内，天健公司可正常确认各期的服务成本，无须考虑市场条件；2018年，公司股价只提高了6%，没有满足行权条件，因此，行权计划取消。由于取消行权的原因是没有满足市场条件，因此，已确认的服务成本不能转回。本例有关的会计处理如下（单位：万元）。

（1）2016年年末，应确认的当期服务成本为270（900×90%÷3）万元，会计分录为：

借：管理费用　　270

　　贷：资本公积——其他资本公积　　270

（2）2017年年末，应确认的当期服务成本为300（900×95%×2÷3−270）万元，会计分录为：

借：管理费用　　300

　　贷：资本公积——其他资本公积　　300

（3）2018年年末，尽管股价只提高了6%，但公司应继续确认服务费用，金额为294（900×96%×3÷3−270−300）万元，会计分录为：

借：管理费用　　294

　　贷：资本公积——其他资本公积　　294

在2018年年末，高管最终因未满足行权条件而没能行权，但由于该行权条件属于市场条件，因此，已经确认的成本费用不再转回。

2. 未满足非市场条件而取消的情况

对于股份支付计划，如果激励对象因未达到非市场业绩条件而最终取消了行权，与该股权激励计划相关的累计已确认成本费用允许冲回。

【例6-9】 2017年1月1日，天健公司授予100名基层员工每人500份股票期权，行权条件为未来两年公司净利润平均增长率均达到10%。2017年1月1日，每份期权的公允价值是10元。2017年年末，公司净利润增长率为12%，公司预计下一年会有相同幅度的增长；2018年年末，由于市场发生不利变化，公司净利润只增长5%，未能达到非市场业绩条件的要求，公司最终取消了该股份支付计划。假设公司两年内均无员工离职。

要求：为天健公司编制2017年和2018年与股权支付相关的会计分录。

分析：

在本例中，行权条件为非市场条件。2017年，净利润增长率为12%，满足可行权条件，且公司预计2018年依然能保持同样的净利润增长率，因此，天健公司应确认相关的服务成本；2018年，净利润增长率为5%，没有满足可行权条件，因此，天健公司不能确认相关的服务成本，且应转回已确认服务成本。天健公司的会计处理如下（单位：万元）。

① 2017年年末，确认当期服务成本时：

借：管理费用等　　250 000

　贷：资本公积——其他资本公积（100×500×10×1/2）　　250 000

② 2018年年末，转回上期已确认的服务成本时：

借：资本公积——其他资本公积　　250 000

　贷：以前年度损益调整　　250 000

3. 满足非市场条件而取消的情况

在个别情况下，激励对象满足了非市场条件，如服务期限条件、业绩条件等，但由于权益工具价格低于行权价格，上市公司可能因此而取消股份支付计划。在这种情况下，公司不能转回已确认成本费用。

对于股份支付计划的取消，是作为冲回成本处理还是作为加速行权处理、是冲回全部成本还是冲回部分成本以及冲回哪一年度的损益等，需要根据具体的股权激励计划进行分析，不能一概而论。例如，如果取消的仅是等待期内某一期解锁期的股票而不是全部标的股票，且取消的原因是未满足非市场条件，则所冲回的费用一般仅限于当期费用，其他各期不受影响。在分期解锁的情况下，一般将不同解锁期视作分解股份支付小计划进行处理。

现将股份支付取消的会计处理原则进行归纳，如表 6-13 所示。

表 6-13　　股份支付取消的会计处理原则

取消阶段	取消情形	会计处理原则
等待期内	因故自行取消	按加速行权处理，立即确认剩余权益工具的公允价值
等待期结束	未满足市场条件而取消	市场条件不影响服务成本确定；取消时已确认费用不可转回
	未满足非市场条件而取消	非市场条件影响服务成本确定；取消时可转回已确认费用
	满足非市场条件而取消	取消时已确认费用不可转回

三、回购股份股权激励的会计核算方法

企业以回购股份的方式激励职工的股份支付计划，属于以权益结算的股份支付，应当按照以权益结算的股份支付进行会计处理。会计处理的基本思路如下。

（一）回购股份时

企业在回购本公司股份时，应当按照回购股份的全部支出，借记“库存股”科目，贷记“银行存款”科目，同时进行备查登记。会计分录为：

借：库存股　　[实际支付的成本]

　贷：银行存款

（二）确认成本费用时

在等待期内每个资产负债表日，企业应按 CAS11 的规定，将取得职工的服务计入有关成本费用和资本公积（其他资本公积）账户。会计分录为：

借：管理费用

　贷：资本公积——其他资本公积

（三）行权时

在行权日，企业应根据收到的职工购股款，借记“银行存款”科目，同时转销等待期内累计确认的服务成本；按实际交付给职工的库存股的成本，贷记“库存股”科目，以差额调整资本公积（股本溢价）。会计分录为：

借：银行存款　　　　　　　　　　[实收购股款]
　　资本公积——其他资本公积　　　[累计确认的服务成本]
　　贷：库存股　　　　　　　　　　[实际交付的库存股成本]
　　　　资本公积——股本溢价　　　[差额]

思考题

1. 简述股份支付的含义及其特征。
2. 股份支付主要包括哪些环节？涉及哪些重要时点？
3. 什么是可行权条件？它包括哪些内容？
4. 在确认权益工具公允价值时，企业应遵循哪些原则？
5. 什么是以权益结算的股份支付？其会计核算要点有哪些？
6. 什么是以现金结算的股份支付？其会计核算要点有哪些？
7. 试阐述以权益结算的股份支付和以现金结算的股份支付的异同点。
8. 对于股份支付计划的修改、取消或结算，应当如何进行会计处理？
9. 如何进行回购股份期权激励的会计处理？

练习题

练习一

[目的]　练习以权益结算的股份支付的会计处理。

[资料]　甲公司为一家上市公司。2016年1月1日，甲公司向其200名管理人员每人授予1 000份股票期权。这些人员从2016年1月1日起在该公司连续服务3年，即可以5元每股的价格购买1 000股甲公司股票。公司估计该期权在授予日的公允价值为18元。

第一年年末有20名管理人员离开甲公司，甲公司估计3年中离开的管理人员比例将达到20%；第二年年末又有10名管理人员离开公司，公司将估计的管理人员离开比例修正为15%；第三年年末又有15名管理人员离开，剩余管理人员全部行权。甲公司股票面值为1元。

[要求]

1. 计算2016—2018年每年计入当期费用的金额及累计费用金额。
2. 编制2016—2018年与该股份支付有关的会计分录。

练习二

[目的]　练习以现金结算的股份支付的会计处理。

[资料]　2013年11月，乙公司董事会批准了一项股份支付协议。协议规定，2014年1月1日，乙公司为其200名中层以上管理人员每人授予1 000份现金股票增值权。这些管理人员若在该公司连续服务3年，则自2016年12月31日起根据股价的增长幅度可以行权获得现金。该股票增值权应在2018年12月31日之前行驶完毕。乙公司估计，该股票增值权在结算之前每一个资产负债表日以及结算日的公允价值和可行权后的每份股票增值权现金支出额如表6-14所示。

表6-14　　各年公允价值与支付现金一览表　　单位：元

年份	公允价值	支付现金
2014	14	
2015	15	
2016	18	16
2017	21	20
2018		25

2014年有20名管理人员离开乙公司，乙公司估计3年中还将有15名管理人员离开；2015年又有10名管理人员离开公司，乙公司估计还将有10名管理人员离开；2016年又有15名管理人员离开。假定2016年年末有70人行使股份增值权取得了现金；2017年有50个人行权；其余35人在2018年年末行权。

[要求]

1. 计算2014—2018年应计入当期损益的成本费用。
2. 编制与该股份支付有关的会计分录。

第七章 中期财务报告

学习目标

1. 明确中期财务报告的含义及基本构成。
2. 了解中期财务报表编制的基本原则。
3. 了解中期财务报告会计确认与计量的原则。
4. 了解比较中期财务报告的编制内容。

第一节 中期财务报告概述

我国《企业会计准则第 32 号——中期财务报告》（CAS32）对中期财务报告的编制原则和编制方法做出了规范。本章基于 CAS32，主要阐述中期财务报告的编制原则及编制方法。

一、中期财务报告的定义

中期财务报告是以中期为基础编制的财务报告。中期，是指短于一个完整的会计年度（自公历 1 月 1 日起至 12 月 31 日止）的报告期间，它可以是一个月、一个季度或者半年，也可以是短于一个会计年度的其他期间，如 1 月 1 日至 9 月 30 日的期间等。因此，企业提供的月度财务报告、季度财务报告、半年度财务报告、期初至任何一个中期期末的财务报告都属于中期财务报告。

在市场经济条件下，投资者、债权人等对公开披露的财务报告信息的及时性和相关性提出了更高的要求，而中期财务报告可以使投资者对企业业绩评价和监督管理更加及时，更有助于及时发现企业存在的问题，以寻求相应的应对措施，从而规范企业经营者行为，以满足投资者决策的需求，因此，中期财务报告目前已经成为年报之外非常重要的财务报告。

二、中期财务报告的构成

CAS32 要求企业编制的中期财务报告至少应当包括以下内容：（1）中期资产负债表；（2）中期利润表；（3）中期现金流量表；（4）附注。

在理解中期财务报告的构成时，应当注意以下几点。

（1）目前上市公司编制的中期财务报告主要指半年度财务报告。半年度财务报告至少应包括资产负债表、利润表、现金流量表和附注四个部分。对所有者权益变动表及其他相关信息，企业可以根据需要自行决定提供与否。如果企业自愿提供所有者权益变动表及其他相关信息，则必须遵循中期财务报告准则中的相关规定。

CAS32 没有要求上市公司必须提供季度财务报告（以下简称“季报”），但很多上市公司都自愿提供季报。由于企业会计准则对季报没有提出特别的要求，因此，各公司提供的季报差别较大。有些企业提供的季报与半年度财务报告的内容基本相同，如中国银行等大型金融机构；

有些企业提供的季报可能比较简单，如一些具有季节性特点的上市公司在淡季的季报中通常只提供主要财务数据。

（2）中期财务报告尤其是半年度财务报告的格式和内容应当与年度财务报告（以下简称“年报”）保持一致，包括企业自愿提供所有者权益变动表。如果当年新施行的企业会计准则对财务报表格式和内容做了修改，中期财务报告应当按照修改后的报表格式和内容编制。与此同时，对中期财务报告中的上年度比较财务报表的格式和内容也应当进行相应的调整。假设最新中期财务报告准则规定，基本每股收益和稀释每股收益在中期利润表中应单独列示，而上年度利润表中并没有单独列示，则企业在提供比较中期财务报告时，应对上年度利润表进行相应调整，将基本每股收益和稀释每股收益单独列示。

（3）中期财务报告中的附注可适当简化。中期财务报告附注必须充分披露中期财务报告准则规定披露的信息，而对于其他信息的披露，可遵循重要性原则，适当简化。

（4）中期财务报告包括合并报表。根据我国企业会计准则的规定，上市公司母公司提供的中期报告除了包括母公司自身中期财务报告外，还应该包括企业集团的中期合并财务报告。上市公司为母公司时应该提供的中期财务报告构成（以半年报为例）如图 7-1 所示。

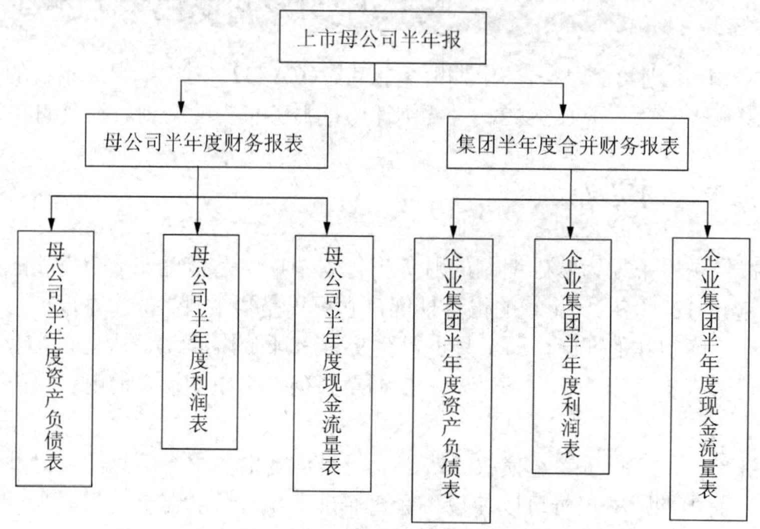

图 7-1 上市母公司半年报的构成

三、中期财务报告编制的基本原则

根据现行企业会计准则的要求，企业不论编制年度财务报告还是编制中期财务报告，都需要遵循基本准则中提出的会计信息质量特征，即会计核算的基本原则。CAS32 特别强调指出，企业在编制中期财务报告时，必须注意遵守以下三项基本原则。

（一）一致性原则

一致性原则是指企业在编制中期财务报表时，应当采用与年度财务报告相一致的会计政策，且不得随意变更会计政策。如果上年度资产负债表日之后，企业变更了会计政策，且该变更后的会计政策将在未来财务报告中采用，则此后中期财务报告也应当采用变更后的会计政策。坚持会计政策的一贯性，可以提高各期会计信息的可比性和有用性。

（二）重要性原则

重要性原则是指企业对于某项重要的会计信息，必须在中期财务报告中予以报告，否则就会影响或误导投资者对这段时间企业财务状况、经营成果和现金流量情况的正确判断。企业在遵循重要性原则时应注意以下几点。

（1）重要性程度的判断应当以中期财务数据为基础，而不得以预计的年度财务数据为基础。这里所指的“中期财务数据”，既包括本中期的财务数据，也包括年初至本中期期末的财务数据。

（2）重要性原则要求企业在中期财务报告中应当提供与理解企业本中期期末财务状况、中期经营成果和中期现金流量相关的所有信息。企业在运用重要性原则时，应当避免在中期财务报告中由于不确认、不披露或者忽略某些信息而对信息使用者决策产生误导。

（3）重要性程度的确定需要具体情况具体分析和一定的职业判断。通常，在判断某一项目的重要性程度时，应当将该项目的金额和性质结合在一起予以考虑，而且在判断项目金额重要性时，应当以资产、负债、净资产、营业收入、净利润等直接相关项目数字作为比较基础，并综合考虑其他相关因素。在某些特殊情况下，单独依据项目的金额或者性质就可以判断其重要性。例如，企业发生的会计政策变更对当期期末财务状况或者当期损益的影响可能比较小，但对以后期间财务状况或者损益的影响却比较大，因此，会计政策变更从性质上来说属于重要事项，应当在中期财务报告中予以披露。

（三）及时性原则

中期财务报告所涵盖的会计期间通常不超过半年，所提供的会计信息本身就具有及时性。中期报告的及时性原则主要是指企业中期财务报告应该及时地反映相关会计信息，应该在中期反映和披露的财务信息不能等到编制年报时再反映和披露。只有这样，才能发挥中期财务报告及时提供决策有用性的宗旨。例如，企业通常可能会在年末确认存货跌价损失，但如果存货的价值在中期已经发生减值，则企业应积极组织中期盘点，及时确认相关存货的跌价损失。

【例7-1】 甲公司是一家上市公司，根据现行企业会计准则的规定需要编制半年报。甲公司同时自愿提供季度财务报告。甲公司通常都是在年末全面盘点企业存货，并确认相应的存货跌价损失。2018年年初，由于国际形势和国际市场发生重大不利变化，公司估计其持有的一批存货可能受到重大影响，因此，组织相关人员对公司相关存货进行了减值测试，发现相关存货可变现净值严重低于成本，减值金额为20万元。对于这批存货减值损失，甲公司应该怎样披露？

分析：

甲公司发生20万元存货跌价损失的时间是2018年上半年。根据CAS32的要求，甲公司在编制一季度财务报告或半年度财务报告时，如果该批存货的减值损失已经发生，则不应该递延到下一个中期或年报进行确认与披露。也就是说，如果该项减值发生在3月底，则甲公司应该在一季度财务报告中及时披露；如果该减值发生在6月底，则甲公司应该在半年报中及时披露。

第二节 中期财务报告的编制与披露

一、中期财务报告确认与计量的要点

中期财务报告确认与计量的要点

（一）基本原则——与年报保持一致

中期财务报告的确认与计量是指中期财务报表要素的确认与计量。根据CAS32 的规定，中期财务报告各项会计要素确认与计量的方法应当与年度财务报告对相关要素确认与计量的方法保持一致，即企业根据中期发生的交易或事项对资产、负债、所有者权益、收入、费用和利润等会计要素进行确认

和计量时，应当符合会计要素的定义以及相关准则对相关要素会计确认和计量的标准，不能因为报告期间的缩短而改变会计确认和计量的方法。

【例7-2】 乙公司是一家软件开发商，根据企业的财务会计制度，按季度编制财务报告。2017年乙公司涉入一起专利纠纷案，事情经过如下。

2017年4月1日，乙公司将其2017年新版M管理信息软件投放市场。

2017年4月10日，乙公司收到丁公司来函，声明M管理信息软件中的财务管理软件包与该公司开发的并已于2016年申请专利的财务管理系统相同，要求乙公司停止侵权行为，并赔偿损失1 000万元。乙公司不服，继续销售其新产品。

2017年4月15日，丁公司将乙公司告上法庭，索赔损失1 000万元。法院受理了此案，初步认定乙公司侵权，根据有关法律规定，乙公司大约要赔偿800万元～1 000万元。

2017年6月30日，乙公司提出庭外和解，丁公司表示同意。

2017年8月2日，双方经过数次调解，没有达成和解协议，只能再次通过法律诉讼程序解决。

2017年9月20日，法院判决，乙公司立即停止侵权行为，赔偿丁公司损失980万元。乙公司不服，继续上诉。

2017年12月1日，二审判决，维持原判。

2018年1月20日，根据最终判决，乙公司被强制执行，向丁公司支付赔偿款980万元。

对于上述事项，乙公司应如何在2017年中期财务报告中进行相关披露呢?

分析：

在本例中，对于乙公司而言，虽然在2017年年末，该赔偿事项才成为确定事项，但由于乙公司编制季度财务报告，所以在2017年半年报和第三季度中期财务报告中，乙公司都需要根据年报会计确认和计量一致的原则，及时确认与披露与此事项相关的预计负债。

根据资料，乙公司在各期财务报告中应该确认的预计负债如表7-1所示。

表7-1　　乙公司预计负债确认一览表

中期报告	会计处理
2017 年半年报	确认一项金额为 900[（800+1 000）÷2]万元的预计负债
2017 年三季度	再确认 80 万元预计负债，预计负债季度末余额为 980 万元
2017 年年报	继续确认 980 万元的预计负债

在通常情况下，企业的收入都是在一个会计年度内均匀发生的，各中期的营业收入差异不会很大，但也有某些企业的收入具有季节性、周期性或者偶然性特征。季节性收入是指企业取得的具有季节性特征、不在一个会计年度均匀发生的营业收入。这些营业收入的取得或者营业成本的发生主要集中在全年的某一季节或者某段期间内。例如，供暖企业的营业收入主要来自冬季；冷饮企业的营业收入主要来自夏季。周期性收入是企业取得的具有周期性特征的、不在一个会计年度均匀发生的营业收入。赚取周期性收入的企业往往每隔一个周期就会获得一笔稳定的营业收入或者支付一定的成本。例如，房地产开发企业的开发项目通常需要在 1 年以上，如 2～3 年才能完成，因此，其营业收入通常也是 2～3 年才能完成一个循环周期。偶然性收入是企业从某些偶发事项中取得的一些非经常性收入，如企业因意外获得的保险赔偿金等。

对于季节性收入、周期性收入和偶然性收入，中期财务报告准则规定，企业应当在发生时予以确认和计量，不应当为了平衡各中期的收益而将这些收入在会计年度的各个中期之间进行分摊。同时，中期财务报告准则还规定，如果季节性、周期性或者偶然性收入在会计年度末允许预计或者递延，在中期财务报告中也应允许预计或者递延。

【例7-3】 丙公司为一家房地产开发公司，采取滚动方式开发房地产，即每开发完成一个房地产项目，再开发下一个房地产项目。该公司于2017年1月1日开始开发一住宅小区，小区建设完工需2年。公司采取边开发边销售楼盘的策略。假定该公司在2017年各季度分别收到楼盘销售款1 000万元、3 000万元、2 500万元和2 000万元，分别支付开发成本2 000万元、1 500万元、2 200万元和1 800万元；在2018年各季度分别收到楼盘销售款2 500万元、3 000万元、3 000万元和1 000万元，分别支付开发成本1 000万元、1 700万元、1 500万元和300万元。小区所有商品房于2018年11月完工，12月全部交付给购房者，并办理完有关产权手续。

问题：该房地产商应如何在中期财务报告中确认其收入？

分析：在本例中，丙公司的经营业务具有明显的周期性特征，根据《企业会计准则——收入》（2017）的规定，公司应该在每个房地产开发项目完成，满足收入确认的标准以后，才能确认营业收入。因此，丙公司在2018年12月之前的各中期既不能预提收入，也不能将已经收到的楼盘销售款直接确认为收入。未完工时取得的销售款应作为预收款处理。对于开发项目所发生的成本也应当首先归集在开发成本中，待到确认营业收入时，再结转相应的开发成本。

另外，对于员工培训费等在会计年度内不均匀发生的费用，中期财务报告准则规定，企业应当在发生时予以确认和计量，不应当为了平衡各中期之间的收益而将这些费用在会计年度的各个中期之间进行分摊，但如果企业会计准则允许会计年度内不均匀发生的费用在会计年度末预提或者待摊的，在中期期末财务报告中也允许预提或者待摊。

【例7-4】 甲公司根据年度培训计划，在2018年6月对员工进行了专业技能和管理知识方面的集中培训，共发生培训费用30万元。

问题：甲公司应如何在中期财务报告中确认这笔培训费？

分析：根据CAS32的规定，在本例中，甲公司应当将该项培训费用直接计入6月损益，不能在6月之前预提，也不能在6月之后分摊。如果甲公司编制中期报告，则应在相关中期报告中予以确认和披露。

（二）特殊原则——以期初至本中期期末为基础进行确认与计量

中期企业会计准则规定，中期财务报告应当以年初至本中期为基础进行相关的确认与计量。这是在中期财务报告编制中应特别注意的会计核算原则。

无论中期财务报告是月度、季度还是半年度，企业中期财务报告的结果最终应当与年度财务报告的结果相一致，两者之间不能出现不一致。例如，一项要素在某一中期报告中被确认为资产要素，如果将会计期间拉长到年报，该要素也应该确认为相同的资产要素，不能确认为费用。为避免同一事项因期间长短被确认为不同要素的情况发生，企业在编制中期财务报表时，必须以年初至本中期期末为基础进行确认与计量，而不应当仅仅以本中期作为确认与计量的基础。例如，企业在编制第三季度财务报表时，应当以 1 月 1 日至 9 月 30 日为基础考虑该季度相关要素的确认与计量，而不应该仅仅考虑第三季度的状况。

【例7-5】 丁公司于2017年年末利用专门借款资金开工兴建一项固定资产。2018年3月1日，该项固定资产建造工程由于资金周转发生困难而停工，公司预计在2个月内即可获得补充资金。事实上，丁公司直到6月15日才解决资金周转问题，工程才得以重新开工。假如丁公司按规定提供季报和年报。

问题：丁公司应如何在季报中确认专门借款的利息费用？

分析：

根据《企业会计准则第17号——借款费用》的规定，固定资产的购建活动发生非正常中断并且中断时间连续超过3个月的，企业应当暂停借款费用的资本化，将在中断期间发生的借款费用计入当期费用，不能计入固定资产的成本。据此，如果丁公司编制季报，则在第一季度报表中，由于得知所购建固定资产的非正常中断时间将短于3个月，所以，3月的借款费用可以计入固定资产的建造成本。

2018年第二季度，丁公司的固定资产建造活动又中断了两个半月。这样，在2018年第二季度的中期财务报告中，如果丁公司仅仅以第二季度发生的交易或者事项作为会计确认的基础，那么，丁公司在第二季度发生工程非正常中断的时间也不足3个月，所以，借款费用依然可以计入固定资产的建造成本。但如果以年初至本中期期末为基础进行会计确认，丁公司在2018年上半年借款中断时间已有三个半月，因此，根据现行企业会计准则的规定，丁公司在这段期间发生的借款费用不允许资本化，只能计入当期损益。只有这样，才能保证按中期会计计量的最终结果与按年度会计计量的结果相一致。

总之，根据CAS32的规定，单纯以某个中期为基础对中期财务报告进行会计确认和计量，可能导致报告结果不正确。为了避免企业中期会计计量与年度会计计量的不一致，防止企业因财务报告的频率而影响其年度财务结果的计量，企业必须以年初至本中期期末为基础进行中期财务报告的会计计量。

二、中期财务报表编制的要点

从技术方法上看，中期财务报表的编制方法与年报基本相同。在编制中期财务报表时，主要应注意以下内容：一是中期财务报表中的可比中期；二是中期财务报表的格式；三是中期会计政策变更的处理。

（一）中期财务报表中的可比中期

我国《企业会计准则第 30 号——财务报表列报》（以下简称“CAS30”）规定，企业在列报当期财务报表时，至少应该提供所有列报项目上一个可比期间的比较数据。与 CAS30 的规定类似，CAS32 也要求企业在编制中期财务报表时，除提供当期的中期财务报表之外，至少还应提供报表所有列报项目上一个可比中期的比较数据。

根据 CAS32 的规定，中期财务报表应提供的可比上期报表及本中期报表如表 7-2 所示。

表 7-2 中期报表及可比中期报表一览表

中期报表	本中期报表	可比中期报表
中期资产负债表	本中期期末的资产负债表	上年度末的资产负债表
中期利润表	本中期的利润表 年初至本中期期末的利润表	上年可比中期的利润表 上年年初至上年可比中期期末的利润表
中期现金流量表	年初至本中期期末的现金流量表	上年年初至上年可比中期期末的现金流量表

CAS32 没有要求企业提供中期所有者权益变动表。从上市公司自愿提供的中期所有者权益变动表来看，其对可比中期所有者权益变动表的理解不完全一致。有些公司既提供上年度所有者权益变动表，也提供上年度可比中期所有者权益变动表；有些公司只提供上年度可比期间所有者权益变动表。

【例7-6】 甲公司按规定提供半年度财务报告，同时自愿提供季度财务报告。

问题：列出甲公司在2019年各中期应该编制的财务报表。

分析：根据中期财务报告准则的规定，甲公司在2019年3月31日、6月30日和9月30日应当编制的中期财务报表分别如表7-3～表7-5所示。

表7-3 甲公司2019年第一季度报表

报表类别	本年度中期财务报表时间（或期间）	上年度可比中期财务报表
资产负债表	2019年3月31日	2018年12月31日
利润表	2019年1月1日至3月31日	2018年1月1日至3月31日
现金流量表	2019年1月1日至3月31日	2018年1月1日至3月31日

表7-4 甲公司2019年第二季度报表

报表类别	本年度中期财务报表时间（或期间）	上年度比较财务报表时间（或期间）
资产负债表	2019年6月30日	2018年12月31日
利润表（二季度）	2019年4月1日至6月30日	2018年4月1日至6月30日
利润表（半年度）	2019年1月1日至6月30日	2018年1月1日至6月30日
现金流量表	2019年1月1日至6月30日	2018年1月1日至6月30日

表7-5 甲公司2019年第三季度报表

报表类别	本年度中期财务报表时间（或期间）	上年度比较财务报表时间（或期间）
资产负债表	2019年9月30日	2018年12月31日
利润表（三季度）	2019年7月1日至9月30日	2018年7月1日至9月30日
利润表（年初至本中期期末）	2019年1月1日至9月30日	2018年1月1日至9月30日
现金流量表	2019年1月1日至9月30日	2018年1月1日至9月30日

通过表7-3～表7-5可以看出，甲公司在第一季度、第二季度和第三季度提供的可比中期资产负债表均为上年年末资产负债表；在第一季度、第二季度和第三季度提供的可比中期现金流量表均为上年期初至中期期末现金流量表；从利润表来看，在第一季度，由于“本中期”与“年初至本中期期末”的期间是相同的。因此，甲公司在第一季度只需要提供一季度利润表及上年一季度利润表即可；在第二季度和第三季度，由于“本中期”与“年初至本中期期末”的期间不同，因此，甲公司应分别提供当期季度利润表、年初至当期季度利润表以及上年可比中期利润表。

【例7-7】 乙公司是一家上市母公司，按企业会计准则的要求，每年6月30日提供半年度中期财务报告。乙公司不编制季度报表，自愿提供中期所有者权益变动表。

问题：2019年6月30日，乙公司应该提供哪些中期财务报表？

分析：

根据CAS32及乙公司财务制度的要求，乙公司在2019年6月30日应该提供的半年度中期财务报表如表7-6所示。

表7-6 乙公司2019年6月30日中期财务报表

报表类别	本年度中期财务报表时间（或期间）	上年度可比中期财务报表时间（或期间）
合并资产负债表	2019年6月30日	2018年12月31日
母公司资产负债表	2019年6月30日	2018年12月31日
合并利润表	2019年1月1日至6月30日	2018年1月1日至6月30日
母公司利润表	2019年1月1日至6月30日	2018年1月1日至6月30日
合并现金流量表	2019年1月1日至6月30日	2018年1月1日至6月30日
母公司现金流量表	2019年1月1日至6月30日	2018年1月1日至6月30日
合并所有者权益变动表	2019年1月1日至6月30日	2018年1月1日至6月30日
母公司所有者权益变动表	2019年1月1日至6月30日	2018年1月1日至6月30日

（二）中期财务报表的格式

根据 CAS32 的规定，中期资产负债表、中期利润表和中期现金流量表应当是完整报表，其格式和内容应当与上年度财务报表相一致。

从我国上市公司现行会计实务来看，企业提供的半年度财务报表基本都是完整报表，其格式和内容与年度报表基本能够保持一致，而企业提供的季度报表则不完全相同。业务比较繁多的大型上市公司（如中国银行），通常提供比较完整的季报，而有些上市公司，如季节性企业，由于淡季时业务较少，所以淡季时在季度财务报表中可能只提供一些主要的会计数据，而旺季时则提供比较完整的中期财务报表。

【例7-8】 戊公司是一家旅游上市公司，一年当中有两个淡季、两个旺季。通常一、四季度属于淡季，公司基本亏损；二、三季度为旺季，公司盈利。该公司按企业会计准则的规定定期提供中期财务报告，包括一季度财务报告、半年报和三季度财务报告，公司一般不提供四季度财务报告。对于半年报和三季度财务报告，戊公司均能按照CAS32的规定提供完整的资产负债表、利润表和现金流量表，而对于一季度财务报告，公司通常只提供一些主要的财务数据。表7-7所示是戊公司2019年一季度财务报表中提供的主要财务数据。

表 7-7　戊公司 2019 年一季度财务报表数据　单位：元

资产负债项目	本报告期末	上年度末	本报告期期末比上年度末增减（%）
总资产	1 797 159 466.42	1 795 582 621.14	0.09
归属于上市公司股东的净资产	499 918 299.86	504 580 752.58	−0.92
其他项目	**年初至报告期期末**	**上年年初至上年报告期期末**	**比上年同期增减（%）**
经营活动产生的现金流量净额	−3 167 166.11	−34 940 368.28	90.94
营业收入	44 272 777.13	41 790 590.23	5.94
归属于上市公司股东的净利润	−8 517 026.90	−8 878 437.54	4.07
归属于上市公司股东的扣除非经常性损益的净利润	−8 723 726.96	−10 261 674.85	14.99
加权平均净资产收益率（%）	−1.7 023	−2.0 453	0.343
基本每股收益（元/股）	−0.0 661	−0.0 689	4.06

问题： 评价戊公司提供的中期财务报表的合规性。

分析：

在本例中，戊公司按照CAS32的规定，定期提供内容完整的半年报。除半年报外，为了更好地满足投资者的需求，戊公司还自愿提供季度财务报告，其中，对于旺季的季报（如三季度），戊公司提供的报表比较完整；对于淡季的季报（如一季度），因业务量少、收入较低、利润亏损，戊公司通常只提供企业总资产、净资产、经营活动产生的现金流量、营业收入、净利润和每股收益等最能反映企业经营状况的财务指标，并不违背CAS32的规定，而且符合成本效益原则和重要性原则的规定。因此，是恰当的。

（三）中期会计政策变更的处理

中期财务报告准则规定，企业如果在中期发生了会计政策变更，应当按照《企业会计准则第 28 号——会计政策、会计估计变更和差错更正》的规定进行处理，并在财务报表附注中进行相应的披露。

如果在本中期企业会计政策发生了变更，如对财务报表项目进行重分类与相应调整，且该变更对以前中期财务报表净损益和其他相关项目数字的累积影响数能够合理确定，则企业应当进行追溯调整。如果对可比期间以前的会计政策变更的累积影响数也能够合理确定，则应按规定调整比较中期最早期间的期初留存收益和其他相关项目，视同该会计政策在整个会计年度和可比中期财务报表期间一贯采用。

如果会计政策变更的累积影响数不能合理确定，以及不涉及本会计年度以前中期财务报表相关项目数字的，应当采用未来适用法。同时，企业还应在财务报表附注中说明会计政策变更的性质、内容、原因及影响数，如果累积影响数不能合理确定的，也应当说明理由。

对于中期财务报告会计政策变更的处理，企业还应注意下列事项。

（1）中期财务报告准则不允许各中期随意变更会计政策。企业中期会计政策的变更应当符合《企业会计准则第 28 号——会计政策、会计估计变更和差错更正》规定的条件，即只有在满足下列条件之一时，才能在中期进行会计政策变更。

① 法律行政法规或者国家统一的会计制度等要求变更；

② 会计政策变更能够提供更可靠、更相关的会计信息。

（2）企业在中期进行会计政策变更时，应当确保该项会计政策将在年度财务报告中采用。

（3）如果在中期财务报告中确认了“以前年度损益调整”事项，则企业应当同时调整本年度财务报表相关项目的年初数，同时，对比较财务报表中的相关项目及金额亦应进行相应调整。

三、中期财务报告附注的披露要点

中期财务报告附注是对中期资产负债表、利润表、现金流量表等报表中项目的文字描述或明细阐述以及对未能在这些报表中列示项目的说明等，其目的是使中期财务报告信息对会计信息使用者的决策更加有用。

在披露中期财务报告附注时，应注意以下要点。

（一）披露基础——以年初至本中期期末为基础

企业编制中期财务报告的目的是向报告使用者提供自上年度资产负债表日之后所发生的重要交易或者事项，因此，中期财务报告附注应当以“年初至本中期期末”为基础进行披露，而不应当仅仅披露本中期所发生的重要交易或者事项。

【例7-9】 甲公司通常按季提供财务报告。2019年2月，甲公司对外投资，设立了一家子公司。该事项对甲公司来说是一个重大事项。

问题：甲公司在季度财务报告附注中应如何披露该事项？

分析：由于该事项对甲公司来说是一个重大事项，根据中期财务报告附注以“年初至本中期期末”为基础披露重大事项的原则，该公司对此事项不仅应当在2019年第一季度财务报告附注中予以披露，而且还应当在2019年半年报或第二季度财务报告以及第三季度财务报告和年报附注中进行披露。

【例7-10】 丑公司为一家水果生产和销售企业，一般提供季度财务报告，其收获和销售水果主要集中在每年的第三季度。该公司在2018年1月1日至9月30日间累计实现净利润400万元，其中，第一季度发生亏损1 400万元，第二季度发生亏损1 200万元，第三季度实现净利润3 000万元。第三季度末的存货（库存水果）为100万元，由于过了销售旺季，可变现净值已经远低于账面价值，公司确认了存货跌价损失40万元。

问题：丑公司在季度财务报告附注中应如何披露水果跌价损失？

分析：在本例中，尽管该批存货跌价损失仅仅占该公司第三季度净利润总额的1.3%（40÷3 000×100%），并不重要，但是该项损失占公司1～9月累计净利润的10%（40÷400×100%），对丑公司2018

年第1～9月的经营成果来讲，属于重要事项。因此，根据中期财务报告附注披露的要求，丑公司应当以“年初至本中期期末”为基础披露的原则，在第三季度财务报告附注中披露该存货跌价损失事项。

（二）披露内容——所有重要交易或事项

为了全面反映企业的财务状况、经营成果和现金流量，中期财务报告附注应当以“年初至本中期期末”为基础，对自上年度资产负债表日以后发生的，有助于中期财务报告使用者理解企业财务状况、经营成果和现金流量变化情况的重要交易或者事项（相关事项占比通常在 10%或以上）进行披露，同时，对理解本中期财务状况、经营成果和现金流量有关的重要交易或者事项（相关事项占比通常在 10%或以上），也必须在附注中予以披露，即中期财务报告应披露截止于本中期的所有重要交易和事项。

【例7-11】 寅公司在2019年1月1日至6月30日累计实现净利润2 500万元，其中，第一季度实现净利润2 000万元；第二季度实现净利润500万元，公司在第二季度转回前期计提的坏账准备100万元，第二季度末应收账款余额为800万元。

问题：寅公司在季度财务报告附注中应如何披露该坏账转回事项？

分析：在本例中，第二季度转回的坏账准备仅占该公司1～6月净利润总额的4%（100÷2 500×100%）。这对于上半年经营成果而言并不重要，但是该项转回金额占第二季度净利润的20%（100÷500×100%），占第二季度末应收账款余额的12.5%（100÷800×100%），对于理解第二季度经营成果和财务状况的相关人员而言，属于重要事项，所以，寅公司应当在第二季度财务报告附注中披露该坏账转回事项。

（三）披露内容及注意事项

1. 中期财务报告附注披露的内容

根据 CAS32 的规定，中期财务报告附注至少应当披露以下相关信息。

（1）中期财务报表所采用的会计政策与上年度财务报表相一致的声明。企业在中期会计政策发生变更的，应当说明会计政策变更的性质、内容、原因及影响数；无法进行追溯调整的，应当说明原因。

（2）会计估计变更的内容、原因及影响数；影响数不能确定的，应当说明原因。

（3）前期差错的性质及更正金额；无法追溯重述的，应当说明原因。

（4）企业经营的季节性或者周期性特征。

（5）存在控制关系的关联方发生变化的情况；关联方之间发生变化交易的，应当披露关联方关系的性质、交易类型和交易要素。

（6）合并财务报表的合并范围发生变化的情况。

（7）对性质特别或者金额异常的财务报表项目的说明。

（8）证券发行、回购和偿还情况。

（9）向所有者分配利润的情况，包括在中期内实施的利润分配和已提出或者已批准但尚未实施的利润分配情况。

（10）根据《企业会计准则第 35 号——分部报告》规定披露分部报告信息的，应当披露主要报告形式的分部收入与分部利润（亏损）。

（11）中期资产负债表日至中期财务报告批准报出日之间发生的非调整事项。

（12）上年度资产负债表日以后所发生的或有负债和或有资产的变化情况。

（13）企业结构变化情况，包括：企业合并；对被投资单位具有重大影响、共同控制或者控制关系的长期股权投资的购买或者处置；终止经营等。

（14）其他重大交易或者事项，包括重大的长期资产转让及其出售情况、重大的固定资产和无形资产取得情况、重大的研究和开发支出、重大的资产减值损失情况等。

2. 中期财务报告附注披露的注意事项

企业在披露中期财务报告附注信息时，还应注意以下两点。

（1）凡涉及有关数据的，应当同时提供本中期（或者本中期期末）和本年度初至本中期期末的数据，以及上年度可比中期（或者可比期末）和可比年初至可比中期期末的比较数据。

（2）在同一会计年度内，如果以前中期财务报告中的某项估计金额在最后一个中期发生了重大变更，而且企业又不单独编制该最后中期的财务报告的，企业应当在年度财务报告的附注中披露该项会计估计变更的内容、原因及影响金额。

例如，某公司需要编制季度财务报告，但不需单独编制第四季度财务报告。假设该公司在第四季度里，对第一季度、第二季度或者第三季度财务报表中所采用的会计估计，如固定资产折旧年限、资产减值、预计负债等估计做了重大变更，则需要在其年度财务报告附注中，按照《企业会计准则第 28 号——会计政策、会计估计变更和差错更正》的规定，披露该项会计估计变更的内容、原因及影响金额。同样，假如一家公司需要编制半年度财务报告，但不单独编制下半年度财务报告。如果该公司对于上半年度财务报告中所采用的会计估计在下半年做了重大变更，则其应当在其年度财务报告的附注中予以说明。

思考题

1. 简述中期财务报告的含义、构成及种类。
2. 说明中期财务报告编制的基本原则。
3. 说明比较中期财务报表的具体内容。
4. 中期财务报告披露应坚持哪些原则？

练习题

练习一

[目的] 掌握中期财务报告的编制基本原则。

[资料] 甲公司是一家家电生产和销售公司，需要对外提供中期财务报告，包括季度财务报告。2018年第三季度发生如下事项。

（1）2018年8月，甲公司新招聘一批员工，并于当月对员工进行了专业技能和管理知识方面的培训，共计发生培训费用20万元。

（2）2018年9月30日，公司的工作人员在对存货进行盘点时，发现一批账面价值为5万元的存货已经毁损。

[要求] 根据上述甲公司2018第三季度发生的事项，说明公司应当如何处理上述业务，并说明理由。

练习二

[目的] 利用中期财务报表进行相关分析。

[资料] S公司是一家上市旅游服务公司，主要经营水族馆、海洋探险人造景观及游乐园等，主要项目包括海洋世界、极地世界、珊瑚世界、深海传奇和恐龙传奇。S公司按惯例提供季度财务报告。2018年S公司提供的中期利润表及年度利润表分别如表7-8～表7-11所示。

表7-8　　S公司2018年第一季度利润表

2018年1月～3月　　单位：人民币元

项目	本期金额	上期金额
一、营业收入	25 879 943.35	20 502 262.58
减：营业成本	20 760 832.84	19 907 502.71
税金及附加	513 588.99	685 867.00
销售费用	3 584 599.74	4 057 518.48
管理费用	5 920 353.69	5 984 828.56
财务费用	2 914 948.16	2 135 491.00
二、营业利润	−7 814 380.07	−12 268 945.17
加：营业外收入	922 990.41	673 660.77
减：营业外支出	9 171.60	1 309 921.05
三、利润总额	−6 900 561.26	−12 905 205.45
减：所得税费用		
四、净利润	−6 900 561.26	−12 905 205.45

表7-9　　S公司2018年上半年利润表

2018年1月～6月　　单位：人民币元

项目	本期发生额	上期发生额
一、营业收入	92 856 505.02	74 120 468.55
减：营业成本	45 836 708.04	41 038 720.35
税金及附加	1 195 073.19	1 274 729.88
销售费用	8 171 065.52	10 191 579.65
管理费用	14 470 393.17	13 943 985.90
财务费用	6 020 724.97	4 458 731.83
资产减值损失		−10 040 413.45
二、营业利润	17 162 540.13	13 253 134.39
加：营业外收入	1 159 664.44	856 005.26
减：营业外支出	1 326 663.95	3 900 254.31
三、利润总额	16 995 540.62	10 208 885.34
减：所得税费用	4 294 660.16	42 117.97
四、净利润	12 700 880.46	10 166 767.37

表 7-10　　S 公司 2018 年第三季度利润表

2018 年 7 月~9 月　　单位：人民币元

项目	本期金额（7 月~9 月）	上期金额（7 月~9 月）	年初至报告期期末金额（1 月~9 月）	上年年初至报告期期末金额（1 月~9 月）
一、营业收入	138 402 764.15	117 022 967.56	231 259 269.17	191 143 436.11
减：营业成本	20 865 040.59	26 466 641.22	66 701 748.63	67 505 361.57
税金及附加	831 973.77	869 333.39	2 027 046.96	2 144 063.27
销售费用	2 700 559.61	1 723 356.28	10 871 625.13	11 914 935.93
管理费用	8 876 615.72	12 427 858.98	23 347 008.89	26 371 844.88
财务费用	2 441 747.33	2 545 723.24	8 462 472.30	7 004 455.07
资产减值损失				−10 040 413.45
投资收益		500 000.00		500 000.00
二、营业利润	102 686 827.13	73 490 054.45	119 849 367.26	86 743 188.84
加：营业外收入	1 349 024.19	356 745.33	2 508 688.63	1 212 750.59
减：营业外支出	1 005 493.36	601 849.39	2 332 157.31	4 502 103.70
三、利润总额	103 030 357.96	73 244 950.39	120 025 898.58	83 453 835.73
减：所得税费用	25 711 814.49	18 186 237.60	30 006 474.65	18 228 355.57
四、净利润	77 318 543.47	55 058 712.79	90 019 423.93	65 225 480.16

表 7-11　　S 公司 2018 年度利润表

2018 年 1 月~12 月　　单位：人民币元

项目	本期发生额	上期发生额
一、营业收入	253 539 887.81	207 351 168.96
减：营业成本	96 155 109.61	87 823 136.06
税金及附加	2 471 788.90	3 177 087.42
销售费用	13 352 338.38	14 259 606.96
管理费用	44 223 912.35	42 230 476.33
财务费用	11 036 233.14	9 756 396.91
资产减值损失	49 476.49	2 798 681.85
投资收益	−2 610 530.55	495 369.00
资产处置收益	9 682 827.91	14 199 260.02
其他收益	1 024 386.99	
二、营业利润	94 347 713.29	62 000 412.45
加：营业外收入	2 970 846.33	1 463 626.07
减：营业外支出	4 366 638.93	13 782 690.95
三、利润总额	92 951 920.69	49 681 347.57
减：所得税费用	24 101 345.20	12 469 562.49
四、净利润	68 850 575.49	37 211 785.08

[要求]

1. 说明S公司编制的中期利润表的合规性。
2. 计算S公司2018年各季度的净利润，分析其盈利淡旺季，说明其营业收入的特点。
3. 假设S公司营业收入受季节影响，可否将其全年收入在各季度均匀确认？并说明理由。

第八章 分部报告

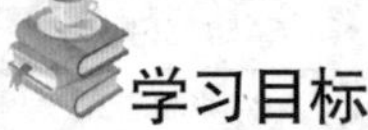

学习目标

1. 明确分部报告、报告分部与经营分部的含义。
2. 掌握经营分部和报告分部确定的原则。
3. 了解分部报告的编制原则及编制方法。

分部报告是以披露企业各报告分部财务信息为目的编制的财务报告。我国《企业会计准则第 35 号——分部报告》（CAS35）和《企业会计准则解释第 3 号》（2009）对分部报告的编制原则和编制方法做出了规范。本章基于分部报告相关规范，阐述了分部报告编制的原则及编制方法。

第一节 分部报告概述

分部报告中涉及三个重要的概念：分部报告、报告分部和经营分部。在编制分部报告时，企业首先应明确经营分部，然后再确定报告分部。

一、相关概念

（一）分部报告

分部报告是企业以报告分部（即符合条件的经营分部）为财务报告对象，分别报告企业在各个地区、各个经营分部的资产、负债、收入、费用、利润等财务信息的财务报告。分部报告是在年度财务报告附注中披露的，其披露的财务信息与年度财务报告披露的主要财务信息相关。

企业的整体风险是由企业开展的各项业务的经营风险构成的。一般来说，企业的不同业务往往具有不同的利润率、发展机会、未来前景和经营风险，对企业的贡献并不相同。例如，保险公司的个人保险业务和团体保险业务、财产保险业务和人寿保险业务等。评估企业整体的风险和报酬，通常需要借助于企业不同业务部门的相关财务信息，提供企业不同业务部门相关财务信息的财务报告就是分部报告。

我国 CAS35 要求，存在多种经营或跨地区经营的企业，应当正确确定需要单独披露财务信息的报告分部（业务分部或地区分部），充分披露每个报告分部的财务信息，以满足会计信息使用者的决策需求。在我国，保险公司、银行等很多企业都提供分部报告，并且分地域、分部门报告相关财务信息。

（二）报告分部

报告分部是指在分部报告中单独披露其财务信息的经营分部。报告分部的特点如下。

（1）报告分部首先应该是经营分部。就是说，只有经营分部才有资格成为报告分部。一个企业可能有若干经营分部，但不是所有的经营分部都能成为报告分部。只有满足 CAS35 关于报告分部应具备的条件，经营分部才能成为报告分部。

（2）报告分部是分部报告中单独披露的对象。根据 CAS35 的要求，被确认为报告分部的部门，在分部报告中至少应单独披露其拥有的资产、负债以及相关的收入、费用和利润等财务信息。CAS35 没有具体规定分部报告应具体披露报告分部的哪些财务信息。在会计实践中，企业通常应根据其业务经营的特点，披露各报告分部的主要财务信息。例如，银行业分部报告信息通常包括利息收入、手续费收入、投资收益、汇兑收益等；保险公司的分部报告信息通常包括保费收入、分保费收入等。

（三）经营分部

经营分部是企业确认报告分部的基础，是指企业中同时满足下列条件的各组成部分。

（1）该组成部分能够在日常经营活动中单独产生收入并发生费用。可见，并不是企业的每个部门都能成为经营分部。例如，企业的管理总部或某些职能部门（如财务部门、人力部门等）不单独产生收入，或仅仅取得偶发性收入，在这种情况下，这些部门就不是经营分部或经营分部的组成部分。

（2）企业的管理层能够定期或分期评价该组成部分的经营成果，以决定向其配置资源和评价其经营业绩。这里的管理层不是具有特定头衔的某一具体的管理人员，可能是企业的董事长、总经理，也可能是由其他人员组成的管理团队。

（3）企业能够取得该组成部分单独的财务状况、经营成果和现金流量等会计信息。

分部报告、报告分部和经营分部三者之间的关系如图 8-1 所示。

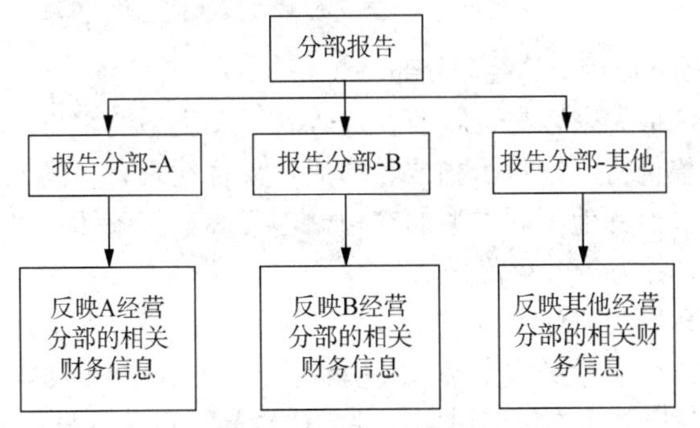

图 8-1 分部报告、报告分部和经营分部的关系

二、经营分部的确定方法

企业一般应当以内部组织结构、管理要求、内部报告制度为依据确定单独的经营分部。每一个经营分部一般应具有独自的经济特征，如生产的产品或提供的劳务的性质、生产过程的性质、销售产品或提供劳务的方式、客户群等，不管哪一方面，只要具有独自的特征，都适合设定为一个经营分部，经济特征不相似的经营分部，必须分别确定为不同的经营分部，不可以合并。

在实务中，并非所有的经营分部都适合作为独立的经营分部来考虑。在某些情况下，如果两个或两个以上的经营分部具有相似的经济特征，则这些经营分部通常就会表现出相似的长期财务业绩，如长期平均毛利率、资金回报率、未来现金流量等。因此，企业应该将它们合并为一个经营分部。适合合并的经营分部如下。

（一）单项产品或劳务性质相同或相似的经营分部

各单项产品或劳务的性质主要指产品或劳务的规格、型号和最终用途等。在通常情况下，如果产品和劳务的性质相同或相似，其风险、报酬率及成长率可能较为接近，因此，一般可以将其划分到同一经营分部中。对于性质完全不同的产品或劳务，则不应当将其划分到同一经营分部中。

【例8-1】 甲公司主要从事产品的生产和销售，其业务范围包括饮料、奶制品及冰激凌、碗碟、炊具用品、巧克力、糖果及饼干、制药等。

问题：甲公司应如何确定其经营分部？

分析：

甲公司经营的商品分别有食品（饮料、奶制品及冰激凌、巧克力、糖果及饼干）、炊具（碗碟、炊具用品）和药品。这几类商品的性质不完全相同，因此，甲公司应当将它们分别作为独立的经营分部处理。而饮料、奶制品及冰激凌、巧克力、糖果及饼干等都属于食品类，适合合并为一个经营分部。

（二）生产过程的性质相同或相似的经营分部

生产过程的性质主要包括采用劳动密集方式或者资本密集方式组织生产、使用相同或相似设备和原材料进行生产、采用委托生产或者加工方式生产等。对于其生产过程的性质相同或相似的，可以将其划分为一个经营分部。

例如，企业可以按资本密集型和劳动密集型划分经营分部。对于资本密集型的部门而言，其占用的设备较为先进，占用的固定资产较多，相应地负担的折旧费也较多，其经营成本受资产折旧费用影响较大，受技术进步因素的影响也较大；而对于劳动密集型部门而言，其使用的劳动力较多，相对而言其受劳动力的成本即人工费用的影响较大，因而，其经营成果受人工成本的影响较大。

（三）产品或劳动的客户类型相同或相似的经营分部

产品或劳动的客户类型主要包括大宗客户、零散客户等。同一类型的客户，如果其销售条件基本相同，如相同或相似的销售价格、销售折扣或售后服务，往往具有相同或相似的风险和报酬，适合设置为一个经营分部；而其他不同类型的客户，由于其销售条件不尽相同，往往具有不同的风险和报酬，就不适合设置为一个经营分部。

例如，某计算机生产企业，其生产的计算机可以分为商用计算机和个人用计算机，其中，商用计算机主要的销售客户是企业，一般是大宗购买，对计算机专业性要求比较高，售后服务相对较为集中；个人用计算机的客户对计算机的通用性要求比较高，其售后服务相对比较分散，因此，商用计算机和个人用计算机就不适合合并为一个经营分部。

（四）销售产品或提供劳务的方式相同或相似的经营分部

销售产品或提供劳务的方式主要包括批发、零售、自产自销、委托销售、承包等。如果经营分部销售产品或提供劳务的方式相同或相似，往往具有相同或相似的风险和报酬，适合设置为一个经营分部，但如果各经营分部销售产品或提供劳务的方式不同，其承受的风险和报酬也不相同，就不适合合并为一个经营分部。

例如，在赊销方式下，企业可以扩大销售规模，但发生的收账费用较多，并且发生应收账款坏账的风险也很大；在现销方式下，企业几乎不存在应收账款的坏账问题，发生的收账费用较低，但销售规模的扩大有限。因此，分别采用赊销方式和现销方式销售产品或提供劳务的分部就不适合合并为一个经营分部。

（五）生产产品或提供劳务受法律、行政法规的影响相同或相似的经营分部

企业生产的产品或提供的劳务总是处于一定的经济法律环境之下，受法律和行政法规的影响，包括法律法规规定的经营范围或交易定价机制等。在不同法律环境下生产的产品或提供的劳务可能面临不同的风险和报酬，所以，对于不同法律环境下生产的产品或提供的劳务应分别设置经营分部。具有相同或相似法律环境的产品生产或劳务提供，适合合并设置经营分部。只

有这样，企业才能向会计信息使用者提供不同法律环境下产品生产或劳务提供的信息，有利于会计信息使用者对企业未来的发展走向做出判断和预测。

例如，商业银行、保险公司等金融企业易受特别的、严格的监管政策影响。该类企业在以产品或劳务确定经营分部时，应特别考虑各项产品或劳务所受监管政策的影响。

【例8-2】 乙公司是一家全球性公司，总部设在美国，主要生产A、B、C、D 4个品牌的皮箱、手提包、公文包、皮带等，同时负责相关产品的运输、销售，每种产品均由独立的业务部门完成。生产的产品主要销往E、F、G、H、I等地区。乙公司各项业务2018年12月31日的有关资料如表8-1所示，不考虑其他因素。假定乙公司管理层定期评价各业务部门的经营成果，以配置资源、评价业绩；各品牌皮箱的生产过程、客户类型、销售方式等类似。

表 8-1 乙公司有关业务资料 单位：万元

项目	品牌A	品牌B	品牌C	品牌D	手提包	公文包	皮带	销售公司	运输公司	合 计
营业收入	106 000	130 000	100 000	95 000	260 000	230 000	69 000	270 000	50 000	1 310 000
其中：对外交易收入	100 000	120 000	80 000	90 000	180 000	150 000	50 000	270 000	50 000	1 090 000
分部间交易收入	6 000	10 000	20 000	5 000	80 000	80 000	19 000			220 000
业务及管理费	74 200	92 300	69 000	66 500	156 000	142 600	55 200	220 000	30 000	905 800
其中：对外交易费用	60 000	78 300	57 000	62 000	149 000	132 000	47 200	205 000	30 000	820 500
分部间交易费用	14 200	14 000	12 000	4 500	7 000	10 600	8 000	15 000		85 300
利润总额	31 800	37 700	31 000	28 500	104 000	87 400	13 800	50 000	20 000	404 200
销售毛利率（%）	30	29	31	30	40	38	20	18.5	40	
资产总额	350 000	400 000	300 000	250 000	650 000	590 000	250 000	700 000	300 000	3 790 000
负债总额	150 000	170 000	130 000	100 000	300 000	200 000	150 000	300 000	180 000	1 680 000

问题：乙公司应怎样确定其经营分部？

分析：在本例中，乙公司的各组成部分能够分别在日常经营活动中产生收入、发生费用；乙公司管理层定期评价各组成部分的经营成果以配置资源、评价业绩；乙公司能够取得各组成部分的财务状况、经营成果和现金流量等会计信息，因此，各组成部分均满足经营分部的定义，可以单独确定为经营分部。

与此同时，乙公司生产A、B、C、D品牌皮箱的4个部门，销售毛利率分别是30%、29%、31%、30%，即具有相近的长期财务业绩；4个品牌皮箱的生产过程、客户类型、销售方式等类似，具有相似的经济特征。因此，乙公司在确定经营分部时，可以将生产A、B、C、D品牌皮箱的4个部门予以合并，作为一个皮箱经营分部。

三、报告分部的确定方法

根据现行企业会计准则的规定，报告分部必须是经营分部，但并非所有的经营分部都适合作为报告分部。存在多种产品经营或者跨多个地区经营的企业，可能会拥有大量规模较小、不是很重要的经营分部，如果单独披露大量规模较小的经营分部信息，不仅会给财务报告使用者带来困惑，也会给财务报告编制者带来不必要的披露成本。因此，在确定报告分部时，应当考虑重要性原则。在通常情况下，符合重要性标准的经营分部才能确定为报告分部。

（一）报告分部重要性的一般判断标准

根据现行企业会计准则的规定，经营分部满足以下任意标准的，都被认为是重要的经营分部，应确定为报告分部。

1．分部收入占所有分部收入合计的10%或者以上的经营分部

分部收入，是指可归属于经营分部的对外交易收入和对其他分部交易收入。分部收入应主要由对外交易收入构成。分部收入来源于两个渠道：一是可以直接归属于经营分部的收入，即直接由经营分部的业务交易而产生的收入；二是可以间接归属于经营分部的收入，即企业将交易产生的收入在相关经营分部之间进行分配，将属于某经营分部的收入金额确认为分部收入。

分部收入通常不包括下列项目：（1）利息收入（包括因预付或借给其他分部款项而确认的利息收入）和股利收入（采用成本法核算的长期股权投资取得的股利收入），但分部的日常活动就是金融性质的除外；（2）营业外收入和资产处置收入，如固定资产盘盈、处置固定资产和无形资产等取得的收入；（3）处置投资产生的净收益，但分部的日常活动是金融性质的除外；（4）采用权益法核算的长期股权投资确认的投资收益，但分部的日常活动是金融性质的除外。

【例8-3】 沿用【例8-2】的资料。

要求：运用分部收入占比的重要性判断标准，确认乙公司的报告分部。

分析：乙公司各经营分部占总收入的百分比见表8-2。

表8-2 分部收入占总收入的百分比

项目	品牌A	品牌B	品牌C	品牌D	手提包	公文包	皮带	销售公司	运输公司	合计
营业收入（万元）	106 000	130 000	100 000	95 000	260 000	230 000	69 000	270 000	50 000	1 310 000
分部收入占总收入比例（%）	8.1	9.9	7.6	7.3	19.8	17.6	5.3	20.6	3.8	100

根据表8-2可知，手提包分部、公文包分部和销售公司分部都满足“分部收入占所有分部收入合计的10%或者以上”的重要性标准，应单独作为报告分部。其余经营分部因不完全满足重要性标准，不能单独作为报告分部。

在本例中，乙公司A、B、C、D 4个品牌皮箱部门单独取得的收入都不超过总收入的10%，但4个品牌皮箱部门合并后的收入合计为431 000万元，占所有分部收入1 310 000万元的比例为32.9%（431 000÷1 310 000×100%）。根据例8-2的分析，生产A、B、C、D 4个品牌皮箱的部门可以合并为一个经营分部。由于合并后皮箱分部满足了报告分部的重要性标准，因此，乙公司可将合并皮箱分部确定为单独的报告分部。

2．分部利润（亏损）的绝对额占所有盈利（亏损）分部利润（亏损）合计数绝对额的10%或者以上的经营分部

分部利润（亏损），是指分部收入减去分部费用后的余额。企业在计算分部利润（亏损）时，应注意将不属于分部收入和分部费用的项目剔除。

分部费用，是指可归属于经营分部的对外交易费用和对其他分部交易费用。分部费用应主要由对外交易费用构成，通常包括营业成本、税金及附加、销售费用等。与分部收入的确认相同，分部费用也来源于两个渠道：一是可以直接归属于经营分部的费用，即直接由经营分部的业务交易而发生的费用；二是可以间接归属于经营分部的费用，即企业将交易发生的费用在相关分部之间进行分配，将属于某经营分部的费用金额确认为分部费用。

分部费用通常不包括下列项目：（1）利息费用（包括因预收或向其他分部借款而确认的利息费用），如发行债券产生的利息费，但经营分部的日常活动是金融性质的除外；（2）营业外支出和资产处置损失，如固定资产盘亏、报废或处置等发生的净损失；（3）处置投资发生的净损失，但经营分部的日常活动是金融性质的除外；（4）采用权益法核算的长期股权投资确认的投资损失，但经营分部的日常活动是金融性质的除外。

【例8-4】 沿用【例8-2】的资料。

要求：运用分部利润占比的重要性判断标准，确认乙公司的报告分部。

分析：

乙公司各经营分部利润占利润总额的百分比如表8-3所示。

表8-3 分部利润占利润总额的百分比

项目	合并皮箱	手提包	公文包	皮带	销售公司	运输公司	合计
分部利润（万元）	129 000	104 000	87 400	13 800	50 000	20 000	404 200
分部利润占利润总额百分率（%）	31.9	25.7	21.6	3.5	12.4	4.9	100

表8-3显示，合并皮箱分部、手提包分部、公文包分部和销售公司的分部利润占所有盈利分部利润的百分比都超过了10%，根据“分部利润占所有盈利分部利润百分比10%或者以上”的标准，都应该确定为报告分部，而皮带分部和运输公司的分部利润占所有盈利分部利润的百分比都不足10%，根据分部利润百分比判断标准，都不能单独确认为报告分部。

3. 分部资产占所有分部资产合计额的10%或者以上的经营分部

分部资产是指经营分部日常活动中使用的可归属于该经营分部的资产，不包括递延所得税资产。企业在计量分部资产时，应当按照分部资产的账面净值进行计量，即按照原值扣除相关累计折旧或摊销额以及累计减值准备后的金额计量。

企业在确认分部资产时，应注意相关分部资产与分部利润、分部费用之间存在的对应关系。这些关系如下。

（1）如果分部利润包括利息或股利收入，则分部资产中就应当包括相应的应收账款、贷款、投资或其他金融资产。

（2）如果分部费用包括某项固定资产的折旧费用，则分部资产中就应当包括该项固定资产。

（3）如果分部费用包括某项无形资产或商誉的摊销额或减值额，则分部资产中就应当包括该项无形资产或商誉。

由两个或两个以上经营分部共同享有的资产，其归属权取决于与该资产相关的收入和费用的分配。与共享资产相关的收入和费用归属哪个经营分部，共享资产就应该分配给哪个经营分部，且共享资产的折旧费或摊销费也应该分配给所归属的分部经营。

【例8-5】 沿用【例8-2】的资料。

要求：运用分部资产占比的重要性判断标准，确认乙公司的报告分部。

分析：

乙公司各经营分部资产占资产总额的百分比如表8-4所示。

表8-4 分部资产占资产总额的百分比 单位：万元

项目	合并皮箱	手提包	公文包	皮带	销售公司	运输公司	合计
分部资产	1 300 000	650 000	590 000	250 000	700 000	300 000	3 790 000
分部资产占资产总额百分率（%）	34.3	17.1	15.6	6.6	18.5	7.9	100

表8-4显示，合并皮箱分部、手提包分部、公文包分部和销售公司的分部资产占所有分部资产总额的百分比都超过了10%，根据“分部资产占所有分部资产合计额的10%或者以上”的标准，都应该确定为报告分部；皮带分部和运输公司的分部资产占所有分部资产总额的百分比都不足10%，根据分部资产百分比判断标准，都不能单独确认为报告分部。

（二）确定报告分部的其他相关规定

企业在根据上述重要性标准确认报告分部时，还应遵守以下相关规定。

1. 对于不满足报告分部确认标准的经营分部的处理

如果经营分部未满足上述10%重要性标准，企业可以按照下列规定确定报告分部。

（1）直接指定为报告分部。企业管理层如果认为披露该经营分部信息对会计信息使用者有用，那么，无论该经营分部是否满足 10%的重要性标准，企业都可以将该经营分部直接指定为报告分部。

（2）与其他经营分部合并为报告分部。对于未满足报告分部确认标准的经营分部，企业可以将其与一个或一个以上的具有相似经济特征、满足经营分部合并条件的其他经营分部合并，作为一个报告分部。【例 8-2】中的 A、B、C、D 四个皮箱分部就属于这种情况。

（3）作为“其他项目”处理。对于既没指定为报告分部，也没与其他经营分部合并的经营分部，企业在披露分部信息时，应当将该经营分部的信息与其他分部的信息合并，作为“其他项目”单独在分部报告中披露。

2. 各报告分部对外交易收入合计应占企业总收入的 75%以上

前已述及，各分部收入应主要为外部交易收入。根据现行企业会计准则的规定，分部报告中单列的各分部收入（不含“其他项目”分部）合计应占企业总收入的 75%以上。如果报告分部对外交易收入的总额未达到企业总收入的 75%，则企业必须增加该报告分部中的报告分部数量，将原未作为报告分部的经营分部确认为报告分部，直到该比重达到 75%。

在这种情况下，原未作为报告分部的经营分部很可能未满足前述规定的 10%重要性标准，但为了使报告分部的对外交易收入合计数达到企业总收入的 75%，企业会计准则允许企业适当放宽报告分部的确认标准。

【例8-6】 沿用【例8-2】的资料。根据前面例题的分析，乙公司在分部报告中，应将合并皮箱分部、手提包分部、公文包分部和销售公司分部单独作为报告分部，其余不符合标准的经营分部作为“其他项目”分部披露。

问题： 乙公司是否满足报告分部对外交易收入占企业总收入75%的规定？

分析：

乙公司4大报告分部对外交易收入占企业总收入的百分比如表8-5所示。

表 8-5　　对外交易收入占企业总收入的百分比

项目	皮箱	手提包	公文包	销售公司	小计	其他项目	合计
营业收入（万元）	431 000	260 000	230 000	270 000	1 191 000	119 000	1 310 000
其中：对外交易收入（万元）	390 000	180 000	150 000	270 000	990 000	100 000	1 090 000
分部间交易收入（万元）	41 000	80 000	80 000	/	201 000	19 000	220 000
对外交易收入占企业总收入的百分比（%）	35.78	16.51	13.76	24.77	90.82	9.18	100

表8-5显示，皮箱分部、手提包分部、公文包分部、销售公司分部4个报告分部的对外交易收入占企业总收入的比例分别为35.78%、16.51%、13.76%、24.77%，合计为90.82%，超过了外部交易收入大于75%的限制性标准。因此，乙公司设置这4个报告分部能够满足现行企业会计准则（CAS35）的要求，不需要再增加报告分部的数量。

3. 分部报告中报告分部的数量不应该超过 10 个

CAS35 规定，企业在分部报告中单列的报告分部数量不应该超过 10 个。如果企业分部报告中的报告分部都满足10%重要性标准，其数量不应该超过10个。如果存在不满足10%重要性标准而指定为报告分部的情况，则报告分部的数量有可能会超过10个。如果报告分部数量超过10个，企业提供的分部信息可能变得非常复杂，不利于会计信息使用者理解和使用。因此，现行企业会计准则规定，在分部报告中，报告分部的数量不应超过10个。

4. 报告分部的确定应遵循可比性原则

企业在确定报告分部时，还应考虑不同期间报告分部的可比性，即各期报告分部的构成应该有一定的持续性。具体原则如下。

（1）对于上期满足报告分部确认条件、本期不满足条件的经营分部，基于可比性原则，如果企业认为该经营分部仍然比较重要，通常应继续将该经营分部确定为本期的报告分部。

（2）对于本期满足报告分部的确定条件、上期不满足条件的经营分部，基于可比性原则，企业亦可以将上期分部报告的分部信息进行重述，追溯披露该分部信息，若无法追溯，则无须重述。在这种情况下，企业不论是否对以前期间报告分部进行重述，均应当在报表附注中披露这一事实。

第二节 分部报告信息的披露方法

一、分部报告披露的主要内容

企业应当在财务报表附注中披露各报告分部的相关信息。分部信息的披露应当有助于会计信息使用者评价企业各分部所从事经营活动的性质、财务影响及经营所处的经济环境。企业应当以对外提供的财务报表为基础披露相关信息。编制合并财务报表的企业，应以合并财务报表为基础披露分部信息。在分部报告中，企业应同时披露描述性信息和相关财务信息。

（一）描述性信息

企业应当在分部报告中首先披露相关描述性信息，包括确定报告分部考虑的因素以及报告分部的产品和劳务的类型等。企业在确定报告分部时，通常应考虑企业管理层是怎样对报告分部进行管理的，如按照产品和服务管理、按地理区域管理或综合各种因素进行组织管理等。

【例8-7】 沿用【例8-2】的资料。

问题： 乙公司在其分部报告中应如何描述其确定报告分部的信息？

分析：

乙公司对报告分部的描述信息可参考如下表述。

本公司的报告分部都是提供不同产品或服务的业务单元。由于各种业务需要不同的技术和市场战略，本公司分别独立管理各个报告分部的生产经营活动，分别评价其经营成果，以决定向其配置资源、评价其业绩。

本公司有4个报告分部，分别为皮箱分部、手提包分部、公文包分部和销售公司分部。皮箱分部负责生产皮箱；手提包分部负责生产手提包；公文包分部负责生产公文包；销售公司分部负责销售本公司各组成部分生产的各种产品。

【例8-8】 Z银行在年度财务报表中定期提供集团的分部报告信息，包括地区分部信息和业务分部信息。其中，地区分部主要包括E、F、G、H、I五大地区分部；业务分部主要包括公司金融业务分部、个人金融业务分部、资金业务分部、投资银行业务分部、保险业务分部及其他业务分部。

问题：Z银行在其分部报告中应如何描述其确定报告分部的信息？

分析：Z银行在年度财务报告中对报告分部的描述性信息参考如下表述。

本集团从地区和业务两方面对业务进行管理。从地区角度，本集团主要在五大地区开展业务活动；从业务角度，本集团主要通过六大分部提供金融服务，包括公司金融业务、个人金融业务、资金业务、投资银行业务、保险业务及其他业务。

分部资产、负债、收入、费用、经营成果及资本性支出以集团会计政策为基础进行计量。在分部中列示的项目包括直接归属于各分部的及可基于合理标准分配到各分部的相关项目。作为资产负债管理的一部分，本集团的资金来源和运用通过资金业务分部在各个业务分部中进行分配。

除此之外，Z银行还可以对其在各地区及各业务分部开展的具体业务进行充分的描述。例如，公司金融业务主要是为公司客户、政府机关和金融机构提供的银行产品和服务。这些产品和服务包括活期账户、存款、透支、贷款、与贸易相关的产品及其他信贷服务、外币业务及衍生产品、理财产品等。

（二）财务信息

报告分部的财务信息通常以财务报表的方式进行披露，不同行业披露的信息内容不完全相同。研究上市公司披露的分部报告信息会发现，分部报告中披露的信息与年报披露的信息比较相似，是将年报的主要财务信息分解到报告分部后的重大财务信息。总体来看，分部报告应提供的财务信息主要包括以下两部分。

分部报告披露的信息及基本要求

1. 收入、费用及利润方面的信息

这部分信息主要披露企业各报告分部的经营成果，包括企业营业收入（分部间交易收入）、利息收入（金融业）、联营企业和合营企业投资收益等收入项目；税金及附加、折旧费用、摊销费用、所得税费用等费用项目以及其他重大的收益或费用项目等。

2. 资产与负债方面的信息

这部分信息主要披露企业各报告分部的财务状况信息，主要包括资产总额和负债总额（一般不包括递延所得税负债）信息。企业也可提供各分部资产总额的重要组成项目信息，如联营企业和合营企业投资以及其他重要的非现金项目等。两个或多个经营分部共同承担的负债的分配取决于与共同负债相关的费用的分配。与共同负债相关的费用分配给哪个经营分部，该共同负债也应当分配给哪个经营分部。

【例8-9】 沿用【例8-2】的资料。假定乙公司总部资产总额为20 000万元，总部负债总额为12 000万元，其他资料分别如表8-1和表8-6所示。

表8-6　乙公司其他资料　单位：万元

项目	品牌A	品牌B	品牌C	品牌D	手提包	公文包	皮带	销售公司	运输公司	合计
折旧费用	8 250	8 850	5 900	5 320	20 620	13 150	8 100	23 620	14 500	108 310
摊销费用	750	900	1 040	490	860	1 350	230	210		5 830
利润总额	31 000	28 000	32 050	37 950	104 000	87 400	17 000	50 000	16 800	404 200
所得税费用	7 750	7 000	8 012.5	9 487.5	26 000	21 850	4 250	12 500	4 200	101 050
净利润	23 250	21 000	24037.5	28 462.5	78 000	65 550	12 750	37 500	12 600	303 150
资本性支出	20 000	15 000	50 000	8 500	35 000	7 600		850	400	137 350

要求：根据有关资料，分析乙公司分部报告应提供的财务信息。

分析：根据表8-1和表8-6中的有关资料，乙公司在分部报告中通常可披露诸如表8-7所示的财务信息。

表8-7　乙公司各报告分部利润（亏损）、资产及负债信息　单位：万元

项目	皮箱分部	手提包分部	公文包分部	销售公司分部	其他	分部间抵销	合计
一、对外交易收入	390 000	180 000	150 000	270 000	100 000		1090 000
二、分部间交易收入	41 000	80 000	80 000		19 000	（220 000）	0
三、对联营和合营企业的投资收益							
四、资产减值损失							
五、折旧费和摊销费	31 500	21 480	14 500	23 830	22 830		114 140
六、利润总额（亏损总额）	129 000	104 000	87 400	50 000	33 800		404 200
七、所得税费用	32 250	26 000	21 850	12 500	8 450		101 050
八、净利润（净亏损）	96 750	78 000	65 550	37 500	25 350		303 150
九、资产总额	1 300 000	650 000	590 000	700 000	550 000		3790 000
十、负债总额	550 000	300 000	200 000	300 000	330 000		1680 000
十一、资本性支出	93 500	35 000	7 600	850	400		137 350

【例8-10】 沿用【例8-8】的资料。Z银行在年报附注中定期披露集团公司的分部报告，分部报告中披露的财务信息按惯例主要包括营业收入、营业支出、净利润、利润总额、净利润、资产总额、负债总额和补充信息。

要求：根据银行业年报的基本内容及Z银行对报告分部的描述性信息，分析Z银行在2018年年报附注中应提供的分部报告及相关内容。

分析：

根据银行业年报的基本内容及Z银行对其报告分部的描述性信息，该银行2018年应提供的分部报告如图8-2所示。

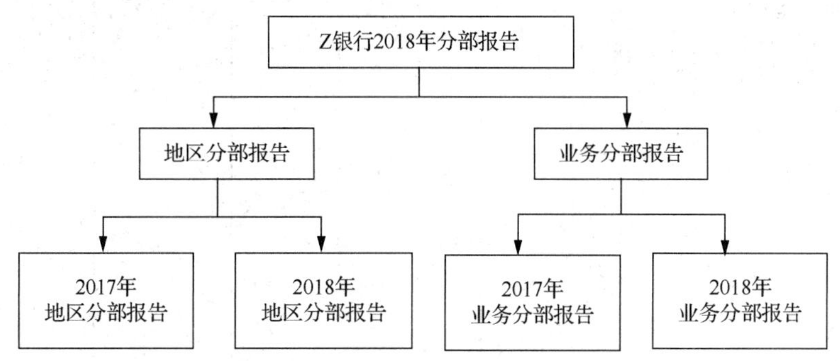

图8-2　Z银行2018年分部报告的构成

Z银行地区分布报告和业务分部报告披露的基本内容如表8-8和表8-9（以2018年为例）所示。

表8-8　Z银行2018年业务分部报告　单位：百万元

	公司金融业务	个人金融业务	资金业务	投资银行业务	保险业务	抵销	合计
一、营业收入							
利息净收入							
其中：分部间利息净收入							
手续费及佣金净收入							
其中：分部间手续费及佣金净收入							
投资收益							
其中：对联营及合营企业投资收益							
公允价值变动收益							

续表

	公司金融业务	个人金融业务	资金业务	投资银行业务	保险业务	抵销	合计
汇兑收益							
其他业务收入							
二、营业支出							
税金及附加							
业务及管理费							
资产减值损失							
其他业务成本							
三、营业利润							
营业外收支净额							
四、利润总额							
所得税费用							
五、净利润							
分部资产							
投资联营企业及合营企业资产							
资产总额							
其中：流动资产							
六、负债总额							
七、补充信息							
资本性支出							
折旧和摊销费用							
信用承诺							

表 8-9　　Z 银行 2018 年地区分部报告　　单位：百万元

地区	E	F	G	H	I	抵销	合计
一、营业收入							
利息净收入							
其中：分部间利息净收入							
手续费及佣金净收入							
其中：分部间手续费及佣金净收入							
投资收益							
其中：对联营及合营企业投资收益							
公允价值变动收益							
汇兑收益							
其他业务收入							
二、营业支出							
税金及附加							
业务及管理费							
资产减值损失							
其他业务成本							
三、营业利润							
营业外收支净额							
四、利润总额							
所得税费用							
五、净利润							
分部资产							
投资联营企业及合营企业资产							
资产总额							
其中：流动资产							
六、负债总额							
七、补充信息							
资本性支出							
折旧和摊销费用							
信用承诺							

二、分部报告披露中的其他问题

（一）报告分部会计政策及其变更的披露

报告分部会计政策是指与披露分部报告特别相关的会计政策。一般来说，分部会计政策应当与编制企业集团合并财务报表或企业财务报表时所采用的会计政策一致，但某些分部采用了分部特有的会计政策，如分部的确定、分部间转移价格的确定方法以及将收入、费用、资产和负债分配给报告分部的基础等。

企业应当在附注中披露报告分部所采用的特有会计政策，包括：（1）分部间转移价格的确定基础；（2）相关收入和费用分配给报告分部的基础；（3）确定报告分部利润（亏损）使用的计量方法的变更及变更的性质及影响；（4）相关资产或负债分配给报告分部的基础等。

如果企业因管理战略或内部组织结构改变对经营业务范围做出变更或对经营地区做出调整，使企业原已确定的报告分部所面临的风险和报酬产生较大差异，则必须改变原报告分部的分类。在这种情况下，企业就应当对此项分部会计政策变更予以披露。

对于分部会计政策的变更，企业应当提供前期比较数据。例如，对于某经营分部，如果本期满足报告分部的确定条件而前期因不满足报告分部的确定条件未确定为报告分部，也应当提供前期的比较数据。但是，重述信息不切实可行的除外。分部会计政策变更时，企业不论是否提供前期比较数据，均应在附注中披露这一事实。

（二）分部间转移价格及其变更的披露

企业在计量分部之间发生的交易收入时，需要确定分部间转移交易价格。在一般情况下，分部之间的交易定价不同于市场公允交易价格。为准确计量分部间转移价格，企业在确定分部间交易收入时，应当以实际交易价格为基础计量。由于企业不同期间生产的产品的成本不同，可能会导致不同期间分部间转移价格的确定产生差异，造成转移交易价格的变更。对于分部间转移价格的确定及其变更，企业除了应在附注中披露转移价格的确定基础外，还应当在附注中披露转移交易价格的变更情况。

（三）报告分部与企业财务报表信息总额的衔接

企业披露的分部信息，应当与合并财务报表或企业财务报表中的总额信息相衔接。具体衔接内容如下。

1. 报告分部收入总额应当与企业收入总额相衔接

报告分部收入包括可归属于报告分部的对外交易收入和对其他分部交易收入。在报告分部收入总额与企业收入总额进行衔接时，需要将报告分部之间的内部交易进行抵销。各报告分部的收入总额，加上未包含在任何报告分部中的对外交易收入金额之和，扣除报告分部之间交易形成的收入总额，应当与企业收入总额一致。

2. 报告分部利润（亏损）总额应当与企业利润（亏损）总额相衔接

报告分部利润（亏损）是报告分部收入总额，扣除报告分部费用总额之后的差额。在报告分部利润（亏损）总额与企业利润（亏损）总额进行衔接时，需要将报告分部之间的内部交易产生的利润（亏损）进行抵销。各报告分部的利润（亏损）总额，加上未包含在任何报告分部中的利润（亏损）金额之和，扣除报告分部之间交易形成的利润（亏损）金额之和，应当与企业利润（亏损）总额一致。

3. 报告分部资产和负债总额应当与企业资产和负债总额相衔接

企业资产总额由归属于报告分部的资产总额和未分配给各个报告分部的资产总额组成。企业负债总额由归属于报告分部的负债总额和未分配给各个报告分部的负债总额组成。各报告分部的资产和负债，加上未包含在任何报告分部的资产和负债之和，应当与企业的资产和负债总额保持一致。

【例8-11】 表8-10和表8-11所示是G人寿保险公司在2018年年报中披露的资产总额信息以及附注分部报告中披露的报告分部资产信息。

要求：分析G人寿保险公司报告分部资产与企业资产总额的衔接情况。

分析：通过表8-10和表8-11可以看出，G人寿保险公司分部报告和年报中披露的资产信息在项目分类上基本相同，且报告分部资产的合计数与年报资产的总额是相等的，均为1 410 579百万元。

表8-10　　G人寿保险公司资产负债表（资产部分）　　单位：百万元

2018年12月31日

项目	金额
货币资金	47 839
交易性金融资产	9 693
应收利息	18 193
应收保费	7 274
应收分保账款	22
应收分保未到期责任准备金	57
应收分保未决赔款准备金	32
应收分保寿险责任准备金	13
应收分保长期健康险责任准备金	706
保户质押贷款	23 977
其他债权投资	12 566
其他应收款	3 154
定期存款	441 585
其他权益工具投资	548 121
债权投资	246 227
长期股权投资	20 892
存出资本保证金	6 153
在建工程	2 080
固定资产	16 498
无形资产	3 726
其他资产	1 687
独立账户资产	84
资产总计	1 410 579

表8-11　　G人寿保险公司分部报告（资产部分）

2018年12月31日　　单位：百万元

项目	个人业务	团体业务	短期保险业务	其他业务	合计
货币资金	44 465	2 628	437	309	47 839
交易性金融资产	8 989	531	88	85	9 693
应收利息	16 930	1 001	167	95	18 193
应收分保未到期责任准备金	—	—	57	—	57
应收分保未决赔款准备金	—	—	32	—	32
应收分保寿险责任准备金	13	—	—	—	13
应收分保长期健康险责任准备金	706	—	—	—	706
保户质押贷款	23 977	—	—	—	23 977

续表

项目	个人业务	团体业务	短期保险业务	其他业务	合计
其他债权投资	11 578	684	114	190	12 566
定期存款	411 823	24 344	4 050	1 368	441 585
其他权益工具投资	509 608	30 124	5 012	3 377	548 121
债权投资	230 339	13 616	2 265	7	246 227
长期股权投资	—	—	—	20 892	20 892
存出资本保证金	5 288	313	52	500	6 153
独立账户资产	84	—	—	—	84
可分配资产合计	1 263 800	73 241	12 274	26 823	1 376 138
其他资产					34 441
合计					1 410 579

思考题

1. 什么是分部报告？企业编制分部报告有何意义？
2. 什么是经营分部？适合合并的经营分部具有哪些特征？
3. 简述报告分部的含义及其确定标准。
4. 不满足报告分部确认标准的经营分部应当如何处理？

练习题

练习一

[目的] 判断经营分部和报告分部。

[资料] 甲公司主要生产A、B、C三个牌子的服装、化妆品和香水。经过专家预测，生产服装的3个部门今后5年内的平均销售毛利率相差不大，并且各种服装的生产过程、客户类型、销售方式类似。甲公司2017年12月31日的有关资料如表8-12所示。

表8-12 甲公司经营分部的有关资料 单位：万元

项目	服装A	服装B	服装C	化妆品	香水	合计
营业收入	2 400	1 960	3 580	6 000	3 800	17 740
其中：对外交易收入	1 800	1 200	2 800	4 600	3 000	13 400
分部间交易收入	600	760	780	1 400	800	4 340
营业利润	460	400	700	2 000	1 000	4 560
资产总额	4 700	3 600	6 000	9 800	5 400	29 500

[问题] 确定甲公司的经营分部是哪几个？报告分部是哪几个？并说明理由。

练习二

[目的] 判断报告分部。

[资料] 乙公司有5个主要的经营分部。该公司2018年各经营分部对外交易收入和分部间交易收入情况如表8-13所示。

表8-13　乙公司各经营分部的收入情况　单位：万元

经营分部	对外交易收入	分部间交易收入
冰箱	1 100	230
电视	480	420
空调	1 400	200
洗衣机	690	120
热水器	360	—
合计	4 030	970

[问题]　按收入判定法（10%标准及其他补充标准）分析哪些经营分部可以列为报告分部（请列出所有算式）。

练习三

[目的]　利用分部报告进行财务分析。

[资料]　Z银行的主要业务是为零售及批发客户提供金融服务。批发金融服务是向公司类客户、政府机构类客户、同业机构类客户提供的金融服务，包括：贷款及存款服务、结算与现金管理服务、贸易金融与离岸业务、投资银行业务、拆借、回购等同业机构往来业务、资产托管业务、金融市场业务及其他服务。零售金融服务向个人客户提供的金融服务，包括：贷款及存款服务、银行卡服务、财富管理、私人银行及其他服务。

从2016年起，Z银行将分部报告中的经营分部分为批发金融业务、零售金融业务和其他业务。其他业务是指除了批发和零售金融业务之外的其他业务（如投资性房地产等）。2017年Z银行分部报告如表8-14所示。

表8-14　2017年Z银行分部报告　单位：百万元

	批发金融业务		零售金融业务		其他业务		合计	
	2017年	2016年	2017年	2016年	2017年	2016年	2017年	2016年
外部净利息收入	28 441	39 706	89 674	75 356	26 737	19 533	144 852	134 595
内部净利息收入	44 084	26 837	-18 716	-7 863	-25 368	-18 974	—	—
净利息收入	72 525	66 543	70 958	67 493	1 369	559	144 852	134 595
净手续费及佣金收入	23 871	25 911	36 390	31 797	3 757	3 157	64 018	60 865
其他净收入	6 627	9 345	1 038	873	4 362	4 042	12 027	14 260
营业收入	103 023	101 799	108 386	100 163	9 488	7 758	220 897	209 720
营业支出								
-折旧费用	-1 349	-1 277	-2 069	-2 043	-1 140	-384	-4 558	-3 704
-资产减值损失	-39 826	-48 233	-19 737	-17 034	-363	-892	-59 926	-66 159
-其他	-25 056	-23 322	-38 162	-36 014	-2 655	-2 108	-65 873	-61 444
营业支出	-66 231	-72 832	-59 968	-55 091	-4 158	-3 384	-130 357	-131 307
营业外收入	150	385	22	36	171	265	343	686
营业外支出	-158	-94	-25	-9	-20	-33	-203	-136

续表

	批发金融业务		零售金融业务		其他业务		合计	
	2017 年	2016 年	2017 年	2016 年	2017 年	2016 年	2017 年	2016 年
报告分部税前利润	36 784	29 258	48 415	45 099	5 481	4 606	90 680	78 963
资本性支出	2 930	1 354	4 494	2 166	8 585	12 395	16 009	15 915
报告分部资产	2 824 718	2 812 631	1 814 999	1 571 688	1 592 483	1 506 820	6 232 200	5 891 139
报告分部负债	3 459 039	3 204 988	1 359 453	1 301 502	901 122	968 103	5 719 614	5 474 593

[要求]

1. 计算Z银行各分部营业收入占总营业收入的百分比，说明其核心收入来源。

2. 分别计算批发金融分部和零售金融分部净利息收入、佣金及手续分收入占相关收入总额的百分比，评价两分部的盈利能力。

3. 计算各报告分部税前净利润占税前净利润总额的百分比，评价各分部的业绩。

4. 计算各分部资产负债率，分析各分部的财务风险。

第九章 政府补助

学习目标

1. 明确政府补助的含义、特征及分类。
2. 掌握与资产相关和收益相关的政府补助的会计处理方法。
3. 了解贷款贴息和政府补助退回的会计处理方法。

第一节 政府补助概述

在会计实务中，企业可能会收到来自政府支付的资金。这种支付可能是政府对企业的资本性投入、政府购买服务的对价，还有可能属于政府补助。本章将基于《企业会计准则第16号——政府补助》（以下简称“政府补助准则”或“CAS16”），阐述政府补助的会计核算方法。

一、政府补助的含义与特征

政府向企业提供经济支持，以鼓励或扶持特定行业、地区或领域的发展，是政府进行宏观调控的重要手段，也是国际上通行的做法。对企业而言，并不是所有来源于政府的经济资源都属于政府补助，除政府补助外，还可能是政府对企业的资本性投入或者政府购买服务所支付的对价。企业在收到来自政府的经济资源时，要根据交易或者事项的实质做出判断，对于符合政府补助的定义和特征的，才能按照政府补助来核算。

政府补助是指企业从政府无偿取得的货币性资产或非货币性资产。政府补助具有以下突出特征。

（一）政府补助来源于政府

这里的政府主要是指行政事业单位及类似机构。政府补助通常直接拨付给受益企业，但也可以由其他方代收代付。企业收到的来源于其他方的补助，如果有确凿证据表明政府是补助的实际拨付者，其他方只起到代收代付作用的，则该项补助同样属于政府补助。

例如，甲公司收到其母公司拨付的一笔补助款，甲公司有确凿证据表明该补助款实际上是当地政府的补助款，由其母公司代收代付给甲公司，因此，甲公司应该将该补助款按照政府补助处理。

（二）政府补助是无偿的

政府补助是无偿的，企业取得来源于政府的补助，不需要向政府交付商品或服务等对价。无偿性是政府补助的基本特征。这一特征将政府补助与政府以投资者身份向企业投入资本、政府购买服务等政府与企业之间的互惠性交易区别开来。

（三）政府补助是政府无偿给予企业的经济资源

这里强调的是政府补助的“经济资源”特征。政府补助是政府支付给企业的货币性资产或非货币性资产；企业作为政府补助的对象，将实际收到政府给予的货币性资产或非货币性资产。如果企业没有从政府获得相应的经济资源，则相关资源不能作为政府补助处理。例如，政府给企业提供的税收减免的优惠，由于企业没有实际收到货币性资金，因而，不属于政府补助。

需要说明的是，政府补助通常附有一定条件。这与政府补助的无偿性并不矛盾，只是政府为了推行其宏观经济政策，对企业使用政府补助的时间、使用范围和方向进行了限制。

企业从政府取得货币性或非货币性资产时，需要根据政府补助的定义和特征来判断其是否属于政府补助，尤其应注意区别企业从政府取得的交易收入。

【例9-1】 2018年12月，甲企业与所在城市开发区人民政府签订了一项项目合作投资协议，实施"退城进园"技改搬迁。根据协议，甲企业在开发区内投资约4亿元建设电子信息设备生产基地。生产基地占地面积400亩，政府按开发区用地基准地价挂牌出让，甲企业按挂牌出让价格缴纳土地出让金4 800万元。协议还规定，甲企业自开工之日起需在18个月内完成搬迁工作，从原址搬迁至开发区，同时将甲企业位于城区繁华地段的原址用地（200亩，按照所在地段工业用地基准地价评估为1亿元）移交给开发区政府收储。开发区政府将向甲企业支付补偿资金1亿元。

问题：开发区政府支付给甲企业的这1亿元是否属于政府补助？

分析：

在本例中，为实施"退城进园"技改搬迁，甲企业将其位于城区繁华地段的原址用地移交给开发区政府收储，开发区政府为此向甲企业支付补偿资金1亿元。由于开发区政府对甲企业的搬迁补偿是基于甲企业原址用地的公允价值确定的，实质是政府按照相应资产的市场价格向企业购买资产，企业从政府取得的经济资源是企业让渡其资产的对价，双方的交易是互惠性交易，不符合政府补助无偿性的特点。因此，甲企业收到的1亿元搬迁补偿资金不属于政府补助范畴，不能按政府补助准则来处理。

【例9-2】 乙企业是一家生产和销售重型机械的企业。为推动科技创新，乙企业所在地政府于2017年8月向乙企业拨付了3 000万元资金，要求乙企业将这笔资金用于技术改造项目研究，研究成果归乙企业享有。

问题：3 000万元资金是否属于政府补助？

分析：

在本例中，乙企业的日常经营活动是生产和销售重型机械，其从政府取得了3 000万元资金用于研发支出，且研究成果归乙企业享有，政府不分享这项研究成果带来的任何经济利益。因此，这项直接来自政府的财政拨款具有无偿性，符合政府补助的定义。乙企业应将这3 000万元资金按照政府补助准则的规定进行会计处理。

【例9-3】 丙企业是一家生产和销售高效照明产品的企业。国家为了支持高效照明产品的推广使用，通过统一招标的形式确定中标企业、高效照明产品及中标协议供货价格。丙企业作为中标企业，需以中标协议供货价格减去财政补贴资金后的价格将高效照明产品销售给终端用户，并按照高效照明产品实际安装数量、中标供货协议价格、补贴标准，申请财政补贴资金。2018年度，丙企业因销售高效照明产品获得财政资金5 000万元。

问题：丙企业获得的财政资金5 000万元是否属于政府补助？

分析：

在本例中，丙企业虽然取得财政补贴资金，但最终受益人是从丙企业购买高效照明产品的大宗用户和城乡居民，相当于政府以中标协议供货价格从丙企业购买了高效照明产品，再以中标协议供货价格减去财政补贴资金后的价格将产品销售给终端用户。

在实际操作时，政府虽然没有直接从丙企业购买高效照明产品，但以补贴资金的形式通过丙企业的销售行为实现了政府推广使用高效照明产品的目标。对丙企业而言，销售高效照明产品是其日常经营活动。丙企业仍按照中标协议供货价格销售了产品，其销售收入由两部分构成，一是终端用户支付的购买价款，二是财政补贴资金，财政补贴资金是丙企业产品销售对价的组成部分。因此，丙企业收到的补贴资金5 000万元不属于政府补助。

二、政府补助的主要形式

政府补助主要包括财政拨款、财政贴息、税收返还、无偿划拨非货币性资产等形式。

（一）财政拨款

财政拨款指政府无偿拨付给企业的资金，通常在拨款时明确规定了资金用途。例如，财政部门拨付给企业用于购建固定资产或进行技术改造的专项资金；鼓励企业安置职工就业而给予的奖励款项；拨付企业的粮食定额补贴；拨付企业开展研发活动的研发经费等，均属于财政拨款。

（二）财政贴息

财政贴息是政府为支持特定领域或区域发展，根据国家宏观经济形势和政策目标，对承贷企业的银行贷款利息给予的补贴。财政贴息的补贴对象通常是符合申报条件的某个综合性项目，包括设备购置、人员培训、研发费用、购买服务等，也可以是单向的，如仅限于某固定资产贷款项目。财政贴息主要有两种方式。

（1）财政将贴息资金直接拨付给受益企业。在这种情况下，贷款银行按照正常的贷款利息放贷给企业，企业正常与贷款银行结算贷款利息。企业在收到国家补贴的利息时冲减相关的利息费用。

（2）财政将贴息资金拨付给贷款银行，由贷款银行以政策性优惠利率向企业提供贷款，受益企业按照实际发生的利率计算和确认利息费用。

（三）税收返还

税收返还指政府按照国家有关规定采取先征后返（退）、即征即退等办法向企业返还已征收的税款，属于以税收优惠形式给予的一种政府补助。要理解政府补助中的税收优惠，企业应注意以下问题。

（1）政府补助中的税收优惠是指政府向企业先征收了税款、然后又返还给企业的情形。如果政府给予企业的税收优惠不属于“先征后退”的情形，如政府直接减征税款、免征税款、增加计税抵扣额、抵免部分税款等，这类税收优惠由于并没有直接向企业提供货币资金，因此，不属于政府补助范畴。

（2）对于某些特殊的减免税款，企业应按政府补助进行会计处理。例如，作为一般纳税人的加工型企业根据税法规定招用自主就业的退役士兵时，可以按定额扣减增值税。对于这种减免情形，根据现行企业会计准则的规定，企业应当将减征的税额确认为政府补助，借记“应交税费——应交增值税（减免税额）”科目，贷记“其他收益”科目。

（3）增值税出口退税不属于政府补助。根据税法的规定，我国在对出口货物取得的收入免征增值税的同时，退付出口货物前道环节发生的进项税额。增值税出口退税实际上是政府退回企业事先垫付的进项税，而不是退回国家向企业征收的税金，所以不属于政府补助。

（四）无偿划拨非货币性资产

例如，行政划拨土地使用权、天然林等。

三、政府补助的分类

根据CAS16的规定，政府补助应当划分为与资产相关的政府补助和与收益相关的政府补助。

这两类政府补助给企业带来经济利益或弥补相关成本或费用的方式有所不同，在会计处理上也存在一定的差别，但由于政府补助是政府无偿给予企业的经济资源，因此，不论是哪种政府补助，对企业来讲都属于一种收入。

（一）与资产相关的政府补助

与资产相关的政府补助是指企业取得的、用于购建或以其他方式形成长期资产的政府补助。在通常情况下，对于与资产相关的政府补助，相关补助文件中会有明确的要求，即要求企业将补助资金用于取得某项特定的长期资产。由于长期资产使用期限较长，将在较长的期间内给企业带来经济利益，因此，与资产相关的政府补助也会在较长的期限内影响企业的经济利益。

在会计处理上，企业对与资产相关的政府补助可以有两种选择：一是将与资产相关的政府补助先确认为“递延收益”，并在一定期限内逐渐结转为损益；二是将政府补助在取得时直接冲减长期资产成本，以反映企业购建资产时实际支付的成本。

（二）与收益相关的政府补助

与收益相关的政府补助是指除与资产相关的政府补助之外的政府补助。此类补助主要是用于补偿企业已经发生或即将发生的相关成本费用或损失，受益期相对较短，通常在满足政府补助所附条件时，计入当期损益或冲减相关成本。

对于同时包含与资产相关部分和与收益相关部分的政府补助，应当区分不同部分，并分别进行会计处理；难以区分的，应当整体归类为与收益相关的政府补助。

第二节 政府补助的会计核算

一、政府补助确认与计量的原则

（一）政府补助的确认条件

企业在确认政府补助时应满足以下两个条件。

（1）企业能够满足政府补助所附条件。企业在满足某类政府补助的条件时，可以申请政府补助；在取得政府补助之后，需要按照政府补助所附条款使用相关补助；如果企业没有按照要求使用政府补助，或者客观条件发生变化使企业不再满足政府补助条件，企业将无法收到政府补助，已经收到的政府补助可能会要求退回政府。

（2）企业能够收到政府补助。企业在确认政府补助时，必须保证与之相关的经济利益很可能流入企业。如果资产负债表日企业尚未收到相关的政府补助资金，但政府承诺企业在符合相关政策规定后就能获得相应补助，则可认为企业能够收到相关政府补助。

（二）政府补助的计量原则

政府补助的计量可分为对货币性资产政府补助的计量和对非货币性资产政府补助的计量，计量原则如下。

1. 货币性资产政府补助的计量

货币性资产政府补助应当按照收到或应收的金额计量。如果企业已经实际收到补助资金，应当按照实际收到的金额计量；如果资产负债表日企业尚未收到补助资金，但在符合了相关政策规定后就能相应获得收款权，且与之相关的经济利益很可能流入企业，则企业应当在获得收款权时，按照应收的金额计量。

2. 非货币性资产政府补助的计量

非货币性资产政府补助应当按照公允价值计量，如果公允价值不能可靠取得，则企业可以按照名义金额计量。例如，某政府将其辖内的一片天然林无偿划拨给 A 公司，因该天然林无法取得可靠的公允价值，所以 A 公司将该天然林按名义价格 1 元入账。

（三）政府补助的会计处理方法

根据 CAS16 的规定，企业对收到的政府补助可以采取以下两种会计处理方法处理。

1. 净额法

政府补助会计处理的要点

净额法是指企业将收到的政府补助直接冲减相关资产的账面价值或与之相关的成本费用金额的会计处理方法。具体来讲，这种方法是指企业在收到与形成某项资产相关的政府补助时，可直接将其冲减企业已经发生的与该资产相关的成本；企业在收到与收益相关的政府补助时，可将其直接冲减企业已支付的相关费用。

采用这种会计处理方法时，与政府补助相关的资产的账面成本或与政府补助相关的费用，仅仅包括企业实际承担的部分，而不是完整的成本或费用。

2. 总额法

总额法指企业将收到的政府补助，不论是与资产相关的补助，还是与收益相关的补助，都一次性或分次确认为相关收入的会计处理方法。与政府补助相关的收入分为以下两种。

（1）与日常营业活动相关的收入。与日常营业活动相关的收入是指营业性质的收入。如果政府补助的收入与营业利润的组成项目密切相关，或该补助与日常销售活动密切相关，如增值税即征即退补助，则该政府补助就属于与日常营业活动相关的收入。根据现行企业会计准则的规定，与日常经营活动相关的政府补助收入应该计入其他收益账户。

（2）与企业日常营业活动无关的收入。如果政府补助形成的收入与日常营业活动无关，如与营业无关特定项目贷款利息补贴等，相关的政府补助收入应确认为营业外收入。

企业选择政府补助的会计方法时，还应注意以下两点内容。

一是并非所有政府补助都适合在两种方法中选择，有些补助不适合冲减相关的成本费用，只能采用总额法。例如，对一般纳税人增值税即征即退的增值税，就不能冲减已交增值税，只能采用总额法，将即征即退的增值税确认为相关收益。

二是对同类或类似政府补助业务，企业只能选用一种会计处理方法，而且一旦选定，不得随意变更。

可见，政府补助属于收益的范畴，其会计处理方法可以由企业自行选择净额法或总额法，净额法下冲减相关成本或费用，总额法下确认为相关收益。

为便于学习，现对两种政府补助会计处理方法进行归纳，如图 9-1 所示。

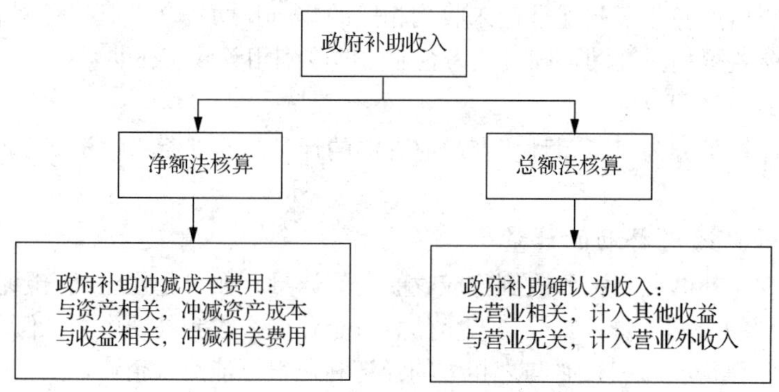

图 9-1　政府补助的会计处理方法

二、与资产相关的政府补助的会计处理

与购置资产相关的政府补助通常以货币资金的方式给付企业。企业通常是先收到政府补助的资金，再按照政府要求将补助资金用于购建固定资产或无形资产等长期资产，但在个别情况下，可能也会出现先购建长期资产，后收到政府补助的情况。不论哪种情况，企业在取得与资产相关的政府补助资金时，都可以选择总额法或净额法进行会计处理。

（一）总额法下的会计处理要点

（1）如果企业先取得政府补助、后购建长期资产，应当将取得的政府补助先确认为递延收益，即按照收到的政府补助金额，借记“银行存款”科目，贷记“递延收益”科目；然后在相关长期资产计提折旧或摊销的期限内，同时摊销递延收益，借记“递延收益”科目，贷记“其他收益”或“营业外收入”科目。

（2）如果企业在相关长期资产投入使用后，才取得政府补助，也应将取得的政府补助先确认为递延收益，然后应在长期资产的剩余使用寿命内，按照系统合理的方法摊销递延收益。

（3）对于与上述政府补助相关的长期资产，如果在持有期间发生了减值损失，则递延收益的摊销仍保持不变，不受减值因素的影响。

（4）相关资产在使用寿命结束时或结束前被处置（出售、报废、转让、发生毁损等），尚未分配的相关递延收益余额应当转入资产处置当期的损益，不再予以递延。相关资产划分为持有待售类别的，企业应先将尚未分配的递延收益余额冲减相关资产的账面价值，再按照《企业会计准则第 42 号——持有待售的非流动资产、处置组和终止经营》的要求进行会计处理。

（二）净额法下的会计处理要点

（1）如果企业先取得政府补助、后购建相关长期资产，应当将取得的政府补助先确认为递延收益，借记“银行存款”科目，贷记“递延收益”科目；然后，在相关长期资产达到预定可使用状态或预定用途时，将递延收益冲减相关资产的账面价值，借记“递延收益”科目，贷记“生产成本”等科目。

（2）企业如果在相关长期资产投入使用后，才取得政府补助，应当在取得政府补助时，直接冲减相关资产的账面价值，借记“银行存款”科目，贷记“生产成本”科目等；然后按照冲减后的账面价值和相关资产的剩余使用寿命计提折旧或进行摊销。

如果与资产相关的政府补助是以长期非货币性资产方式给付企业的，如政府无偿给予企业的土地使用权、天然资源的天然林等，则企业在取得时，应先按公允价值，借记有关非货币性资产科目，贷记“递延收益”科目；然后，在相关资产使用寿命内按合理、系统的方法分期计入损益，借记“递延收益”科目，贷记“其他收益”或“营业外收入”科目。对于收到的以名义金额（一般为 1 元）计量的长期非货币性资产，在取得时，应直接计入当期损益。

与资产相关的政府补助的会计核算方法如图 9-2 所示。

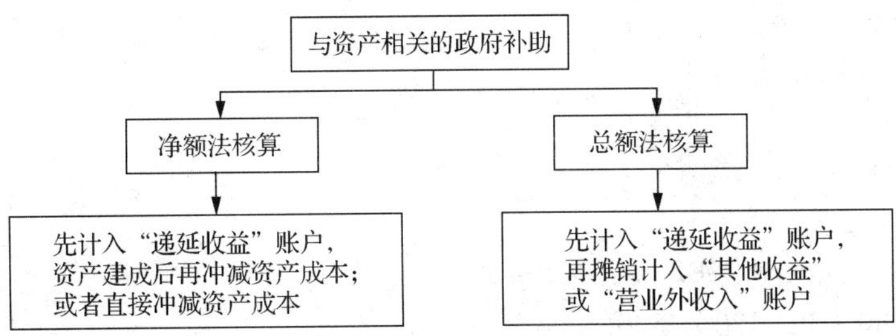

图 9-2　与资产相关的政府补助的会计核算

【例9-4】按照国家有关政策，企业购置指定的环保设备可以申请政府补贴。丁企业于2017年下半年向政府有关部门提交了120万元的补助申请，作为对其购置相关环保设备的补贴。2017年年末，丁企业收到了政府补贴款120万元。2018年年初，丁企业购入不需安装的环保设备一台，实际成本为360万元，预计使用寿命为10年。丁企业从2018年年初开始为该设备采用直线法计提折旧，折旧费计入制造费用（不考虑净残值）。假设该环保设备提前1年报废，不考虑其他因素的影响。

要求：分别按总额法和净额法编制该政府补助的会计分录。

分析：

在本例中，政府补助的环保设备补助与企业生产经营密切相关，应通过“其他收益”账户核算。在会计核算中，丁企业可以选择以下两种方法（单位：万元）。

（1）总额法

① 收到财政拨款时：

借：银行存款　　120

　　贷：递延收益　　120

② 购入环保设备时：

借：固定资产　　360

　　贷：银行存款　　360

③ 自2018年起至报废的10年中，每月应同时编制以下两笔分录：

借：制造费用（360÷120）　　3

　　贷：累计折旧　　3

借：递延收益（120÷120）　　1

　　贷：其他收益　　1

④ 提前1年报废时，应同时转销递延收益余额：

借：固定资产清理　　36

　　累计折旧　　324

　　贷：固定资产　　360

借：递延收益　　12

　　贷：固定资产清理　　12

借：营业外支出　　24

　　贷：固定资产清理　　24

（2）净额法

① 实际收到财政拨款时：

借：银行存款　　120

　　贷：递延收益　　120

② 购入环保设备时：

借：固定资产　　360

　　贷：银行存款　　360

同时，

借：递延收益　　120

　　贷：固定资产　　120

③ 自2018年起至报废，每月编制以下分录：

借：制造费用[（360−120）÷120]　　2

　　贷：累计折旧　　2

④ 设备提前1年报废时：

借：固定资产清理　　24

　　累计折旧　　216

　　贷：固定资产　　240

借：营业外支出　　24

　　贷：固定资产清理　　24

三、与收益相关的政府补助的会计处理

企业收到的与收益相关的政府补助，主要用于补贴企业已经发生或即将发生的某些成本费用或损失。从会计处理方法上看，与收益相关的政府补助也可以选择总额法或净额法核算，具体的会计处理方法和与资产相关的政府补助大同小异。

（一）用于补偿企业以后期间的成本费用或损失

在这种情况下，企业通常先收到政府补助，后发生成本费用。根据现行企业会计准则的规定，企业在先收到补助时，应当先判断企业在未来是否能满足政府补助所附的全部条件。如果客观情况表明企业能够满足政府补助所附条件，则企业应当将所取得的政府补助先确认为递延收益，并在未来确认相关成本费用或损失发生的期间，按照总额法或净额法，将其计入相关收益账或冲减相关成本。

【例9-5】 甲企业于2016年年初与其所在地地方政府签订合作协议。协议约定，当地政府将向甲企业提供800万元奖励资金，用于甲企业的人才激励和人才引进奖励；甲企业必须按年向当地政府报送详细的资金使用计划并按规定用途使用资金。协议同时还约定，甲企业自获得奖励起10年内注册地址不得迁离本地区，否则政府有权追回奖励资金。甲企业于2016年2月收到800万元补助资金，分别在2016年年末、2017年年末和2018年年末使用了300万元、300万元和200万元，用于发放总裁级高管年度奖金。假设不考虑相关税费等其他因素。

要求：分别采用总额法和净额法编制该政府补助的会计分录。

分析：

在本例中，政府补助的奖金激励补贴与企业日常经营密切相关，应通过“其他收益”账户核算。

2016年2月，甲企业在提前取得政府补助时，应先判断企业未来是否能满足政府补助所附的条件。如果甲企业在取得补助资金时暂时无法确定能否满足政府补助所附条件（在未来10年内注册地址不得迁离本地区），则其应当将收到的补助资金先计入“其他应付款”科目，待客观情况表明其能够满足政府补助所附条件后，再转入“递延收益”科目，按政府补助处理。如果客观情况表明，甲企业在未来10年内不会离开该地区，确定能否满足政府补助所附条件，则甲企业可以选择按总额法或净额法进行如下账务处理（单位：万元）。

（1）总额法下的会计处理

① 实际收到补助资金时：

借：银行存款　　800

　　贷：递延收益　　800

② 实际发放奖金时。

a. 2016年年末的分录：

借：递延收益　　300

　　贷：其他收益　　300

b. 2017年年末的分录：

借：递延收益　　300

　　贷：其他收益　　300

c. 2018年年末的分录：

借：递延收益　　200

　　贷：其他收益　　200

（2）净额法下的会计处理

① 实际收到补助资金时：

借：银行存款　　800

　　贷：递延收益　　800

② 发放奖金时。

a. 2016年年末的分录：

借：管理费用　　300

　　贷：银行存款　　300

借：递延收益　　300

　　贷：管理费用　　300

b. 2017年年末的分录：

借：管理费用　　300

　　贷：银行存款　　300

借：递延收益　　300

　　贷：管理费用　　300

c. 2018年年末的分录：

借：管理费用　　200

　　贷：银行存款　　200

借：递延收益　　200

　　贷：管理费用　　200

（二）用于补偿企业已发生的成本费用或损失

用于补偿企业已发生的相关成本费用或损失的政府补助，应直接计入当期损益或冲减相关成本。这类补助通常与企业已经发生的行为有关，是对企业已发生的成本费用或损失的补偿，也可能是对企业过去发生的某种行为的奖励。

【例9-6】 A企业是一家软件开发公司，主要营销其自主开发的软件。按照税法的有关规定，该企业的这种产品适用增值税即征即退政策，按13%的税率征收增值税后，对其增值税实际税负超过3%的部分，实行即征即退。A企业2018年10月在进行纳税申报时，对归属于9月的增值税提交退税申请，经主管税务机关审核后的退税额为5万元。

要求：编制该政府补助的会计分录。

分析：

在本例中，政府补助的即征即退增值税与企业日常经营密切相关，属于与企业的日常活动相关的政府补助，应通过"其他收益"账户核算。根据现行企业会计准则的规定，一般纳税人增值税即征即退的增值税，不能冲减已交增值税，因此，A企业只能采用总额法核算，将收到的增值税退税额计入其他收益，会计分录为（单位：万元）：

借：其他应收款　　5

　　贷：其他收益　　5

【例9-7】 B企业于2018年5月遭受重大自然灾害，发生近千万元的损失。为此，政府给予了200万元的补助。2018年6月末，B企业收到了200万元的政府补助资金，选择以总额法进行会计处理。

要求：编制该政府补助的会计分录。

分析：

B企业收到的200万元政府补助资金，用于补助该企业在自然灾害中发生的损失，与企业的经营无关，因此，B企业应该将该政府补助计入营业外收入账户，会计分录如下（单位：万元）：

借：银行存款　　200

　　贷：营业外收入　　200

【例9-8】 C企业是高新技术企业，主要从事芳烃的生产与销售。芳烃的原料是石脑油。国家对石脑油在生产环节增收消费税。根据国家的规定，C企业用购进的石脑油生产芳烃时，石脑油中所含的消费税可按实际耗用数量予以退还。2017年年末，C企业将115吨石脑油投入生产，共生产100吨芳烃。C企业根据当期产量及所购原料供应商的消费税证明，向税务机关申请退还所消耗石脑油的消费税。经税务机关核实，确定当期应退消费税为24万元。C企业对于此类政府补助采用净额法核算。

要求： 编制与该政府补助相关的会计分录。

分析：

在本例中，C企业对于取得的消费税政府补助一律采用净额法核算，即冲减当期芳烃的生产成本。因此，2017年年末，C企业应根据税务机关退回的24万元消费税，编制如下会计分录：

借：其他应收款　　24

　　贷：生产成本　　24

（三）政策性优惠贷款贴息的核算

政策性优惠贷款贴息属于与收益相关的政府补助，是政府为支持特定领域或区域发展，根据国家宏观经济形势和政策目标，由财政部门对承贷企业的银行借款利息给予的补贴。财政可将优惠贷款贴息资金直接拨付给企业，也可以直接拨付给贷款银行。

政策性优惠贴息的会计处理方法

1. 财政贴息拨付给银行的核算

在财政将贴息资金直接拨付给贷款银行的情况下，贷款银行将以优惠利率向企业提供贷款，企业将按照优惠利率向贷款银行支付利息，国家财政按补贴利率向银行支付利息，银行在利息上没有损失，属于按正常市场利率对外提供贷款。

从会计核算的角度看，政策性优惠贷款贴息实际上与企业的会计核算没有直接关系。根据现行企业会计准则的规定，对于这种政策性优惠贷款贴息，企业可以采用正常借款的会计处理方法，将取得的借款本金按面值计入“长期借款”账户，然后按借款本金面值和企业实际承担的政策性优惠利率，计算借款利息，并计入相关损益。

根据现行企业会计准则的规定，政策性优惠贷款贴息也可以按实际利率法核算。这种方法是将“长期借款”账户按公允价值（借款金额按市场利率折现后的金额）入账，将企业实际收到的借款本金与其公允价值之间的差额确认为递延收益；递延收益在借款存续期内应采用实际利率法摊销，冲减借款费用。实际利率法比较麻烦，国际会计惯例通常采用这种会计处理方法，但在我国会计实践中可以采用简易的会计处理方法。

2. 财政贴息拨付给企业的核算

如果财政将贴息资金直接拨付给受益企业，则企业应按正常贷款利率向银行支付利息；财政部门将定期（如一年）与企业结算贴息；企业在收到财政贴息时，直接冲减借款费用。

【例9-9】 2018年1月1日，M企业向银行贷款100万元，期限为2年，按月计息，按季度付息，到期一次还本。M企业将这笔贷款资金用于国家扶持的产业建设，符合国家规定的财政贴息条件。银行与M企业签订的政策优惠性贷款合同规定：该贷款的年市场利率为9%（月利率0.75%），M企业承担利率为3%（月利率0.25%），财政贴息年利率为6%（月利率为0.5%）。M企业按季度向银行支付贷款利息。财政部门按年直接向银行拨付该笔贷款的贴息资金。假设贷款期间的利息费用满足资本化条件，计入在建工程成本，M企业按账面价值核算该借款。

要求：编制与该政策性贴息贷款相关的会计分录。

分析：

在本例中，政策性优惠贷款贴息直接拨付给银行，M企业只承担年3%的贷款利息，并选择按账面价值核算长期借款，因此，会计核算比较简单，相关会计分录如下（单位：元）。

（1）取得银行贷款时：

借：银行存款　　1 000 000

　　贷：长期借款——本金　　1 000 000

（2）按月计提利息时：

借：在建工程（1 000 000×3%÷12）　　2 500

　　贷：应付利息　　2 500

【例9-10】 接【例9-9】。假设财政将贷款贴息直接拨付给M企业，则M企业根据现行企业会计准则的规定，应编制如下会计分录（单位：元）。

（1）取得银行贷款时：

借：银行存款　　1 000 000

　　贷：长期借款——本金　　1 000 000

（2）按月计提利息时：

借：在建工程（1 000 000×0.75%）　　7 500

　　贷：应付利息　　7 500

借：其他应收款（1 000 000×0.5%）　　5 000

　　贷：在建工程　　5 000

四、其他情形政府补助的核算

（一）综合性政府补助的核算

对于同时包含与资产相关和与收益相关的政府补助，企业应当将其进行分解，区分类型不同的补助金额，分别进行会计处理；难以区分的，企业应当将其整体归类为与收益相关的政府补助进行会计处理。

【例9-11】 2018年年初，某市科技创新委员会与E企业签订了科技计划项目合同书，拟对E企业的新药临床研究项目提供研究补助资金。该项目的总预算为900万元，其中，市科技委资助350万元，E企业自筹550万元。市科技委资助的350万元用于补助设备费150万元、加工费100万元、材料费40万元、咨询费10万元、差旅费等管理费用50万元。假设除设备费外的其他各项费用都属于研究支出。

双方约定，E企业应当按合同规定的开支范围，对市科技委资助的经费专款专用。项目实施期限为自合同签订之日起3年，期满后E企业如未通过验收，未来不得再向市政府申请科技补贴资金。E企业于2018年收到补助资金，在项目期内按照合同约定的用途使用了补助资金。E企业于2018年6月30日按项目合同书的约定购置了相关设备，设备成本为300万元，其中使用补助资金150万元。该设备使用年限为20年，采用直线法计提折旧（不考虑净残值）。假设本例中不考虑相关税费等其他因素。

要求：编制与该政府补助相关的会计分录。

分析：

本例中，E企业收到的政府补助是综合性政府补助。按现行企业会计准则的规定，E企业需要区分与资产相关的政府补助和与收益相关的政府补助，并分别进行处理。假设E企业对收到的与资产相关的政府补助选择净额法核算，对收到的与收益相关的政府补助选择总额法核算，则2018年E企业应该编制的有关会计分录如下（单位：元）。

（1）实际收到政府补贴资金时：

借：银行存款　　3 500 000

　贷：递延收益　　3 500 000

（2）购入相关设备，并结转与资产相关的政府补助时：

借：固定资产　　3 000 000

　贷：银行存款　　3 000 000

借：递延收益　　1 500 000

　贷：固定资产　　1 500 000

（3）相关设备在使用期内按月计提折旧时：

借：研发支出　　6 250

　贷：累计折旧　　6 250

（4）支付相关研发支出时：

借：研发支出　　5 500 000

　贷：银行存款　　5 500 000

（5）将与收益相关的政府补助确认为收益时：

借：递延收益　　2 000 000

　贷：其他收益　　2 000 000

（二）政府补助退回的核算

企业如果已经收到并确认为政府补助的资金需要退还财政，应分以下情况分别处理。

（1）初始确认时冲减资产账面价值的，应调整相关资产的价值。

（2）初始确认时计入递延收益，且递延收益尚有余额时，先冲减递延收益，超出部分计入当期损益。

（3）属于其他情况的，直接计入当期损益。

（4）退回的政府补助如果属于前期差错，应当按照前期差错更正进行追溯调整。

【例9-12】 接【例9-4】。假设2019年年初，有关部门在对丁企业的检查中发现，丁企业所购买的设备不符合环保部门的相关要求，因此，不符合申请相关政府补助的条件，要求丁企业限期退回全部补助款项。丁企业按规定退回了政府补助款120万元。

要求：就丁企业退回政府补助业务编制相关会计分录。

分析：

在本例中，丁企业在退回政府补助款项时，应分别采用总额法和净额法进行会计处理（单位：万元）。

（1）总额法下退款的会计处理

在总额法下，丁企业将收到的政府补助120万元先计入了递延收益，并按月摊销到其他收益，至退款时已经摊销12万元，递延收益余额为108万元。因此，在退回补助款时，丁企业应分别冲减递延收益和其他收益，会计分录为：

借：递延收益　　108

　　其他收益　　12

　贷：银行存款　　120

（2）净额法下退款的会计处理

在净额法下，丁企业将收到的政府补助120万元直接冲减了固定资产，从而导致固定资产的原值减少120万元，进而导致固定资产每月少计提折旧1万元。至退款时，累计折旧共少提12万元。因此，丁企业在退款时，应分别调整固定资产原值，并补提累计折旧，会计分录为：

借：固定资产　　120

　　贷：银行存款　　120

借：制造费用　　12

　　贷：累计折旧　　12

思考题

1. 什么是政府补助？政府补助有哪些种类？其特征是什么？
2. 企业收到政府补助时，有哪几种会计处理方法？在选择会计处理方法时，应注意哪些问题？
3. 简述与资产有关的政府补助在总额法和净额法两种方法下的会计处理要点。
4. 简述与收益相关的政府补助的会计处理要点。
5. 对于综合性政府补助，企业应当如何进行会计处理？

练习题

练习一

[目的]　练习与资产相关的政府补助的会计处理方法。

[资料]　2011年6月，甲公司需要购置一台环保设备，预计价款为370万元，因资金不足，按照相关规定向有关政府部门提出补助180万元的申请。2011年7月1日，政府批准了甲公司的申请并拨付180万元财政拨款（同日到账）。2011年8月31日，甲公司购入不需要安装的环保设备，实际成本为360万元，使用寿命为10年，采用直线法计提折旧（假设无残值），折旧费用计入制造费用。2018年8月，甲公司出售了这台设备，取得价款130万元。不考虑其他因素。

[要求]分别用总额法和净额法为甲公司编制与政府补助相关的会计分录。

练习二

[目的]　练习与收益相关的政府补助的会计处理方法。

[资料]

1. 乙公司于2017年6月15日取得当地财政部门拨款2 000万元。该拨款用于资助乙公司于2017年3月1日进行的一个研发项目的前期研究。该研发项目预计周期为2年，预计将发生研究支出2 500万元。至2017年12月31日，该研发项目累计发生研发支出1 800万元（其中，以银行存款支出1 000万元，研究用设备折旧800万元）。乙公司对其政府补助采用净额法核算。

2. 丙公司于2018年6月1日遭受自然灾害，造成损失100万元。2018年8月1日，丙公司收到当地政府补助金30万元，并选择以总额法进行了会计处理。

3. 丁公司销售其自主开发生产的动漫软件。按照国家的规定，这种产品适用增值税即征即退政策。丁公司在2018年9月进行纳税申报时，对归属于8月的即征即退增值税提交退税申请，主管税务机关审核后，退回丁公司增值税税款270万元。

[要求]　根据上述资料的相关要求，分别编制与政府补助相关的会计分录。

第十章 企业清算会计

学习目标

1. 明确企业清算的含义、种类及特点。
2. 掌握破产清算的会计处理方法。
3. 掌握非破产清算的会计处理方法。

第一节 企业清算概述

一、企业清算的含义及种类

（一）企业清算的含义

企业清算是指在企业面临终止的情况下，负有清算义务的主体按照法律规定的方式、程序对企业的资产、负债、股东权益等进行全面的清理和处置，使得企业与其他社会主体之间产生的权利和义务归于消灭，从而为企业的终止提供合理依据的行为。企业清算基于企业的终止。这种终止并非企业某项业务的终止经营，而是企业根据法定程序彻底结束其全部的经营活动并使企业的法人资格归于消灭的行为。

企业终止的原因有很多，归纳起来，大致包括以下几个。

（1）企业营业期限届满，无需存续。

（2）企业章程所设立的经营目的已达到，无需存续。

（3）企业章程所设立的经营目的根本无法实现，且企业无发展前途。

（4）企业章程规定的企业终止事由出现。

（5）股东大会或企业最高权力机构决定企业终止。

（6）企业合并或分立，要求企业终止。

（7）企业因违反国家法律、法规，危害社会公共利益被依法撤销。

（8）企业宣告破产。

（二）企业清算的种类

根据《公司法》的规定，企业清算可以区分为非破产清算与破产清算。

1. 非破产清算

非破产清算，也称普通清算或解散清算，是指在企业法人资产足以清偿债务的情况下，依照《公司法》规定的原因解散时所进行的清算。根据我国《公司法》的规定，企业解散的原因主要包括以下几个。

（1）公司章程规定的营业期限届满或其他解散事由出现；

（2）股东会或股东大会决议解散；

（3）因企业合并或者分立需要解散；

（4）依法被吊销营业执照、责令关闭或者被撤销；

（5）人民法院依照《公司法》的规定予以解散。

非破产清算的特点是：第一，清算的理由并非企业破产，而是《公司法》规定的解散理由；第二，根据《公司法》规定的程序进行清算；第三，清算企业的财产足以清偿其全部债务。清偿债务后的剩余财产，将分配给股东。

非破产清算分为自愿清算和强制清算。自愿清算即企业自行清算，是企业在没有法院干预和债权人参与的情况下，通过清算人自主自觉行为进行的清算；强制清算是指在某些法定的特殊情形下，通常是在清算遇有显著障碍或者存在可能损害债权人利益的情形下，依法进行的清算。《公司法》第一百八十二条规定：企业经营管理发生严重困难，继续存续会使股东利益受到重大损失，通过其他途径不能解决的，持有企业全部股东表决权百分之十以上的股东，可以请求人民法院解散企业，这种情况下的清算就属于强制清算。

2. 破产清算

破产清算是指在企业的财产不足以清偿到期债务时，依照《中华人民共和国企业破产法》（以下简称《破产法》）进行的清算。我国《公司法》第一百八十七条规定：清算组在清理企业财产、编制资产负债表和财产清单后，发现企业财产不足清偿债务的，应当依法向人民法院申请宣告破产。企业经人民法院裁定宣告破产后，清算组应当将清算事务移交给人民法院，实施破产清算。

破产清算的特点是：第一，清算的原因是企业资不抵债；第二，根据《破产法》规定的程序进行清算；第三，清算企业的财产不足以偿还其全部债务，只能依法根据公平受偿原则清偿债务，清偿债务后无剩余财产分配给股东。

从法律上讲，企业破产有两层含义：其一是资不抵债时发生的实际意义上的破产，即债务人因其负债超过其资产的公允价值，不能清偿其到期债务，亦无债务展期、和解、重整的可能性时发生的破产；其二是指债务人因不能清偿到期债务而被法院宣告破产。此时债务人资产的公允价值可能低于负债，也可能等于或超过负债。这是法律意义上的破产。

实践中也存在一种特殊的情况。例如，企业在终止时，由于尚未进行清算，对其资产负债情况并不十分清楚，可能首先启动的是非破产清算，但经清理企业的财产和债权债务关系后，发现其财产不足以偿还全部债务。这时，非破产清算程序将无法进行，需要清算组或者债权人按照《破产法》的有关规定向人民法院提起破产清算程序，从而将清算由非破产清算转为破产清算。

二、企业清算的程序

（一）非破产清算的程序

根据我国《公司法》的规定，非破产清算的一般程序如下。

1. 成立清算组

除了因企业合并或者分立需要解散以外，企业进行其他普通清算时应当在解散事由出现之日起 15 日内成立清算组。有限责任公司的清算组由股东组成，股份有限公司的清算组由董事或者股东大会确定的人员组成。逾期不成立清算组进行清算的，债权人可以申请人民法院指定有关人员组成清算组进行清算。人民法院应当受理该申请，并及时组织清算组进行清算。

清算组的职责包括：编制清算日资产负债表和财产清单；通知、公告债权人；处理与清算有关企业未了结的业务；清缴所欠税款以及清算过程中产生的税款；清理债权债务；处理企业清偿债务后的剩余财产；代表企业参与民事诉讼活动。

2. 组织清算

在非破产清算期间，企业将存续，但不再从事经营业务，只有清算组按下列程序开展清算工作。

（1）编制财产账册。清算组成立后，首先应登记企业的债权，清理企业的财产，并编制企业的资产负债表和财产清单。

（2）制订清算方案。在清理企业财产并编制资产负债表和财产清单后，清算组应当尽快制订清算方案，并报股东会、股东大会或者人民法院确认。

（3）通知并公告债权人。清算组成立后应在 10 日内通知已知的债权人并于 60 日内在报纸上公告，债权人应当在接到通知书之日起 30 日内，未接到通知书的自第一次公告之日起 90 日内，向清算组申报债权，逾期未申报者，即视为放弃债权，不列入清算债权。债权人申报债权，应当说明债权的有关事项，并提供证明材料。清算组应对债权如实登记。

（4）清理清偿债务。在非破产清算时，企业应按下列顺序清偿债务。

① 支付清算费用。

② 支付职工工资和劳保费用。

③ 缴纳所欠税款。

④ 清偿企业债务。

（5）分配剩余财产。清偿企业债务后的剩余财产，应分配给股东，有限责任公司按照股东的出资比例分配，股份有限公司按照股东持有的股份比例分配。

3. 清算终结，注销登记

企业清算结束后，清算组应当编制清算报告，报送企业股东会、股东大会或者人民法院，同时应报送企业登记机关，申请注销企业登记，公告企业终止。

（二）破产清算的程序

根据我国现行《破产法》的规定，企业在破产清算时，应按照如下程序进行。

1. 指定管理人

根据《破产法》的规定，人民法院裁定受理破产申请的，应由人民法院指定管理人。管理人负责组织破产企业的清算，其应对人民法院负责并向人民法院汇报工作。管理人可以由有关部门、机构的人员组成的清算组或者依法设立的律师事务所、会计师事务所、破产清算事务所等社会中介机构担任。

管理人的主要职责如下。

（1）接管债务人的财产、印章和账簿、文书等资料。

（2）调查债务人财产状况，制作财产状况报告。

（3）决定债务人的内部管理事务。

（4）决定债务人的日常开支和其他必要开支。

（5）在第一次债权人会议召开之前，决定继续或者停止债务人的营业。

（6）管理和处分债务人的财产。

（7）代表债务人参加诉讼、仲裁或者其他法律程序。

（8）提议召开债权人会议。

（9）人民法院认为管理人应当履行的其他职责。

2. 管理人组织破产清算

管理人在接管破产企业之后，应按如下程序组织破产清算工作。

（1）编制清算资产负债表及附注。与非破产清算类似，在组织破产清算时，管理人首先应登记企业的债权，清理企业的财产，并编制破产宣告日清算资产负债表及相关附注。

（2）通知并公告债权人。人民法院依法宣告债务人破产的，应当自裁定做出之日起 5 日内送达债务人和管理人，自裁定做出之日起 10 日内通知已知债权人，并予以公告。债权人应在法院公告之日起计算，最短不得少于 30 日，最长不得超过 3 个月的期限内申报债权。申报债权时，应当书面说明债权的数额和有无财产担保，并在人民法院确定的债权申报期限内提交有关证据。债权人未申报债权的，可以在破产财产最终分配前补充申报；但是，此前已进行的分配，不再对其补充分配。

（3）制订财产变价方案，并组织分配。

管理人在接管破产企业后，应当及时拟订破产财产变价方案，提交债权人会议讨论。变价方案讨论通过后，管理人应及时变卖破产财产，并应当及时拟订破产财产分配方案，提交债权人会议讨论。

破产财产分配方案应当载明下列事项：参加破产财产分配的债权人名称或者姓名、住所；参加破产财产分配的债权额；可供分配的破产财产数额；破产财产分配的顺序、比例及数额；实施破产财产分配的方法。

破产财产变价收入应以货币方式进行分配，分配方案经人民法院裁定认可后，由管理人执行。破产财产变价收入应依照下列顺序清偿债务。

① 清偿破产费用和共益债务。变价收入必须优先清偿破产费用和共益债务。破产费用包括：破产案件的诉讼费用；管理、变价和分配债务人财产的费用；管理人执行职务的费用、报酬和聘用工作人员的费用等。

共益债务包括：因管理人或者债务人请求对方当事人履行双方均未履行完毕的合同所产生的债务；债务人财产受无因管理所产生的债务；因债务人不当得利所产生的债务；为债务人继续营业而应支付的劳动报酬和社会保险费用以及由此产生的其他债务；管理人或者相关人员执行职务致人损害所产生的债务；债务人财产致人损害所产生的债务等。

② 清偿破产人所欠职工的工资和医疗、伤残补助、抚恤费用，所欠应划入职工个人账户的基本养老保险、基本医疗保险费用，以及法律、行政法规规定应当支付给职工的补偿金。

③ 清偿破产人欠缴的社会保险费用和税款。

④ 清偿普通破产债务。破产企业无法全部偿还普通破产债务时，应按剩余财产与破产债务总额的百分比均等偿还各个普通债权人。

3. 清算终结，注销登记

破产财产清算分配完毕后，由管理人向人民法院汇报清算工作的情况，并申请人民法院裁定破产终结，未得到清偿的债务，不再进行清偿，企业终止其民事行为能力。管理人向破产企业的原登记机关申请注销原企业登记。

（三）两种清算的比较

破产清算与非破产清算既有联系又有区别。两者的联系主要表现在清算的目的都是结束被清算企业的各种债权、债务关系和法律关系。两者的区别主要表现在以下几个方面。

（1）清算的依据不同。非破产清算的依据主要是《公司法》，而破产清算的依据主要是《破产法》。

（2）清算的性质不同。非破产清算属于自愿清算或行政清算，而破产清算属于司法清算。

（3）被清算企业的法律地位不同。非破产清算的企业宣告终止后，法人资格并没有完全丧失，在清算期内仍享有限制性的权利和经济行为；被宣告破产清算的企业，其法人权利和行为完全丧失，管理人依法取得破产企业财产的管理权、处分权。

（4）处理利益关系的侧重点不同。非破产清算一般不存在资不抵债的问题，清算时除了结束企业未了结的业务，收取债权和清偿债务以外，重点是分配企业剩余财产，调整企业内部各投资者之间的利益关系；而破产清算的原因是资不抵债，清算时主要是调整企业外部各债权人之间的利益关系，即将企业有限的财产在债权人之间进行合理分配。

三、企业清算涉及的主要会计问题

对于企业清算的会计处理，财政部早在1997年就发布了《国有企业试行破产有关会计处理问题暂行规定》(财会字〔1997〕28号，以下简称《清算暂行规定》)，《清算暂行规定》当时主要适合国有企业破产清算。2016年12月20日，财政部发布了《企业破产清算有关会计处理规定》(财会〔2016〕23号，以下简称《清算会计规定》)，取代了《清算暂行规定》。《清算会计规定》比《清算暂行规定》要复杂一些，主要适用于破产清算。对于非破产清算，我国目前没有专门的会计规定，在会计实务中，企业可继续参考《清算暂行规定》的做法。本章的破产清算会计处理是基于《清算会计规定》阐述的，非破产清算会计处理是基于《清算暂行规定》阐述的。

企业清算时涉及的主要会计问题如下。

(一)清算会计的核算基础

1. 关于会计主体

根据现行有关清算会计的规定，非破产清算的会计主体依然是清算企业，即与非破产清算相关的会计处理及清算报表的编制等会计事务都是在清算企业这个会计主体下进行的；破产清算的会计主体有所不同，破产清算中涉及破产企业和破产管理人。破产清算的会计主体实际上是破产管理人而非破产企业，也就是说，破产管理人在接管了破产企业后，将会重新登账造册并编制相关破产报表。

2. 关于持续经营

前已述及，不论是普通清算还是破产清算，清算企业都将归于终止。因此，清算会计不符合持续经营假设，应以非持续经营为前提。在会计核算中，清算会计不能按现行企业会计准则的规定进行会计确认和会计计量，必须根据《清算会计规定》等有关规范进行会计处理。

(二)清算资产与负债的确认与计量

企业清算的过程主要就是变现资产与清偿债务的过程。在这种非持续经营的企业清算过程中，清算资产一般不能再以历史成本计量，而应根据其清算时能够变现的价值计量；负债也不能再考虑折现及清偿能力的影响，而应根据企业在清算过程中应该清偿的金额入账，并依法进行清偿。

(三)清算涉及的会计科目

对于非破产清算，企业可根据《清算暂行规定》，在原有会计科目的基础上，增设“清算费用”“清算损益”等科目，核算清算中的相关费用及清算中的各种损益。

对于破产清算，破产企业应根据《清算会计规定》进行会计处理。破产清算的会计主体是破产管理人，其会计处理比较复杂，涉及的会计科目较多，除清算企业原有的相关资产和负债科目之外，破产企业还应设置应付破产费用、应付共益债务、资产处置净损益、债务清偿净损益、破产资产和负债净值变动净损益、破产费用、共益债务支出、清算净损益、清算净值等科目，具体将在第二节阐述。

(四)清算会计报表的编制

破产企业在清算时，应根据《清算会计规定》的规定，分别编制清算资产负债表、清算损益表、清算现金流量表和债务清偿表。非破产企业在进行清算时，可借鉴《清算暂行规定》，分别编制清算日资产负债表、清算费用表、清算利润表以及清算结束日资产负债表等。

第二节 破产清算的会计核算

一、破产清算涉及的会计科目

破产企业的会计档案经法院裁定由破产管理人接管的，管理人应当在企业被法院宣告破产后，比照破产企业原有会计科目，设置相关的资产类科目和负债类科目，并增设相关的负债类科目、清算净值类科目和清算损益类科目。在设置的账户中，管理人无须设置所有者权益类科目，清算净值相当于持续经营下的所有者权益类科目。

管理人在核算中增设的会计科目及核算内容如表10-1所示。

表10-1　破产清算增设的会计科目及核算内容

科目类别	科目名称	核算内容
负债类	应付破产费用	破产清算期间应依法支付的各类破产费用
	应付共益债务	破产清算期间应依法承担的各类共益债务
清算损益类	资产处置净损益	处置破产资产产生的、扣除相关处置费用后的净损益
	债务清偿净损益	清偿破产债务产生的净损益
	破产资产和负债净值变动净损益	破产清算期间破产资产清算净值和破产债务清偿价值变动净损益
	其他收益	破产清算期间发生的其他收益
	破产费用	破产法规定的各项破产费用，主要包括：破产案件的诉讼费用；管理、变价和分配债务人资产的费用；管理人执行职务的费用、报酬和聘用工作人员的费用等
	共益债务支出	破产法规定的共益债务①相关的各项支出
	其他费用	除破产费用和共益债务支出之外的各项其他费用
	清算净损益	结转的上述各类清算损益科目余额
清算净值类	清算净值	破产报表日结转的清算净损益以及破产资产与破产负债的差额

注：管理人可根据具体情况增设、减少或合并某些会计科目。

二、破产清算的会计处理原则

破产清算的会计处理涉及破产企业和管理人两个方面。破产企业应于法院宣告破产日，按照办理年度决算的要求，进行财产清查，计算并结转相关成本及损益，编制宣告破产日的资产负债表、自年初起至破产日的利润表和会计科目余额表，并将编制的会计报表报送主管财政机关、同级国有资产管理部门和企业主管部门，最后应将所有会计账簿及相关报表移交管理人。

管理人在接管破产企业及有关账簿及报表后，应按《清算会计规定》的要求设置相关的账户，进行会计确认与计量，并应按法院或债权人会议要求的时点编制清算财务报表。

① 共益债务，是指在人民法院受理破产申请后，为全体债权人的共同利益而管理、变卖和分配破产财产而负担的债务，主要包括因管理人或者债务人（即破产企业）请求对方当事人履行双方均未履行完毕的合同所产生的债务、债务人财产受无因管理所产生的债务、因债务人不当得利所产生的债务、为债务人继续营业而应当支付的劳动报酬和社会保险费用以及由此产生的其他债务、管理人或者相关人员执行职务致人损害所产生的债务以及债务人财产致人损害所产生的债务。

（一）破产清算会计核算的原则

1. 破产资产与破产负债确认与计量的原则

破产企业在破产清算期间的破产资产，应当以其清算净值进行初始计量和后续计量。这里所称的破产资产，是指《破产法》规定的债务人（即破产企业）在破产时拥有的财产。

破产资产清算净值，是指在破产清算的特定环境下和规定时限内，最可能的变现价值扣除相关的处置税费后的净额。这里最可能的变现价值应当为公开拍卖的变现价值，但是债权人会议另有决议或国家规定不能拍卖或限制转让的资产除外；债权人会议另有决议的，最可能的变现价值应当为其决议的处置方式下的变现价值；按照国家规定不能拍卖或限制转让的，应当将按照国家规定的方式处理后的所得作为变现价值。

破产企业在破产清算期间的破产负债，应当以其清偿价值进行初始计量和后续计量。这里所称的破产负债，是指破产法规定的债务人（即破产企业）在破产时所承担的债务。破产负债清偿价值，是指在不考虑破产企业的实际清偿能力和折现等因素的情况下，破产企业按照相关法律规定或合同约定应当偿付的金额。

破产资产和破产负债进行初始确认和计量时，资产清算净值和债务清偿价值与原账面价值的差额直接计入“清算净值”账户；在后续计量时，相关价值变动应计入“破产资产和负债净值变动净损益”账户。

2. 破产清算各项清算损益会计核算的原则

破产企业在处置破产资产、清偿破产债务等破产清算过程中，将发生各种清算损益，如资产处置净损益、债务清偿净损益等，相关清算损益确认与计量的原则如下。

（1）在处置破产资产时，应将处置所得金额与被处置资产账面价值的差额扣除直接相关的处置费用后，计入“资产处置净损益”账户。

（2）在清偿破产债务时，应当将实际偿付的金额与偿还债务账面价值的差额，计入“债务清偿净损益”账户。

（3）对于破产清算期间支付的各项清算费用，应分别计入“破产费用”“共益债务支出”和“其他费用”等账户。

（4）在清算期间盘盈或追回的资产，应按清算净值进行初始计量，清算净值与取得该资产的成本之间存在差额的，可计入“清算净损益”账户。

（5）对于破产清算期间新承担的债务，应按清偿价值进行初始计量，同时计入“清算净损益”账户。

（6）各种清算损益应结转至“清算净损益”账户。

（7）清算净损益最终应结转至“清算净值”账户。

（二）破产清算财务报表的编制

破产企业应按规定编报清算资产负债表、清算损益表、清算现金流量表、债务清偿表及相关附注，以便法院、债权人等报表使用者及时了解破产企业在破产清算过程中的财务状况、清算损益、现金流量变动和债务偿付状况。

清算资产负债表反映破产企业在破产报表日破产资产的清算净值、破产负债的清偿价值，以及破产企业的破产清算净值。

清算损益表反映破产企业在破产清算期间发生的各项收益和费用。

清算现金流量表反映破产企业在破产清算期间货币资金余额的变动情况。

债务清偿表反映破产企业在破产清算期间发生的债务清偿情况。债务清偿表应当根据破产法规定的债务清偿顺序，按照各项债务的明细单独列示。债务清偿表中列示的各项债务至少应当反映其确认金额、清偿比例、实际需清偿金额、已清偿金额、尚未清偿金额等信息。

清算资产负债表、清算损益表、清算现金流量表、债务清偿表的具体格式和内容分别如表10-2～表10-5所示。

表10-2 清算资产负债表 会清01表

编制单位： 年 月 日 单位：元

资产	行次	期末数	负债及清算净值	行次	期末数
货币资金			负债：		
应收票据			借款		
应收账款			应付票据		
其他应收款			应付账款		
预付款项			预收款项		
存货			其他应付款		
金融资产投资			应付债券		
长期股权投资			应付破产费用		
投资性房地产			应付共益债务		
固定资产			应付职工薪酬		
在建工程			应交税费		
无形资产			……		
……					
资产总计			负债合计		
			清算净值：		
			清算净值		
			负债及清算净值总计		

表10-3 清算损益表 会清02表

编制单位： 年 月 日至 年 月 日 单位：元

项目	行次	本期数	累计数
一、清算收益（清算损失以“-”号表示）			
（一）资产处置净收益（净损失以“-”号表示）			
（二）债务清偿净收益（净损失以“-”号表示）			
（三）破产资产和负债净值变动净收益（净损失以“-”号表示）			
（四）其他收益			
小计			
二、清算费用			
（一）破产费用（以“-”号表示表示）			
（二）共益债务支出（以“-”号表示）			
（三）其他费用（以“-”号表示）			
（四）所得税费用（以“-”号表示）			
小计			
三、清算净收益（清算净损失以“-”号表示）			

表 10-4　　清算现金流量表　　会清 03 表

编制单位：　　年 月 日至 年 月 日　　单位：元

项目	行次	本期数	累计数
一、期初货币资金余额			
二、清算现金流入			
（一）处置资产收到的现金净额			
（二）收到的其他现金			
清算现金流入小计			
三、清算现金流出			
（一）清偿债务支付的现金			
（二）支付破产费用的现金			
（三）支付共益债务的现金			
（四）支付所得税费用的现金			
（五）支付的其他现金			
清算现金流出小计			
四、期末货币资金余额			

表 10-5　　债务清偿表　　会清 04 表

编制单位：　　年 月 日　　单位：元

债务项目	行次	期末数	经法院确认债务的金额	清偿比例	实际需清偿金额	已清偿金额	尚未清偿金额
		①	②	③	④=②×③	⑤	⑥=④-⑤
有担保的债务：							
××银行							
××企业							
……							
小计							
普通债务：							
第一顺序：劳动债务							
其中：应付职工薪酬							
……							
第二顺序：国家税款							
其中：应交税费							
……							
第三顺序：普通债务							
其中：借款							
——××银行							
——××企业							
应付债务工具							
——××银行							
——××企业							
应付票据							
应付款项							
——××银行							
——××企业							
小计							
合计							

三、破产清算的会计核算流程

破产清算的会计核算流程

在法院宣告企业破产后，破产企业应在财产清查的基础上，基于持续经营假设，编制破产日资产负债表、自破产当期期初至破产日期间的利润表以及科目余额表。在法院指定管理人后，破产企业应与管理人办理会计档案移交手续。管理人接管了破产企业会计档案后，应根据《清算会计规定》，将账户余额结转至管理人的新账户，并调整有关破产资产和破产负债的价值，处置破产资产，清偿破产债务，了结清算净值。管理人破产清算的会计流程如下。

（一）破产宣告日账户余额的结转与调整

1. 结转破产宣告日破产企业账户余额

管理人在接管破产企业会计档案后，应将原破产企业账户余额结转到新账户中。在结转时，多数账户应平行结转到新账户，但应注意以下几个特殊结转的情况。

（1）将“应付账款”“其他应付款”账户中的破产费用转入“应付破产费用”账户。

（2）将“应付账款”“其他应付款”账户中的应付共益债务转入“应付共益债务”账户。

（3）将“商誉”“长期待摊费用”“递延所得税资产”“递延所得税负债”“递延收益”“股本”“资本公积”“盈余公积”“其他综合收益”“未分配利润”等账户的余额转入“清算净值”账户中。具体需要特殊结转的账户，如表 10-6 所示。

表 10-6　　特殊结转账户一览表

结转项目	原账户	新账户
金融资产	交易性金融资产、债权投资、其他债权投资、其他权益工具投资	金融资产投资
借款	长期借款、短期借款	借款
应付账款和其他应付款中的破产费用	应付账款、其他应付款	应付破产费用
应付账款和其他应付款中的共益债务	应付账款、其他应付款	应付共益债务
商誉 待摊与递延项目 所有者权益项目	商誉、长期待摊费用、递延收益 递延所得税资产、递延所得税负债 股本、资本公积、盈余公积、其他综合收益、未分配利润	清算净值

2. 破产宣告日破产资产与破产负债价值的调整

管理人将破产资产和破产负债余额结转到新账户以后，应对当日破产资产和破产负债的初始入账价值按相关规定进行调整，调整方法如下。

（1）按清算净值调整各类资产科目

管理人应对破产企业拥有的各类资产（包括原账面价值为零的已提足折旧的固定资产、已摊销完毕的无形资产等）登记造册，估计破产资产的清算净值，按照破产资产清算净值对各资产科目余额进行调整，相关差额直接计入“清算净值”科目。调整分录如下：

借（贷）：破产资产

　　贷（借）：清算净值

（2）按清偿价值调整各类负债科目

管理人应对破产企业各类负债进行核查，按照破产清偿价值对各负债科目余额进行调整，相关差额直接计入“清算净值”科目。调整分录如下：

借（贷）：破产债务

　　贷（借）：清算净值

（二）清算期间相关的账务处理

1. 处置破产资产

管理人在处置破产资产时，应按收到的款项，借记“现金”“银行存款”等科目，按照处置资产的账面价值贷记有关资产科目，按其差额，借记或贷记“资产处置净损益”科目；在处置破产资产时，对于发生的各类评估、变价、拍卖等费用，将发生的金额计入“破产费用”科目。有关会计分录如下。

（1）处置资产时：

借：现金

　　银行存款

　　贷：应收账款

　　　　债权投资

　　　　固定资产等

借（贷）：资产处置净损益

（2）支付破产费用时：

借：破产费用

　　贷：银行存款等

2. 清偿破产债务

管理人在清偿破产债务时，应按相关债务的账面金额借记有关负债科目，按实际偿还金额贷记“现金”或“银行存款”科目。借贷双方存在的差额计入“债务清偿净损益”科目，有关会计分录如下。

（1）支付应付破产费用和共益债务时：

借：应付破产费用

　　应付共益债务

　　贷：现金

　　　　银行存款

借（贷）：债务清偿净损益

（2）支付应付职工的费用及相关补偿时：

破产企业按照经批准的职工安置方案，支付所欠职工的工资和医疗、伤残补助、抚恤费用，以及应当划入职工个人账户的基本养老保险、基本医疗保险费用和其他社会保险费用，以及法律、行政法规规定应当支付给职工的补偿金时，应按相关账面价值，借记“应付职工薪酬”科目；按照实际支付的金额，贷记“现金”“银行存款”等科目；按其差额，借记或贷记“债务清偿净损益”科目。会计分录为：

借：应付职工薪酬

　　贷：现金

　　　　银行存款

借（贷）：债务清偿净损益

（3）支付所欠税款时：

借：应交税费

　　贷：现金

　　　　银行存款

借（贷）：债务清偿净损益

（4）清偿破产债务时：

借：应付账款等

贷：现金

银行存款

债务清偿净损益

3. 其他相关业务的处理

（1）取得其他收益时：

在清算期间，除了处置破产资产和清偿破产负债相关的收益之外，还可能包括国家给予的回收土地使用权的补偿、通过盘点等方式取得的未入账资产、履行尚未完成合同时取得的价差收入、依法追回的相关破产资产和收到的利息、股利、租金以及清算终结日无须清偿的剩余破产债务等，这些均于发生时确认为其他收益。会计分录为：

借：现金

有关资产等

贷：其他收益

（2）支付其他费用时：

在清算期间，除了与处置破产资产和清偿破产负债相关的损益外，债权人申报发现的未入账债务、履行尚未完成合同发生的额外支出等其他支出，均应于发生时，计入其他费用科目。会计分录为：

借：其他费用

贷：现金等

（三）破产清算报表日的会计处理

破产清算报表日即管理人按规定编制破产企业财务报告的日期。破产管理人在破产报表日应编制破产企业财务报表，在编制相关清算报表时，应按规定调整破产资产和破产负债的价值，并结转当期的清算损益。相关会计处理如下。

1. 调整破产资产和破产负债价值

在破产清算报表日，破产资产和破产负债价值应按期末清算净值和清偿价值进行后续调整，并将报表日价值与账面价值之间的差额计入“破产资产和负债净值变动净损益”科目。会计分录如下：

破产资产和破产负债的核算原则

借（贷）：破产资产或破产债务

贷（借）：破产资产和负债净值变动净损益

2. 结转清算损益

在编制破产清算期间的财务报表时，应当将当期有关的清算损益账户余额结转至“清算净损益”账户，然后将“清算净损益”账户余额转入“清算净值”账户，有关会计分录如下。

（1）结转收益时：

借：资产处置净损益

债务清偿净损益

破产资产和负债净值变动净损益

其他收益

贷：清算净损益

如果是损失，则编制相反的分录。

（2）结转费用时：

借：清算净损益

　　贷：破产费用

　　　　共益债务支出

　　　　其他费用

（3）结转清算净收益时：

借：清算净损益

　　贷：清算净值

如果为清算净损失，则编制相反的分录。

四、破产清算的会计示例

【例10-1】 甲公司从2015年以来，经营业绩严重滑坡，并在2018年遭受了严重的亏损。2018年10月，甲公司提出的重组方案被债权人会议否决。人民法院调停无效，于10月30日宣告该公司破产。随后，甲公司进行了财产清查、债务核实和结账，并编制了破产日资产负债表及科目余额表。在法院指定管理人后，甲公司与管理人办理了会计档案移交手续。甲公司2018年10月30日资产负债表如表10-7所示。

表 10-7 甲公司资产负债表（简表）

2018 年 10 月 30 日

单位：元

资产	金额	负债及股东权益	金额
货币资金	3 000	应付票据	32 000
交易性金融资产	7 000	应付账款 其中：应付破产费用	65 000 5 000
应收账款 其中：A 公司 B 公司	25 000 15 000 10 000	应付职工薪酬	13 000
预付款项	4 000	应交税费	2 000
存货	50 000	长期借款	55 000
流动资产合计		负债合计	167 000
债权投资	10 000	股本	100 000
固定资产 其中：M 设备 N 设备	75 000 12 000 63 000	资本公积	60 000
无形资产	3 000	盈余公积	40 000
递延所得税资产	3 000	未分配利润	（187 000）
非流动资产合计		所有者权益合计	13 000
资产总计	180 000	负债与所有者权益总计	180 000

2018年11月初，管理人接管甲公司账目后，将甲公司宣告破产日的会计科目余额过到新账，并对破产资产和破产负债可变现净值进行了评估。经评估，应收账款价值22 000元；存货价值55 000元；固定资产价值62 000元；无形资产价值0元。其余资产与负债的评估价值与原账面价值相等。

2018年11月，清算企业发生了如下业务。

（1）转让交易性金融资产，收入7 500元；

（2）处置存货，收到银行存款56 500元，其中，收入为50 000元，应交税费（增值税）为6 500元；

（3）处置了债权投资，收回10 500元，存入银行；

（4）收回预付款项4 000元，存入银行；

（5）处置了M设备，收到银行存款8 000元，假设发票税额为3 000元；

（6）以银行存款支付破产费用（诉讼费、资产评估费等）5 000元；

（7）以银行存款支付应交上期税款2 000元；

（8）以银行存款支付应付职工薪酬13 000元；

（9）11月末，估计N设备可变现净值为50 000元；

（10）结算11月的清算损益和清算净值。

2018年12月，清算企业发生了如下业务。

（1）处置了N设备，收到银行存款40 000元，假设发票税额为1 600元；

（2）收回应收账款17 000元，其余无法收回；

（3）缴纳上月欠缴及当月增值税共8 500元；

（4）结算了清算净损益；

（5）将剩余货币资金按比例分配给普通债权人；

（6）清算结束，结转有关的清算损益和清算净值。

要求：分别编制2018年11月和12月与甲公司清算有关的会计分录，并编制月末清算资产负债表。

分析：

甲公司在破产清算过程中，应编制的相关会计分录和报表如下（单位：元）。

（一）宣告破产日科目余额的结转与调账

1. 将甲公司科目余额转入管理人的新账簿

在过账时，应将交易性金融资产、债权投资等金融资产过到“金融资产投资”账户；将长期借款、短期借款等借款过到“借款”账户；将递延所得税资产、股本、资本公积、盈余公积和未分配利润等过到“清算净值”账户；将应付账款中的破产费用过到“应付破产费用”账户。有关会计分录为：

分录	借方	贷方
① 借：金融资产投资	17 000	
贷：交易性金融资产		7 000
债权投资		10 000
② 借：长期借款	55 000	
贷：借款		55 000
③ 借：应付账款——应付破产费用	5 000	
贷：应付破产费用		5 000
④ 借：清算净值	3 000	
贷：递延所得税资产		3 000
⑤ 借：股本	100 000	
资本公积	60 000	
盈余公积	40 000	
贷：未分配利润		187 000
清算净值		13 000

2. 对破产资产的初始入账价值按清算净值进行调整

会计分录为：

借：存货　　5 000
　　清算净值　　14 000
　　贷：应收账款　　3 000
　　　　无形资产　　3 000
　　　　固定资产　　13 000

3. 计算清算净值，并编制清算日调整后资产负债表

清算净值=13 000−3 000−14 000=−4 000（元）

调整分录后，甲公司清算日资产负债表如表10-8所示。

表10-8　甲公司清算日资产负债表（简表）

2018年10月30日　　单位：元

资产	金额	负债及股东权益	金额
货币资金	3 000	借款	55 000
应收账款 其中：A公司 B公司	22 000 12 000 10 000	应付票据	32 000
预付款项	4 000	应付账款	60 000
存货	55 000	应付职工薪酬	13 000
金融资产投资 其中：交易性金融资产 债权投资	17 000 7 000 10 000	应交税费	2 000
长期股权投资		应付破产费用	5 000
固定资产净值 其中：M设备 N设备	62 000 10 000 52 000	应付共益债务	
在建工程		负债合计	167 000
无形资产	0	清算净值	（4 000）
资产总计	163 000	负债与清算净值总计	163 000

（二）2018年11月，与清算有关的会计分录及月末清算报表。

1. 与清算有关的会计分录

（1）转让交易性金融资产时：

借：银行存款　　7 500
　　贷：金融资产投资　　7 000
　　　　资产处置净损益　　500

（2）处置存货时：

借：银行存款　　56 500
　　资产处置净损益　　5 000
　　贷：存货　　55 000
　　　　应交税费——应交增值税　　6 500

（3）处置债权投资时：

借：银行存款　　10 500

　　贷：金融资产投资　　10 000

　　　　资产处置净损益　　500

（4）收回预付款项时：

借：银行存款　　3 000

　　资产处置净损益　　1 000

　　贷：预付账款　　4 000

（5）处置M设备时：

借：银行存款　　8 000

　　资产处置净损益　　2 400

　　贷：固定资产　　10 000

　　　　应交税费——应交增值税　　400

（6）以银行存款支付应付破产费用时：

借：应付账款——应付破产费用　　5 000

　　贷：银行存款　　5 000

（7）以银行存款支付应交上期税款时：

借：应交税费　　2 000

　　贷：银行存款　　2 000

（8）以银行存款支付应付职工薪酬时：

借：应付职工薪酬　　13 000

　　贷：银行存款　　13 000

（9）月末，根据N设备可变现净值调整其清算净值时：

借：破产资产和负债净值变动净损益　　2 000

　　贷：固定资产——N设备　　2 000

（10）结转当月清算净损益时：

借：清算净损益　　9 400

　　贷：资产处置净损益　　7 400

　　　　破产资产和负债净值变动净损益　　2 000

（11）结转当月清算净值时：

借：清算净值　　9 400

　　贷：清算净损益　　9 400

将上述会计分录登记相关账簿，各账簿发生额和余额情况如图10-1所示。

2. 编制清算资产负债表

根据表10-8和图10-1记录的相关账簿余额，编制2018年11月30日甲公司清算资产负债表，如表10-9所示。

银行存款	
3 000	⑥ 5 000
① 7 500	⑦ 2 000
② 56 500	⑧ 13 000
③ 10 500	
④ 3 000	
⑤ 8 000	
68 500	

金融资产投资	
17 000	① 7 000
	③ 10 000
0	

存货	
55 000	② 55 000
0	

预付账款	
4 000	④ 4 000
	0

应付破产费用	
⑥ 5 000	5 000
0	

固定资产	
62 000	⑤ 10 000
	⑨ 2 000
50 000	

应交税费	
	2 000
	② 6 500
⑦ 2 000	⑤ 400
	6 900

应付职工薪酬	
⑧ 13 000	13 000
	0

资产处置净损益	
② 5 000	① 500
④ 1 000	③ 500
⑤ 2 400	⑩ 7 400
	0

破产资产和负债净值变动净损益	
⑨ 2 000	⑩ 2 000

清算净值	
4 000	
⑪ 9 400	
13 400	

清算净损益	
⑩ 9 400	⑪ 9 400
	0

图 10-1　甲公司 2018 年 11 月相关账簿记录

表 10-9

甲公司清算资产负债表（简表）

2018 年 11 月 30 日

单位：元

资产	金额	负债及股东权益	金额
货币资金	68 500	借款	55 000
应收账款	22 000	应付票据	32 000
预付款项	0	应付账款	60 000
存货	0	应付职工薪酬	0
金融资产投资	0	应交税费	6 900
长期股权投资		应付破产费用	0
固定资产（N 设备）	50 000	应付共益债务	
在建工程		负债合计	153 900
无形资产	0	清算净值	（13 400）
资产总计	140 500	负债与清算净值总计	140 500

（三）2018年12月，与清算有关的会计分录及月末清算报表

（1）处置N设备时：

借：银行存款　　40 000

　　资产处置净损益　　11 600

　　贷：固定资产　　50 000

　　　　应交税费——应交增值税　　1 600

（2）收回应收账款时：

借：银行存款　　17 000

　　资产处置净损益　　5 000

　　贷：应收账款　　22 000

（3）缴纳上月及当月增值税税款时：

借：应交税费　　8 500

　　贷：银行存款　　8 500

（4）将剩余货币资金分配给普通债权人时：

上述分录登计入账后，剩余银行存款不足以偿还剩余普通债务，因剩余负债属于同一顺序内的债务，所以，应按比例偿还，计算过程如下。

银行存款余额=68 500+40 000+17 000−8 500=117 000（元）

剩余普通债务合计=55 000+32 000+60 000=147 000（元）

普通债务偿还比例=117 000÷147 000=79.59%

应偿还借款=55 000×79.59%≈43 776（元）

应偿还应付票据=32 000×79.59%≈25 469（元）

应偿还应付账款=60 000×79.59%=47 755（元）

清偿普通债务的会计分录为：

借：借款　　43 776

　　应付票据　　25 469

　　应付账款　　47 755

　　贷：银行存款　　117 000

（5）结转资产处置净损益时：

借：清算净损益　　16 600

　　贷：资产处置损益　　16 600

（6）结转清算净值时：

借：清算净值　　16 600

　　贷：清算净损益　　16 600

将上述会计分录登记相关会计账簿，如图10-2所示。

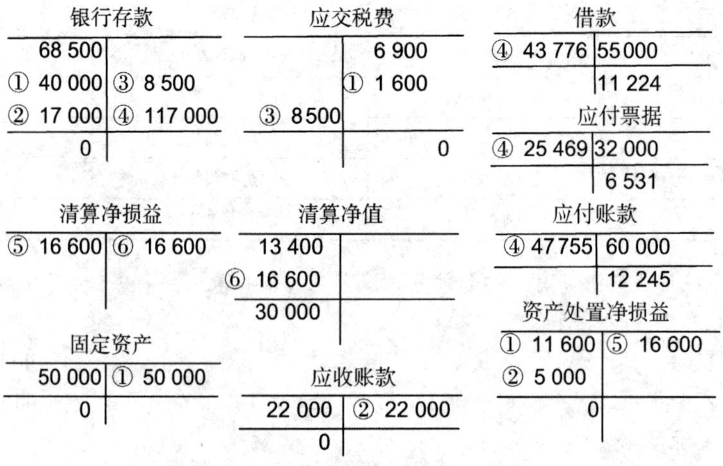

银行存款	
68 500	
① 40 000	③ 8 500
② 17 000	④ 117 000
0	

应交税费	
	6 900
	① 1 600
③ 8 500	
	0

借款	
④ 43 776	55 000
	11 224

应付票据	
④ 25 469	32 000
	6 531

清算净损益	
⑤ 16 600	⑥ 16 600

清算净值	
13 400	
⑥ 16 600	
30 000	

应付账款	
④ 47 755	60 000
	12 245

资产处置净损益	
① 11 600	⑤ 16 600
② 5 000	
0	

固定资产	
50 000	① 50 000
0	

应收账款	
22 000	② 22 000
0	

图 10-2　2018 年 12 月相关账簿记录

至此，甲公司处置了全部破产资产，并将变现资产依法清偿了有关债务。剩余资产和负债情况如表10-10所示。

表 10-10 甲公司清算资产负债表（简表）

2018 年 12 月 31 日 单位：元

资产	金额	负债及股东权益	金额
货币资金	0	借款	11 224
应收账款	0	应收票据	6 531
……		应收账款	12 245
固定资产	0	负债合计	30 000
……		清算净值	（30 000）
资产合计	0	负债及清算净值合计	0

通过表10-10可以看出，公司尚剩下30 000元债务，无法偿还。这部分债务将依法免除。在会计处理上，应将其与清算净值对冲，从而结平账目，清算结束。会计分录为：

借：借款 11 224

　　应收票据 6 531

　　应收账款 12 245

　　贷：清算净值 30 000

根据现行会计规范的要求，在本例中，管理人在清算结束时，还应提供甲公司的清算损益表、清算现金流量表和债务清偿表，分别如表10-11～表10-13所示。

表 10-11 甲公司清算损益表

编制单位： 2018 年 11 月 1 日至 2018 年 12 月 31 日 单位：元

项目	行次	本期数	累计数
一、清算收益（损失均以“-”号表示）			
（一）资产处置净收益			-24 000
（二）债务清偿净收益			0
（三）破产资产和负债净值变动净收益			-2 000
（四）其他收益			0
小计		略	-26 000
二、清算费用（均以-号表示）			
（一）破产费用			
（二）共益债务支出			
（三）其他费用			
（四）所得税费用			
小计			0
三、清算净收益（净损失以“-”号表示）			-26 000

表 10-12 甲公司清算现金流量表

编制单位： 2018 年 11 月 1 日至 2018 年 12 月 31 日 单位：元

项目	11 月	12 月	累计数
一、期初货币资金余额	3 000	68 500	3 000
二、清算现金流入			
（一）处置资产收到的现金净额	85 500	57 000	142 500
（二）收到的其他现金			
清算现金流入小计	85 500	57 000	142 500

续表

项目	11月	12月	累计数
三、清算现金流出			
（一）清偿债务支付的现金		117 000	117 000
（二）支付破产费用的现金	5 000		5 000
（三）支付共益债务的现金			
（四）支付所得税费用的现金			
（五）支付的其他现金	15 000	8 500	23 500
清算现金流出小计	20 000	125 500	145 500
四、期末货币资金余额	68 500	0	0

表 10-13　　甲公司债务清偿表

编制单位：　　2018 年 12 月 31 日　　单位：元

债务项目	期末数①	法院确认债务金额②	清偿比例③	需清偿金额④=②×③	已清偿金额⑤	尚未清偿金额⑥=④-⑤
有担保的债务						
××银行						
××企业						
……						
小计						
普通债务						
第一顺序：						
劳动债务						
其中：						
应付职工薪酬	13 000	13 000	100%	13 000	13 000	0
……						
第二顺序：						
国家税款债务						
其中：应交税费	10 500	10 500	100%	10 500	10 500	0
……						
第三顺序：						
普通债务，其中						
借款	55 000	55 000	79.59%	11 224	11 224	0
——××银行						
应付债务工具						
——××银行		32 000	79.59%	25 469	25 469	0
——××企业		60 000	79.59%	47 755	47 755	0
应付票据	32 000	147 000		117 000	117 000	0
应付款项	60 000	170 500		140 500	140 500	0
——××企业						
小计	147 000					
合计	170 500					

第三节 非破产清算的会计核算

一、非破产清算账户的设置

与破产清算相比，非破产清算的会计主体没有发生改变，其会计核算的过程相对简单，一般增设“清算费用”和“清算损益”账户即可。

“清算费用”账户用于核算清算过程中发生的各种费用，主要包括清算人员的酬金、清算公告费用、清算咨询费用、清算财产评估费用等与清算直接相关的费用。清算费用应于发生时计入“清算费用”账户，最终结转至“清算损益”账户。

“清算损益”账户用于核算清算期间所发生的清算费用及清算中的收益或损失，包括处置财产中的变价收入与其账面价值的差额、偿还债务时的利得及收回债权时发生的损失等。清算损益最终将结转到“利润分配——未分配利润”账户中。

二、非破产清算的会计核算步骤

非破产清算的会计核算通常包括以下几个步骤。

（一）清算日的会计处理

在非破产清算日，清算企业应该按照年度结账的程序，核查财产，对账并结账，同时编制清算日企业资产负债表。

（二）清算期间的会计处理

在清算期间，涉及的会计处理如下。

（1）支付清算费用。清算企业应于清算费用发生时，借记“清算费用”账户，贷记“银行存款”等账户；结转时，借记“清算损益”账户，贷记“清算费用”账户。

（2）变卖财产。清算企业在变卖财产时，应根据取得的变卖款项借记“银行存款”等账户，根据变卖财产的账面价值贷记有关资产，价差计入“清算损益”账户，同时应计算缴纳相关增值税。

（3）收回债权。清算企业在收回债权时，实际收到的金额与债权账面价值的差额应计入“清算损益”账户。

（4）偿还债务。清算企业在偿还债务中，实际偿还的金额与债务账面价值的差额应计入“清算损益”账户。

（5）结转清算损益，支付所得税。清算企业在清算过程中，如果取得清算收益，应按国家规定正常计算并缴纳所得税。

（6）确认清算后的剩余财产。

（三）清算结束的处理

在清算结束时，清算企业应编制清算费用表、清算利润表和清算结束日资产负债表，并将剩余财产分配给股东，清算结束。

三、非破产清算的会计处理示例

非破产清算主要包括盈利状态下因经营期限届满等原因进行的清算和亏损状态下进行的清

算。两种清算的会计处理流程与会计处理方法基本相同。下面以经营期限届满实施清算为例加以说明。

【例10-2】 乙公司于2008年1月1日开业，按照公司章程规定经营期为10年。2018年12月，经股东大会讨论一致通过，决定终止公司的经营，并于2019年1月1日开始清算，预计清算期为1个月。2018年12月31日，甲公司在清算日编制的资产负债表如表10-14所示。

表10-14 资产负债表（清算日）

编制单位：乙公司 2018年12月31日 单位：万元

资产	金额	负债及股东权益	金额
流动资产		流动负债	
货币资金	700	短期借款	60
应收票据	140	应付票据	40
应收账款	900	应付账款	40
减：坏账准备	20	流动负债合计	140
应收账款净额	880		
存货	1 280	非流动负债:	
流动资产合计	3 000	长期借款	120
非流动资产		负债合计	260
固定资产原值	840	股东权益	
减：累计折旧	300	股本（面值100/股）	2 400
固定资产净值	540	资本公积	240
长期待摊费用	20	盈余公积	400
		未分配利润	260
		股东权益合计	3 300
资产总计	3 560	负债及股东权益总计	3 560

2019年1月，甲公司发生了如下清算业务。

（1）用银行存款支付清算费用210 000元。

（2）出售存货取得1 380万元，存入银行。

（3）出售固定资产取得700万元，存入银行。

（4）将长期待摊费用20万元一次摊销完毕。

（5）应收票据140万元如数收回。

（6）收回应收账款860万元，冲销坏账准备20万元，另外20万元确认无法收回。

（7）归还负债2 600 000元，其中包括银行短期借款600 000元、应付票据400 000元、应付账款400 000元、长期借款1 200 000元。

（8）结转清算费用与清算损益。

（9）计算并缴纳所得税。

（10）计算剩余财产并分配给股东。

要求：编制与甲公司清算有关的会计分录（单位：元）。

分析：

2019年1月，与甲公司清算有关的会计分录如下。

（1）支付清算费用时：

借：清算费用　　210 000

　　贷：银行存款　　210 000

（2）出售存货时（假设不考虑增值税）：

借：银行存款　　13 800 000

　　贷：存货　　12 800 000

　　　　清算损益　　1 000 000

（3）出售固定资产（假设不考虑增值税）：

借：银行存款　　7 000 000

　　累计折旧　　3 000 000

　　贷：固定资产　　8 400 000

　　　　清算损益　　1 600 000

（4）摊销长期待摊费用时：

借：清算损益　　200 000

　　贷：长期待摊费用　　200 000

（5）收回应收票据时：

借：银行存款　　1 400 000

　　贷：应收票据　　1 400 000

（6）收回应收账款时：

借：银行存款　　8 600 000

　　坏账准备　　200 000

　　清算损益　　200 000

　　贷：应收账款　　9 000 000

（7）偿还债务时：

借：短期借款　　600 000

　　应付票据　　400 000

　　应付账款　　400 000

　　长期借款　　1 200 000

　　贷：银行存款　　2 600 000

（8）结转清算费用时：

借：清算损益　　210 000

　　贷：清算费用　　210 000

（9）计算并结转清算损益时：

清算损益=1 000 000+1 600 000−200 000−200 000−210 000=1 990 000（元）

会计分录为：

借：清算损益　　1 990 000

　　贷：未分配利润　　1 990 000

（10）计缴所得税（假设按清算净损益的25%计算）：

应交所得税=1 990 000×25%=497 500（元）

会计分录为：

借：未分配利润 497 500

贷：银行存款 497 500

至此，甲公司未分配利润和银行存款的余额分别为：

未分配利润=2 600 000+1 990 000−497 500=4 092 500（元）

银行存款=7 000 000−210 000+13 800 000+7 000 000+1 400 000+8 600 000−2 600 000−497 500
=34 492 500（元）

（11）2019年1月末，编制甲公司清算费用表、清算利润表和清算结束日资产负债表，分别如表10-15～表10-17所示。

表 10-15 清算费用表

编制单位：甲公司 2019 年 1 月 1 日—2019 年 1 月 31 日 单位：元

费用项目	金额
清算人员酬金	60 000
公告费用	24 000
咨询费用	24 000
资产评估	102 000
合计	210 000

表 10-16 清算利润表

编制单位：甲公司 2019 年 1 月 1 日—2019 年 1 月 31 日 单位：元

清算损失及清算费用	金额	清算收益	金额
清算费用	210 000	变卖存货溢价收入	10 000 000
应收账款坏账损失	200 000	变卖固定资产溢价收入	16 000 000
摊销长期待摊费用	200 000		
合计	610 000	合计	26 000 000

表 10-17 资产负债表（清算后）

编制单位：甲公司 2019 年 1 月 31 日 单位：元

资产	金额	股东权益	金额
银行存款	34 492 500	普通股（面值 100 元/股）	24 000 000
		资本公积	2 400 000
		盈余公积	4 000 000
		未分配利润	4 092 500
资产总计	34 492 500	股东权益总计	34 492 500

（12）通过表10-17可知，清算结束后，甲公司剩余现金资产34 492 500元。这些现金应按在册股东的持股比例分配给股东，至此清算工作全部结束。

在本例中，现金分配标准为143.72（34 492 500÷240 000）元/股，会计分录为：

借：股本　　24 000 000

　　资本公积　　2 400 000

　　盈余公积　　4 000 000

　　未分配利润　　4 092 500

　　贷：银行存款　　34 492 500

思考题

1. 什么是企业清算？企业清算有哪些种类？
2. 企业终止的原因有哪些？
3. 试说明我国企业被宣告破产清算后的工作程序。
4. 简述破产财产变价收入清偿债务的顺序。
5. 试阐述破产清算和非破产清算的联系与区别。
6. 在企业清算时，主要涉及哪些会计问题？
7. 简述破产企业和管理人的会计处理步骤。
8. 企业破产清算和非破产清算的会计处理有何区别？

练习题

练习一

[目的]　练习破产清算的会计处理。

[资料]　乙公司成立于2009年，2016年经历了经营滑坡，2017年遭受了严重的亏损。2018年6月，乙公司提出的重整方案被债权人会议否决。人民法院调停无效，于6月30日宣告该公司破产。在法院指定管理人后，乙公司与管理人办理了会计档案移交手续。2018年6月30日，该公司的资产负债表如表10-18所示。

表10-18　　乙公司资产负债表

2018年6月30日　　单位：元

资产	金额	负债及股东权益	金额
货币资金	16 000	短期借款	150 000
交易性金融资产	28 000	应付账款 其中：应付破产费用	80 000 10 000
应收账款净额	100 000	应付职工薪酬	75 000
存货	200 000	应交税费	45 000
预付账款	16 000	长期借款	1 000 000
固定资产净值	390 000	负债合计	1 350 000
无形资产——商标	300 000	股本	500 000
递延所得税资产	120 000	资本公积	200 000
		盈余公积	20 000
		未分配利润	（900 000）
		股东权益合计	（180 000）
资产合计	1 170 000	负债和所有者权益合计	1170 000

2018年7月初，经评估，各项资产的可变现净值如下：货币资金为16 000元；交易性金融资产为46 000元；应收账款为90 000元；存货为350 000元；预付账款为16 000元；固定资产净值为370 000元；无形资产为200 000元；递延所得税资产为120 000元。负债的评估价值和原账面价值相等。

破产清算工作预计在2018年7月31日结束。乙公司在破产清算期间发生了如下业务。

（1）转让交易性金融资产，收入50 000元，存入银行；

（2）应收账款收回78 000元，存入银行；

（3）出售存货，收到银行存款339 000元，其中收入300 000元，增值税销项税39 000元；

（4）收回预付账款14 000元，存入银行；

（5）处置固定资产净得款315 000元，存入银行；

（6）转让无形资产商标权净得款150 000元，存入银行；

（7）以银行存款支付应付职工薪酬75 000元；

（8）以银行存款支付应交税费93 000元（包括本月出售存货的应交销项税4 800元）；

（9）以银行存款支付破产费用10 000元；

（10）结算7月末的清算损益和清算净值；

（11）将剩余货币资金按比例分配给普通债权人；

（12）清算结束，结转有关的清算损益和清算净值。

[要求] 编制与乙公司清算有关的会计分录，并编制与清算相关的资产负债表。

练习二

[目的] 练习非破产清算的会计处理。

[资料] 丙有限责任公司（以下简称“丙公司”）由A、B、C三个股东组成。A、B、C三个股东分别占公司股本总额的20%、45%和35%。自2014年以来，丙公司的业绩逐年下滑，因此各股东一致决定终止经营，进行清算。

2018年9月30日，该公司成立了清算组，组织公司及外部的各方人员共同进行了认真的财产清查，按清查的结果编制了清算日的资产负债表，如表10-19所示。

表10-19 资产负债表（清算日）

2018年9月30日 单位：万元

资产	金额	负债及股东权益	金额
货币资金	400	短期借款	200
交易性金融资产	220	应付账款	110
应收账款净额	600	应交税费	135
存货	180	长期借款	350
固定资产净值	350	负债合计	795
		股本	600
		资本公积	240
		盈余公积	100
		未分配利润	15
		股东权益合计	955
资产总计	1 750	负债及股东权益合计	1 750

丙公司在清算期间发生了以下经济业务。

（1）将交易性金资产变卖，收回现金300万元；

（2）收回应收账款550万元，另外50万元无法收回；
（3）将存货按照市场价格变卖，收回现金260万元；
（4）出售固定资产取得300万元；
（5）用现金偿还全部债务；
（6）支付清算费用15万元；
（7）将剩余财产分配给股东。

[要求]

1. 编制与丙公司清算有关的会计分录（不考虑增值税，所得税税率为25%）；
2. 计算A、B、C三个股东各分得的资金。

主要参考文献

[1] 陈信元，钱冯胜，曾庆生．高级财务会计．上海：上海财经大学出版社，2018．

[2] 耿建新，戴德明．高级会计学．北京：中国人民大学出版社，2016．

[3] 傅荣．高级财务会计．北京：中国人民大学出版社，2018．

[4] 刘永泽，傅荣．高级财务会计．大连：东北财经大学出版社，2018．

[5] 中国注册会计师协会．会计．北京：中国财政经济出版社，2019．

[6] 张志凤．会计（上、下）．北京：北京科学技术出版社，2019．

[7] 财政部会计司编写组．《企业会计准则第 16 号——政府补助》应用指南．北京：中国财政经济出版社，2018．

[8] 财政部会计司编写组．《企业会计准则第 21 号——租赁》应用指南．北京：中国财政经济出版社，2018．

[9] 财政部会计司编写组．《企业会计准则第 22 号——金融工具确认和计量》应用指南．北京：中国财政经济出版社，2018．

[10] 财政部会计司编写组．《企业会计准则第 23 号——金融资产转移》应用指南．北京：中国财政经济出版社，2018．

[11] 财政部会计司编写组．《企业会计准则第 24 号——套期会计》应用指南．北京：中国财政经济出版社，2018．

[12] 财政部会计司编写组．《企业会计准则第 37 号——金融工具列报》应用指南．北京：中国财政经济出版社，2018．

[13] 财政部．企业会计准则（包括 CAS20《企业合并》（2006）、CAS33《合并财务报表》（2014）、CAS21《租赁》（2018）等）．

[14] 财政部．企业破产清算有关会计处理规定（财会〔2016〕23 号）．